Herausgeber: Serge K. D. Sulz

KURZ-

Wege in die Zukunft der Psychotherapie

PSYCHOTHERAPIEN

CIP-Medien

ISBN 3-932096-02-9
Sulz, Serge K.D. (Hrsg.): Kurz-Psychotherapien: Wege in die Zukunft der Psychotherapie.
CIP-Medien, 1998, 223 S., DM49,-

Bezugsquelle: CIP-Mediendienst, Nymphenburger Str. 185, 80634 München, Fax 089-132 133

INHALT

Serge K. D. Sulz

VORWORT

Dieses Buch will den aktuellen Stand moderner Kurz-Psychotherapie durch einige exemplarische Darstellungen vermitteln. Zunächst gibt M. Lohmer einen Überblick über die bekannteren Kurzzeittherapieformen.

Nach einer Zeit der überwiegenden Favorisierung der Kurzzeittherapie sind wir heute soweit, daß wir differentielle Indikationen stellen. Es gibt eine Zahl von Erkrankungen und Persönlichkeitsstrukturen, die drei- bis fünfjährige Therapien erfordern wie die Borderline-Persönlichkeitsstörung. Wir wissen heute, daß Kurzzeittherapie entweder eine begrenzte Zielsetzung bzw. Fokussierung oder eine relativ gesunde Primärpersönlichkeit bzw. intakte soziale Einbettung erfordert. Die beiden Kapitel über differentielle Indikation von Kurz- und Langzeittherapie (R. Lachauer und S. Sulz) versuchen den heutigen klinischen Stand darzustellen.

Als Gewinn des Kurzzeit-Engagements bleibt der sehr bewußte Umgang mit der Zeit und die weitestgehende Nutzung der gesunden Anteile des Patienten.

Heute zeichnen sich einige spezifische moderne Formen der Kurzzeittherapie als klinisch erfolgversprechend ab, wenn man von der Verhaltenstherapie als generelle Form der Kurzzeittherapie absieht.

Die beiden tiefenpsychologischen Beiträge von Fürstenau und Gottwik sind Weiterentwicklungen psychoanalytischer Therapie, um deren Diskussion tiefenpsychologische Therapeuten heute nicht mehr herum kommen und die Therapeuten jeder Therapierichtung entscheidende neue Impulse vermitteln können, wenn sie nur mutig genug sind, altgewohnte Vorbehalte einer Prüfung zu unterziehen. Davanloos Umgang mit Widerstand und seine Konzeption der Bedeutung der Wut und des therapeutischen Umgangs mit dieser Wut sind eine wichtige Bereicherung tiefenpsychologischen Verständnisses des Menschen und des Therapieprozesses. Fürstenaus systemische Perspektive öffnet die Tür zu einer psychoanalytischen Kurz-Psychotherapie, die eine wertvolle Ergänzung des therapeutischen Repertoires tiefenpsychologischer Psychotherapie ist.

Die Interpersonelle Psychotherapie wird von E. Schramm vorgestellt. Sie ist eine tiefenpsychologisch fundierte Kurztherapie, deren Wirksamkeit in umfangreichen Studien nachgewiesen wurde und deren Vorgehensweise etwa etwa in der Mitte zwischen kognitiver und tiefenpsychologischer Psychotherapie liegt. In USA ist ihre Vermittlung Bestandteil der psychiatrischen Weiterbildung.

Den Stellenwert der Hypnotherapie als moderne Kurzzeittherapie beschreibt D. Revenstorf. Diese elegante Arbeit mit dem Unbewußten kann sowohl von Tiefenpsychologen, deren „Arbeitsmaterial“ die unbewußten Prozesse sind, gewinnbringend eingesetzt werden, als auch von Verhaltenstherapeuten, die auf diese Weise das Unbewußte entdecken können und die durch eine neue Art des Umgangs mit Widerstand ihre Arbeit weniger anstrengend gestalten.

In der Verhaltenstherapie, die längst über die rein lernpsychologische Fundierung hinausgewachsen ist, und sich aus der gesamten allgemeinen Psychologie, der Emotions-, Persönlichkeits- und Sozialpsychologie erklärt, sind mit den Arbeiten von Kanfer, Linehan und Hayes moderne Therapieansätze entstanden, die die Selbstregulation der menschlichen Psyche im Sinne der Funktionalität der intra- und interpsychischen Homöostase zum Schwerpunkt haben. Man könnte sagen, daß nach der kognitiven Ära der Verhaltenstherapie jetzt unter Einbeziehung der Emotionalität und der zwischenmenschlichen Beziehungen die funktionsanalytische Ära beginnt. Der funktionale Ansatz ist aus der kognitiven Verhaltenstherapie erwachsen, beinhaltet diese völlig, erweitert sie aber um eine weitere Dimension, der Frage nach dem Wozu des Verhaltens. Das funktionale Verständnis des Menschen schließt die systemische Sichtweise ein und das Ergebnis der Funktionsanalyse gleicht nicht selten tiefenpsychologischen Aussagen zur Psychodynamik eines Falles.

Die in diesem Buch zur Darstellung kommenden sehr verschiedenen Kurzzeittherapieansätze haben jeweils originäre und spezifische Herangehensweisen. Und doch wird ein gemeinsamer Nenner sichtbar, der eine integrative Plattform zukünftiger Psychotherapie sein kann.

Die beiden Beiträge über die Strategische Kurzzeittherapie als funktionellem Ansatz im Rahmen kognitiv-behavioraler Psychotherapie führen Denk- und Vorgehensweise eines erlernbaren intensiven Kurztherapie aus.

Linehans erstes Jahr der Borderline-Therapie zeigt einerseits die Nähe zu diesen Kurz-Psychotherapien, andererseits ist sie ein Beispiel einer Langzeittherapie, die wir in der Versorgung komplexer und schwerer psychischer Störungen dringend benötigen. Leider würden die bisher vorliegenden Langzeit-Therapieansätze noch kein Buch wie dieses füllen. Wir kennen in der Verhaltenstherapie nur noch das Assertiveness-Training-Programm von Ullrich und Ullrich de Muynck und in der Tiefenpsychologie die psychoanalytische Behandlung als eigenständige definierte Langzeitansätze.

S. Sulz

(Herausgeber)

Mathias Lohmer

Kurzzeittherapie • Ein Überblick

Mathias Lohmer

Kurzzeittherapie • Ein Überblick

In diesem Übersichtsartikel möchte ich Ihnen einen Überblick über das Feld, über Indikationskriterien, Wirkfaktoren, Vorteile und Gefahren liefern.

Es gibt sicherlich *verschiedene* Gründe, warum die Diskussion über Kurzzeittherapie in den letzten Jahren zunehmend an Aktualität und Brisanz gewinnt. Zum einen zwingt der zunehmende Kostendruck im Gesundheitswesen auch im Bereich der Psychotherapie zu einer verstärkten Beachtung des „Dosis-Nutzen-Zusammenhanges" (Howard, 1986). Speziell die Entwicklungen der Verhaltenstherapie und der kognitiven Verhaltenstherapie stellen hier eine deutliche Herausforderung für die Psychoanalyse und die psychoanalytisch fundierte Psychotherapien dar - in letzter Zeit ist über diese Herausforderung im Zusammenhang mit den Ergebnissen von Grawe (Grawe, Donati, Bernauer,1990) ja viel und kontrovers diskutiert worden. Zum andern ist auch bei den Patienten ein vielleicht dem „Zeitgeist" entsprechendes verändertes „Nutzungsverhalten" gegenüber Therapie zu beobachten: Das Bedürfnis nach kurzen, zumindest nach zeitlich begrenzten problemlösungsorientierten Therapieverfahren mit aktivem Therapeutenverhalten nimmt deutlich zu, demgegenüber fällt es zunehmend schwerer, Patienten für die zeitlich und thematisch offene Perspektive einer hochfrequenten Psychoanalyse mit geringer Therapeutenaktivität zu gewinnen - dies entspricht zumindest meinen Erfahrungen an einer psychosomatischen Poliklinik mit hohem Patientendurchlauf.

Weiterhin besteht in Deutschland mit der Tradition stationärer Psychotherapie eine lange Erfahrung in psychoanalytisch orientierter Kurzzeitherapie.

Schließlich sollten aber auch pragmatisch-kassentechnische Faktoren nicht zu gering bewertet werden: Die Gewährung von 25 Stunden Kurztherapie ohne umständliches Antrags- und Gutachterverfahren hat sicherlich zur Favorisierung dieses Therapieverfahrens beigetragen.

Angesichts dieser zunehmenden Popularität erscheint es umso notwendiger, Grundvoraussetzungen, Wirkfaktoren und Indikationsbereiche näher zu spezifizieren (vergl. a. Koss, Shiang,1994).

Allgemein besteht Einigkeit, 25 Sitzungen als Obergrenze einer Kurztherapie anzunehmen. Vor allen Dingen in den USA wird unter Kurztherapie oft eine 6 bis maximal 10stündige Psychotherapie verstanden. Als Hauptorientierungen können die psychodynamische, die verhaltenstherapeutische und kognitiv-verhaltenstherapeutische, die eklektische und die Krisentherapie unterschieden werden.

Die längste Tradition haben hierbei die **psychoanalytisch orientierten Techniken**, bekannt geworden sind hier vor allen Dingen die Fokaltherapie (Balint,1973), die Notfall- und Kurzpsychotherapie (Bellak, Small, 1978) und die Kurzzeitpsychotherapie von Malan (1963) als Frühformen in den 60er und 70er Jahren. In den 80er Jahren machte Davanloo (1980) viel von sich reden, der in Montreal eine „dynamische Psychotherapie" entwickelte, mit einer betont konfrontativen Technik, die zentrale Beziehungskonflikte des Patienten thematisiert. Dabei setzt er auch Videoaufnahmen ein, die er dann zusammen mit dem Patienten betrachtet und so zu einem vertieften Reflexionsprozeß beiträgt.

In einer ähnlich konfrontativen Richtung arbeitet die angstprovozierende Psychotherapie von Sifneos (1987). Sehr einflußreich wurde weiterhin die supportiv-expressive Psychotherapie von Luborsky (1984), der als erster wesentliche Wirkfaktoren psychoanalytischer Psychotherapie in einem Manual zusammenfasste und somit auch für wissenschaftliche Zwecke handhabbar machte. Sein Konzept der „hilfreichen therapeutischen Beziehung" gilt seither als Basis-Wirkfaktor aller Psychotherapien, sein Konzept des „zentralen Beziehungskonfliktes" hat eine wesentlich differenziertere Psychotherapieforschung ermöglicht.

Auch die interpersonelle Psychotherapie von Klerman (1984) hat zumindest deutlich psychodynamische Wurzeln.

Im Bereich der **Verhaltenstherapie und der kognitiven Verhaltenstherapie** besteht von vornherein ein „kurztherapeutisches Grundkonzept“, auch wenn sich allmählich herausstellt, daß komplexere Störungen, z.B. aus dem Bereich der Persönlichkeitsstörungen, mit den Mitteln der klassischen Verhaltenstherapie und ihrem Stundenkontingent innerhalb der Kassenleistung nur schwer zu behandeln sind. Verschiedene Therapieverfahren wie die rational-emotive Therapie (Ellis,1977), die kognitive Verhaltenstherapie von Meichenbaum (1979) oder Beck (1993) und die strategischen Therapieverfahren, wie z.B. die von Haley (1987), verbinden verhaltenstherapeutische Interventionsweisen mit systemischem Denken. In „eklektischen Psychotherapien“, z.B. der Kurztherapie von DeShazer (1990) oder Lazarus (1981), wird diese Kombination noch deutlicher entwickelt.

Die *krisenorientierte* Therapie schließlich arbeitet mit Patienten z.B. nach einem Suizidversuch und nutzt die spezielle Empfänglichkeit zu Veränderung der Patienten nach einem einschneidenden Lebensereignis aus.

Bei all diesen verschiedenen Ausprägungen von Kurztherapien können eine Reihe von gemeinsamen **Wirkfaktoren** herausgearbeitet werden.

Insbesondere sind folgenden Annahmen zu bedenken:

1. Dem Patienten wird die Fähigkeit zu Veränderung in seiner gesamten Lebensspanne zugestanden.
2. Dem Erreichen von Zielen wird eine begrenzte Zeit zugeordnet - es geht mehr um einem Anstoß von Wandel als um ein langfristiges Durcharbeiten.
3. Die hilfreiche Beziehung, bzw. das Arbeitsbündnis ist die Basis der Veränderung.

Um diese Prinzipien zu unterstützen, ist es wichtig:

1. Den Patienten sorgfältig auszuwählen.
2. Eine rasche und frühe diagnostische Einschätzung des Patienten vorzunehmen.
3. Die therapeutischen Handlungen auf den begrenzten Zeithorizont über definierte Ziele zu beziehen.

Die *Zeitbegrenzung* wird dabei in verschiedenen Therapien unterschiedlich gehandhabt - Kriseninterventionen werden oft nach Wochen (4 bis 6 Wochen) berechnet, Fokaltherapie bei Balint und Malan dauert 10-40 Sitzungen, die allerdings über ein Jahr verteilt sein können. Auch aus der Familientherapie - ja ebenfalls meist eine Kurztherapie - kennt man das Prinzip begrenzter Sitzungen, die mit einem weiten Abstand zwischen den Therapiesitzungen über ein halbes Jahr bis ein Jahr verteilt sind.

Weiterhin gibt es die Möglichkeit, in der ersten Sitzung sich auf die genaue Zahl der Sitzungen zu einigen, um sowohl für Patient wie Therapeut ein klares Ende zu setzen - gerade in der stationären Psychotherapie wurden damit gute Erfahrungen gemacht, ein „Agieren“ um das Entlassungsdatum kann so begrenzt werden.

Speziell in der Krisenintervention kann es am Anfang zu häufigen Sitzungen, mit zum Teil variabler Stundenlänge kommen, mit einem langsamen „Ausschleichen“ der Therapiestunden gegen Ende der Therapie. Follow-Up-Sitzungen in größerem Abstand nach Beendigung der eigentlichen Therapie haben oft einen deutlich stabilisierenden Faktor.

Entscheidend für die Wirksamkeit von Kurztherapien ist die sorgsame *Indikationsstellung*. Ungeeignet für Kurztherapien sind dabei in der Regel Patienten mit Persönlichkeitsstörungen, Neigung zum Agieren und mangelnder Impulskontrolle - im psychoanalytischen Sinne also mit einer massiven Ich-Schwäche und einer starken passiven Grundhaltung. Auch Patienten mit schweren Zwängen, sozialen Phobien, massiver Selbstunsicherheit und schweren Depressionen, sowie Eßstörungen sind in der Regel für Kurztherapien nicht geeignet.

Eine häufige Indikation besteht dagegen bei Phobien, beginnenden Angstneurosen, leichten Depressionen, akuten Partnerkrisen, vor allen Dingen aber auch bei Leistungs-, Lern- und Arbeitsstörungen. Prüfungsängste sind hierfür ein klassisches Beispiel: Es besteht ein hoher Problemdruck, vorgegeben wenig Zeit und ein klares, umschreibbares Problem, das sowohl verhaltenstherapeutisch (Lerntechniken,Entspannungstechniken,Selbst-Instruktionstechniken) als auch psychodynamisch (z.B. der Konflikt des „Scheiterns am Erfolg“ oder der Gefahr der „ödipalen Überwindung des Vaterobjektes“) angegangen werden kann.

Versucht man Faktoren zu ermitteln, die einen *Therapieerfolg* erwarten lassen, kommen Variablen zusammen, die auf *akute Probleme bei einer eher reiferen Persönlichkeit* schließen lassen. So ist die geringe Zeitdauer des Bestehens des Problems, im Gegensatz zu einem chronifizierten Problem sowie ein fokalisierbare, im Gegensatz zu einer diffusen Problematik ein wichtiges Kriterium. Reifere Patienten mit einem *aktiven Problemlösungsverhalten* und einem *guten Anpassungsniveau vor* der Krise oder dem Auftreten des Problems können natürlich rascher therapeutische Techniken übernehmen und haben meist eine bessere *„Veränderungstechnologie"* als kränkere und damit passivere Patienten mit einer größeren Angst vor Veränderungen. Weiterhin ist die Fähigkeit des Patienten, eine gute und *hilfreiche Beziehung* (außerhalb und innerhalb der Therapie) zu unterhalten, ein wichtiges Kriterium für Kurztherapien - ein solcher Patient wird therapeutische Hilfe effektiver nutzen können als ein Patient, dessen Grundschwierigkeit gerade darin besteht, eine Beziehung einzugehen.

Alle diese Kriterien machen schon deutlich, daß die *Motivation* des Patienten den therapeutischen Prozeß selbst *aktiv* zu gestalten, Neugier zu entwickeln und auch zwischen den Sitzungen Übungen durchzuführen, für den Erfolg einer Kurzpsychotherapie von großer Bedeutung ist.

Neben diesen Patientenvariablen sind natürlich auch Therapeutenvariablen und nicht zuletzt die „Passung" von Patient und Therapeut von großer Bedeutung. Gute Kurztherapeuten können in der Regel rasch einen *Fokus* bilden, an diesem auch festhalten, können flexibel auf die unterschiedlichen Bedürfnisse des Patienten eingehen, zeigen allgemein einen hohen *Aktivitätsgrad* und scheuen sich nicht, Themen wie Beendigung der Therapie und Umgang mit *Trennung* frühzeitig und aktiv aufzugreifen. Sie betonen stark die Autonomie des Patienten und ermutigen ihn in seiner Fähigkeit, Probleme zu lösen und Lösungen auszuprobieren.

So bedarf es einer ständigen Aktivität des Therapeuten, das therapeutische Gespräch am Fokus zu orientieren und andere, durchaus wichtige, Aspekte aktiv beiseite zu lassen. *Supportive* Interventionstechniken wie Anregungen, Unterstützung, Verabredung von Hausaufgaben und aktives Entwickeln und Klären von Problemlösungstechniken sind Verhaltenstherapeuten gut vertraut, werden von psychoanalytisch orientierten Psychotherapeuten aber erst in letzter Zeit in ihr Repertoire übernommen. Auch die Einbeziehung von Partnern oder Selbsthilfegruppen in die Therapie ist noch ungewohnt und widerspricht einem klassisch-dyadischen Therapieverständnis. Speziell für psychoanalytisch orientierte Therapeuten bedeutet es ein gewisses Umlernen, daß die wichtigsten Veränderungen vielleicht eher zwischen den Sitzungen als in den Sitzungen selbst passieren und der Therapeut nicht mehr im Zentrum der Therapie steht. Übertragungsdeutungen treten zurück und werden hauptsächlich dann angewendet, wenn ein *Übertragungswiderstand* auftritt bzw. der Therapiefortschritt behindert wird. Der Therapeut wird so mehr zum „Berater" des Patienten in seinem gesamten psychosozialen Feld - eine Haltung die stationär arbeitenden Psychotherapeuten durchaus vertraut ist.

Umgekehrt macht gerade die Forschung über Kurztherapie deutlich, daß neben den oben beschriebenen Interventionstechniken die *„hilfreiche therapeutische Beziehung"* die entscheidende Basis für die Veränderung darstellt. Die differenzierten Möglichkeiten einer psychoanalytisch orientierten Beziehungsdiagnostik und eine psychoanalytischen Darstellung und Deutung des Beziehungsgeschehens ist wiederum für die Verhaltenstherapie eher ungewohnt. Speziell in Krisensituationen kann es für Verhaltentherapeuten schwierig werden, angemessen mit Phänomenen wie Widerstand und Angst vor Veränderung umzugehen. Scheinbar bemüht sich der Patient, macht seine „Hausaufgaben" - und trotzdem kommt es zu keinem befriedigendem Fortschritt. Spätestens hier zeigt es sich, daß die z.B. hinter einer Phobie liegende *Notwendigkeit* der Angstentwicklung (z.B. die Befürchtung, bei aggressiven Affekten verlassen zu werden), sowie die Äußerung des zentralen Beziehungskonfliktes des Patienten *in* der therapeutischen Beziehung für einen wirklichen Fortschritt unbedingt thematisiert werden müssen.

Auch *systemische* Gesichtspunkte (warum könnte es - auch innerhalb des Familiensystems - *sinnvoll* sein das Problemverhalten aufrechtzuerhalten? Was würde der Patient beim Aufgeben des Problemverhaltens verlieren?) können bei einem adäquaten Umgang mit Angst und Widerstand gegenüber Veränderung sinnvoll sein.

Ich möchte diesen Überblick mit einer Warnung und mit einer Ermutigung schließen.

Zunächst die *Warnung*: Gerade weil es so verführerisch ist, die 25 Stunden Kurztherapie im Rahmen der Krankenkassenbehandlung in Anspruch zu nehmen und sie dann im Laufe der Therapie in eine Langzeittherapie „umzuwandeln", sollte man bedenken, daß Kurztherapie ein sehr *spezifisches* Verfahren ist, das einer sehr genauen initialen Evaluation der Problemsituation bedarf und keineswegs ein Zuwarten und Ausprobieren im Rahmen von 25 Sitzungen erlaubt. Die spätere Umwandlungsmöglichkeit *beraubt* die Kurztherapie geradezu eines mächtigen *Wirkfaktors,* nämlich der initialen Einigung auf die *Zeitbegrenzung* und damit auch die Begrenzung des Erreichbaren. Pessimistisch bin ich auch, wie viele Patienten für eine Kurztherapie wirklich geeignet sind. Zumindest im Rahmen psychoanalytisch orientierter Verfahren scheint die Indikation begrenzt - in psychosomatischen Polikliniken kommen zusehends mehr schwer gestörte Patienten, die eher einer längerfristigen Therapie bedürfen.

Zum Schluß aber noch die *Ermutigung:* Es kann für Therapeuten auch etwas Erfrischendes und Herausforderndes haben, sich bewußt auf einen begrenzten Behandlungsfokus mit dem Patienten zu einigen und selber wieder verstärkt Zuversicht in die Fähigkeit des Patienten zu gewinnen, auch begrenzte Interventionen des Therapeuten für sein Veränderungspotential zu nutzen. Kurztherapien sind so gesehen ein gutes Gegenmittel gegen die eigene Überforderung durch ein zu hohes Entwicklungsideal und die Tendenz, die Kompetenz des Patienten zur aktiven Problembewältigung eher zu unterschätzen. Kurztherapie zwingt nicht nur den Patienten, sondern auch den Therapeuten zu einer aktiven Haltung und einem Wertschätzen der Beschränkung.

Literatur

Balint, M., Ornstein, P.H., (1973). *Fokaltherapie. Ein Beispiel angewandter Psychoanalyse.* Frankfurt: Suhrkamp.

Beck, A.T., Freeman, A. et al., (1993). *Kognitive Therapie der Persönlichkeitsstörungen.* Weinheim: Psychologische Verlags Union.

Bellack, L., Small, L., (1975). *Kurzpsychotherapie und Notfall-Psychotherapie.* Frankfurt: Suhrkamp

Davanloo, H., (1980). A method of short-term dynamic psychotherapy. In H. Davanloo (Ed.) *Short-term dynamic psychtherapy,* S. 43-71. New York: Jason Aronson.

de Shazer, S., (1990). *Der Dreh. Überraschende Wendungen in der Kurztherapie.* Heidelberg: Auer

Ellis, A., (1977). *Die rational-emotive Therapie:* München: Pfeiffer

Grawe, K., Donati, R., Bernauer, F. (1993). *Psychotherapie im Wandel. Von der Konfession zur Profession.* Göttingen: Hogrefe.

Haley, J. (1987). *Gemeinsamer Nenner Interaktion. Strategien der Psychotherapie.* München: Pfeiffer

Howard, K. I., Kopta, S. M., Krause M. S., & Orlinsky, D. E. (1986). *The dose-effect relationship in psychotherapy.* American Psychologist, 41, S. 159-164.

Klerman, G.L., Weissman M. M., Rounsaville, B. J., & Chevron, E. S. (1984). *Interpersonal psychotherapy of depression.* New York: Basic Books

Koss, M. P., Schiang J., (1994). *Research on brief psychotherapy* in: Garfield, S., L., Bergin A.E. (1994). *Handbook of psychotherapy and behavior change*. New York: John Wiley & Sons, S. 664-700.

Lazarus A. A. (1978) *Verhaltenstherapie im Übergang.* München: Reinhardt.

Luborsky, (1988).*Einführung in die analytische Psychotherapie.* Berlin: Springer Verlag.

Malan, D. H. (1965). *Psychoanalytische Kurzzeittherapie.* Bern: Huber.

Meichenbaum, D. H.(1979). *Kognitive Verhaltensmodifikation.* München: Urban und Schwarzenberg

Sifneos, P. E., (1987). *Short-term dynamic psychotherapy: Evaluation and technique* (2nd. ed.) New York: Plenum.

Rudolf Lachauer

Indikation und Zielsetzung psychoanalytisch orientierter Kurzzeittherapie

Rudolf Lachauer

Indikation und Zielsetzung psychoanalytisch orientierter Kurzzeittherapie

Es gibt sicher nicht wenige meiner Kollegen, die es für überflüssig halten, einen langen Artikel über die Indikation zur psychoanalytischen Kurztherapie zu schreiben. Sie ist bei allen Patienten als „Einstiegsverfahren" indiziert, meinen die einen. Sie ist ein so spezielles und hochverdichtetes Verfahren, daß eine abgeschlossene analytische Ausbildung und viel Erfahrung in Langzeitanalysen dafür notwendig ist, argumentieren die anderen. Zwischen diesen Auffassungen liegen natürlich Welten, vor allem besteht kein Konsens darüber, was denn inhaltlich eine Kurztherapie ausmacht. Die Verfechter der hochspezialisierten Kurztherapie meinen damit die konzentrierte Anwendung rein analytisch deutender Technik, während den anderen ein eher buntes Feld verschiedener Techniken, von Deutung bis zu supportiver Stützung und Beratung vorschwebt.
Es würde natürlich an der Praxis vorbeigehen, wenn man außer acht läßt, daß auch die Kollegen, die einmal Analytiker werden und dann zu einem hochspezialisierten Verfahren in der Lage sind, in der Mehrzahl bereits vor oder während ihrer Ausbildung Kurztherapien durchführen. Sie müssen das an ihrem Arbeitsplatz, in psychotherapeutischen Kliniken oder sonstigen Institutionen tun, und dort ist die Frage, ob eine Kurztherapie indiziert sei, meist gar nicht relevant. Die Patienten sind ganz einfach da, sie sind für eine meist begrenzte Zeit von einigen Wochen oder Monaten da, sie müssen also mit psychotherapeutischen Kurzverfahren behandelt werden. Eine andere Situation ist gegeben, wenn ein Psychotherapeut niedergelassen ist und nur ambulante Patienten betreut. Dort wird die Frage der Indikation zu einer kurzen oder langfristigen Therapie in der Tat zu einer wichtigen Frage. Und diese Frage möchte ich in das Zentrum meiner Ausführungen stellen.

Indikation und Ausbildung des Therapeuten

Wenn ein Patient zum Psychotherapeuten geht, hat er meist ein ganz bestimmtes Ziel, er sucht nämlich vordergründig nur Hilfe bei einem Problem, einem Symptom oder Verhalten, das ihm Schwierigkeiten bereitet. Er hat dabei selten eine Vorstellung darüber, welche Art von Therapie er will. Für den Psychotherapeuten aber geht es sehr rasch um die Entscheidung, welche der verschiedenen Therapieformen ist indiziert, und möglich bei diesem speziellen Menschen mit seinem Problem: eine Einzel- oder Gruppentherapie, eine Langzeit- oder eine Kurztherapie, oder ist vielleicht eine stationäre Behandlung notwendig?
In zwei Richtungen geht dabei die Frage. Welche Behandlung braucht der Patient, welche ist für ihn geeignet? Und zweitens: Zu welcher Therapie ist der Therapeut selbst in der Lage, sowohl von der Ausbildung, und seinen zeitlichen Kapazitäten her als auch von seinen beruflichen Rahmenbedingungen wie Einbindung in eine Institution oder die wirtschaftlichen Bedingungen eines kassenärztlichen Versorgungssystems.
Optimal ist es natürlich, wenn beide Fragen die gleiche Antwort finden: Der Therapeut kann dem Patienten die Therapie anbieten, die für ihn geeignet ist. Aber schon hier stellt sich eine neue Frage. Ist immer so klar, welche Behandlung der Patient braucht? Hängt nicht die Antwort wiederum ab von der therapeutischen Ausrichtung des Behandlers?
Zahlen aus der kassenärztlichen Versorgung sprechen dafür, daß die Indikation zu einer bestimmten Methode sehr stark abhängt von der beruflichen Vorbildung des Therapeuten, ob er z.B. an einem klassisch psychoanalytischen Institut ausgebildet ist, an dem hochfrequente Psychoanalyse gelehrt wird, ob er den Zusatztitel „Psy-

aus: Psychotherapie in Psychiatrie, Psychotherapeutischer Medizin und Klinischer Psychologie, 2. Jahrg. 1997, Band 2, Heft 2

chotherapie“ erworben hat und nun versucht, möglichst vielen, oft schwer gestörten Patienten mit seinen Möglichkeiten gerecht zu werden oder ob er eine verhaltenstherapeutische Ausbildung mit einem primär symptomorientierten Ansatz hinter sich hat.
Ich gehe davon aus, daß jede dieser therapeutischen Ausrichtungen ihre Fähigkeit unter Beweis gestellt hat, vielen Patienten mit zum Teil ähnlichen Anfangssymptomen oder -problemen hilfreich zu sein. Diese Überlegungen stelle ich aber an den Beginn meines Beitrags, um aufzuzeigen, daß es keine klare, für alle Psychotherapeuten verbindliche Indikation gibt, sondern daß diese sehr abhängig ist vom Ausbildungsstand, von der grundsätzlichen Ausrichtung des Psychotherapeuten und natürlich auch von dessen Persönlichkeit. Nicht jedem liegt es, die „Dichte“, aber auch die Begrenzung einer Kurztherapie auf sich zu nehmen.
Das alles heißt nun aber nicht, daß es völlig egal ist, welche Behandlung ein Patient bekommt, unterschiedlich ist nämlich der Weg, auf dem die Symptome behandelt werden, und unterschiedlich sind die direkten und auch die vom Symptom unabhängigen indirekten Ziele, die in einer solchen Behandlung angestrebt und erreicht werden. Und genau diese mit zu berücksichtigen und in der Entscheidung für oder gegen eine bestimmte Therapie deutlich zu machen, erscheint mir für die Frage der Indikation ein wichtiges Element zu sein, das oft nicht genügend bedacht wird.
Manche Patienten haben zu einem Aspekt dieser Fragen schon vor Beginn der Behandlung indirekt Stellung bezogen und damit eine Indikationsentscheidung vorweggenommen, indem sie nämlich bewußt einen Verhaltenstherapeuten oder einen analytisch orientierten Psychotherapeuten aufsuchten. Sie drücken damit indirekt aus, wie sie selbst ihre Symptome verstehen, etwa als nicht weiter zu hinterfragendes, sie lediglich störendes und zu beseitigendes Symptom oder als Ausdruck einer inneren Störung, die sie mit ihrer Lebensentwicklung in Zusammenhang bringen. Bei anderen Patienten ist dies nicht so klar. Ich meine aber, diese Frage sollte nicht unberücksichtigt bleiben, wenn der Therapeut nicht riskieren will, daß der Patient mitten in der Behandlung entweder das biographische Verständnis der Hintergründe und des Entstehens seiner Symptome einklagt oder wenn er sich auf der anderen Seite sperrt gegen die Mobilisierung vergangener Erlebnisse, Erfahrungen und die damit verbundenen Gefühle.
Ich muß mich hier natürlich auf den mir aus meiner eigenen Erfahrung bekannten Bereich der psychoanalytisch bzw. tiefenpsychologisch orientierten Behandlung beschränken und das Gebiet der verhaltenstherapeutischen Therapieverfahren anderen (siehe den Beitrag von Sulz) überlassen.

Indikation und Zielsetzung psychoanalytisch orientierter Kurztherapie ist das Thema und nachdem ich klarzumachen versucht habe, von welch vielfältigen Faktoren die Entscheidung für eine bestimmte Therapie abhängt und wie sehr sich daher die konkrete Indikationsstellung durch Vertreter verschiedener Schulen und Therapierichtungen überschneiden kann, möchte ich doch, Schwerpunkte herausarbeiten, die für die Anwendung von Kurztherapie und hier besonders von psychoanalytisch orientierter Kurztherapie sprechen. Zusätzlich werde ich darauf aufmerksam machen, daß auch im Bereich der psychodynamischen Kurztherapien verschiedene Strömungen existieren, die sich vor allem durch ihre indirekte Zielsetzung und das dahinterstehende Menschenbild unterscheiden.

Indikation im Rahmen der kassenfinanzierten Psychotherapie

Wenn man sich zunächst darauf besinnt, daß sich die in Deutschland häufigste Anwendung von psychoanalytisch orientierter Kurztherapie sich im Rahmen der kassenfinanzierten Psychotherapie abspielt, so ist es ratsam, sich mit den vorgegebenen Rahmenbedingungen auseinanderzusetzen. Nun sind diese natürlich ihrerseits das Ergebnis früherer Überlegungen zur Indikation und stellen somit einen aktuell zwar vorgegebenen, aber auf Dauer doch auch wandelbaren Rahmen dar.
Wurde früher auf den Vordrucken zur Antragstellung unterschieden nach verschiedenen Verfahren wie Fokaltherapie, dynamischer Psychotherapie nach Dührssen etc., so sind jetzt lediglich drei Bereiche für die Anwendung aufgeführt. Kurzzeittherapie (KZT) wird durchgeführt

1. als Behandlungsverfahren mit voraussichtlich ausreichendem Behandlungserfolg
2. zur Überprüfung einer Indikationsstellung für Langzeittherapie
3. als Sofortmaßnahme zur Krisenintervention

Diese drei Punkte erscheinen auf den ersten Blick recht klar voneinander unterschieden zu sein, es gibt jedoch auch deutliche Überschneidungen. Um nur ein Beispiel zu nennen, kann eine Sofortmaßnahme zur Krisenintervention zugleich einen derzeit ausreichenden Behandlungserfolg mit sich bringen. Die Erfahrung in diesem Krisenkontext zeigt aber auch, daß die Indikation für eine längerfristige analytische Behandlung gegeben ist. Keil-Kuri (1993)

stellt die drei Punkte des Kassenantrags in den Mittelpunkt ihrer differentialdiagnostischen Überlegungen und führt aus, daß der erste Punkt, Kurztherapie als Behandlungsverfahren mit voraussichtlich ausreichendem Behandlungserfolg, am ehesten auf Patienten zutrifft, bei denen begrenzte Konflikte vorliegen, die ihrerseits durch eine aktuelle Lebenssituation ausgelöst wurden. Die symtomauslösende Verarbeitung von Verlusterlebnissen, von akuten Traumata oder von besonderen Lebens- Entwicklungs- und Schwellensituationen gehören hierher, was verständlich macht, daß gerade Kinder und Jugendliche, aber auch ältere Patienten von einer analytisch orientierten Kurztherapie oft sehr profitieren.
In ähnlichem Sinne arbeitet Rechenberger medizinische Kriterien für die Anwendung von Kurzpsychotherapie in der Praxis des niedergelassenen Hauarztes heraus.
Er schreibt:
Für eine Kurztherapie eignen sich besonders:

1. Patienten, die über Beschwerden klagen, für die sich keine organischen Ursachen finden lassen und die wir als Organneurosen, wie etwa Herzneurosen, bezeichnen
2. Patienten, die immer wieder den Arzt in unregelmäßigen Abständen aufsuchen und unklare Beschwerdebilder zeigen, die früher der vegetativen Dystonie zugeordnet wurden
3. Patienten in akuten emotionalen Krisenzuständen
4. Patienten mit Sexualstörungen und Störungen in der Partnerschaft (z. B. bei Eheschwierigkeiten)
5. Patienten mit Verhaltensauffälligkeiten
6. Patienten mit Minimalbefund, der keinen ausreichenden Anlaß für die Stärke ihrer Beschwerden darstellt
7. Patienten mit psychosomatischen Erkrankungen im engeren Sinne, bei denen das Krankheitsbild noch nicht länger als zwei Jahre besteht

Notwendigkeit, ein zentrales inneres Thema zu erarbeiten

Ein für die erfolgreiche Durchführung analytisch orientierter Kurztherapie sehr wichtiger Punkt muß nun dargelegt werden. Bei der begrenzten Zeit für den therapeutischen Prozeß, ist es wesentlich, sich zunächst in der Innenwelt des Patienten zu orientieren, um den pathogenen Kern für die Symptomatik des Patienten zu finden. Was in ihm selbst wurde durch das auslösende äußere Ereignis mobilisiert, daß er dieses „Trauma" nicht etwa mit „gesunder Trauer", sondern nur um den Preis eines Symptoms bewältigen konnte. Ohne einen solchen Fokus besteht die Gefahr, daß der Therapeut an verschiedenen Stellen der psychischen „Oberfläche" des Patienten ansetzt, ohne am zentralen Punkt in der zur Verfügung stehenden Zeit genügend in die Tiefe gehen zu können.
Aus der Erfahrung mit vielen, auch noch nicht lange analytisch ausgebildeten Kollegen, mit denen ein Fokus erarbeitet wurde, hat sich gezeigt, daß eine solche Hypothese, wenn sie eine einleuchtende „Verständnis-Gestalt" hat, für sich allein bereits die zentrale Hilfe für die weitere therapeutische Arbeit ist. Eine abgeschlossene psychoanalytische Ausbildung erscheint mir daher ein zu hoher Anspruch für die Anwendung psychoanalytisch orientierter Psychotherapie, wenn sie auch durch die vermutlich größere Belastungfähigkeit des Therapeuten und seine breitere Erfahrung im Umgang mit Übertragungs- und Widerstandsphänomenen eine Unterstützung darstellt.
Ein Fokus kann gezeigt, daß ein Fokus immer erarbeitet werden kann, aber das sagt noch nichts aus über die Indikation zu einer bestimmten Therapieform (Lachauer 1992). Die Indikation für eine bestimmte Therapieart wie Kurztherapie, tiefenpsychologisch fundierte, analytische Psychotherapie oder hochfrequente Analyse. Diese ist festzulegen unabhängig von der immer vorhandenen Möglichkeit, einen Fokus zu erarbeiten. Danach erst taucht die Frage nach der Verwendung und dem spezifischen Stellenwert eines Fokus in dieser konkret ausgewählten Therapie auf.

Klärung der Ziele

Zunächst stellt sich also die zentrale Frage: Welcher zeitliche Rahmen ist für welches Ziel notwendig? Für wessen Ziel übrigens? Für das Ziel des Patienten, für das des Therapeuten oder gar für ein Ziel, das die Umwelt an den Patienten und den Therapeuten heranträgt?
Eine Klärung der Ziele ist offenbar das noch wichtigere Problem.
Eine kurze, unvollständige Auflistung von teilweise recht problematischen Zielen, die Patienten in einer Therapie erreichen wollen, soll dies deutlich machen.

- Das Symptom soll verschwinden, egal wie.
- Ich hoffe, so stark zu werden, daß ich die Umwelt verändern kann.
- Ich muß mich ändern, sonst verliere ich meine Frau (meine Arbeit).
- Ich will mich besser kennenlernen und zu mir finden.
- Ich will meine Vergangenheit bewältigen lernen.
- Ich habe gar kein bestimmtes Ziel, erwarte mir nur einfach Hilfe.

Es wird deutlich: Je diffuser, weiter oder illusionärer das

Ziel eines Patienten ist, um so weniger wird er von einer Kurztherapie profitieren, es sei denn, er kann sich darauf einlassen, genau dieses Problem in den Mittelpunkt der zeitlich begrenzten Therapie zu stellen, weil er erkennt, daß diese Haltung auch sonst sein Leben prägt und ihm Schwierigkeiten bereitet. Aber dazu gehört schon eine gewisse selbstreflektierende Distanz, wie sie zu Beginn der Therapie meist nur bei reiferen Patienten auf einem höheren neurotischen Strukturniveau zu finden ist.

Demgegenüber haben Psychotherapeuten oft anders formulierte Ziele:

- Es sollte unterschieden werden zwischen Therapiezielen und Lebenszielen.
- Der Patient muß sich ändern wollen.
- Es ist zu klären, was der Patient jetzt will.
- Der Patient soll sich auf eine Beziehung einlassen, in der er emotionale Erfahrungen machen kann.
- Der Patient sollte eigene Ziele haben, nicht die Ziele anderer verfolgen.
- Der Patient sollte lernen, manche seiner bisher selbstverständlichen Verhaltensweisen zu problematisieren.

Die Umwelt wiederum bringt andere Ziele ein:

- Die Kassen finanzieren nur die Beseitigung von Krankheit, nicht primär die Bewältigung von Problemen und Konflikten.
- Partner, Angehörige oder Arbeitgeber machen Druck, wenn ein Verhalten des Patienten unsozial oder unbequem ist.
- Gerichte machen Therapie zur Auflage.
- Versicherungsträger fordern: „Therapie vor Rente".

All diese unterschiedlichen Zielvorstellungen müssen als erstes geklärt und hinterfragt werden, damit eine Aussage zu den für jede Psychotherapie gültigen allgemeinen Indikationskriterien möglich wird.

Hohage (1996) hat diese in fünf Punkten zusammengefaßt:

1. Es muß ein *Veränderungswunsch* beim Patienten existieren.
2. Es muß eine *Veränderungsnotwendigkeit* bestehen.
3. Es muß die Wahrscheinlichkeit der *Veränderbarkeit* des Patienten bestehen.
4. Es muß die *Effizienz des gewählten Verfahrens* bedacht werden.
5. Abzuwägen sind auch *Risiken und Nebenwirkungen.*

Mit diesen Überlegungen also zurück zu der vorher gestellten zentralen Frage: Welcher zeitliche Rahmen ist für welches Ziel notwendig? Reicht eine oberflächliche Beratung, bei der sich Patient und Therapeut über das Problem und Ziel im klaren sind und in der nur besprochen wird, wie es weitergehen soll? Oder muß die Beratung doch tiefergehen, den vorbewußten oder gar unbewußten Anlaß des Beratungsgrunds oder seine manchmal widersprüchlichen Motive aufdecken? Liegt eine aktuelle Krise vor, die sofortiges therapeutisches Handeln nötig macht? Ist eine intensivere Durcharbeitung eines umschriebenen Problems möglich und sinnvoll, so daß eine Kurztherapie in Frage kommt, oder ist die Problematik so verwoben und im Charakter fixiert, daß nur eine langfristige analytische Behandlung Hilfe verspricht?

Pragmatische Indikationskriterien

Jeder Psychotherapeut macht wohl die Erfahrung, daß in der Praxis nicht immer theoretische Überlegungen, sondern oft sehr pragmatische Gründe für die Entscheidung zu einer Kurztherapie ausschlaggebend sind. Die Ehrlichkeit, sich die wirklichen Motive klarzumachen und unter Umständen auch mit dem Patienten zu besprechen und nicht so zu tun, als würden alle Entscheidungen zur Indikation nur von fachlich-theoretischen Überlegungen ausgehen, gehört nach meiner Überzeugung zu den wichtigen Grundlagen einer wünschenswerten therapeutischen Haltung.

Man kann diese pragmatischen Gründe nach zwei Gesichtspunkten einteilen:

1. Die Indikation geht vom Patienten aus

a. Begrenzte Zeit
b. Begrenztes inhaltliches Ziel
c. Begrenztes Sich-Einlassen (Beziehungsangst, „hineinriechen")
d. Nach früherer Analyse.

2. Die Indikation geht vom Therapeuten aus

a. Begrenztes Setting (Klinik, Institution)
b. Zeitmangel
c. Begrenzte Abrechnungsmöglichkeit
d. Therapeutische Überzeugung
e. Kontraindikation für eine regressionsfördernde Behandlung
f. Forschung
g. Ausbildungsfall

Die Ehrlichkeit, sich die oft vorhandenen pragmatischen Motive einer Indikation einzugestehen, soll natürlich nicht bewirken, daß damit alles möglich und erlaubt ist. Im Gegenteil, es geht mir darum, die Aufmerksamkeit auf die negativen Folgen einer nicht im primären Interesse des Patienten liegenden Indikationsstellung zu richten.
Es ist sicher eine eher günstige Situation, wenn der Patient selbst das Thema der Begrenzung einführt. Die Aussage von Leuzinger-Bohleber (1985),daß ein vom Patienten ausgehendes „natürliches Therapieende“ die Trennungsarbeit und Ablösung erleichtert, ist in diesem Zusammenhang zu sehen. Der Therapeut ist dann nicht alleine dafür verantwortlich, beide Brennpunkte der kurztherapeutischen Arbeit, „inhaltlichen Fokus und das allgegenwärtige Thema der Begrenzung,“ ständig im Auge zu behalten, weil der Patient selbst die Begrenzung akzeptiert und mit berücksichtigt.
Die vom Patienten eingebrachten zeitlichen oder inhaltlichen Begrenzungen müssen natürlich auch dem Therapeuten genügend realistisch und nicht aus neurotisch-idealisierender Erwartungs- oder gar Anspruchshaltung geboren erscheinen.

Die Indikation zu einer kurzen Behandlung im Rahmen noch ungenügender Motivation oder als Vorstufe zu einer tiefergehenden Behandlung wird in der Tat recht häufig vom Patienten selbst gestellt. Viele haben Angst, sich in eine tiefere Beziehung einzulassen, was bei neurotischen Beziehungsstörungen, aber auch bei Jugendlichen in Ablösungskrisen oft der Fall ist.
Ein begrenztes inhaltliches Ziel auf seiten des Patienten liegt auch vor, wenn er bereits eine längere Analyse hinter sich hat und jetzt eine Problematik, ausgelöst etwa durch neue Lebensumstände, bearbeiten will, außer wenn weite Gebiete einer tiefen, frühen Problematik in der ersten Analyse nicht bearbeitet worden sind, so daß unter Umständen eine zweite Analyse notwendig wird.
Die Punkte, die sich aus der zeitlichen Begrenzung der Möglichkeiten[1] des Therapeuten ableiten, müssen verständliche, dem Patienten deutliche und von ihm bedenkbare äußere „Realfaktoren“ sein. Nur dann besteht eine Chance, innerhalb der zur Verfügung stehenden Zeit einen gewissen Abschluß der therapeutischen Arbeit zu ermöglichen und vor allem die Probleme, die am Ende der Behandlung immer auftauchen, konstruktiv zu lösen. In diesem Zusammenhang ist der Hinweis von König (1993) wichtig, daß das Ergebnis einer Kurztherapie keine „Bauruine“, sondern ein „kleines Haus“ sein solle.
Nach meiner Uberzeugung kann die Willkür des Therapeuten oder eine bei ihm vorhandene Neigung zu Illusionen bei der Indikationsstellung fatale Folgen haben und das gesamte Behandlungsergebnis zerstören. Vor allem bei dem Faktor der „freien Stunden“ und der „begrenzten Abrechnungsmöglichkeit“, etwa von Kollegen mit dem Zusatztitel „Psychotherapie“, ist auf diese Gefahr zu achten. Dabei muß besonders sorgfältig bedacht werden, ob auch eine inhaltliche, auf die Problematik des Patienten bezogene Indikation besteht. Unter dem emotionalen Druck von schwer gestörten Patienten eine „heroische Indikation“ für eine kurze Therapie zu stellen, kann gefährlich sein. „Kurz“ ist bei vielen schweren Störungen auch der Rahmen einer tiefenpsychologisch fundierten Psychotherapie, auch wenn diese in den Kassenrichtlinien als „Langzeittherapie“ ausgewiesen ist. In der Regel muß der Patient das „ausbaden“. Eine therapeutische Haltung von Verantwortlichkeit, die auch längerfristige Konsequenzen bedenkt, scheint mir hier besonders wichtig. Lediglich wenn solche schwerer gestörten Patienten selbst die Begrenzung, sei sie zeitlich oder inhaltlich, „mitbringen“ und überzeugend vertreten oder wenn es um die Erarbeitung einer Motivation für eine tiefergehende, längere Behandlung geht, kann auch bei ihnen die Indikation für eine fokussierende kurze Therapie gestellt werden.
Bei dem Punkt „therapeutische Überzeugung“ beziehe ich mich auf Aussagen wie die von Kächele (1985), der sinngemäß meint, daß angesichts der konkreten therapeutischen Versorgungslage die „Therapie der ersten Wahl“ eigentlich fast immer zunächst eine Kurztherapie sein sollte und daß erst danach, u. a. anhand des Behandlungsergebnisses, die Indikation zu einer längeren Behandlung zu überdenken wäre.
Überlegungen, die zu einer Kontraindikation für eine längere Therapie führen, sind mit dem Patienten vor Beginn der Therapie genau zu besprechen, da sonst ebenfalls die innere Rebellion gegen die Begrenzung einen sehr störenden, wenn nicht verhindernden Einfluß haben wird.
Beim Punkt „Forschung“ ist genau zu überlegen, ob die Indikation zu einer Kurztherapie allein aus solchen, außerhalb der primären Interessen des Patienten liegenden Gründen gestellt werden darf oder ob es nur vertretbar ist, die Indikation unabhängig davon zu stellen und dann die Behandlungen dafür geeigneter Patienten auch mit Forschungsansätzen zu untersuchen.

Ähnliches gilt für den Grund: Ich brauche einen „Kurztherapie-Ausbildungsfall“. Der narzißtische Mißbrauch von Patienten für die primären Bedürfnisse von Ausbildungskandidaten darf nicht überwiegen, der Patient muß zumindest mit einiger Wahrscheinlichkeit genügend von einem Kurzverfahren profitieren können.

Indikation und Prognose

Nun fehlt bei den bisher dargestellten pragmatischen Indikationsmerkmalen das Kriterium, ob auch genügende Wahrscheinlichkeit gegeben ist, die Behandlung zu einem ausreichend guten Ergebnis zu führen, daß also die Effizienz genügend gesichert ist.

Sehr ratsam ist es daher, sich mit der Literatur auseinanderzusetzen, welche sich mit dem Zusammenhang zwischen bestimmten Indikationskriterien und dem Ergebnis einer Kurzzeitpsychotherapie beschäftigt. Hier ist vor allem Malan (1972) zu nennen, der als erster die Ergebnisse der Behandlungen der „Werkstatt" von Balint sorgfältig untersucht hat. Er war mit der sonst in Veröffentlichungen anzutreffenden reinen Aufzählung von Störungen, bei denen eine Kurztherapie schon durchgeführt wurde, nicht zufrieden, sondern wollte wissen, unter welchen Bedingungen eine solche Behandlung eine gute Prognose hat.

Als erstes ist festzuhalten, daß bei der Vorauswahl Patienten mit chronischen Charakterproblemen nicht für eine Kurzbehandlung in Frage kamen. Bei denen, die dann behandelt wurden, konzentrierte sich die Untersuchung vor allem auf Faktoren, die bereits vor Beginn der Behandlung feststellbar waren und deren Beachtung eine gute Behandlungsprognose wahrscheinlich machte. Malan geht zunächst auf die seitens des Therapeuten notwendigen Voraussetzungen für eine erfolgreiche Fokaltherapie ein. Der Therapeut muß zwei Fähigkeiten haben, nämlich:

1. die Fähigkeit, zu fühlen, daß er das Problem des Patienten in dynamischem Sinne versteht, und
2. die Fähigkeit, einen umschriebenen Therapieplan aufzustellen.

Diese Formulierung unterscheidet zwischen dem dynamischen Verständnis, welches im Fokus seine Formulierung finden kann, und einem umschriebenen Therapieplan, der wie ein unabhängig davon zu erarbeitender Schritt erscheint. Dementsprechend sind in den Falldarstellungen von Malan zwei verschiedene Punkte aufgeführt, nämlich „psychodynamische Minimalhypothesen", die der Erklärung der Symptomatik des Patienten dienen und dann unabhängig davon ein „Therapieplan aufgrund der Erstbeurteilung". Was ist damit gemeint? Liegt darin die gesuchte Differentialindikation für oder gegen eine bestimmte konkrete Therapieform? Bei genauerer Betrachtung stellt sich aber heraus, daß es bei diesem „Therapieplan" darum geht, eine Präzisierung der psychodynamischen Hypothese vorzunehmen auf ein Ziel hin, das in dieser Kurztherapie erarbeitet werden könnte. Eine Aussage darüber, wann keine Kurztherapie, sondern eine längere Form der analytischen Therapie gewählt werden sollte, ist daraus nicht abzuleiten.

Malan hat erst im Zusammenhang mit dem Ergebnis der Katamnesen den Zusammenhang zwischen einer guten Behandlungsprognose und verschiedenen, am Anfang der Behandlung sichtbaren Faktoren dargestellt.

Als Voraussetzung für eine gute Prognose, im Zusammenhang mit dem Auswahlverfahren für eine psychoanalytische Kurztherapie, schälten sich bei ihm ganz andere als diagnostische Kriterien heraus, nämlich folgende Punkte:

1. Das Material ist verständlich.
2. Ein Therapieplan kann formuliert werden.
3. Es sind Anzeichen vorhanden, daß der Patient mit Deutungen zu arbeiten beginnt.
4. Es sind Anzeichen einer sich entwickelnden Übertragung vorhanden, jedoch nicht einer übermäßig abhängigen oder fordernden.
5. Die Motivation ist von Anfang an stark oder verstärkt sich während des gesamten Zeitraums sehr rasch.

Wer eine Kurztherapie im üblichen ambulanten Rahmen durchführt, tut sicher sehr gut daran, sich an solche Kriterien zu halten, um mit einer gewissen Wahrscheinlichkeit eine erfolgreiche Therapie durchzuführen.

Indikation und „Probedeutung"

„Die Frage, ob ein Patient „mit Deutungen zu arbeiten beginnt", berührt das Thema der Probedeutung im Rahmen eines Erstinterviews. Auch Loch (1972) gibt solchen „Probedeutungen" einen entscheidenden Anteil bei den Überlegungen zur Indikation für eine analytische Fokaltherapie: »Den allergrößten Wert legen wir auf die Reaktion des Patienten, die nach der Deutung (die der Therapeut als Arbeitshypothese an ihn heranträgt) sichtbar wird. Hierbei kommt es weniger auf Bestätigung oder Ablehnung und auch nicht einmal so sehr auf gefühlshafte Reaktionen an als vielmehr auf eine „konstruktive" Verwendung der Deutung. . . Wenn der Patient nach einer Deutung in den folgenden Assoziationen eine bisher vermiedene, weil angstbesetzte Objektreaktion freigibt oder die Deutung benutzt, um selbst mit ihrer Hilfe eine weitere neue Einsicht in sein Verhaltensmuster zu entwickeln, oder womöglich eine Neuorientierung vornimmt, dann kann man sagen, daß dieser Patient fähig ist, mit Hilfe des psychoanalytischen Behandlungsinstrumentariums, der Deutung, zu lernen, d. h. integrative Ich-Leistungen zu vollziehen.« Der kritische Hinweis von Hohage (1996), Probedeutungen könnten auch Schaden anrichten, indem sie als Verletzung der Intimitätsgrenzen verstanden werden, ist ernst zu nehmen in dem Sinne, daß Probedeutungen nie „tiefe Deutungen“ unbewußter Zusammenhänge sein dürfen. Sie sollten sich an der „Oberfläche des Patientenverständnisses“ orientieren und nur einen vorsichtigen Schritt in die Richtung des Hinterfragens oder Aufzeigens von möglichen inneren Zusammenhängen darstellen, um zu sehen, ob der Patient auf diesem „Weg in die Hintergründe mitgeht“.

Hinweise für eine stufenweise Indikationsstellung

Wenn ich nun meine Überlegungen zusammenfasse, so möchte ich folgende Punkte als Hilfe bei der schrittweisen Annäherung an die Entscheidung für eine psychoanalytisch orientierte Kurzzeittherapie herausarbeiten:

1. Klärung, ob überhaupt psychotherapeutische Behandlung sinnvoll und möglich ist
- Der Patient hat ein Symptom oder Verhalten, unter dem er leidet und das er verändern möchte
- Auch der Therapeut ist von der Notwendigkeit einer Psychotherapie bei dieser Problematik überzeugt
- Der Patient erscheint genügend flexibel für eine psychische Veränderung
2. Klärung, ob eine psychoanalytisch orientierte Psychotherapie angezeigt ist
- Der Patient vermutet Zusammenhänge zwischen seinen Symptomen und seiner „Psyche“ oder wehrt sich nicht allzu stark dagegen
- Der Patient will nicht nur sein Symptom verlieren, sondern will die Hintergründe seines Symptom oder Verhaltens verstehen
- Der Patient akzeptiert, daß auch unangenehme Erinnerungen und Gefühle aus seiner Vergangenheit auftauchen können
3. Klärung, ob eine psychoanalytisch orientierte Kurzzeittherapie zur Symptombehandlung indiziert ist
- Der Patient leidet unter keiner fixierten Charakterstörung, Sucht oder Psychose
- Es liegt kein ausgeprägter sekundärer Krankheitsgewinn vor
- Die anfängliche Übertragungsbeziehung ist nicht übermäßig fordernd oder abhängig
- Der Patient oder der Therapeut bringen ein einleuchtendes und akzeptables Motiv für eine begrenzte therapeutische Arbeit ein
- Der Therapeut tut sich nicht allzu schwer mit der Formulierung eines fokalen unbewußten Themas, das er im Hintergrund der Symptome des Patienten erkennt
- Der Patient setzt sich mit ersten vorsichtigen und hypothetischen „Probedeutungen“ auseinander in dem Sinne, daß er damit zu arbeiten beginnt
4. Zusätzliche Indikationen für eine psychoanalytisch orientierte Kurzzeitpsychotherapie
- Der Patient ist bereit, seine Motivation für eine längerfristige Psychotherapie zu klären und erste Erfahrungen mit einer psychoanalytisch orientierten Behandlung zu machen
- Der Patient hat Einsicht in seine Schwierigkeit, mit Grenzen umzugehen und ist bereit, sich im Rahmen einer zeitlich begrenzten Psychotherapie damit auseinanderzusetzen

Therapeutische Technik und „Menschenbilder“

Nun könnte ich meinen Beitrag mit diesen Hinweisen zur Indikationstellung beenden, wenn es nicht im Bereich der psychodynamischen Kurztherapie verschiedene, in bezug auf eine Symptombeseitigung teils sehr erfolgreiche Verfahren gäbe, die aber im Verhältnis zur psychoanalytischen Kurztherapie andere Methoden anwenden und die damit andere indirekte Ziele und Folgen bewirken.
Bei jeder Form von Psychotherapie, besonders aber bei einer so intensiven Methode wie einer Kurztherapie ist es wichtig, die zugrundeliegende therapeutische Haltung zu reflektieren. Auffallend ist, daß sehr unterschiedliche kurztherapeutische Techniken in manchen Büchern und Artikeln meist völlig gleichberechtigt nebeneinandergestellt werden, auch wenn sich alles z.B. „psychodynamisch“ oder „psychoanalytisch“ nennt.
Worin besteht der Unterschied, gibt es überhaupt einen? Ich meine ja, und er liegt primär auf der Ebene der „therapeutischen Haltung“, durch welche die „Technik“ bestimmt wird.
Ich möchte in diesem Zusammenhang auf die frühen, etwa ab den 20er Jahren erfolgten Versuche zur Verkürzung der Analyse verweisen, die allesamt eher manipulativ waren. Diese Entwicklungen waren im Ergebnis natürlich sehr hinderlich für die Integration einer Kurztherapie in die Psychoanalyse. Sehr schnell entstand in der Diskussion unter Analytikern der Verdacht, jede Verkürzung der Therapie könne ein Verrat an Grundüberzeugungen der Psychoanalyse sein.
Hier wird aber ein Paradox deutlich. Die meisten Analytiker meinen, wie z.B. Eugen Mahler (1995) in einem in der *PSYCHE* abgedruckten Vortrag vor der DPV sagte, daß die Psychoanalyse kein Menschenbild und keine Werteskala habe, sondern daß „es ja gerade unsere Aufgabe ist, in gleichschwebender Aufmerksamkeit wertfrei zu analysieren“.

Als ob diese Haltung nicht bereits ein eindeutiges Menschenbild beinhalte und auch eindeutig bevorzuge und fördere! Gefördert wird die Entwicklung zu einem Menschen, der offen Zugang zu all seinen Gefühlen, Phantasien und Impulsen hat oder bekommt, der sich nicht primär orientiert an äußeren Normen und Autoritäten, sondern der „mit sich selbst und der Welt ins reine kommen und sich verstehen lernen" will. Man kann nicht sagen, das Berufsethos „stehe auf einem anderen Blatt", die Zielrichtung der aufdeckenden Analyse ist darin verwoben, sie prägt und färbt die gesamte Haltung und damit die Technik des Analytikers.
Mir scheint, es kann nicht um die Diskussion „wertfreie Psychoanalyse" versus wertende und zielorientierte Psychotherapie gehen, sondern nur um einen offenen Vergleich der in der jeweiligen therapeutischen Methode impliziten Werte und Ziele.
Und hier gibt es bei genauerer Betrachtung auch der psychodynamischen Kurztherapieformen gravierende Unterschiede, also nicht nur zwischen Psychoanalyse und Verhaltenstherapie alter Prägung. So sind in einer Übersicht von Burke et al. (1979) vier Kurztherapiekonzepte u. a. auch im Hinblick auf den „therapeutischen Stil" und die „Haltung" verglichen worden.
„Nicht-emotionaler Lehrer", „nicht-direktiver Lehrer", „empathischer Helfer" und „direktiver Manager" sind die vier dort angeführten Kategorien. Daß diese unterschiedlichen Haltungen einen Einfluß haben auf die Technik und auf die Inhalte der therapeutischen Arbeit, liegt auf der Hand.
In jeder Psychotherapie, auch der Psychoanalyse, sind als „unspezifischer Faktor" die therapeutische Haltung und das daraus sich ableitende Setting von oft unterschätzter Bedeutung, vermittelt über die „Modellfunktion" des Therapeuten, mit der sich der Patient identifiziert.

In der Tat ist E. Mahler zuzustimmen, wenn er präzisiert, daß in der Psychoanalyse kein Menschenbild im Sinne eines Vorbildes angeboten wird.Aber auch hier wird es schwierig, wenn man sich von der rein verbalen Interaktion wegbewegt und bedenkt, welch ungeheuer neues und bisher nicht vorstellbares Vorbild der „wertfrei zuhörende" Analytiker in seinem ganzen therapeutischen Verhalten darstellt.
Aber das ist natürlich nicht zu vermeiden und stellt etwas ganz anderes dar als es sich in vielen psychodynamischen Therapieformen ereignet.
Dort wird oft ganz explizit ein Menschenbild vermittelt und empfohlen, etwa in Form der „Entwicklung einer konstruktiven Lebensphilosophie" wie Wolberg (1983) das in seinem „handbook of short-term psychotherapy" nennt. Wenn das offen geschieht und angesprochen bzw. erarbeitet wird, ist das auch wieder etwas anderes, als wenn es nur implizit geschieht, etwa in der Form des Umgangs eines Therapeuten mit dem Patienten.

Was ist aber nun, im Gegensatz zu einer allgemeinen therapeutischen Grundhaltung, das zusätzlich Besondere einer „analytischen Haltung" und kann diese auch in einer Kurztherapie wirksam bleiben?
Hier möchte ich zunächst Loch (1972) zitieren, der eine „Minimaldefinition" für die analytische Therapie aufstellt. Sie ist durch Freuds bekannten Satz ausgedrückt, wonach „jede Forschungsrichtung, welche die beiden Tatsachen von Übertragung und Widerstand anerkennt und sie zum Ausgangspunkt ihrer Arbeit nimmt, sich Psychoanalyse heißen" darf. Eine „Maximaldefinition" unterscheidet sich von dieser „Minimaldefinition" lediglich in bezug auf die Betonung der Entwicklung einer „Übertragungsneurose".
Nun ist jede Definition nur so lange gültig, bis neue Erfahrungen zeigen, daß auch innerhalb ihres Spektrums „Mißbrauch" getrieben werden kann, daß sich also ihre Begrenztheit, was inzwischen der Fall ist, wie ich meine. Alles, was die „Anerkennung von Übertragung und Widerstand zum Ausgangspunkt der Arbeit nehme", könne sich Psychoanalyse nennen. Dann müßte auch eine Technik wie die von Davanloos „Short-Term-Dynamic-Psychotherapy" ohne Bedenken als analytisch akzeptiert werden. So argumentieren in der Tat auch seine Anhänger (Gottwick 1996).
Mit „eiserner Hand" wird dort zunächst der störende Widerstand bekämpft, nicht „wiedergekäut" wie bei den Analytikern, und dann, nach dem Zusammenbruch und der Vernichtung des Widerstands, wird dem Patienten mit „Samthandschuhen" der Segen einer emotionalen Offenheit für eigene Gefühle, auch für die Auseinandersezung mit der Vergangenheit vermittelt, mit großem therapeutischen Erfolg.
Das „Böse" muß vernichtet werden, das „Gute" siegt, so ist die indirekt vermittelte Maxime, eine sehr deutliche politisch-ideologische Botschaft. Was jeweils das „Böse" und was das „Gute" ist, bestimmt aber nicht der Patient, sondern die therapeutische Autorität. Und so bleibt im Kern alles beim alten. Der Patient ist zwar ‚äußerlich gesehen, wieder gesund, er funktioniert, aber die Autorität hatte das letzte Wort, die Abhängigkeit und Unterwerfung unter die Normen und Ziele anderer bleibt bestehen.
Auch Klüwer (1995) hebt die „verfolgende Qualität" der von Davanloo unternommenen Angriffe auf die Abwehr

hervor, betont den Preis der Fremdbestimmung des Patienten und spricht von einem „manipulativen Mißbrauch psychoanalytischer Erkenntnis im Dienste einer sogenannten Heilung."

Ich meine, an diesem Beispiel wird deutlich, daß nicht nur die äußerliche Anerkennung der beiden analytischen Konzepte von Übertragung und Widerstand, ihr verbaler Gebrauch oder Mißbrauch, sondern auch der konkrete Umgang damit ein Kriterium analytischer Haltung ist.

Ich kann die sorglose Einreihung der Davanlooschen Technik unter die Rubrik „analytisch" in manchen Arbeiten nur verstehen, wenn ich davon ausgehe, daß viele Autoren nur die schriftlichen Äußerungen von Davanloo kennen. Wer seine Videobänder „live" gesehen hat und die dazugehörige Interpretation der Überlegungen zum Umgang mit dem Widerstand und der sich manifestierenden Übertragung, der tut sich schwer, die Identität der Davanlooschen Haltung mit einer analytischen Haltung gleichzusetzen. Davanloo selbst wäre wohl gar nicht begeistert, würde seine therapeutische Haltung gleichgesetzt mit der „wiederkäuender Analytiker", wie er es ausdrückt.

Der zentrale Kritikpunkt von Davanloo an der von ihm als typisch analytisch angesehenen Technik ist die Tendenz zum „Wiederkäuen" seitens der Analytiker, anstatt den Widerstand aktiv anzugehen. Und damit hat er recht, wenn man von dem Zerrbild eines völlig passiven, meist schweigenden Therapeuten ausgeht, dessen „impotentes Gefasel" keinerlei Konsequenz hat. Aber ich meine, es gibt dagegen nicht nur das Mittel der „eisernen Hand" Davanloos."

Konsequentes Deuten" und „Dagegenhalten" gehören sehr wohl zu einer analytischen Haltung, wie dies vor allem Köhler-Weisker (1986) eindrucksvoll herausgearbeitet hat. Auch das Erkennen von „Entwicklungswiderständen", von „sekundärem Krankheitsgewinn" oder von „Es-Widerständen" gehört hierher. Aber hat nicht mancher Widerstand auch seinen tiefen Sinn als letzter Schutz vor völligem Zusammenbruch, sei er depressiv oder psychotisch? Ist nicht die Achtung vor der Leistung einer Abwehr, die zunächst eine Bewältigungsleistung war, auch wenn sie sich jetzt in Form eines Widerstandes zeigt, im Hinblick auf das Selbstwertgefühl eines Patienten dringend notwendig? Bedingungen herzustellen, unter denen der Patient seinen Widerstand nicht mehr nötig hat, ist eine Sache, diesen Widerstand einfach zum Feind zu erklären und ihn niederzumachen, wie es bei Davanloo geschieht, ist eine andere. Die inneren Konsequenzen dieser aggressiven „Unterwerfungstherapie" sind bei ihm nicht annähernd reflektiert.

Was also sind mögliche zusätzliche Kriterien für eine „analytische Haltung" und damit auch für eine psychoanalytisch orientierte Kurzpsychotherapie?

Meine Meinung dazu läßt sich in folgendem Satz zusammenfassen:

Die Achtung vor den autonomen psychischen Leistungen eines Patienten als Richtschnur im Umgang mit den Phänomenen von Übertragung und Widerstand sollte als zentraler Wert einer psychoanalytischen Behandlung mit bedacht werden auch wenn die Auswirkungen dieser Leistungen, etwa in Form von Widerstand, in der therapeutischen Situation zunächst oft als hinderlich erscheinen.

Was bedeutet das nun in Hinblick auf unser Thema?

Beim Vergleich verschiedener Therapieformen geht es in den meisten Fällen um den Vergleich der Wirksamkeit. Dabei sind vordergründig natürlich allgemein akzeptierte Werte und Ziele wie „Symptombeseitigung" entscheidend aber zwei Fragen dürfen nicht untergehen.

1. Wer bestimmt, was ein Symptom ist?

Machtfragen und das „Verhältnis des Individuums zum System" bestimmen oft, was ein Symptom ist. Ein klassisches Beispiel dafür ist die Lern- oder Leistungsstörung eines Kindes, das von ehrgeizigen Eltern angetrieben wird. Was von den Eltern als Symptom bezeichnet wird, ist mit anderen Augen betrachtet eine „gesunde", aber nicht verstandene Rebellion. Der Vergleich mit politisch motivierten Symptomdefinitionen in totalitären Staaten und Diktaturen drängt sich an dieser Stelle ebenfalls auf.

2. Mit welchen Methoden wird das Symptom beseitigt?

Steckt in der Methode primär die eher manipulierende oder Druck ausübende Unterordnung des einzelnen und seine Anpassung an die Erwartungen einer wie auch immer gearteten Gemeinschaft oder geht es um die Hinführung zu mehr innerer und äußerer individueller Freiheit, wenn auch im Rahmen einer freiwillig akzeptierten Gemeinschaft?

Was ist zu fördern, die Funktionsfähigkeit des einzelnen Individuums in einem gegebenen System oder die Entwicklung zu einem autonomen Mitglied dieses Systems, das aber seine kritische Potenz in bezug auf das System selbst bewahrt oder erst durch die Therapie wiedergefunden hat?

Es ist deutlich, daß die Grundziele der in den verschiedenen Ideologien, Philosophien und auch Religionen vertretenen Werte unverkennbar in diesen beiden Polen enthalten sind.

Diese Gegenüberstellung macht verständlich, daß es immer verschiedene therapeutische Ansätze geben wird, auch in der Kurzpsychotherapie. Die Unterschiede bestehen nicht nur zwischen den einzelnen Schulen, sondern auch innerhalb der Therapierichtungen, die sich alle psychodynamisch nennen. Es gibt natürlich nicht *die* richtige Therapieform, es ist aber wichtig, die Unterschiede in der Zielrichtung wahrzunehmen. Dies auch in Hinblick auf das Menschenbild und die implizite Ideologie, die zugrunde liegen.

Viele Patienten suchen sich „ihren" Therapeuten, wohl auch jeder Therapeut „seine" Therapieform. Die wesentlichen Unterschiede bestehen meiner Meinung nach nicht primär in der Technik und Theorie, sondern im Menschenbild, und den dadurch bestimmten Therapiezielen und der sich daraus ableitenden therapeutischen Technik.

Die kritische Betrachtung sollte also immer dem in der Therapie enthaltenen Menschenbild gelten.

Konzept der kurztherapeutischen Entwicklungsbegleitung

Nun habe ich nicht nur vor, das kritische Augenmerk auf die Werte und Haltungen zu richten, die in den verschiedenen Kurztherapieformen enthalten sind. Ich möchte abschließend auch meinen eigenen Standpunkt und mein Konzept von Kurztherapie in wenigen Worten deutlich machen.

Eine Antwort auf die Gefahren von Anpassung und Fremdbestimmung kann das Konzept einer psychoanalytisch orientierten „kurztherapeutischen Entwicklungsbegleitung" sein, deren Grundzüge und technische Voraussetzungen ich in einem Buch mit dem Titel „Der Fokus in der Psychotherapie" (Lachauer 1992) beschrieben habe. Dabei werden die aktuellen Symptome und Probleme des Patienten als Entwicklungskrisen angesehen, die es „fokal" zu verstehen, zu benennen und im Rahmen einer zeitlich begrenzten Therapie zu bearbeiten gilt.

Eine so verstandene Kurztherapie steht in einem Kontinuum mit einer längerfristigen therapeutischen Arbeit und kann oft auch in Intervallen stattfinden.

Das Symptom hat in diesem Kontext den Stellenwert eines Indikators für eine Entwicklungsstörung, individuell oder im Rahmen eines Systems. Die Klärung und Behandlung dieser Entwicklungsstörung sind dann das primäre Ziel, nicht die blinde Symptombeseitigung.

Entwicklung bedeutet dabei eine schrittweisen Entfaltung individueller Möglichkeiten und Fähigkeiten, unter Berücksichtigung (nicht Unterwerfung) von biologischen und sozialen Gegebenheiten.

Dieses Konzept stimmt auch überein mit Erfahrungen der Säuglingsforschung, die deutlich machen, daß in jedem Menschen von Anfang an eine deutliche „Entwicklungsbereitschaft" vorhanden ist, die in Gang gesetzt und unterstützt wird, wenn der einzelne in seinen Gefühlen und Erfahrungen wahrgenommen wird.

Mein Ansatz ist in den Grundzügen vergleichbar mit den Inhalten einer alten Sage der Menschheitsgeschichte, den „Irrfahrten des Odysseus" und seiner Suche nach der Heimat. Man kann diese homerische Erzählung verstehen als Sinnbild der Suche eines Menschen nach seiner inneren Heimat, nach den Möglichkeiten seiner Entwicklung, nach einem Gefühl, mit dem er sich „bei sich zu Hause" fühlt. Odysseus mußte auf dieser Reise viele Abenteuer bestehen, er erlitt mehrmals Schiffbruch, doch all dies brachte ihn Schritt für Schritt seinem Ziel, seiner Heimat näher, auch wenn er zwischendurch nahe am Verzweifeln war.

Odysseus hatte anfangs auch Gefährten, die aber auf der Strecke blieben. Nun könnte man argwöhnen, daß das mit seiner hervorgehobenen Stellung, also mit Herrschaft und Macht zu tun hatte, aber das wäre zu oberflächlich gesehen.

Es geht bei diesen beiden Modellen, Odysseus auf der einen und die Gefährten auf der anderen Seite, um die Auswirkung unterschiedlicher innerer Haltungen auf die Lebensgestaltung und -entwicklung. Zunächst tauchen diese unterschiedlichen Haltungen in Erziehung und gesellschaftlich vorgegebenen Erwartungen auf, dann aber geraten sie allmählich auch in den Bereich individueller Entscheidungen.

„Odysseus" verkörpert dabei die Haltung eines auch gegen äußere und innere Widerstände selbstbestimmten, sich suchenden und zu sich findenen Lebens. Die „Gefährten" kann man als Modell der Haltung autoritätshöriger und fremd- bzw. triebbestimmter Menschen ansehen, deren innere Ziele und Entwicklungsmöglichkeiten auf der Stecke bleiben.

Das psychotherapeutische Angebot dieses Ziels individueller „emotionaler Reifung", sollte allen zugänglich sein, es ist aber wie bei Odysseus nur über „Krisen" und „Schiffbrüche" erreichbar. Einzelne „Abenteuer" sind zu bestehen, bei denen der Therapeut die Möglichkeit hat, den Patienten mit den Möglichkeiten einer fokalen Kurztherapie eine begrenzte Zeit hilfreich zu begleiten, damit dieser dann auf seinem Weg weitergehen kann.Voraussetzung beim Therapeuten ist dabei allerdings die Akzeptanz, daß der Weg der Entwicklung sehr selten gradlinig verläuft - Umwege macht jeder! Manche der „Gefährten" werden vorzeitig abbrechen, auch scheitern. Es besteht dann die Gefahr, einen Menschen „zu seinem Glück zwingen" zu wollen, nicht annehmen zu können, daß der Patient jetzt nicht weitergehen will oder kann in der inneren Auseinandersetzung mit seinen Gefühlen.

Nicht jeder Patient muß diesen Prozeß immer langfristig mit einem Therapeuten zusammen machen. Viele brauchen die Erfahrung, daß die Bedingungen des Lebens selbst es sind, die sie an die Grenzen ihrer bisherigen Möglichkeiten bringen. Erst dann reift „Selbsterkenntnis".
In diesem Sinne bietet sich häufig eine fokale Intervalltherapie an, die auf den Erfahrungen einer ersten Kurztherapie aufbaut - nach einem Schiffbruch ist die nächste Insel, das nächste Abenteuer an der Reihe auf dem Weg in die innere Heimat.

An diesem Modell einer kurztherapeutischen Entwicklungsbegleitung lassen sich die verschiedenen Indikationen für eine psychoanalytisch orientierte Kurztherapie in ein Kontinuum hin zur Psychoanalyse darstellen.

1. **Einmalige fokale psychoanalytisch orientierte Kurztherapie**
   Die Indikation für eine einmalige psychoanalytisch orientierte Kurztherapie stellt sich in diesem Kontext z.B. dar als Hilfe bei der Bewältigung aktueller Krisen durch traumatisch wirkende äußere Lebensumstände oder Entwicklungskrisen. Der Patient hat die psychische Fähigkeit und Reife, nach dieser Therapie „alleine weiterzumachen".

2. **Psychoanalytisch orientierte Fokaltherapie als Intervallbehandlung**
   Bei manchen Patienten ist es notwendig und sinnvoll, nach einiger Zeit eine erneute Kurztherapie durchzuführen, um Entwicklungsstörungen, die regelmäßig in belastenden Situationen auftreten, zu bearbeiten. Dies ist der Fall bei Patienten, deren Verhaltens- und Bewältigungsmuster nicht flexiblel genug sind, um mit verschiedenen neuen Situationen und Belastungen fertig zu werden. Im Verlauf der Intervallbehandlung kommt es zu einer Ausdifferenzierung der Bewältigungsstrategien und damit zu einer zunehmenden „Nachreifung".Es gibt aber auch die Situation, daß ein Intervall nach einer ersten Kurztherapie sehr wichtig ist, um dem Patienten die Möglichkeit zu geben, alleine neue Erfahrungen zu machen. Dies trifft vor allem bei Verhaltensweisen zu, die zwar wesentliche Grundlage seiner Problematik sind, die für den Patienten aber bisher noch kein eigenes Problem darstellten, weil sie zu seinen Persönlichkeitsmerkmalen gehörten, die er nicht gerne in Frage stellen möchte.

3. **Längerfristige analytische Behandlung**
   Eine längerfristige psychoanalytische Behandlung ist in diesem Kontext eine „Fokaltherapie mit wechselndem Fokus". Sie ist indiziert bei Persönlichkeitsstörungen und bei Symptomneurosen, die fest in der Charakterstruktur verankert sind.

4. **Fokaltherapie als Vorbereitung auf eine längerfristige analytische Behandlung**
   Bei manchen Patienten ist es notwendig, eine der analytischen Psychotherapie vorgeschaltete Kurztherapie durchzuführen. Dies kann zur genaueren Abklärung der Indikationsvoraussetzungen dienen, sowohl für den Therapeuten, als auch für den Patienten, der in dieser Zeit einen Einblick in die Arbeitsweise einer analytisch orientierten Behandlung bekommt. Auch Ängste, sich in eine solche therapeutische Beziehung einzulassen, meist die Befürchtung von Abhängigkeit, können so bearbeitet werden.

Ich hoffe, meine Ausführungen konnten zeigen, daß es sehr wohl einige Kriterien für die erfolgreiche Anwendung einer psychoanalytisch orientierten Kurzzeitpsychotherapie gibt und daß diese schrittweise erarbeitet werden können. Das wesentliche scheint mir aber eine Grundhaltung des Therapeuten zu sein, mit der er ein Verständnis dafür erarbeitet, an welchem Punkt seiner Entwicklung der Patient jetzt steht, wohin er sich selbst bewegen kann und möchte und wie und unter welchen Bedingungen der Therapeut ihn dabei einfühlend und deutend begleiten kann.

Literatur

Burke, Jr.J.D., White, H.S., Havens, L.L.: Which Short-term psychotherapy? Archives of General psychiatry 1979; 36:177-186

Gottwick G.: Intensive Psychodynamische Kurztherapie nach Davanloo. In: Hennig H. (Hrsg): Kurzzeit-Psychotherapie in Theorie und Praxis. Lengerich, Pabst, 1996,206-225

Hohage R.: Analytisch orientierte Psychotherapie in der Praxis. Stuttgart, Schattauer, 1996

Kächele H.: Was ist psychodynamische Kurztherapie? Prax. Psychother.Psychosom. 1985; 30:119-127

Keil-Kuri E.: Vom Erstinterview zum Kassenantrag. Neckarsulm, Jungjohann, 1993

Klüwer R.: Einige Betrachtungen zur psychoanalytischen Kurztherapie. In: Klüwer R.: Studien zur Fokal- therapie. Frankfurt, Suhrkamp, 1995:178-193

Köhler-Weisker A.: Zum Begriff der Haltung des Psychoanalytikers am Beispiel einer Fokaltherapie. In.: Jahrbuch der Psychoanalyse Bd. 18, Bern, Huber, 1986:143-173
König K.: Einzeltherapie außerhalb des klassischen Settings. Göttingen, Vandenhoeck&Ruprecht, 1993
Lachauer R.: Der Fokus in der Psychotherapie. München, Pfeiffer, 1992
Leuzinger-Bohleber M.: Psychoanalytische Kurztherapien - Zur Psychoanalyse in Institutionen. Opladen, Westdeutscher Verlag, 1985
Loch W.: Über theoretische Voraussetzungen einer psychoanalytischen Kurztherapie. In: Loch W.: Zur Theorie, Technik und Therapie der Psychoanalyse. Frankfurt, Fischer, 1972
Mahler E.: Krise und Chance der DPV. Psyche 1995;49:373-391
Malan D.H.: Psychoanalytische Kurztherapie. Hamburg, rororo, 1972
Rechenberger H.: Kurzpsychotherapie in der ärztlichen Praxis. Berlin, Springer, 1987
Sulz S.: Strategische Kurzzeittherapie, CIP-Medien, 1994
Wolberg L.: Kurzzeitpsychotherapie. Stuttgart, Thieme, 1983

Serge K. D. Sulz

DIFFERENTIALINDIKATION VON KURZ- UND LANGZEITTHERAPIE IN DER VERHALTENSTHERAPIE

Serge K. D. Sulz

DIFFERENTIALINDIKATION VON KURZ- UND LANGZEITTHERAPIE IN DER VERHALTENSTHERAPIE

Seit drei Jahrzehnten experimentieren psychoanalytische Therapieforscher mit Kurzzeittherapie als Alternative bzw. zur Ergänzung der psychoanalytischen Langzeitbehandlung (Davanloo 1995 - siehe auch Gottwik 1998, Luborsky 1988, Malan 1972, Strupp und Binder 1991). Lohmer (1998) gibt einen Überblick über diese Kurzzeittherapieansätze. Fürstenau (1998) versucht Psychoanalyse und systemische Therapie zu einer lösungsorientierten psychoanalytischen Kurz-Psychotherapie zu verbinden. Diese Kurzzeittherapien haben allerdings bis heute noch keinen allgemeinen Eingang in die Ausbildung der tiefenpsychologischen Psychotherapie gefunden. Das Repertoire des psychoanalytischen Therapeuten ist nicht gleichbedeutend mit der Kompetenz zu einer dieser wissenschaftlich untersuchten Kurzzeittherapien (Lachauer, 1998). In der Kassenversorgung ist also die tiefenpsychologische Kurzzeittherapie nur durch ihre Begrenzung auf 25 Sitzungen definiert.

In der Verhaltenstherapie ist es gerade umgekehrt. Wissenschaftlich untersucht sind lediglich Kurzzeittherapien, während die Hälfte der in der Kassenversorgung durchgeführten Therapien Langzeitbehandlungen zwischen 45 und 80 Sitzungen sind.

Auf der Suche nach Kriterien für eine Differentialindikation lassen sich keine empirischen wissenschaftlichen Untersuchungen finden. Die zeitliche Kürze einer Therapie war noch kaum von primärem Interesse für die verhaltenstherapeutische Forschung. Der Grund ist simpel: In diesen Forschungstherapien wurde nicht behandelt, bis ein Therapieziel erreicht war, um dann den notwendigen Therapieaufwand zu messen (klinische Perspektive), sondern man wandte ein Interventionspaket an und hielt fest, wie wirksam es im Durchschnitt war. D.h., es wurde nach der im Forschungsdesign festgelegten Zeit mit der Therapie aufgehört, um dann die Effektivität dieser Therapie (wissenschaftliche Perspektive) zu testen. Gerade hierin unterscheiden sich Blickwinkel und Intention des Wissenschaftlers von denen des Klinikers und Praktikers.

Wir sind also bei der Frage nach der Differentialindikation von Kurz- und Langzeittherapie auf klinische Kriterien angewiesen. Wenn von vornherein eine Langzeittherapie durchgeführt wurde und diese erfolgreich war, so können wir nicht ausschließen, daß eine Kurzzeittherapie auch gereicht hätte. Eine erfolglose Langzeittherapie verleitet aus Gründen der Plausibilität zu der Aussage, eine Kurzzeittherapie sei noch weniger in der Lage, einen Erfolg zu erzielen. Es läßt sich jedoch dagegen halten, daß eine Intensivstrategie im Kurzzeitsetting vielleicht wirksamer das Veränderungspotential des Patienten hätte mobilisieren können.

Am meisten hilft uns die Betrachtung
a) erfolgreicher Kurzzeittherapie
   im Kontrast zu
b) erfolgloser Kurzzeittherapie, der eine erfolgreiche Langzeittherapie nachfolgte.

Natürlich ist es auf diese Weise nicht möglich, zu empirischen wissenschaftlichen Ergebnissen kommen. Aber vorliegenden klinischen Ergebnisse sind so am hilfreichsten auszuwerten.

Vom inneren Aufbau her können wir zwei Arten von Kurzzeittherapie unterscheiden:
a) Tapetenmuster; fängt willkürlich irgendwann an und hört irgendwann auf, d.h., es wird so lange weitergemacht, bis das definierte Therapieziel erreicht ist, z.B. Angstexposition (Margraf und Schneider 1990) und kognitive Therapie nach Beck (1986);
b) Bild mit Rahmen; in sich dramaturgisch aufgebaut, mit definierter Anfangsphase, Mittel- und Abschlußphase wie Selbstkontrolltherapie der Depression nach Roth und Rehm (1986), interpersonelle Psychotherapie der Depression nach Klerman et al (1984 - siehe auch Schramm 1998), Sulz (1994, 1995, 1998a, 1998b)

Erstere hat den Vorteil größerer zeitlicher Flexibilität, vor allem auch in Richtung weiterer Verkürzung z.B. auf nur zehn Sitzungen, letztere den Vorteil der Einbeziehung des Zeitfaktors in die Therapiekonzeption.

Gemeinsam ist ihnen, daß sie nicht auf längere Therapien von 40-80 Sitzungen angelegt sind.
Sucht man im Langzeitbereich nach Therapiekonzepten, so bleibt fast nur Typ (a) übrig. Es gibt kaum Konzepte, die 40-80 Stunden veranschlagen und die den Aufbau der Therapie über so viele Stunden verteilen. Ausnahmen sind das Assertiveness-Training-Programm von Ullrich und Ullrich de Muynck (1978) und die dialektisch-behaviorale Therapie von M. Linehan (1996). Dies bedeutet, daß gerade in dem Bereich der Langzeittherapie mit Ausnahme der beiden genannten Beispiele sich Verhaltenstherapie und tiefenpsychologisch fundierte Psychotherapie nicht unterscheiden. Zwar wird in der Verhaltenstherapie das Problem und das Ziel definiert, der Weg jedoch nicht konzeptionell geplant. Auf eine sehr interaktionsbezogene Art wird der sequentielle Ablauf von Therapiesitzung zu Therapiesitzung der Wechselwirkung von Patient und Therapeut überlassen. Es handelt sich also um eine Verhaltensstrategie, die durch gegenseitige Vestärkung gesteuert wird und deshalb auch längere Zeit beansprucht als eine strategische Therapiekonzeption.

Umwandlungen von Kurz- in Langzeittherapie

Häufige Begründung für die Umwandlung Kurz- in Langzeittherapie im Gutachterverfahren (aus der beispielhaften Durchsicht von 100 Umwandlungsanträgen) sind:

- die klinische Störung ist komplexer als anfänglich vermutet
- die Primärpersönlichkeit ist gestörter als anfänglich vermutet
- es wird ein vorher nicht bekanntes schweres Trauma offenbart (z.B. Mißbrauch)
- zusätzlich zur Symptombehandlung wird die Therapie des Sozial- und Beziehungsverhaltens notwendig
- zwischenzeitlich trat ein belastendes Lebensereignis auf, dem der Patient in seinem Zustand noch nicht gewachsen war
- es kam zu einer Intensivierung der Symptomatik
- der Patient hat gerade einen sehr großen, sehr wichtigen Entwicklungsschritt gemacht, der durch Abbruch des therapeutischen Kontakts gefährdet wäre
- das Tempo der Veränderungsschritte vollzog sich erheblich langsamer, als angenommen werden konnte
- kurz vor Therapieende kam es zu einem schweren Rückfall, der vom Patienten allein nicht aufgefangen werden konnte.

Diese Formulierungen legen nahe, daß ein Langzeitfall als Kurzzeitfall verkannt wurde, abgesehen von eventuellen Therapiefehlern, die ein Nachbessern erforderlich machten.

Kurzzeittherapien ohne Verlängerung bzw. Umwandlung

Dagegen wurden bei Kurzzeittherapien, die nicht in Langzeittherapien übergeführt wurden, folgende Gründe genannt (Durchsicht von 50 Kurzzeitanträgen einer Delegationspraxis):

- einfache umschriebene Störungen (keine Mehrfachdiagnosen) oder leichte Störungen (Anpassungsstörung)
- eher kurze Dauer der Störung
- eher stabile Primärpersönlichkeit
- eher erhebliche situative Auslöser.

Dies ist analog den Indikationskritieren, die z.B. für die interpersonelle Psychotherapie der Depression (IPT) genannt wurden (Klerman et al 1984, Schramm 1998).

Kriterien der Differentialindikation

Die therapeutische Arbeit ist mit Errreichen des Therapieziels beendet. Das ist der Fall, wenn die angestrebten Verhaltensänderungen vollzogen sind oder wenn der Patient die restlichen Veränderungen ohne therapeutische Hilfe vollziehen kann.
Um eine bestimmte Störung zu beheben, sind definierte Interventionen in abzuschätzendem Ausmaß erforderlich (Sulz, 1992, 1994). Dabei sind zu berücksichtigen die Art der Erkrankung (Rabinowitz, und Lukoff, 1995), deren Schweregrad, Komplexität und Chronizität (Tillett, 1996), bisherige erfolglose Anwendungen von prinzipiell wirksamen Maßnahmen, die Wechselwirkung mit einer eventuell gestörten Persönlichkeit des Patienten und die Wechselwirkung mit einer eventuell änderungsfeindlichen sozialen Umgebung (Sulz, 1992a, 1992b, 1994). Diese eventuellen ungünstigen Bedingungen können den zeitlichen Aufwand für eine geplante Therapie verdoppeln, verdreifachen oder gar therapeutische Veränderungen unmöglich machen. Insbesondere wirken sie zeitraubend,wenn sie zum Zeitpunkt der Diagnose und Therapieplanung unzureichend analysiert sind. Sie müssen also auch zu Beginn einer Kurzzeittherapie in Art und Ausmaß eingeschätzt werden. Trotz Vorliegens mehrerer dieser ungünstigen Prädiktoren kann die Entscheidung zugunsten einer Kurzzeittherapie fallen, solange nicht empirische Belege für deren grundsätzliche Unwirksamkeit vorliegen. Der Therapieplan muß in diesem Falle diese ungünstigen Faktoren einbeziehen.

Unter diesem Vorzeichen heißt die Indikationsregel für Kurzzeittherapie zunächst: bei jedem Patienten mit jeder

Störung. Umgekehrt heißt die Indikationsregel für Langzeittherapie: bei jedem Patienten, bei dem eine Kurzzeittherapie nicht ausreichte oder der Therapieplan eine notwendige Stundenzahl nachvollziehbar begründet, die in den Bereich der Langzeittherapie fällt.

Diese Formulierungen scheinen den Entscheidungsspielraum des Therapeuten auf eine unbefriedigend beliebige Weise auszudehnen. Dies ist dann gerechtfertigt, wenn bei Kurzzeittherapien eine mindestens so aufwendige Diagnostik und Therapieplanung betrieben wird wie bei Langzeittherapien. Wer diese unterläßt, muß sich dem Vorwurf stellen, er sei konzeptionslos in eine Kurzzeittherapie hineingestolpert und habe dehalb die bisherigen Therapiestunden unökonomisch und ziellos vertan. Wer in der zwanzigsten Stunde bei einer Agoraphobie mit Panikattacken mit einer systematischen Desensibilisierung beginnt,und als bisherige therapeutische Arbeit Entspannnungstraining, Vorstellungstraining und Erarbeiten einer Zielhierarchie angibt, muß sich z.B.fragen lassen, weshalb er nicht bereits in der sechsten Stunde (nach fünf diagnostischen Sitzungen) mit einer Angsttherapie in vivo begonnen hat - neben der Frage nach der wesentlich ökonomischeren Vorgehensweise der Angstexposition.

Bei der Umwandlung müssen anfänglich definierte Ziele und zielbezogene Interventionen mit Teilzielerreichungen aufzeigbar sein. So kann eine Depressionsbehandlung eine Reduktion des sozialen Rückzugsverhaltens und den Aufbau sozial kompetenten Verhaltens im Kollegenkreis zum Ziel haben. Zum Zeitpunkt der Umwandlung kann sich durch den Einsatz von Tagesplänen das Aktivitätsniveau im angestrebten Ausmaß erhöht haben. Dagegen hatten bisher erst wenige Sitzungen Sozialverhalten wie Neinsagen-Können und Fordern-Können zum Thema.

Selbst bei bescheidener Formulierung der Ziele sollten sie sich doch in das insgesamt komplexe Bild des klinischen Falles einfügen.

Die zeitliche Priorität der bisher verfolgten Ziele muß nachvollziehbar sein und diese müssen auch (außer bei Krisenintervention) die natürlichen ersten Schritte der Veränderung sein (Kanfer et al. 1991, Schmelzer 1994, Schulte 1996). So kann z.B. der Einsatz von kognitiven Interventionen bei einer Depression zurückgestellt werden zugunsten von prompt auf die Stimmung einwirkenden verstärkerorientierten Interventionen wie bei Roth und Rehm (1986).

Es bleiben als primäre Langzeitfälle komplexe Störungen wie z.B. Persönlichkeitsstörungen, Zwang, Anorexia nervosa, Bulimia nervosa, bei denen kontrovers diskutiert wird, ob eher eine Indikation zur stationären Therapie besteht (Sulz 1993c). Verhaltenstheoretisch lassen sich Persönlichkeitsstörungen als extrem verfestigte, d.h. nur schwer löschbare emotionale, kognitive und Handlungs-Reaktionsstereotypien betrachten, bei denen es nicht ausreicht, nur einen Verhaltensbestandteil zu modifizieren, z.B. einfache kognitive Umstrukturierungen durchzuführen. Man kann z.B. den Therapieansatz von Ullrich und Ullrich de Muynck (1994a, b) als Behandlung der selbstunsicheren bzw. sozial ängstlichen Persönlichkeitsstörung betrachten. Ihr Assertiveness-Training-Programm ist eines der bisher empirisch am besten abgesicherten und zugleich klinisch umfassendsten eingesetzten und bewährten Therapieverfahren. Die Behandlung wird in Gruppen durchgeführt mit einer doppelstündigen Sitzung pro Woche. Insgesamt sind fünfzig bis sechzig Gruppensitzungen erforderlich. Inhaltlich folgt die Therapie einer mehrdimensionalen Angsthierarchie mit insgesamt 110 Übungsstufen.

Noch aufwendiger angelegt ist Marsha Linehans (1996a, 1996b) Dialektisch-behaviorale Therapie der Borderline-Persönlichkeitsstörung. Einzel- und Gruppentherapie laufen mindestens ein Jahr lang parallel. Die Einzeltherapie wird anschließend noch zwei Jahre lang fortgeführt. In sehr schwierigen Fällen dauert die therapeutische Betreuung auch fünf Jahre.

Theoriegeleitete Differentialindikation von Kurz- und Langzeittherapie

Eine erste grundsätzliche Unterscheidung bezieht sich auf die Art der Aufrechterhaltung von Symptomen und zu verändernden Verhaltensweisen. Wir unterscheiden **gelerntes Verhalten** von **regelgeleitetem Verhalten**.

Eine einfache lernpsychologisch fundierte Verhaltensanalyse und -therapie reichen bei dem Verhalten aus, das durch einfache respondente oder operante Weise konditioniert wurde und im wesentlichen durch Vermeidung aufrechterhalten wird. Dies ist die klassische Indikation für Kurzzeittherapie. Von lediglich konditionierungsbedingtem Verhalten ist Verhalten zu unterscheiden, das „rule-governed" - regelgeleitet ist (Hayes et al. 1986, 1989). D.h., das Verhalten muß, einer in der Lerngeschichte entwickelten Überlebensregel folgend, in bestimmten Situationen ausgeführt werden. Diese Regel kann sehr starr oder sehr generalisiert ein Verhalten vorschreiben, das nicht ausreichend situationsadäquat ist und dem Betreffenden zum Nachteil gereicht. Die diagnostischen Betrachtungen müssen in diesem Falle auf motivations-, emotions, kognitions-, persönlichkeits- und sozialpsychologischen

Erwägungen beruhen. Gegenstand der Diagnostik ist es dann, diese Regel zu finden, ihre Änderungsresistenz einzuschätzen und gezielte verhaltensorientierte Interventionen zu planen, die ihre Änderung zur Folge haben. Ergebnis dieser Diagnostik kann sowohl die Indikation zu einer Kurz- als auch zu einer Langzeittherapie mit entsprechender Zielformulierung sein (Sulz 1994).

Als **Therapieziel bei Kurzzeittherapie** kann man sehen (Sulz 1986)
a) die Optimierung der psychischen Homöostase auf dem bestehenden emotionalen Entwicklungsniveau oder
b) die Überwindung eines Entwicklungskonflikts und Hilfestellung beim Entwicklungsschritt zur nächst höheren Entwicklungsstufe (Kegan 1986).

Diese Zielbestimmung ergibt sich aus einem Störungsmodell, das die Symptombildung als Notfallmaßnahme zur Stabilisierung der gegenwärtigen homöostatischen Selbstregulation betrachtet (Sulz 1996).

Im Kontrast dazu ergibt sich als **Therapieziel bei Langzeittherapie** die Herstellung der Entwicklungsfähigkeit
a) bei einem defizientem Entwicklungsstand im emotionalen, kognitiven und interaktiven Bereich hat oder
b) bei umfassendem Entwicklungsrückstand aller wichtigen psychischen Bereiche (Denken, Fühlen, Handeln) auf einer sehr frühen Entwicklungsstufe. D.h., der Mensch muß auf dieser Stufe nachreifen und kann erst dann den nächsten Entwicklungsschritt gehen.

Ausgehend von einer affektiv-kognitiven Entwicklungstheorie psychischer Störungen (Sulz 1994), läßt sich hypothetisch ein Modell der Differentialindikation von Kurz- und Langzeittherapie formulieren (Tabelle 1):

Die **Lebensgestaltung vor Symptombildung**, d.h., wie das Leben des Patienten ablief, bevor das Symptom ausbrach, kann einerseits auf die Funktion des Symptoms hinweisen. Andererseits zeigt sie auch im Sinne des Konstruktivismus der Palo- Alto-Schule (Watzlawik et al. 1979), inwiefern in die Gestaltung der verschiedenen Lebensbereiche eine Sollbruchstelle eingebaut wurde, die zwangsläufig zum Symptom führen mußte, sobald die persönlichen Ressourcen überlastet waren. So wie wir den Bäcker oder einen anderen Handwerker betrachten können (Persönlichkeitsdiagnostik), können wir auch seine handwerklichen Produkte, sein Werk betrachten (Konstruktion des aktuellen Lebens als eventuell pathogene Lebensgestaltung). Beides zusammen ergibt eine aufschlußreichere Diagnostik.

Es gibt Patienten, bei denen die Lebensgestaltung ungestört erscheint oder durch schwer beeinflußbare Faktoren beinträchtigt ist (z.B. den Entscheidungen des einzigen Arbeitgebers in der Region ausgesetzt). Bei ihnen liegt keine **pathogene** Konstruktion des Lebens vor, wie dies bei einem Menschen der Fall wäre, der sämtliche Arbeitgeber der Region im Halbjahresrhythmus „aufgearbeitet“ hat.

Die **Beziehungsgestaltung vor Symptombildung**, d.h., welche zwischenmenschlichen Beziehungen im letzten Jahr vorher existierten, wie sie gepflegt wurden, auf welche Weise sie stützend waren oder **pathogen** wurden, kann ebenfalls als konstruiertes Werk des Patienten betrachtet werden.
Eine Patientin, die das Gedeihen ihrer Kinder zum alleinigen Inhalt ihres Lebens machte, keinerlei eigene Freundschaften pflegte und die Ehe verkümmern ließ, steuerte unweigerlich auf einen Zusammenbruch hin, den der Auszug der erwachsen gewordenen Kinder hervorrief. Eine andere Patientin dagegen pflegte neben ihren Beziehungen zu ihren Kindern und dem allmählichen Loslassen dieser Kinder eine tragfähige eheliche Partnerschaft sowie einige gute Frauenfreundschaften. Der plötzliche Unfalltod ihrer zweiten Tochter löste bei ihr eine Depression aus.

Der **symptomauslösende Aspekt der Lebenssituation** ist zwar manchmal nicht leicht erkennbar, aber bei einigen Patienten ist das situative Ereignis so überwältigend, daß wir von einem situativen oder reaktiven Geschehen sprechen können. Wir erkennen das Ereignis sofort als **massiven belastenden** Auslöser, wie z.B. Tod eines Angehörigen, Trennung und Scheidung, Entlassung als Endpunkt einer Karriere. Andere Patienten werden schon krank, wenn sie nur an die Trennung vom Partner denken. Oder wenn sie den Eindruck gewinnen, ihre zentralen Anliegen niemals in der bestehenden Partnerschaft durchsetzen zu können.

Die **Lerngeschichte der familiären Sozialisation** läßt nach ausgiebiger Anamnese und Exploration nachempfinden, welche Fülle von Frustrationen oder Traumatisierungen zur Vulnerabilität eines Patienten beigetragen haben können. Während wir in einem Fall keine auffälligen **belastenden Lebensereignisse oder -umstände** in der Kindheit finden, auch keine pathologischen Persönlichkeiten der Eltern und zudem keine chronisch belastenden Interaktions- und Beziehungsmuster zwischen Eltern und Kind, mag in einem anderen Fall die Mutter das Kind wo-

Tabelle 1: defizitorientierte Differentialindikation von Kurz- und Langzeittherapie		
	Kurzzeittherapie	**Langzeittherapie**
Lebensgestaltung vor Symptombildung (pathogen?)	ungestört oder durch schwer beeinflußbare externe Faktoren beeinträchtigt	pathogene Konstruktion ungünstiger Lebensbedingungen
Beziehungsgestaltung vor Symptombildung (pathogen?)	ungestört	deutlich chronisch gestört
Symptomauslösender Aspekt der Lebenssituation (massive belastende Auslöser?)	massive situative Belastung im Sinne eines belastenden Life event	Der Auslöser ist lediglich der Tropfen, der das Faß zum Überlaufen bringt
Lerngeschichte der familiären Sozialisation (auffällig belastende Lebensereignisse oder -umstände in der Kindheit?)	geringe Frustrationen und/oder Traumatisierungen in der kindlichen Lerngeschichte	erhebliche Frustrationen bzw. Traumatisierungen in der kindlichen Lerngeschichte
Selbstbild (Einschätzung, das Leben zu meistern und sich die nötigen Beziehungen aufzubauen, ist kindlich bedürftig und ineffizient?)	ausreichend realistisches Selbstbild, das durch neue Erfahrungen modifizierbar ist	trotz laufender gegenteiliger Erfahrungen wird am alten Selbstbild festgehalten
Weltbild (Einschätzung der anderen Menschen, deren Motive und voraussichtliche Reaktionen als unverändertes Residuum aus der Kindheit übernommen?)	ausreichend realistische Sicht der gegenwärtigen Umwelt, die durch neue Ereignisse erweitert werden kann	unrealistische Erwartungen bzw. Vorhersagen bezüglich der Reaktion der Umwelt
Überlebensregel (zur Optimierung der Beziehungsgestaltung ist dysfunktional und rigide?)	mäßig dysfunktionale Überlebensregel, die nur in sehr schwierigen Situationen das Verhalten beherrscht	sehr dysfunktionale, rigide Überlebensregel, die das psychosoziale Verhaltensrepertoire stark einschränkt
Zentraler Verstärker (zentrales Bedürfnis als völlig im Vordergrund bleibendes Motiv, chronische instrumentelle Verhaltensmuster, um diese Verstärkung zu erhalten bzw. zu bewahren?)	partieller Verzicht auf nicht erreichbare Verstärker bzw. Umstieg auf andere Verstärker ist möglich, z.B. von Geborgenheit auf Anerkenung	große Bedürftigkeit, die nicht durch bewußten Verzicht (Selbstkontrolle) abgebaut werden kann
Zentrale Vermeidungstendenz (zentrale Angst, Bemühen, durch ständiges Vermeidungsverhalten die Gefahr zu bannen?)	punktuelle, situationsspezifische Hinter-grundangst, die der bewußten Exposition zugänglich ist	durchgängige, intensive, stark generalisierte Vermeidungshaltungen, die in fast allen Lebensbereichen Erleben und Verhalten bestimmen
Aggressionshemmung, Aggressionspotential (keine intentionale Wehrhaftigkeit, wachsendes Aggressionspotential?)	wenig aufgestaute Aggressivität bzw. Impulsivität	starke Hemmung der spontanen Impulsivität, großes aufgestautes Aggressionspotential (aufgrund der Menge der nicht erwiderten Frustrationen und Verletzungen)

Forts. Tab. 1		
Defizienz der Impulskontrolle (entweder emotionslos kühl oder kalt oder eine nicht mehr steuerbare Wut?)	nur in spezifischen Situationen, bestimmten Personen gegenüber besteht a.) eine dysfunktionale Aggressions- bzw. Impulshemmung bzw. b.) eine dysfunktionale gesteigerte Impulsivität	Unterdrückung der Wut nach dem Alles-oder-nichts-Prinzip. Kein dosierter Umgang z.B. mit Ärger
Einschränkung des Gefühlsrepertoires (kaum Gefühle oder dysfunktionale Stereotypien, immer wieder die gleichen wenigen Gefühle?)	nur in schwierigen Situationen werden Gefühle a.) unterdrückt oder b.) in stereotyp inadäquater Intensität produziert	nur kleines aktives Gefühlsrepertoire (generalisiert) bzw. nur stereotype situations-inadäquate emotionale Reaktionsmuster
Persönlichkeitsstörung (Dysfunktionalität von persönlichen Verhaltens- und Erlebensstereotypien bezüglich Ausprägung, Rigidität, Situationsinadäquatheit?)	wenige und wenig intensive dysfunktionale Verhaltensstereotypien	dysfunktionale Erlebens- und Verhaltensstereotypien nähern sich in Rigidität und Intensität einer Persönlichkeitsstörung
Konfliktverhalten (Verharren in der Konfliktzone, Dichotomie der Lösungsmöglichkeiten?)	ängstliches oder schuldbewußtes Zögern vor einem prinzipiell machbaren Schritt zur Lösung. Der dritte Lösungsweg ist vorstellbar	starres/paralysiertes Verharren in der Kon-fliktzone, ohne sich probatorisch zu einer der Lösungsmöglichkeiten hinbegeben zu können. Nur dichotome Lösung vorstellbar

chenweise bei wechselnden Bekannten abgegeben, es mit Wutausbrüchen malträtiert und ansonsten Körperkontakt panisch vermieden haben.

Das **Selbstbild** als Quelle der Überzeugung und des Vertrauens, Eigenschaften und Fähigkeiten bleibend in sich zu tragen und im rechten Moment einsetzen zu können, um das Leben zu meistern und sich die benötigten sozialen Beziehungen aufzubauen, kann bei einem Menschen gut durch die realen Erfahrungen des Erwachsenenlebens evaluiert sein. Ein anderer Patient verharrt, ungeachtet der ständig das Gegenteil erweisenden Erlebnisse, in einem **kindlichen** Selbstbild, das aus den lange zurückliegenden Eltern-Kind-Interaktionen hervorging und z.B. immer noch seine Kreativität als nichtsnutzige Leistungsverweigerung empfindet.

Das **Weltbild** als Summe der Erfahrungen im Austausch mit der sozialen Umwelt ist bei einigen Patienten das unveränderte Residuum **aus der Kindheit**. Obgleich die Kindheitsbedingungen längst nicht mehr gelten, tun sie so, als ob diese immer noch wirksam seien. So kann ein Patient fest damit rechnen, von allen Menschen streng strafend zurückgewiesen zu werden, wenn er eine gegenteilige Meinung äußert. Er hat mit dem Ende der Kindheit aufgehört, die Gültigkeit dieses Bildes an der täglichen Realität zu prüfen. Ein anderer Patient dagegen mag eine weitgehend adäquate Einschätzung der anderen Menschen, deren Motive und voraussichtlichen Reaktionen haben und auch bereit und fähig sein, dieses Bild neuen Erfahrungen anzupassen.

Die **Überlebensregel** als verdichtete Verhaltensanweisung im Umgang mit wichtigen Beziehungen kann flexibel und hilfreich sein, um zur bestmöglichen Beziehungsgestaltung zu kommen. Sie leitet aus der logischen Verknüpfung von Selbst- und Weltbild Gebote und Verbote ab, die gewährleisten sollen, zentrale Bedürfnisse zu befriedigen und zentrale Bedrohungen zu verhindern. Bei manchen Patienten ist diese Regel so **unumstößlich** wie die zehn Gebote und zugleich im Erwachsenenleben so **dysfunktional**, daß sie die Meisterung von Lebenskrisen nur mit Hilfe von Symptombildung erlauben.

Tabelle 2: Ressourcenorientierte Differentialindikation von Kurz- und Langzeittherapie

Selbst- und Fremdbeobachtung (realistische Wahrnehmung d. Situation u. d. eigenen Person):	**Indikation zur Kurzzeittherapie**	
Meines zentralen Verstärkers (Bedürfnisses) bewußt sein, mein Bedürfnis wahrnehmen können	Ist durch Verhaltens- und Bedingungsanalyse befähigt, sein durchgängiges Bemühen zum Bewahren bzw. Erreichen seines zentralen Verstärkers zu beobachten. Kann in konkreten Situationen das entsprechende Bedürfnis wahrnehmen	Ist trotz gemeinsamer Verhaltens- und Bedingungsanalyse nicht in der Lage, die operanten Bedingungen seines angestrengten Bemühens zum Erhalt bzw. Erwerb seiner zentralen Verstärkung zu beobachten (z.B. immer jemand um sich haben)
Meiner zentralen Vermeidungstendenz bewußt sein, meine zentrale Angst wahrnehmen können	Kann durch die Verhaltensanalyse beobachten, wie zahlreiche Verhaltensweisen dazu dienen, seine zentrale Bedrohung zu vermeiden. Kann seine entsprechende Angst in konkreten Situationen wahrnehmen	Ist trotz gemeinsamer Verhaltens- und Bedingungsanalyse nicht in der Lage, die Vermeidungsfunktion seines angestrengten Bemühens zu beobachten, das seine zentrale Bedrohung/Angst verhindern soll (z.B. allein sein).
Meine Gefühle wahrnehmen können	Kann bereits während der verhaltensdiagnostischen Sitzungen bzw. während der dazugehörigen Verhaltensbeobachtung seine bisher nicht gespürten Gefühle wahrnehmen	Kann trotz offensichtlich stark emotionsgeladenen Handlungen und Gesten, die entsprechenden Gefühle nicht wahrnehmen (greift z.B. ärgerlich aggressiv an, fühlt aber nichts).
Wahrnehmen können, was mein Gegenüber braucht, fürchtet, fühlt, wirklich tut	Ist durch Beobachtungsübungen dazu anzuleiten, seine Aufmerksamkeit auf Bedürfnisse, Gefühle und Handlungsintentionen des Gegenübers zu lenken und diese wahrzunehmen	Ist trotz Beobachtungsübungen nicht in der Lage, seine Aufmerksamkeit auf Bedürfnisse, Gefühle und Handlungsintentionen des Gegenübers zu lenken, bleibt konsequent bei der Selbstwahrnehmung
Selbst- und Fremdbewertung (kognitive und soziale Einschätzung des Interaktionsprozesses):		
Die Situationsadäquatheit meines Bedürfnisses, meiner Angst, meines Gefühls und meines Handelns prüfen und beurteilen können	Kann zumindest im Rückblick feststellen, daß sein Bedürfnis, seine Angst, sein Gefühl oder sein Verhalten der Situation nicht gerecht wurden	Kann sich selbst im nachträglichen Besprechen mit dem Therapeuten nicht aus der situationsinadäquaten Perspektive befreien
Die Situationsadäquatheit meines Bedürfnisses, meiner Angst, meiner Gefühle und meines Handelns des Gegenübers prüfen und beurteilen können	Kann zumindest im Rückblick beurteilen, ob Bedürfnis, Angst, Gefühl oder Verhalten des Gegenübers der Situation gerecht wurden	Kann sich selbst im nachträglichen Besprechen mit dem Therapeuten nicht aus der eingeengten Perspektive befreien, die nicht zuläßt, die situative Adäquatheit der Reaktionen des Gegenübers zu prüfen

Tabelle 2 cont.		
Selbst- und Fremdverstärkung (Wirksamkeit eigenen Verhaltens):		
Gefühle direkt ausdrücken können	Kann zumindest in „leichten" Situationen sein Gefühl direkt aussprechen	Kann selbst in „leichten" Situationen kein Gefühl direkt aussprechen
Aus meinem Gefühl heraus handeln können	Kann im Rahmen von Verhaltensübungen die verhaltenssteuernde Funktion seiner Gefühle nutzen und ihnen gemäßes Verhalten zeigen	Kann bei Verhaltensübungen die verhaltenssteuernde Funktion seiner Gefühle nicht nutzen und ihnen gemäßes Verhalten zeigen
Meinem Gegenüber klar zeigen können, was ich will und was ich nicht will	Kann zumindest in „leichten" Situationen seinem Gegenüber Forderungen aussprechen bzw. dessen Wunsch ablehnen	Kann selbst in „leichten" Situationen keine Forderung aussprechen und auch keine Forderung des Gegenübers ablehnen
Mich so verhalten können, daß mein Gegenüber tut, was ich brauche, und nicht tut, was ich fürchte	Kann in „leichten" Situationen wirksam das Verhalten seines Gegenübers steuern	Kann selbst in „leichten" Situationen keinen intendierten Einfluß auf das Verhalten des Gegenübers nehmen, bleibt der Reagierende
In meinem Verhalten berücksichtigen können, was mein Gegenüber braucht, fürchtet, fühlt	Kann erfolgreiches selbstbehauptendes Verhalten so dosieren, daß Bedürfnisse und Gefühle des Gegenübers berücksichtigt bleiben	Gelingt einmal selbstbehauptendes Verhalten, so nur auf Kosten der Wahrnehmung der Belange des Gegenübers
Streiten können	Kann bei starker Uneinigkeit einen klärenden Streit beginnen oder diesem zumindest standhalten	Kann weder einen notwendigen Streit einleiten noch einen in Gang geratenen Streit wehrhaft durchstehen
Verlieren können	Fürchtet zwar Niederlagen, riskiert diese aber trotzdem. Kann es aushalten, wenn das Gegenüber bzw. der Konkurrent besser war oder im Recht war	Hat unüberwindbare Angst vor einer Niederlage und meidet deshalb entsprechende Situationen und Begegnungen bzw. kann diese emotional nicht verarbeiten
Balance zwischen meinen Selbstinteressen und meiner Beziehung herstellen können	Kann sowohl eigene Interessen zugunsten der Beziehung als auch deren Belange zugunsten wichtiger Selbstinteressen zurückstellen	Erlebt Selbst und Beziehung als unvereinbare Pole und schlägt sich ganz auf eine Seite, opfert die andere dafür
Meine Beziehungen vorausblickend pflegen können	Kann auf kurzfristige Vorteile verzichten, um dadurch eine langfristig befriedigende Beziehung zu bewahren	Kann keinen langfristig angelegten Einfluß auf den Verlauf der Beziehung nehmen

Der **zentraleVerstärker** bzw. das zentrale Bedürfnis ist bei einigen Patienten das völlig im Vordergrund bleibende Motiv geblieben. Sie haben das Gefühl, davon sehr viel zu brauchen, und entwickeln **chronische instrumentelle Verhaltensmuster**, um diese Verstärkung so umfassend wie möglich zu erhalten bzw. zu bewahren. Umgekehrt dürfen sie kaum anderes Verhalten zeigen, denn dieses würde zum Verlust dieses zentralen Verstärkers führen. Wenn z.B. Geborgenheit oder Schutz und Sicherheit ein so hochwertiges Gut im Leben eines Menschen sind, so

Tabelle 3: Befähigung zum Umgang mit Belastungen und Krisen als Kriterium der Differentialindikation von Kurz- und Langzeittherapie

Befähigung zum Umgang mit Belastungen und Krisen	Indikation zur Kurzzeittherapie	Indikation zur Langzeittherapie
Art und bisherige Wirksamkeit von Streß- und Krisenbewältigungsstrategien	Wirksame Bewältigungsstrategien im affektiven, kognitiven und Handlungsbereich liegen vor	Es sind nur wenige oder wenig wirksame Bewältigungsstrategien vorhanden
Fähigkeit, neue Streßreduktionsmöglichkeiten zu (er-) finden	Die Exploration früherer Belastungssituationen ergab Bewältigung mittels zuvor nicht eingesetzter Streßbewältigungsstrategien	Es bleibt beim rigiden Beibehalten des zu kleinen und zu wenig wirksamen Streßbewältigungsrepertoires
Befähigung, neue Wege aus einer Krise zu finden und zu begehen	Bisherige Krisen konnten durch Einschlagen eines neuenWeges verlassen werden	Frühere Krisen mündeten stets in Symptombildung
Leidenskapazität, um unvermeidbaren psychischen Schmerz zu tolerieren	Es liegen Hinweise vor, daß unvermeidbarer psychischer Schmerz wie Trauer nicht durch Agieren oder Symptombildung kupiert werden muß	Obwohl offensichtlich ist, daß es keine wirksame Maßnahme zum Beenden des psychischen Schmerzes gibt, erfolgt ein nicht endendes verzweifeltes Bemühen zu seiner Reduktion
Bereitschaft, ein zunächst unerträglich erscheinendes Schicksal anzunehmen	Innere und äußere Welt erscheinen zwar extrem ärmer, es besteht aber die prinzipielle Bereitschaft, das Unabänderliche anzunehmen	Es ist unvorstellbar, z.B. einen erlittenen Verlust hinzunehmen und ohne das Verlorene existieren zu können
Können, das übriggebliebene Leben sinnvoll zu gestalten	Das für das Leben noch Verfügbare wird wahrgenommen und kann genutzt werden	Kann mit den verbliebenen emotionalen, sozialen und materiellen Gütern nichts anfangen, kann sich diesen nicht zuwenden

kann er jegliche Selbständigkeit, jegliches Verlassen seines sicheren Nestes meiden. Erfordert eine Lebenssituation dies trotzdem, so weicht er auf eine Symptombildung aus. Ein anderer Patient hat dagegen ein größeres Reservoir an potentiell wirksamen Verstärkern. Er sieht sich nicht gezwungen, unentwegt instrumentelle Bemühungen aufzubringen, da er in der Zuversicht lebt, daß das Leben sie ausreichend bieten wird.

Die **zentrale Vermeidungstendenz** bzw. die zentrale Angst soll eine bestimmte Bedrohung fernhalten wie z.B.Vernichtung, Verlassenwerden, Kontrollverlust oder Ablehnung. Einige Patienten starren in nahezu jeder sozialen Situation auf ihr imaginäres Damoklesschwert und **bemühen sich durch ständiges Vermeidungsverhalten** die Gefahr zu bannen. Sie sind nur schwer von diesem Überlebenskampf abzubringen und wollen die Ungefährlichkeit ihrer Umwelt einfach nicht glauben. Andere Patienten fühlen sich prinzipiell nicht bedroht in ihrem Leben und in ihren Beziehungen. Und es sind auch keine umfangreichen Vermeidungsstrategien bei ihnen zu explorieren oder zu beobachten.

Die **Aggressionshemmung** und das **Aggressionspotential** erklären eine wichtige Kraft, die dem therapeutischen Fortschritt entgegenwirkt. Es gibt einige Menschen, die in ihrer Kindheit gelernt haben, keinerlei aggressive Impulse in die Außenwelt gelangen zu lassen, weshalb ihr Verhalten **keine intentionale Wehrhaftigkeit** beherbergt. Andererseits dürfen wir wohl von einem Satz von der Erhaltung der Aggression ausgehen. Und dies bedeutet, daß jedes Kind, das keine Chance hatte, eine Aggression ange-

messen zu erwidern, sich wie ein Akkumulator mit Aggression auflädt. Es hat somit die Bürde, diese größer werdende Ladung, d.h. das **wachsende Aggressionspotential** so zu verwalten, daß keine Komplikationen im Umgang mit der sozialen Umwelt auftreten.
Beide Aspekte sollten erfaßt werden. Während wir das Ausmaß der Wehrhaftigkeit am Vorhandensein von selbstbehauptendem Verhalten erkennen, läßt sich das so definierte Aggressionspotential nur an der Summe der explorierten Frustrationen und Aggressionen abschätzen, die dem aggressionsgehemmten, wehrlosen Menschen als Kind, Jugendlichem und Erwachsenem zugefügt wurden.

Eine **Defizienz der Impulskontrolle** kann sowohl im Sinne einer unzureichenden Kontrolle mit Impulsdurchbrüchen als auch im Sinne eines völligen Ausfalls jeglicher Impulsivität bestehen. Während einige Patienten situationsadäquat emotionales Verhalten zeigen können, ohne zu impulsiv zu reagieren bzw. ohne unnötige Impulshemmung, begegnen wir anderen Patienten, die Wut und Impulsivität nur nach dem Prinzip des Alles oder Nichts handhaben können. **Entweder emotionslos** kühl oder kalt reagieren **oder** einer **nicht mehr steuerbaren** Wut verfallen.

Eine **Einschränkung des Gefühlsrepertoires** beeinträchtigt die Erlebens- und Verhaltensmöglichkeiten eines Menschen. Bei einigen Patienten ist diese Einschränkung in nahezu allen zwischenmenschlichen Situationen wirksam und es bleiben ihnen auch nur wenige Gefühle. Manche sind seit der Kindheit nicht mehr aufgetreten. Die Therapie erfordert eventuell umfangreiche „Ausgrabungsarbeiten", um Emotionen und emotionales Verhalten wieder im aktiven Verhaltensrepertoire zu etablieren. Bei anderen Patienten finden wir keine Einschränkungen der Wahrnehmung und des Ausdrucks von Gefühlen und auch keine **dysfunktionalen Stereotypien** mit situationsinadäquaten oder sie haben übermäßig intensive Emotionsmuster von immer wieder gleichen Gefühlen wie Ärger.

Eine **Persönlichkeitsstörung** neben einem klinischen Syndrom erschwert die Therapie bzw. erfordert eine klare Eingrenzung bei der Zielformulierung. Nähert sich die Dysfunktionalität von persönlichen Verhaltens- und Erlebensstereotypien sowohl bezüglich ihrer Ausprägung und Rigidität als auch ihrer Situationsinadäquatheit einer Persönlichkeitsstörung, so müssen wir mit einer fehlenden Fähigkeit bzw. Bereitschaft zu schnellen Verhaltensänderungen rechnen.

Das **Konfliktverhalten** kann einerseits durch ängstliches Zögern vor einem prinzipiell machbaren oder erlaubten Schritt geprägt sein. Und es kann auch eine Offenheit gegenüber einer dritten Lösungsvariante bestehen. Andererseits finden wir Patienten, die ein starres oder paralysiertes **Verharren in der Konfliktzone** aufweisen, ohne sich probatorisch zu einer Lösungsmöglichkeit hinbegeben zu können, nicht einmal im Gespräch. Für sie existiert nur eine **Dichotomie** der Lösungsmöglichkeiten. Eine dritte Möglichkeit ist nicht denkbar.

Defizite bei einigen dieser Faktoren machen eine Kurzzeittherapie schwierig, weshalb mit einer Verlängerung der Therapiezeit zu rechnen ist. Werden in der Diagnostikphase und in der Planungsphase diese Faktoren nicht berücksichtigt, so bleibt eine Kurzzeittherapie ganz einfach stecken, und Patient und Therapeut wundern sich gemeinsam. Beide sind sich meist einig, daß der Patient etwas falsch gemacht haben muß. Die evtl. falsch angelegte Therapie durch mangelnde Eingangsdiagnostik und unzureichende Klärung der differentiellen Indikation bleibt beiden verborgen.

Während obige Betrachtungen der Frage nachgingen, welche wenig veränderbaren Bürden der Patient in die Behandlung mitbringt, was er nicht kann, was er noch braucht, was er noch tun muß, obwohl es sich als dysfunktional in Erwachsenenbeziehungen erwiesen hat, können wir nun unser Augenmerk darauf richten, welche Fertigkeiten und Ressourcen er in die Therapie mitbringt. Je umfassender und stabiler diese sind, um so eher ist eine Kurzzeittherapie indiziert.

Ressourcenorientierte Differentialindikation von Kurz- und Langzeittherapie

Dem Selbstregulationsmodell Kanfers (1990, 1998) folgend, können die Verhaltensweisen des Menschen in (Selbst-) Beobachtung, (Selbst-) Bewertung und (Selbst-) Verstärkung eingeteilt werden:

Selbst- und Fremdbeobachtung (realistische Wahrnehmung der Situation und der eigenen Person):

- Meines zentralen Verstärkers (Bedürfnisses) bewußt sein, mein Bedürfnis wahrnehmen können
- Meiner zentralen Vermeidungstendenz bewußt sein, meine zentrale Angst wahrnehmen können
- Meine Gefühle wahrnehmen können
- Wahrnehmen können, was mein Gegenüber braucht, fürchtet, fühlt, wirklich tut

Selbst- und Fremdbewertung (kognitive und soziale Einschätzung des Interaktionsprozesses):
- Die Situationsadäquatheit meines Bedürfnisses, meiner Angst, meines Gefühls und meines Handelns prüfen und beurteilen können
- Die Situationsadäquatheit des Bedürfnisses, der Angst, der Gefühle und des Handelns des Gegenübers prüfen und beurteilen können

Selbst- und Fremdverstärkung (Wirksamkeit eigenen Verhaltens):
- Gefühle direkt ausdrücken können
- Aus meinem Gefühl heraus handeln können
- Meinem Gegenüber klar zeigen können, was ich will und was ich nicht will
- Mich so verhalten können, daß mein Gegenüber tut, was ich brauche, und nicht tut, was ich fürchte
- In meinem Verhalten berücksichtigen können, was mein Gegenüber braucht, fürchtet, fühlt
- Streiten können
- Verlieren können
- Balance zwischen meinen Selbstinteressen und meiner Beziehung herstellen können
- Meine Beziehungen vorausblickend pflegen können

Sind diese Ressourcen und Fähigkeiten nicht vorhanden, so wird ihr Erwerb oft zum Therapieziel. Die resultierende therapeutische Arbeit bedingt über die Symptomtherapie hinaus einen langzeittherapeutischen Rahmen (Tabelle 2). Allerdings erweist sich wegen des interaktionellen Schwerpunkts der Modus der Paar-, Familien- oder Gruppentherapie als vorteilhaft. Da sich diese Defizite am deutlichsten in der ehelichen Beziehung bemerkbar machen, kann nicht selten im paartherapeutischen Modus die gezielteste Intervention erfolgen.

Befähigung zum Umgang mit Belastungen und Krisen als Kriterium der Differentialindikation von Kurz- und Langzeittherapie

Neben allgemeinen Defiziten und Ressourcen ist die Befähigung zum Umgang mit Krisen und Belastungen ein wichtiger Prädiktor der dauerhaften Befreiung von Symptomen.

Hilfreich ist eine Analyse
- der Art und bisherigen Wirksamkeit von Streß- und Krisenbewältigungsstrategien
- der Fähigkeit, neue Streßreduktionsmöglichkeiten zu (er-)finden,
- der Befähigung, neue Wege aus einer Krise zu finden und zu begehen
- der Leidenskapazität, um unvermeidbaren psychischen Schmerz zu tolerieren
- der Bereitschaft, ein zunächst unerträglich erscheinendes Schicksal anzunehmen, und
- des Könnens, das übriggebliebene Leben sinnvoll zu gestalten

In Tabelle 3 wird wiederum versucht, klinisch häufig auftretende Varianten des Umgangs mit Streß und Krisen als Kriterien einer Differentialindikation zu Kurz- versus Langzeittherapie zu formulieren. Diese Betrachtungen führen zu einer weiteren Einschränkung der Indikation zur Kurzzeittherapie. Zwei Indikationen sind demnach:

1. Ein Mensch mit ausreichender psychischer Stabilität hat ausnahmsweise beim Versuch versagt, eine sehr starke Lebensbelastung mit seinem aktiven Repertoire an psychischen und handelnden Bewältigungsstrategien zu meistern und deshalb eine Symptombildung nicht verhindern können (Sulz 1992, 1995).
2. Ein Mensch, dessen umfassende Behandlung eine Langzeittherapie erfordern würde, soll mit sehr begrenzter Zielvorgabe lediglich eine therapeutische Hilfe zur Symptomreduktion bzw. zur Modifikation eines sehr begrenzten Bereiches seiner habituellen dysfunktionalen Verhaltensmuster erhalten.

Natürlich stellt sich spätestens hier die Frage, ob die Indikationen zur Langzeittherapie nicht in Wirklichkeit Kriterien für fehlende Therapierbarkeit sind. Das Zusammentreffen einer größeren Zahl der bisher genannten Langzeit-Indikatoren entspricht einer prinzipiellen Lebensuntüchtigkeit unter den dem Patienten zugänglichen Lebensbedingungen. Es bleibt die Frage, ab welcher Ausprägung diese Langzeittherapie-Indikationskriterien zu Ausschlußkriterien werden, da sie anzeigen, daß eine Therapie nur mit sehr geringer Wahrscheinlichkeit zum Erfolg führen wird. Eine andere Gefahr liegt darin, daß die Klassifizierung eines Patienten als Langzeitfall eine rasche Veränderung hemmt. Andererseits gehen untaugliche Schnellversuche auf Kosten des Patienten. Da Psychotherapien bezüglich ihres invasiven Charakters durchaus mit großen Operationen zu vergleichen sind, dürfen wir nicht sagen, der Versuch einer Kurzzeittherapie könne ja nichts schaden, bei seinem Mißlingen sei immer noch eine Langzeittherapie möglich. Unserer Verantwortung als Psychotherapeuten werden wir nur durch eine gründliche Indikationstellung gerecht.

Entwicklung als Kriterium der Differentialindikation von Kurz- und Langzeittherapie

Bislang haben wir den Aspekt der **Entwicklung** nicht bei unseren Überlegungen berücksichtigt. Wie die therapeutische Entwicklungsförderung in die kognitive Verhaltenstherapie einbezogen werden kann, wurde an anderer Stelle beschrieben (Sulz 1994, 1996). Eine einfache Formel der Differentialindikation könnte sein, Veränderungen ohne Entwicklung der Kurzzeittherapie zuzuschlagen und die psychische Entwicklung des Menschen der Langzeittherapie zuzuordnen. Da aber Kurzzeittherapie dazu dienen kann, den entscheidenden Entwicklungsanstoß zu geben, gehört sie durchaus in den Kreis der entwicklungsbezogenen Maßnahmen. Es kann im Gegenteil sogar argumentiert werden, daß Therapie Schonklima- oder gar Treibhausbedingungen schafft, also auf keinen Fall zu lange auf den Menschen einwirken sollte, da sie Entwicklung als Wechselwirkung des Menschen mit den realen Bedingungen seiner Umwelt zwangsläufig in unnatürliche Bahnen lenken muß. Gerade bei der Verfolgung von Entwicklungszielen ist das rechte Zeitmaß therapeutischer Intervention von größter Bedeutung. Die über Jahre gehende, regelmäßige, dichte Sitzungsfrequenz muß nicht der zweckmäßigste Modus sein. Eine Sitzung im Abstand von zwei oder gar vier Wochen im Rahmen einer mehrjährigen Betreuung, wie sie bei manchen Persönlichkeitsstörungen erforderlich ist, eventuell mehr Raum zur Entfaltung eröffnen. Das ständige „Dranbleiben" des Therapeuten hat für manche Menschen in bestimmten Phasen eine hemmende Wirkung, kann aber bei einem anderen Menschen die entwicklungsfördernde „Umwelt" schaffen, die es diesem erlaubt, Entwicklung überhaupt erst zu beginnen. Es ist jedenfalls nicht plausibel, daß Entwicklung einer dichten Langzeitbegleitung bedarf. Auch die Vorstellung, daß der Patient sich in der Therapiesitzung entwickelt und deshalb viele Therapiesitzungen stattfinden müssen, ist nicht ohne weiteres nachvollziehbar. Auch wenn Entwicklung als Kriterium der Differentialindikation von Kurz- und Langzeittherapie äußerst schwierig zu fassen ist, soll der Versuch unternommen werden, einige Aussagen zu machen (Tabelle 4).

Gehen wir von der kognitiven Entwicklungspsychologie Piagets aus (Piaget und Inhelder 1981) und beschreiben die Phasen der emotionalen und Beziehungsentwicklung des Menschen mit den Formulierungen Kegans (1986), so begegnen wir in unseren Therapien Menschen, die auf einer frühen einverleibenden Stufe (Kleinkindalter) oder einer impulsiven Stufe (Vorschulalter) bzw. der souveränen Stufe (Grundschulalter) bzw. der zwischenmenschlichen Stufe (ab 11 Jahren) stehen. Im Rahmen von Kurzzeittherapien treffen wir auch Menschen, die auf der institutionellen Stufe (ab 18 Jahren) stehen. Die höchste Stufe, die überindividuelle, schützt wohl weitgehend vor Therapiebedürftigkeit. Diese kognitiv-affektiven Entwicklungsstufen wurden von Sulz (1994, 1996) ausführlich dargestellt.

Kegan (1986) setzt den Therapiefokus auf die Stufenübergänge, die inhärente psychische Destabilisierung bedeuten und zu psychischen Krisen mit Symptombildung ausarten können. Kurzzeittherapie kann sich zur Aufgabe machen, Hilfestellung bei der Bewältigung dieser Übergangskrisen zu geben und dem Patienten zu helfen, diesen einen notwendigen Schritt zu leisten, um - auf der nächsten Entwicklungstufe angekommen - von selbst wieder eine Stabilisierung zu erreichen (z.B. Sulz 1994, 1995, 1998a und b).

Aus der Perspektive der Entwicklungspsychologie ist es nicht sinnvoll, durch kontinuierliche Therapie einen Menschen über mehrere Entwicklungsstufen hinweg begleiten zu wollen. Er benötigt eine geraume Zeit, um die Stufentableaus zu durchlaufen und ist erst nach Abschluß dieser Tableauphase wieder auf natürliche Weise zu einem nächsten Entwicklungsschritt bereit.

Eine Indikation zur Langzeittherapie stellt weder das Verharren eines Patienten auf einer sehr frühen Stufe dar, noch ein eventuelles Vorhaben, den Patienten um einige Stufen weiterbringen zu müssen. Vielmehr können wir unterscheiden zwischen

a) Symptombildungen, die aus einer Übergangskrise resultieren, d.h. dem gescheiterten Versuch, einen natürlicherweise anstehenden Entwicklungsschritt zu leisten und
b) Symptombildungen, die aus einer Blockade des Durchlebens des gegenwärtigen Entwicklungsniveaus resultieren. Dies sind entweder Blockaden oder Exzesse der entwicklungsentsprechenden Erlebens- und Reaktionsweisen (zu viel oder zu wenig einverleibend, zu viel oder zu wenig impulsv, zu viel oder zu wenig souverän, zu viel oder zu wenig zwischenmenschlich, zu viel oder zu wenig institutionell).

Für die Therapie der Übergangskrise reicht eine Kurzzeittherapie. Hilfestellung zum regulären Durchlaufen des gegenwärtigen Entwicklungsniveaus kann oft nicht im kurzzeittherapeutischen Rahmen geleistet werden. Hier haben sich z.B. rein kognitive Strategien mit dem Ziel der Reattribuierung von Selbst- und Weltbild zumindest in der klinischen Praxis als unzureichend für eine dauerhafte Veränderung erwiesen. Nicht neue Einsicht, sondern

Tabelle 4: Entwicklungsstufenspezifische Kriterien der Differentialindikation von Kurz- und Langzeittherapie		
Entwicklungs-stufe	**Stufenspezifisches Verhalten**	**Kurzzeittherapie-Aufgabe**
einverleibend (aufnehmend)	**Ich brauche**, daß mir gegeben wird, was ich brauche. **Ich fürchte**, nicht zu erhalten, was ich brauche, - daß zu viel Schädliches an mich herankommt, - daß ich zu gierig von dem anderen in mich aufnehme. **Ich kann** annehmen, mich öffnen, mich verschließen. **Ich kann nicht:** mir von anderen holen, was ich brauche.	Wieder befriedigend (erhalten, was ich brauche) und ohne zentrale Bedrohungen (eindringende Noxen) auf dieser Stufe leben können. Oder: zur nächsten Stufe schreiten können.
impulsiv (spontan)	**Ich brauche** einen Menschen, der dann, wenn ich es mir holen will, mir das abgeben will, was ich brauche. **Ich brauche nicht** zu warten, bis mir etwas angeboten wird. **Ich fürchte**, daß ich mich von meiner Bezugsperson so weit entferne, daß ich sie verliere. **Ich kann** genau das tun, was mein momentanes Bedürfnis befriedigt, mir das holen, was ich brauche. **Ich kann nicht:** andere dazu bringen, in meinem Sinne zu handeln.	Wieder befriedigend (von einer verfügbaren Person holen und zurückweisen können) und ohne zentrale Bedrohungen (Trennung, Alleinsein) auf dieser Stufe leben können. Oder: zur nächsten Stufe schreiten können
souverän	**Ich brauche** eine Umwelt, die sich durch mich beeinflussen läßt. **Ich brauche nicht** einen Menschen, der von sich aus immer gleich denkt und fühlt wie ich. **Ich fürchte,** die Kontrolle über meine Umwelt zu verlieren. **Ich kann** auf andere Menschen so einwirken, daß sie in meinem Sinne handeln. **Ich kann nicht:** Kontrolle abgeben, um durch Verzicht auf eigene Interessen mich der Beziehung zu überlassen.	Wieder befriedigend (den anderen steuern können) und ohne zentrale Bedrohungen (Kontrollverlust) auf dieser Stufe leben können. Oder: zur nächsten Stufe schreiten können
zwischen-menschlich	**Ich brauche** eine gefühlvoll liebende Beziehung und Harmonie in der Beziehung. **Ich brauche nicht** den anderen zu beeinflussen oder kontrollieren, damit er sich verhält, wie ich es brauche. **Ich fürchte,** gegen die Wünsche des anderen etwas zu tun, was mich seine Liebe kostet. **Ich kann** andere Menschen sehr gut verstehen und die Beziehung ganz vor meine Eigeninteressen stellen. **Ich kann nicht:** mir vorstellen, ohne die Zuneigung meiner Bezugsperson sein zu können.	Wieder befriedigend (in hingebungsvoller Beziehung) und ohne zentrale Bedrohungen (Liebesverlust, Ablehnung) auf dieser Stufe leben können. Oder: zur nächsten Stufe schreiten können
institutionell (fair)	**Ich brauche** klare Umgangsregeln, damit ich mich darauf verlassen kann, daß andere sich an diese Regeln halten. **Ich brauche nicht** die unerschütterliche Zuneigung des anderen, das Eingebettetsein in eine Beziehung. **Ich fürchte**, die Übersicht über die vernünftige Regelung von Beziehungen zu verlieren. **Ich kann** gefühlsmäßig Abstand von einer Beziehung nehmen. **Ich kann nicht:** mich über Regeln hinwegsetzen, wenn ich sie im Einzelfall für ungerecht halte.	Wieder befriedigend (geregelte Gemeinschaft) und ohne zentrale Bedrohungen (Selbstverlust, Gegenaggression) auf dieser Stufe leben können. Oder: zur nächsten Stufe schreiten können
über-individuell	**Ich hoffe nicht, ich fürchte nicht, ich bin frei.** **Ich brauche nicht** eine äußere Regelung zur Pflege des zwischenmenschlichen Umgangs. **Ich kann** Umgangsregeln kritisch handhaben. **Ich kann nicht:** auf Dauer ohne andere Menschen sein, ohne eine gesunde Natur und Ökologie leben.	Da keine persönliche Disposition und Vulnerabilität vorliegt, ist eine psychische bzw. psychosomatische Störung nur unter extrem traumatisierenden situativen auslösenden Stimuli zu erwarten, so daß eine Krisenintervention durchzuführen oder eine posttraumatische Belastungsstörung (PSTD) zu behandeln ist

neue affektive Erfahrungen, die durch Verhaltensänderungen zugänglich wurden, brachten stabile Modifikationen der Selbst- und Weltsicht.
Kurzzeittherapie dient demnach dem Wiederherstellen eines symptomfreien Lebens und manchmal dem Wiederherstellen gesunderhaltender Lebensbedingungen. Entwicklungspsychologisch kann dies das weitere Verweilen auf der momentanen Entwicklungstufe sein, als Tableaustadium, das benötigt wird, um Entwicklungsergebnisse stabil zu etablieren. Dies geschieht durch die Interaktion mit der Umwelt, ausreichend lange und ausreichend oft. Und deshalb kann ein Entwicklungstableau nicht im Eilschritt durchlaufen werden, Kurzzeittherapie kann somit auch nicht das Erreichen der übernächsten Entwicklungsstufe zum Ziel zu haben. Sie kann nur helfen, seine Entwicklungsaufgaben auf seiner momentanen Entwicklungsstufe zu erledigen (z.B. auf der souveränen Stufe die Steuerung des Verhaltens anderer Menschen zu erproben und eigene Impulse aufzuschieben). Oder sie kann nach Ablauf des Tableaustadiums dazu dienen, den Schritt auf die nächste Stufe zu tun.

Das gleiche ist auch in einer Langzeittherapie möglich, wenn die oben beschriebenen sehr ungünstigen Bedingungen herrschen. Es kann ihre Aufgabe sein, die Entwicklung um mehr als eine Stufe voranzubringen - so weit, bis der Patient seiner sozialen Umwelt gewachsen ist. Hierzu ist allerdings eine z.B. zweijährige Begleitung erforderlich, während der z.B. vierzehntägige Termine sinnvoll sein können. Im zweiten Jahr sind wohl eher Treffen alle drei bis vier Wochen ein guter Arbeitstakt. Die Therapiesitzungen werden so zu Arbeitssitzungen oder Supervisionsstunden, in denen der Gang des Selbstmanagements oder der Selbstentwicklung besprochen wird.
Insgesamt haben wir

- die gegenwärtige Lebenstüchtigkeit des Patienten einerseits und
- die Lebensmöglichkeiten und Überlebenschancen, die ihm seine Umwelt anbieten kann und will, zu berücksichtigen, wenn wir entscheiden wollen, welcher therapeutische Aufwand erforderlich ist, um
- ausreichende Bedingungen für seine Gesundung zu schaffen, d.h. für ein symptomfreies Erleben und Vehalten
- in einer nicht bzw. nicht mehr symptomatischen oder pathogenen sozialen Umgebung.

Tabelle 5: Entwicklung als Kriterium der Differentialindikation von Kurz- und Langzeittherapie

Entwicklungsstand bzw. -problem	Indikation zur Kurzzeittherapie	Indikation zur Langzeittherapie
fühlt sich prinzipiell auf seiner Entwicklungstufe wohl	befindet sich zwar auf einer frühen Entwicklungstufe, hat aber eine stützende Beziehung und kann in dieser die stufenspezifischen Bedürfnisse befriedigen. Hat keinen drängenden Bedarf nach Erfüllung von Wünschen und Werten, die einer noch nicht erreichbaren Entwicklungstufe angehören. Kann die in seinem Leben auftretenden Probleme und Konflikte mit den stufenspezifischen affektiven, kognitiven und interaktiven Fähigkeiten bewältigen	befindet sich auf einer frühen Entwicklungstufe, kann sich die hierzu erforderliche stützende Beziehung nicht bewahren und in dieser die stufenspezifischen Bedürfnisse nicht befriedigen. Hat drängenden Bedarf nach Erfüllung von Wünschen und Werten, die einer noch nicht erreichbaren Entwicklungstufe angehören. Kann nicht die in seinem Leben auftretenden Probleme und Konflikte mit den stufenspezifischen affektiven, kognitiven und interaktiven Fähigkeiten bewältigen
hält es prinzipiell auf seiner Entwicklungsstufe nicht mehr aus	hat alle Fähigkeiten erworben, die auf der bestehenden Stufe erworben werden müssen, scheitert lediglich am anstehenden Schritt auf die nächsthöhere Stufe	muß zuerst noch die affektive, kognitive und interpersonelle Ausstattung der bestehenden und eventuell auch noch der vorausgegangenen Entwicklungstufe erwerben, bevor der nächste Entwicklungsschritt getan werden kann

Umgekehrt stellt sich seit der Erweiterung des Facharztes für Psychiatrie auf die Psychotherapie immer öfter die Frage, warum bei chronisch kranken Patienten, die leidlich psychiatrisch versorgt werden, nicht Langzeittherapie praktiziert wird, die mit großer Wahrscheinlichkeit die Arbeitsfähigkeit aufrechterhalten und so manchen stationären Aufenthalt verhindern könnte. Zudem würden Anzahl und Ausmaß der beanspruchten medizinischen Leistungen reduziert. Aus humanitären Gründen müßte die Beweislast der eventuellen Mehrkosten dieser psychotherapeutischen Versorgung nicht beim Psychotherapeuten, sondern beim Kostenträger liegen, der bis heute diese Therapie verweigert, soweit sie über die Grenzen der Richtlinientherapie hinausgeht. Diese Langzeittherapie würde zum einen das Mindestmaß an zwischenmenschlicher Beziehung herstellen, die für therapeutische Veränderung erforderlich ist, zum andern - auf dieser aufbauend - weitere Chronifizierung aufhalten, zumindest verlangsamen. Therapeutische Aufgaben, denen wir uns zu stellen haben.

Literatur

Butollo, W,: Therapiemanual zur Therapie der Posttraumatischen Belastungsstörung. München: CIP-Medien, 1997

Davanloo, H.: Der Schlüssel zum Unbewußten. Die intensive psychodynamische Kurztherapie. München, Pfeiffer, 1995

Fürstenau, P.: Lösungsorientierte psychoanalytische Kurz-Psychotherapie. In Sulz S. (Hrsg.): Neue Kurz-Psychotherapien. München: CIP-Medien 1998

Gottwik, G.: Die Intensive Psychodynamische Kurztherapie. In Sulz, S. (Hrsg.): Neue Kurz-Psychotherapien. München: CIP-Medien 1998

Hayes S.C.: ACT Therapie: Akzeptanz und Veränderung - ein funktionaler Ansatz behavioraler Kurzzeittherapie. In Sulz S. (Hrsg.): Neue Kurz-Psychotherapien. München: CIP Medien 1998

Hayes, S.C., Brownstein, A.J., Haas, J.R., & Greenway, D.E. (1996). Instructions, multiple schedules, and extinction: Distinguishing rule-governed from schedule controlled behavior. Journal of the Experimental Analysis of Behavior, 46, 137-147.

Hayes, S.C.& Hayes, L.J.(1989). The verbal action of the listener as a basis for rule-governance. In S. C. Haxes (Ed.), Rule-governed behavior: Cognition, contingencies and instructional control. (pp.153-190). New York: Plenum.

Kanfer, F., Reinecker, H. Schmelzer, D.: Selbstmanagement-therapie. Berlin, Springer, 1991

Kanfer, F.: Die Rolle der Emotionen in der Selbstmanagement-therapie. In Sulz S. (Hrsg.): Neue Kurz-Psychotherapien. München: CIP-Medien 1998

Kegan, R.: Die Entwicklungsstufen des Selbst - Fortschritte und Krisen im menschlichen Leben. München: Kindt 1986

Klerman, G., Weissman, M., Rounsaville, B., Chevron, E.: Interpersnal Psychotherapy of Depression. New York, Basic Books, 1984

Lachauer R.: Differentialindikation von Kurz- und Langzeittherapie aus tiefenpsychologischer Sicht. In Sulz S. (Hrsg.): Neue Kurz-Psychotherapien. München: CIP-Medien 1998

Linehan, M.M.: Dialektisch-Behaviorale Therapie der Borderline-Persönlichkeitsstörung. München, CIP-Medien, 1996a

Linehan, M.M.: Trainingsmanual zur Dialektisch-Behavioralen Therapie der Borderline-Persönlichkeitsstörung. München, CIP-Medien, 1996b

Linden, M.: Die Rolle der Verhaltenstherapie im ambulanten kassenärztlichen Bereich. In; Hennig, H., Fikentscher, E., Bahrke, U., Rosendahl, W. (Hrsg.): Kurzzeittherapie in Theorie und Praxis. Lengerich, Pabst, 1996

Lohmer, M.: Die Kurzzeittherapien - ein Überblick. In Sulz, S. (Hrsg.): Neue Kurz-Psychotherapien. München: CIP-Medien 1998

Luborsky, L.: Einführung in die analytische Psychotherapie. Ein Lehrbuch. Berlin, Springer, 1988

Malan, D.H.: Psychoanalytische Kurztherapie. Eine kritische Untersuchung. Hamburg, Rowohlt, 1972

Piaget, J., Inhelder, B.: Die Psychologie des Kindes. Frankfurt: Fischer, 1981

Rabinowitz, J., Lukoff, I.: Clinical decision making of short- versus long-term treatment. Research on Social Work Practice 1995; 5: 62-79

Roth, D., Rehm, L., Therapiemanual zur Selbstkontrolltherapie der Depression in Gruppen. In: Sulz, S.(Hrsg.): Verständnis und Therapie der Depression. München, Reinhardt, 1986

Schramm E.: Interpersonelle Psychotherapie der Depression IPT. In Sulz S. (Hrsg.): Neue Kurz-Psychotherapien. München: CIP-Medien 1998

Schulte, D.: Therapieplanung. Göttingen: Hogrefe, 1996

Sifneos, P.: Short-term Dynamic Psychotherapy: Evaluation and Technique. New York, Plenum Press, 1979

Strupp H.H, Binder J.L.: Kurzzeittherapie. Stuttgart, Klett-Cotta, 1991

Sulz, S. (1990). Probleme der Antragsbegutachtung. Praxis der Klinischen Verhaltensmedizin und Rehabilitation, 12, 258-261

Sulz, S.: Das Verrhaltensdiagnostiksystem VDS: Von der Anamnese zum Therapieplan. München: CIP-Medien 1992

Sulz, S.: Verhaltenstherapie. In H.-J. Möller (Ed.), Therapie in der Psychiatrie Stuttgart: Enke 1993a, S. 63-72.

Sulz, S.: Verhaltenstherapie bei endogener Depression. In H.-J. Möller (Ed.), Therapie in der Psychiatrie Stuttgart: Enke 1993b, S. 339-350.

Sulz, S.: Differentialindikation zwischen ambulanter und stationärer Psychotherapie neurotischer/psychosomatischer Störungen aus verhaltenstherapeutischer Sicht. In H.-J. Möller (Ed.), Therapie in der Psychiatrie Stuttgart: Enke 1993c, S. 580-590.

Sulz, S.: Strategische Kurzzeittherapie. Wege zur effizienten Psychotherapie. München, CIP-Medien, 1994

Sulz, S.: Praxismanual zur Strategischen Kurzzeittherapie. München: CIP-Medien 1995

Sulz, S.: Als Sisyphus seinen Stein losließ. Oder: Verlieben ist verrückt. München: CIP-Medien, 1996

Sulz, S.: Praxis der Strategischen Kurz-Psychotherapie - wirksame Schritte zur Symptomreduktion, Persönlichkeitsentwicklung und zur funktionalen Beziehungsgestaltung. In Sulz, S. (Hrsg.): Neue Kurz-Psychotherapien. München: CIP-Medien 1998

Tillett, R. Psychotherapy assessment and treatment selection. Brit. J. Psychiat. 1996;168:10-15

Ullrich, R., Ullrich de Muynck, R.: Selbstsicherheitstherapien, Training sozialer Kompetenz: Das Assertiveness-Training-Programm ATP als bedingunganalytische Gruppentherapie. In: Sulz, S. (Hrsg.): Das Therapiebuch. München, CIP-Medien, 1994, 177-186.

Ullrich, R., Ullrich de Muynck, R.: Therapie sozialer Ängste durch kommunikative Problemlösegruppen: Kommunikationstraining, Bedingungsanalytische Decodierung. In: Sulz, S. (Hrsg.): Das Therapiebuch. München, CIP-Medien, 1994, S. 341-355

Watzlawik P., Weakland J., Fisch R.: Lösungen. Zur Theorie und Praxis menschlichen Wandels. 2. Auflage. Bern: Huber 1979

Gerda C. Gottwik

Intensive Psychodynamische Kurzzeittherapie nach Davanloo

Gerda C. Gottwik

Intensive Psychodynamische Kurzzeittherapie nach Davanloo

Die Intensive Psychodynamische Kurztherapie nach Davanloo ist wie die Psychoanalyse darauf ausgerichtet, mit dem Patienten zusammen die verdrängten Wurzeln seiner Störungen aufzudecken und durchzuarbeiten und ihn auf diese Weise von seinem Leiden zu befreien, vermeidet dabei aber die psyhoanalytischen Techniken der freien Assoziation und der Übertragungsneurose. Die ISTDP (englisch: Intensive Short-Term Dynamic Psychotherapy) ist deshalb so intensiv und effektiv, weil sie die tiefere Schicht der verdrängten Gefühle erschließt. Dies gelingt durch verfeinerte Behandlungstechniken, die Davanloo aus der Mikroanalyse gefilmter Therapeut-Patienten-Interaktionen entwickelt hat (Davanloo 1978, 1980, 1988, 1995a).

Indikationen - Kontraindikationen
Die ISTDP ist bei allen neurotischen Erkrankungen anwendbar, auch und besonders auch bei neurotischen Persönlichkeitsstörungen, ebenso bei psychosomatischen Störungen. Kontraindikationen sind Psychosen, lebensbedrohliche Psychosomatosen und schwere psychopathische Persönlichkeitsstörungen (Davanloo 1988, 1995a, 1995b).

Wie die Psychoanalyse sieht die Intensive Psychodynamische Kurztherapie den Motor für neurotische Symptome und Charakterstörungen in unverarbeiteten, im Unbewußten gespeicherten traumatischen (im weitesten Sinn) Erlebnissen mit genetischen Bezugspersonen begründet. Wie die Psychoanalyse nutzt sie das Phänomen der Übertragung, d.h. die Tatsache, daß die alten Situationen nach Re-inszenierungen in heutigen Beziehungen drängen, so auch in die Beziehung zum Therapeuten. Wie in der Psychoanalyse spielt dabei die Widerstandsanalyse eine zentrale Rolle. Wie die Psychoanalyse nutzt die ISTDP das Phänomen, daß das Aufdecken des Verdrängten Befreiung, das Erkennen der Wurzeln Integration, das Erfahren und Einüben korrigierender Verhaltensweisen in der therapeutischen Beziehung neue Strukturen und die Möglichkeit der Heilung verschafft.

Anders als die Psychoanalyse zielt die ISTDP darauf, das Unbewußte sehr rasch zu mobilisieren, in der ersten Sitzung die für die neurotischen Störungen verantwortlichen psychopathologischen dynamischen Kräfte zu erschließen (unlocking) und einen raschen Durchbruch zu den verdrängten Wut- und Schuldgefühlen zu erreichen. Das Konzept der Übertragung unterscheidet sich wesentlich von der Psychoanalyse: zwar wird die Mobilisierung der verdrängten Gefühle (und auch Abwehrmuster) in der Übertragung in jedem Augenblick des Prozesses genau beobachtet, gefördert und für den Prozeß genutzt, aber die Entwicklung einer Übertragungsneurose wird peinlichst vermieden. Dafür wird der Mobilisierung der Arbeitsbeziehung große Aufmerksamkeit gewidmet. Davanloo entdeckte, daß sich bei erfolgreicher Arbeit neben der bewußten auch eine „unbewußte therapeutische Allianz" („UTA") (Davanloo 1986, 1995a:Kap.1) einstellt. Durch speziell auf die therapeutische Allianz gerichtete Interventionen ist es möglich, die Motivation des Patienten zu fördern. Es störte Davanloo von Anfang an, daß geringe Motivation als Hinderungsgrund für die psychoanalytische Behandlung angesehen wird, da Motivation durch die Neurose naturgemäß eingeschränkt ist (Davanloo 1987b, 1988, 1995a, Gottwik 1997).

Möglich ist die rasche Erschließung des Unbewußten auf der Grundlage **verfeinerter Diagnostik und Methodik**. Die Basis hierzu schuf Davanloo dadurch, daß er bereits Anfang der 60er Jahre Arzt-Patienten-Interaktionen filmte und diese Filme einer genauen Analyse unterzog. Er hatte erkannt, daß wiederholtes Betrachten von Filmclips sozusagen das Auflösungsvermögen erhöht, also die Wirkung eines Mikroskops hat. Indem er einzelne psychische Phänomene herausstellte, im wesentlichen **die Abwehrmechanismen, die Angst und die Gefühle**, und diese Parameter im Hier-und-Jetzt in der Interaktion mit dem Therapeuten im Detail erforschte, konnte er in sehr verfeinerter, treffsicherer und objektiver Weise seine Beobachtungen machen, formulieren und dem Patienten widerspiegeln. Durch systematische weitere empirische videogestützte Forschungsarbeit bei vielen Patienten und Patientengruppen entwickelte Davanloo sehr spezifische Interventionen und eine systematische Beschreibung des therapeutischen Prozesses („Zentraldynamische Sequenz", „Central Dynamic Sequence") (Davanloo 1978, 1988, 1995a:Kap.9 u.10, Gottwik 1996).

Bei seinem Vorgehen machte Davanloo zwei Entdeckungen:

1. Gezielte präzise Interventionen seitens des Therapeuten mobilisieren im Patienten komplexe Übertragungsgefühle. Wenn der Therapeut konsequent bei diesem Vorgehen bleibt, kommt es zum „Durchbruch" durch die Widerstände, mit gleichzeitigem Erleben der komplexen Gefühle in der Übertragung.

2. Ein solches Erleben der verdrängten Gefühle schafft einen direkten Zugang zum dynamisch wirksamen Unbewußten, das dann weiter analysiert und durchgearbeitet werden kann. (1988, 1995a)

Abwehrmechanismen

Metapsychologisch gesehen besteht das Wesen der Neurose darin, daß verdrängte Gefühle mehr oder weniger stark nach Abfuhr drängen, daß dies Angst erzeugt und deshalb mit den verschiedensten **Abwehrmechanismen** verhindert wird. Auch die Abwehrmechanismen sind weitgehend unbewußt. Von leichteren Symptomneurosen abgesehen, ist bei den meisten neurotischen Störungen mit einem bestimmten Muster von Charakterabwehr zu rechnen (Davanloo 1986, 1995b). Charakterabwehrmechanismen sind „eingefleischt" (synton), oft sogar positiv besetzt. Um den Patienten in die Lage zu versetzen, sich Zugang zum unbewußten Störungsherd zu verschaffen, ist das erste Ziel im analytischen Prozeß, die Abwehr in der Übertragung darzustellen, den Patienten mit seiner Abwehr vertraut zu machen und ihn gegen seine Abwehr einzustellen.

Davanloo fand, daß durch direkten Druck auf verdrängte Gefühle automatisch die dem Patienten eigenen Abwehrmechanismen als Widerstände einer nach dem andern zutage treten, und zwar mit bemerkenswerter Regelmäßigkeit. Allmählich weichen die neurotischen Charakterstrukturen auf und stellen sich als Widerstände in die Übertragung. Aus der „major resistance" wird ein „taktischer Widerstand", aus dem Charakterwiderstand ein Übertragungswiderstand (Davanloo 1994-1997).

Der Begriff „major resistance" wird von Davanloo für zentrale Widerstände, wie die Verdrängung, verwendet, ein „taktischer Widerstand" stellt sich im Moment der Interaktion dem Gegenüber entgegen. In einem kürzlich erschienenen Aufsatz hat Davanloo eine lange Liste „taktischer Widerstände" und auch die jeweils wirksamen Interventionen beschrieben (Davanloo 1996a, 1996b). Dazu gehören zum einen viele zwanghafte Widerstände, wie umständliches Reden, ausweichende Antworten auf Fragen, emotionale Distanzierung. Einmal erkannt, ist der Umgang mit diesen Widerständen in der Regel einfach. Unerkannt, führen sie den Therapeuten und letztlich den Patienten in eine Sackgasse.

Eine zweite Gruppe bilden regressive Abwehrmechanismen, insbesondere Weinerlichkeit oder eine hilflose Haltung. Auch Impulsivität gehört hierher (der Patient läßt durch lautes Schimpfen Dampf ab, zu Hause wirft er mit Tellern).

Schwieriger ist der Umgang mit der sogenannten „malignen Abwehr", zu der Trotz, Bockigkeit, Arroganz, Zynismus, Entwertungen aller Art gehören. Diese Art Abwehr ist u.a. deshalb so hartnäckig, weil destruktive Kräfte durch diese bösartigen Mechanismen nicht nur abgewehrt, sondern versteckt auch abgeführt werden. Auch deuten sie in der Regel darauf hin, daß die verdrängten Gefühlskomplexe quälende Energien enthalten.

Ein besonderes Kapitel stellen die fragilen Abwehrmechanismen dar. Patienten mit weniger reifen Strukturen können zwar im Alltag ihr Leben gut meistern, aber doch unter dem Druck des Anstiegs verdrängter Gefühle mit einem Zusammenbruch ihres Ich reagieren, fangen dann an zu driften, Seh- oder Hörstörungen zu bekommen oder zu dissoziieren. Fragile oder gar Borderline Patienten leiden unter diesen Phänomenen als Symptomen.

Die Videoanalyse bietet eine einzigartige Gelegenheit für angehende ISTDP-Therapeuten, sich mit der großen Vielzahl von möglichen Widerständen vertraut zu machen, zu lernen, ihr Auftauchen sofort zu erkennen, um ihnen mit spezifischen Interventionen begegnen zu können.

Angst

Angst spielt eine zentrale Rolle in der Entstehung, im Verlauf und auch in der Behandlung der neurotischen Störungen. Angst ist eine unspezifische Reaktion auf Gefahren von innen oder außen. Sie kann bewußt oder unbewußt vorhanden sein. Auch Angst wird von Davanloo aufgrund seiner Untersuchungen in ihrer Phänomenologie beschrieben (statt nach Ursache oder Bedeutung) (Davanloo 1987a, 1992).

Das Spürbar- oder Sichtbarwerden von Angst verläuft über reifere und unreife Abfuhrwege.
Die reifste Form ist die psychisch erlebte Angst, die mit Anspannung der quergestreiften Muskulatur einhergehen kann. Sichtbar wird diese Angst durch eine verspannte Haltung. Physiologische Begleiterscheinungen sind Herzklopfen, Mundtrockenheit und ein flaues Gefühl in der Magengegend. Größte psychisch erlebte Angst ist ein Panikzustand. Bei unreiferen Strukturen wird die Angst über das vegetative Nervensystem abgeführt und kann Bronchialspasmus oder Durchfall erzeugen. Bei geringer Angsttoleranz oder gar Ich-schwäche oder bei sehr großer Angst versagen die Ich-Funktionen: es kommt zu Nebelsehen, Ohrensausen, Verwirrtheit des Denkens, allgemeiner Muskelschwäche bis hin zur Ohnmacht.

Aus dem Gesagten geht hervor, daß die Art und Weise der Abfuhr von der Reife des Individuums, seiner Angsttoleranz, aber auch von der Intensität der Angst, bzw. der darunterliegenden Gefühle abhängig ist. Da es im analytischen Prozeß darum geht, mit dem Patienten zusammen die verdrängten, von ihm als gefährlich eingeschätzten Gefühle an die Oberfläche zu holen, ist klar, daß diese Arbeit Angst ansteigen läßt. Nun kann es nicht angehen, einen Durchfall oder gar eine Ohnmacht auszulösen. Deshalb besteht die erste diagnostische Aufgabe des Therapeuten in der Begegnung mit dem Patienten darin, den derzeitigen Angstpegel und die Angsttoleranz zu testen. Reagiert der Patient auf eine Druck erzeugende Intervention des Therapeuten hin mit Seufzen oder angespannten Bewegungen seiner Daumen, liegen reifere Strukturen vor, der Patient kann dem Ansteigen komplexer Übertragungsgefühle standhalten. In diesem Fall kann der Therapeut einen direkten Zugang zum Unbewußten des Patienten anstreben.
Aus Davanloos Untersuchungen geht hervor, daß sich die Kapazität für Angsttoleranz erhöhen läßt, wenn der Patient über eine längere Zeit (20 bis 30 Minuten) auf einem hohen Angstpegel gehalten werden kann. Falls dies nicht erwünscht ist, oder der Patient in eine Panik abzugleiten droht, läßt sich die Angst durch die Aufforderung reduzieren, detailliert die physiologischen Begleiterscheinungen der Angst zu beschreiben.
Patienten, die in einer zurückliegenden traumatischen Situation ihre Angst nicht äußern durften (wie dies oft bei Patienten mit Mißbrauchserlebnissen der Fall war), können diese alte verdrängte Angst in der Therapie durch Zittern, Schlottern, oder gar Schreien abführen. Ein Beispiel dafür ist eine Patientin, die als Achtjährige mit ihren Eltern in einer dramatischen Nacht-und-Nebelaktion im Paddelboot aus der DDR über die Ostsee geflohen war. Natürlich war sie von ihren Eltern sehr für ihr absolut stilles Verhalten gelobt worden. Im Durcharbeiten einzelner Details dieser traumatischen Nacht erlebte sie, wieviele Angstschreie sie in dieser Nacht zurückgedrängt hatte.

Zeigt ein Patient Anzeichen geringer Angsttoleranz oder gar Fragilität, müssen andere Maßnahmen ergriffen werden. Durch dosiertes Fördern und Absenken von Angst bilden sich auch bei fragilen Patienten reifere Strukturen. Davanloo hat eine Abfolge von 10 bis 30 Stunden systematischer, sehr fein titrierter Arbeit an der Angst beschrieben, die der eigentlichen ISTDP vorgeschaltet wird. Da diese Patienten in der Regel extrem rasch und heftig auf Interventionen reagieren, braucht es besonderer Fertigkeit und Schnelligkeit seitens des Therapeuten. Zum Erwerb dieser Fertigkeit erscheint auch hier die Verwendung der Videotechnik unverzichtbare Voraussetzung (Davanloo 1987a, 1995e).

Gefühle

Die intensive psychodynamische Kurztherapie nach Davanloo ist dadurch so intensiv und effektiv, weil sie über das im Unbewußten erinnerte Wort und die bildhafte Phantasie hinaus zu den verdrängten Gefühlen vordringt.

Ein Wort zur Nomenklatur: das Wort **Gefühl** wird hier für das innere Erleben eines „Affekts“ verwendet. Ein Gefühl wird erlebt als Energiestrom spezifischer Intensität und Qualität. Gefühle entstehen i.d. Regel im Bereich des Plexus solaris (Pl. coeliacus, Sonnengeflecht, im Volksmund: „aus dem Bauch“), oder auch tiefer, mit einer Erregung des Plexus sacralis, durchströmen Rumpf und Extremitäten und führen, wenn nicht zurückgedrängt, zu einem Handlungsimpuls. Der Handlungsimpuls ist in den Händen und Beinen spürbar und etwa gleichzeitig ein Gedanke oder eine Vorstellung.

Zärtliche, erotische, aggressive und schmerzliche Gefühle werden als jeweils spezifische Energiequalität erlebt. Sie treten in der Interaktion mit einem Gegenüber und als Reaktion auf das Gegenüber auf. Zärtliche und erotische Gefühle entstehen aus Wünschen und Bedürfnissen, aggressive aus der Frustration dieser Wünsche oder aus Verletzungen. An Intensität übertreffen und überlagern die negativen Gefühle in der Regel die positiven.

Davanloos Untersuchungsergebnisse beziehen sich naturgemäß auf die verdrängten Gefühle. Die Verfasserin erlaubt sich, zunächst einige **allgemeine Beobachtungen** vorauszuschicken.

Am Beispiel aggressiver Gefühle ist uns allen folgendes einleuchtend:

1. Es gibt verschiedene Quantitäten von Ärger: von leichter Gereiztheit über Ärger zu innerer Weißglut.
2. Es gibt auch verschiedene Qualitäten von Wut. Patienten sprechen von „heißer Wut" oder „kalter Wut".
3. Je nach Intensität und Qualität führt das neg. Gefühl zu einem bestimmten Handlungsimpuls: Schimpfen (verbal), Schlagen, Morden, Quälen.
4. Je nach persönlicher Prägung hat dieser Impuls eine individuelle Ausformung.
5. Die Impulse sind auf eine oder mehrere verursachende Personen gerichtet,
6. können aber verschoben werden auf eine andere (weniger geliebte oder weniger gefährliche) Person oder auf einen Gegenstand (vom Chef zur Ehefrau, vom Kind zur Tür usw.).
7. Einleuchtend ist uns allen auch, daß starker, nicht abgeführter Ärger nicht einfach „weg" ist, sondern „geschluckt",
8. daß besonders starker oder konfliktbeladener Ärger besonders beunruhigend oder peinlich ist, und deshalb bevorzugt verschluckt, vergessen oder verdrängt wird.
9. Ein späterer, ähnlicher Reiz seitens derselben oder einer ähnlichen Person kann den verschluckten Ärger wieder mobilisieren.
10. Gelingt es, sich „den Ärger von der Seele" zu reden oder „die ganze angestaute Wut" loszuwerden, ist das negative Gefühl wie verflogen (abgeführt).
11. Worte allein sind dabei nicht das Entscheidende.
12. Insbesondere die Anklage, der Vorwurf, ist nicht befreiend. Die ärgerliche oder wütende Energie wird bei Vorwürfen nicht abgeführt. Der Vorwurf ist nur eine Abwehr (Projektion) gegen das wirkliche Erleben von Wut.
13. Übrigens kann Ärger ein Schutz gegen Wut sein, die Ohrfeige ein Schutz gegen einen Mord(impuls).
14. Die Reduzierung der Äußerungen oder gar Empfindungen ist dann angebracht, wenn die Äußerung des wahren Gefühls eine reale Gefahr in sich birgt und deshalb Angst erzeugt.
15. Empfundene Gefahr entspringt der Vorstellung, tatsächlich zu verletzen oder - im Gegenzug - verletzt zu werden.
16. Wut gegen einen Fremden oder gar einen Feind macht i.d. Regel keine großen Probleme. Erst zerstörerische Gefühle gegen eine geliebte Person verursachen Konflikte.
17. Im Gefühlshaushalt finden wir dann neben wütenden auch liebevolle Gefühle (zärtliche Wärme, Wünsche nach Geborgenheit) und dann auch Schuldgefühle. So kann man etwa beobachten, daß ein Vater, während er seinem Sohn eine Ohrfeige verpaßt, selber mit seinem Gesicht zuckt.
18. Gleichzeitigkeiten oder Gefühlsvermischungen sind behindernd und eine Ursache für Verdrängung.

Entwicklung von Gefühlen

Bei aggressiven Gefühlen wird uns auch folgendes einleuchten: die Reaktion auf eine Verletzung kann direkt eine Handlung sein. Wie sagt der Mann aus Niederbayern?: „Wieso Wut? Zurückghaut hab ich halt!" Die aggressive Energie geht direkt in eine Muskelaktion über, fast wie bei einem Reflex. Die spezifisch psychische Leistung beginnt erst, wenn die Aktion nicht ausgeführt wird. Dann würde dieser Mann z.B. sagen: „Am liebsten hätt ich ihm eine zurückghaut, daß er an die Wand geflogen wäre". Wird diese verbale Äußerung von einer wütenden Stimme und ausfahrenden Bewegungen begleitet, wird sichtbar, daß das Aussprechen des Vorhabens, die Vorstellung der Aktion und die begleitende Gestik wütende Energien abführen. Eine höhere Reifestufe ist erreicht, wenn auch diese muskuläre „Abfuhr" von Energie nach außen eingeschränkt oder verhindert wird. Erst dann wird voll **erlebt**, wie diese Energie durch den Körper strömt, welche Bahn („pathway") sie dabei nimmt (Davanloo mündl. Mitteilungen, Lachenmeier 1997), mit welcher Intensität und Qualität, und mit welchen gedachten und vorgestellten Handlungsimpulsen sie verbunden ist. Gedanken und Phantasien ohne gleichzeitig körperlich erfahrenes Gefühl bewirken keine Abfuhr. Noch weniger verschwindet die spontane Gefühlsreaktion auf eine Situation, wenn die Gefühlsenergie nur bis zum Hals hochsteigt oder gar im Bauch steckenbleibt. Neurotisch dynamisch wirksame verdrängte Gefühle sind „geschluckte", „vergrabene", nicht abgeführte Gefühlsreaktionen. Diese können zur Zeit ihres Entstehens auf verschiedener Höhe im Körper steckengeblieben oder kurz ins Bewußtsein gedrungen, aber wieder heruntergeschluckt worden sein. Nach dem Durcharbeiten erinnern sich Patienten im letzteren Fall, daß sie als Kinder oder Jugendliche bewußte Mordphantasien, oder (versteckt) Verlustängste in Bezug auf ihre Eltern hatten.

In der analytischen Arbeit der ISTDP, in der es darum geht, die Erinnerung an ein Gefühlserleben möglichst intensiv zu fördern, haben Patienten oder auch Betrachter von Videos Angst, die damit verbundene Mobilisierung von Aggressionen würde zu tatsächlichen Aktionen führen. In

Diskussionen taucht regelmäßig die Frage auf, ob sich mit dieser Methode nicht Morde oder Selbstmorde häufen. Die Erfahrung lehrt, daß das Gegenteil der Fall ist. Und das beruht wesentlich darauf, daß der Patient lernt, Gefühle auf der rein psychischen Strukturebene abzuführen, indem der „pathway" freigelegt wird. Aus dem Beschriebenen ist einleuchtend, daß dies nicht zu verwechseln ist mit dramatischem, lautem Ausagieren (kein „primal scream" usw.).

Wenn Gefühle an sich keine Konsequenzen haben, da sie nicht zu Handlungen führen, woher kommt es dann, daß sie dennoch Angst machen und zu Verdrängung führen? Der (neurotische) Konflikt im Gefühlsbereich geht auf die ersten Jahre in der menschlichen Entwicklung zurück, die Phase der kindlichen Entwicklung, in der sich psychische Strukturen bilden und differenzieren, in der auch noch nicht zwischen Phantasie und Realität unterschieden werden kann. Anders ausgedrückt, Handlungsimpulse und vorgestellte Handlungen haben in diesem Entwicklungsstadium Wirklichkeitscharakter (magisches Denken) (s.S.44). Blicke können zu dieser Zeit töten.

Verdrängte Gefühlskomplexe - neurophysiologische Abfuhrwege - „pathway"*

Im Unbewußten neurotischer Patienten lagern verdrängte Gefühlskomplexe, die den „Motor" für die Aufrechterhaltung der Neurose bilden.

Mit Hilfe der weiter unten näher zu beschreibenden Interventionen werden die Widerstände gegen das Ansteigen und Erleben dieser Gefühle zunächst gelockert, die Gefühle „mobilisiert". Patienten erleben in diesem Stadium typischerweise, daß sich „hinter dem Kribbeln im Magen", „dem flauen Gefühl in der Magengegend" (Angst) ein weiteres Körpergefühl einstellt, das sich in Art und Lokalisation deutlich von der Angst unterscheidet: „etwas Festes", „ein Druck", „eine Kugel". Bei konsequenter korrekter Anwendung phasengerechter spezifischer Interventionen spüren die Patienten einen „zunehmenden Druck", „wie ein Rad, das sich dreht" oder nur „ein Flattern", oder gar „einen Vulkan". Allmählich schildern sie, daß dieser „Ballon" retrosternal höher steigt, oder daß von diesem wellenartig Ströme in Arme und Beine gehen, oder daß sich die Wärme im ganzen Bauchraum und Becken ausbreitet, oder gar, daß der ganze Körper von dieser Energie ausgefüllt wird. Die Bahn, die diese Gefühle bei ihrer Ausbreitung im Körper und zuletzt bei ihrer Abfuhr nehmen, entspricht neuro-anatomischen Bahnen. Sie werden in ähnlicher Ausbreitung auch mit Hilfe der Funktionellen Entspannung nach Marianne Fuchs erspürt und beschrieben (in: Uexküll et al.1997).

Natürlich steigt gleichzeitig die unbewußte oder auch bewußte Angst vor den Folgen dieser Gefühle, in Form von Herzklopfen, Blockaden oder neuen Abwehrmechanismen. Einen ganz kurzen Moment oder eine Weile kann der Patient zwischen seiner Angst (oder seinem Trotz) und dem Wunsch, sich von diesen Gefühlen zu befreien und diese „anzugucken", hin und hergerissen sein („intrapsychische Krise"). Sind Widerstände und Angst hinreichend erschöpft, werden spezielle Hilfen angeboten, um die letzte Hürde zu überwinden. Dazu gehört z.B. die Aufforderung „stellen Sie sich vor, das Gefühl in Ihnen ist ein wildes Tier (oder eine Furie), und das wilde Tier (die Furie) würde sich jetzt auf mich stürzen, nur in Gedanken, was würde das Tier (die Furie) als erstes tun?" (s.S.32). Nun kommt es zur **„Passage"** der komplexen Gefühle: wie ein kurzer Blitz, wie ein Strom oder in Wellen geht die Gefühlsenergie aus dem Bauchraum durch den Brustraum und die Arme in die Hände, die oft sehr eindeutige Bewegungen machen (wie Schlagen oder Würgen), seltener auch in Beine und Füße. Gleichzeitig oder kurz danach, aus der empfundenen Handlung heraus, entstehen klare Gedanken und Vorstellungen von bestimmten Handlungen. Vor dem Energiestrom durch die Hände auftauchende Bilder können hilfreich sein, sind aber oft eine Abwehr gegen das wirkliche Erleben.

Wut

Fast ausschließlich fließt zuerst die **wütende Energie**. Mit Ausnahme von Patienten mit leichten Störungen findet sich an der Wurzel der neurotischen Störungen eine mörderische Wut (Davanloo 1987b, 1995a). Je nach Patient und Mobilisierungsgrad strömt jeweils eine bestimmte, begrenzte Quantität an destruktiver Energie in bestimmter Qualität. Sie kann eine kurze einmalige Welle darstellen oder sich über ein bis zwei Minuten hinziehen. Der Patient hat dazu eine ganz genaue, ihm eigene Handlungsvorstellung. Je nach Qualität der zerstörerischen Energie handelt es sich bei der Vorstellung um einen einfachen Mord, einen Mord mit einem Gegenstand (von dem der

* (Die Ausführungen dieses Abschnitts sind in Ansätzen in Davanloos Schriften nachzulesen, seine Beschreibung des „pathways" stammt aber vor allem aus mündlichen Mitteilungen der Metapsychologie-Kurse und Supervisionen (Supervision German Core Training, Nürnberg 1994-1997, Symposium, Erlangen 1992, diverse Metapsychology Courses, z.B. Bad Ragaz 1994 u. 1996). Die Autorin ist dankbar für die Erlaubnis, dies bisher unveröffentlichte Material hier verwenden zu dürfen).

Patient eine genaue Vorstellung hat und der in seiner Kindheit eine Rolle gespielt hat) oder mit bloßen Händen, um einen primitiven Mord, oder um die Lust, Schmerzen zu bereiten und dann zu töten.
Für die Passage der nachfolgenden Gefühle und auch den Erfolg der Therapie spielt der Inhalt der Phantasien eine geringere Rolle; wichtiger ist, daß die mobilisierte Energie möglichst deutlich und vollständig den Körper verläßt. Irgendwann sagt der Patient: „Die Wut ist jetzt weg".

Umschlag („Transfer")
Bereits während der Passage oder an deren Ende sieht der Patient nicht mehr den Therapeuten (bzw. eine andere Übertragungsperson) vor seinem inneren Auge, sondern einen Elternteil oder sonstige Bezugsperson seiner Kindheit, jeweils mit genauen Details der Kleidung, der Umgebung und genauer zeitlicher Zuordnung. Blickkontakt zu der projizierten genetischen Bezugsperson schafft die Möglichkeit weiterer Emotionen. Es ist klar, daß es bei diesen Vorstellungen nicht um die realen Eltern der Gegenwart, sondern um introjizierte gefühlsbeladene Subjekt-Objektbeziehungen der Vergangenheit handelt, die seither Teil der Person selber sind (s.S.11).

Schuldgefühle
Wenn die neurophysiologischen Bahnen frei sind, strömt sofort oder nach einem kleinen Intervall ein schmerzliches Gefühl, begleitet von den Worten oder Gedanken „es tut mir so leid": das **Schuldgefühl** (Davanloo 1992, 1995a). Schuldgefühle haben besonders die Eigenschaft, wellenförmig zu fließen, sind von heftigem Schluchzen und Weinen begleitet. Sie kommen eher aus dem Thoraxbereich als aus dem Bauchbereich und sind oft sehr schmerzlich und unangenehm. Bevor sich der Schmerz „löst", d.h. die schluchzenden Wellen frei fließen, empfindet der Patient manchmal sogar einen heftigen körperlichen Schmerz in einer bestimmten Körperregion, z.B. in der Herzgegend, der aber mit dem erfolgreichen Durchbruch des schmerzlichen Gefühls völlig verschwindet.
Heftigkeit und Dauer der Passage der Schuldgefühle korrelieren mit dem Ausmaß der dazu gehörigen zerstörerischen Gefühle, aber auch mit der positiven Besetzung der genetischen Person, der die verdrängten Gefühle gelten. Wie die wütenden Gefühle, ist das abgeführte Schuldgefühl auf eine bestimmte Person gerichtet. Typischerweise dauert die Passage von Schuldgefühlen fünf bis acht Minuten. Davanloo fand, daß der Therapieerfolg wesentlich vom Freisetzen der verdrängten Schuldgefühle abhängt.
Auch hier seien einige Worte zur Begriffsklärung eingefügt: Aus dem eben beschriebenen geht hervor, daß es sich in dem bei der ISTDP zu beobachtenden Phänomen „Schuldgefühl" um eine Energie handelt, die, verbunden mit bestimmten Körpererscheinungen, auf definierten Bahnen den Organismus durchströmt und dadurch abgeführt werden kann. Wird das Wort „Schuldgefühl" auf dieses Phänomen beschränkt, hat das mit objektiver Schuld gar nichts zu tun, aber auch nicht mit irgendeinem „Mechanismus", der Ausdruck des verdrängten Schuldgefühls, also Abwehrmechanismus ist. In diesem Sinn gehört zum „Schuldgefühl" auch alles das nicht, was wir als „schlechtes Gewissen" erleben: das, was uns „im Nacken sitzt", die eingezogenen Schultern oder das eingezogene Genick oder gesenkte Haupt, auch nicht das negative Selbstwertgefühl, die Depression oder ein charakterlich fixiertes masochistisches Leidensbedürfnis, ebenso nicht irgendein Verhalten: weder der Gewissens-Selbstmord, noch sonst ein auto-aggressives Verhalten (Nägelkauen, Selbstsabotage im Beruf).

Davanloo beschreibt in seinem Artikel „Klinische Manifestationen der Über-Ich-Pathologie" zum Thema „Komplexizität des Gewissens", daß all diese Abwehrmechanismen in verzwickter Art und Weise wütende Energien nicht nur zurückhalten, sondern auch abführen:

„(1) Die Wirkung des Gewissens kann nicht nur die Vermeidung von Schmerz betreffen, indem eine Person daran gehindert wird, etwas zu tun, was sie später bereut, sondern kann auch ein ... Bedürfnis nach Schmerz bzw. nach Bestrafung nach sich ziehen.

(2) Beobachtungen zeigen deutlich, daß sich dieses Bedürfnis als Selbstbestrafung ausdrücken kann, besonders, wenn die Bestrafung nicht von außen erfolgt.

(3) Dieses Bedürfnis nach Bestrafung oder Selbstbestrafung kann seinerseits bewußt oder unbewußt sein.

(4) Da es ein aggressiver Akt ist, jemanden zu bestrafen, besteht Selbstbestrafung erklärtermaßen aus einer Aggression, die gegen das Selbst gerichtet ist.

(5) Und als besondere Kompliziertheit kann schließlich Selbstbestrafung nicht nur ein Mittel werden, die schuldbeladene Aggression zu verarbeiten, sondern auch befremdlicherweise diese zum Ausdruck bringen, so daß eine Verschmelzung von Aggression und Schuld stattfindet."(1987b, 1995a:Kap.7)

Die bei einem Durchbruch austretenden Schuldgefühle haben auch wieder diese Heftigkeit, da sie aus Zeiten der Kindheit stammen. Das dem Erwachsenen im Alltag entsprechende befreiende Erlebnis kennen wir alle, wenn es uns gelingt, „entschuldige bitte" oder, aus dem Herzen kommend, „es tut mir leid" zu sagen. Auch die Geschichte von Petrus kennen wir, der „bitterlich weinte", und danach ein erfolgreiches Leben führte, während Judas sich erhängte.

Traurige Gefühle

Über den Blickkontakt mit der vorgestellten Bezugsperson wird weiter der Dialog und damit die Katharsis der Schuldgefühle gefördert. Wenn diese abgeebbt sind, stellt sich ein neuer Gefühlsbrocken ein: **schmerzliche traurige Gefühle.** Auch geht es dabei nicht um „Trauer" (ein Tatbestand), auch nicht um chronische „Traurigkeit", die durch ein feststeckendes trauriges Gefühl verursacht wird, sondern um den Fluß von schmerzlichem Gefühl, diesmal weniger wellenförmig und eher aus dem Bauchraum stammend. Diese sind in diesem Abschnitt der Arbeit zunächst durch den erlebten Verlust der geliebten Bezugsperson ausgelöst. Die Katharsis kann nach Art einer gelenkten Phantasie durch die Vorstellung der Beerdigung der Bezugsperson gefördert werden. Wichtig ist auch hierbei, die verdrängten Gefühle (sozusagen alle bisher nicht geweinten Tränen) möglichst vollständig abzuführen. Patienten haben oft Angst, „nie mehr" aufhören zu können zu weinen, wenn sie einmal anfangen. Aber auch hier, bei echten Trauergefühlen (nicht zu verwechseln mit regressiver Weinerlichkeit), handelt es sich um eine jeweils umschriebene Menge Tränen. Oft dämmert an dieser Stelle die Erkenntnis, daß aufgrund der Zurückhaltung der ursprünglichen Gefühle zwar nicht die Bezugperson, aber doch die Beziehung zum Zeitpunkt der gerade offenbar gewordenen Situation „gestorben" ist. Die Einsicht darüber löst dann eine neue Portion trauriger Gefühle, beispielsweise über die verlorene Eltern-Kind-Beziehung aus.

Liebesgefühle - positive Gefühle

Im weiteren Verlauf des Dialogs bzw. der Passage werden **positive Gefühle** in der Beziehung zur vorgestellten Bezugsperson freigelegt: zärtliche liebevolle Gefühle, erotische Gefühle, im späteren Therapieverlauf reifere Gefühle wie Mitgefühl für den Elternteil und dessen Geschichte, sowie Dankbarkeit.

Die zärtlichen Gefühle werden körperlich als Wärme empfunden, die in der Herzgegend ihren Ursprung hat und mit dem Impuls verbunden ist, über Haar oder Gesicht zu streicheln. Oder der Handlungsimpuls besteht darin, die Person in den Arm zu nehmen oder in den Arm genommen zu werden. Bei frühen Störungen kommt oft die Vorstellung auf, sich tatsächlich in den Schoß zu legen. Auch hierbei hat jeder Patient in jeder der aufgedeckten Situationen sehr differenziert ganz genaue körperlich erlebte Gefühle und dazugehörige Vorstellungen.

Probetherapie - Trial Therapy

Der erfolgreiche Verlauf der ISTDP hängt sehr davon ab, daß es in der **ersten Sitzung (Erstgespräch, Probetherapie, Trial therapy)** gelingt, mit dem Patienten zusammen diese tiefe Schicht der verdrängten Gefühle zu erschließen (Davanloo 1978, 1980, 1995a, Lachenmeier 1997).

Drei besondere, von Davanloo entwickelte Interventionen sind **Druck, Herausforderung und Head-on-Collision (HOC)** (für Head-on-collision wurde noch kein passender deutscher Begriff gefunden, gemeint ist weniger eine Frontalkollision, sondern eher ein „den Stier bei den Hörnern packen"). Für jede dieser Techniken hat Davanloo im Lauf seiner jahrelangen Forschungsarbeit viele Varianten mit jeweils spezifischer Indikation beschrieben (1980, 1986, 1994-1997, 1995a:Kap.1 u.10). Um Variante, Zeitpunkt und Dosierung richtig wählen zu können, muß auch wieder der jeweilige Zustand des Patienten vom Therapeuten exakt erfaßt werden. Die Lehre dieser Feinheiten, die Demonstration von Art und Weise des Einsatzes der einzelnen Interventionen und Erreichen des gewünschten Erfolges kann durch Zeigen und detailliertes Erläutern von Videofilmen erfolgen. Auch für das Ausprobieren, Kontrollieren und Einüben in diesen Techniken ist die Videokontrolle unerläßlich.

Beispiele für Druck, Herausforderung und HOC ergeben sich im Verlauf der Falldarstellung weiter unten.

Therapeutische Haltung

Druck, Herausforderung und HOC sind die Aktivitäten des Therapeuten, durch die sich die ISTDP auf den ersten Blick am meisten von anderen psychoanalytischen Therapiemethoden unterscheidet.

Voraussetzung für eine hilfreiche Anwendung dieser Interventionen ist, daß der Therapeut auch in seiner Beobachtungshaltung in jedem Moment des Prozesses aktiv und auf den Patienten konzentriert ist. Natürlich setzt er dabei alle Sinne ein. Oft kann er Gefühle und Widerstände spüren, bevor sie sichtbar oder dem Patienten bewußt sind. Das vom Therapeuten Gespürte kann Resonanz mit den Gefühlen des Patienten darstellen (Empathie) oder Reaktion auf seine Abwehr. Besonders bei lernenden Therapeuten mobilisiert der Patient auch die Organisation des Unbewußten im Therapeuten. Dann wird der Therapeut zunächst beobachten, daß er mit seinen Interventionen den Zugang zum Unbewußten des Patienten nicht fördert, sondern blockiert. Der Gegenübertragungsbegriff wird in der ISTDP in seiner ursprünglichen Bedeutung verwendet. Zur Vermeidung der Übertragungsneurose ist es absolut erforderlich, daß alle im Therapeuten mobilisierten Gefühle zum Verständnis des Zustands des Patienten eingesetzt und im Prozeß der jeweiligen Sitzung bearbeitet werden. Zur Vermeidung einer Abhängigkeitsbeziehung sind darüber hinaus strikte Abstinenz und Neutralität des Therapeuten notwendig. Aufgrund der Intensität der in die Übertragung geratenden Gefühle besteht die Gefahr, daß der Therapeut in die Schuhe einer Elternfigur gerät. Jedes Angebot in dieser Richtung, jede Meinungsäußerung oder gar ein Ratschlag fördern diese Gefahr. Eine Intervention, die die unerwünschte Übertragungsneurose zusätzlich verhindert, ist das „undoing of omnipotence", in welcher der Therapeut seine Rolle klar definiert (s.S.24).

Therapeutische Allianz - Arbeitsbündnis

Die intensive Arbeit fördert ein intensives Arbeitsbündnis, eine starke innere Verbundenheit zwischen Therapeut und Patient im Kampf gegen die Widerstände, für die Freiheit des Patienten. Dies Bündnis wird bewußt gefördert durch das Ansprechen der therapeutischen Aufgabe, durch Aufzeigen des zu erreichenden Ziels, nämlich Befreiung von den destruktiven Kräften und Mechanismen, durch Herausstellen der Tatsache, daß dieses Ziel nur in Zusammenarbeit, nur mit gegenseitiger Hilfe erreicht werden kann. Davanloo fand, daß sich neben diesem bewußten Arbeitsbündnis eine viel wirksamere **„unbewußte therapeutische Allianz" („unconscious therapeutic alliance" (UTA))** einstellt. Diese entsteht aus der Erfahrung, daß sich ein Mensch so intensiv, so einfühlend und persistierend mit dem Patienten beschäftigt (selbst wenn er dabei wunde Punkte anspricht und Ärger auslöst). Geweckt werden dadurch u.U. sehr vergrabene Erlebnisse mit positiven Bezugspersonen bzw. mit positiven Anteilen von überwiegend negativ besetzten Eltern. Besonders gefördert wird die unbewußte therapeutische Allianz durch das Erleben des befreienden Effekts der erfolgreichen Arbeit. Deshalb ist es entscheidend für den Verlauf, daß der Prozeß in der Probetherapie in Gang kommt (Davanloo 1980, 1995a:Kap.3 u.4, 1995e).

„Zentraldynamische Sequenz" - „Central Dynamic Sequence" (CDS)

Die Probetherapie, aber im Prinzip auch jede weitere Sitzung, läßt sich in einer Abfolge von acht Behandlungssschritten beschreiben, der sog. zentraldynamischen Sequenz (Davanloo 1988, 1995a:Kap.9 u.10). Diese Schritte können abschnittweise überlappen. Sie können übersprungen, wiederholt oder auch spiralförmig eingesetzt werden.

Die Bestandteile der „zentraldynamischen Sequenz" werden an dieser Stelle als Orientierungshilfe für die folgende Falldarstellung aufgezählt.

Phase 1. Befragen

Der Pat. wird nach seinen Schwierigkeiten befragt und kann mehr oder weniger sinnvoll auf diese Frage eingehen.

Phase 2. Druck auf das unterdrückte Gefühl

a.) Einfacher Druck führt zu zunehmendem Ansteigen von Gefühlen, und dies führt zum Auftreten einer Serie von Abwehrmechanismen.
b.) Die einzelnen Abwehrmechanismen werden bei ihrem Auftreten angesprochen und geklärt.

Phase 3. Klären und Herausfordern der Abwehrmechanismen

In dieser Phase werden die Widerstände zunächst weiter geklärt und bewußt gemacht, dann aber herausfordernd angesprochen. Dies kann in einem etwas schärferen Tonfall geschehen oder durch die Wortwahl. Wichtig ist, daß der Patient sich in keiner Weise in seiner Person herausgefordert und in Frage gestellt erlebt. Das wird dann erreicht, wenn der Patient zu dieser Zeit seinen Widerstand bereits als solchen verstanden hat, auch den blockierenden Effekt des Widerstandes, und wenn gleichzeitig auch das Arbeitsbündnis hinreichend mobilisiert ist, so daß der Patient das zu erreichende Ziel vor Augen hat.
Die komplexen Übertragungsgefühle steigen weiter an und eine Abwehr nach der anderen wird aus der Reserve gelockt und deutlich sichtbar, stellt sich nach und nach in die Übertragung, bis sich die gesamte Abwehr in der Übertragung kristallisiert hat.

Phase 4. Übertragungswiderstand

In dieser besonders wichtigen Phase wird die in Phase (3) begonnene Arbeit im Hier-und-Jetzt der Übertragung fortgesetzt und intensiviert. Zuletzt kann die umfassende HOC (Head-on-collision) eingesetzt werden. Das führt zur folgenden Phase, aber auch zur Überwindung der Krise:

Phase 5. Intrapsychische Krise und Erschließen des Unbewußten

Die HOC schürt den intrapsychischen Kampf zwischen dem Widerstand und der therapeutischen Allianz. Der

Patient spürt deutlich, daß er entweder ein Gefangener seiner Widerstände und seiner Angst bleiben oder sich auf das Angebot des Therapeuten einlassen kann, seine Übertragungsgefühle zu zeigen. Das Zulassen dieser Gefühle erschließt das Auftauchen längst verdrängter Gefühle, was, wie bereits beschrieben, den Zugang zum Unbewußten schafft (s.S.7).

Phase 6. Analyse

Eine Deutung ist bei dieser Arbeit nicht erforderlich, weil durch den Durchbruch das Unbewußte erschlossen ist, die traumatische Situation vor den Augen des Patienten deutlich sichtbar wird. Für bleibende Veränderungen ist eine gemeinsame, detaillierte Analyse des abgelaufenen Prozesses wichtig. Sorgfältig wird das Erlebte noch einmal mit dem Patienten zusammen analysiert, der Zusammenhang zwischen den beobachteten Widerständen und den Symptomen aufgezeigt u.a.

Phase 7. Vervollständigung der Anamnese

Im Zusammenhang mit dem gemeinsam Erlebten und auf der Basis einer guten Arbeitsbeziehung ist es nun Zeit, die Anamnese zu vervollständigen. Im Therapieverlauf werden zu diesem Zeitpunkt weitere Erinnerungen an die Kindheit ergänzt oder korrigiert.

Phase 8. Psychodynamische Formulierung und Therapieplanung

Aus dem derzeitigen Stand des Zugangs zum Unbewußten wird noch einmal eine Zusammenschau über die geklagten Störungen im Licht der Psychodynamik formuliert. Aus mehreren Zugängen ergibt sich die Psychodynamik der multifokalen Kernneurose, die sich im Verlauf der Therapie zu einem immer detaillierteren Bild fügt, analog einem Puzzle mit mehr und kleineren Einzelstücken und dadurch schärferen Konturen.

Im Therapieverlauf wird hier immer wieder auf das vereinbarte Therapieende hingewiesen. Die therapeutische Beziehung wird noch einmal angesprochen und geklärt.

Varianten des Zugangs zum Unbewußten

Davanloo hat für den Zugang zum Unbewußten mehrere Varianten erforscht:

den „partiellen Durchbruch" („partial breakthrough"), den „erweiterten Durchbruch" („major breakthrough"), den „ausgedehnten erweiterten Durchbruch" („extended major breakthrough") und den „mehrfach ausgedehnten erweiterten Durchbruch" („multiple extended major breakthrough") (Davanloo 1988, 1995a, 1995b). Im partiellen Durchbruch kommt es i.d. Regel nur zu einer Passage von schmerzlichen traurigen Gefühlen, nicht von Wut. Der partielle Durchbruch ist bei Patienten mit sehr starker zwanghafter Abwehr und bei solchen, die nach der Probetherapie auf eine Warteliste gesetzt werden müssen, angezeigt. Der erweiterte Zugang ist bei allen Patienten mit stabiler Ich-Struktur möglich, bei Patienten mit Panikstörungen, mit psychosomatischen Störungen und mit Suizidalität absolut indiziert. Für den erweiterten Zugang gibt es ein direktes und ein stufenweises Verfahren, auf die etwas weiter unten näher eingegangen wird (s.S.17). Der mehrfach ausgedehnte (erweiterte) Zugang dient der analytischen Version der ISTDP (Davanloo 1994, 1995c, 1995d).

Fallbeispiel - „Wer ist das schwarze Monster?"

Probetherapie - Trial Therapy

Frau Gabi M. ist eine 32jährige geschiedene Krankenpflegerin, Mutter eines 10j. Sohnes, die nach einem psychoseähnlichen Zustand in Behandlung kam.

Sie hatte sich auf einem Wochenendseminar zum Thema „Nähe" mit einem Mann (Hans) eingelassen und mit diesem wenige Wochen später zum ersten Mal in ihrem Leben einen Orgasmus erlebt. Einige Stunden danach geriet sie in Panik und eine Stimme oder eine „Fratze" (alternierend) sagte ihr, sie solle sich jetzt umbringen, sie verdiene nicht zu leben. Ihr Freund berichtete, sie sei „nicht erreichbar" gewesen, er mußte sie mit körperlicher Gewalt daran hindern, aus dem Haus zu stürmen, um sich unter einen Lastwagen zu werfen. Nach etwa zwei Stunden, in denen ihr Freund ständig auf sie einredete, verschwanden die Halluzinationen. Sie war noch einige weitere Stunden in einem angsterfüllten Erregungszustand. Wichtig war ihr, daß ihr Freund ihr immer wieder versicherte, sie sei am Mißbrauch durch ihren Vater nicht schuld, sei zu klein gewesen, um sich zu wehren.

Sie hatte ihm gegenüber erstmals über ihre Kindheitserlebnisse gesprochen, über den sexuellen und körperlichen Mißbrauch durch ihren Vater, im Alter von 6 bis 11 Jahren. In der Zwischenzeit waren Beziehungsstörungen und nächtliche Terrorzustände aufgetreten, die sie aber nicht veranlaßten, einen Therapeuten aufzusuchen. Sie war 10 Jahre mit einem gefühlskalten Mann verheiratet gewesen, von dem sie sich menschlich und sexuell mißbraucht fühlte. Außerdem fand sie sich in jeder bisherigen Arbeitsstelle in der Rolle des Sündenbocks und Aschenputtels. An die nächtlichen Terrorzustände hatte sie keine Erinnerung, wurde aber immer wieder von Nachbarn gefragt, warum sie nachts so furchtbar geschrien hätte.

Beginn der ersten Sitzung

Phase 1 - Befragen

P (setzt sich, betont langsam und mit einem breiten Lächeln)

T (schließt daraus, daß P Angst hat und ein Bedürfnis, sich bedeckt zu halten. Da beides im Moment nicht übermächtig ist, kann T mit der Befragung beginnen:) *Sagen Sie mir, was das Problem zu sein scheint.*

P *Für mich ist das Problem eigentlich der Hans.* (Seufzer)

Beeindruckt vom Anlaß für die Therapie, dem psychoseähnlichen Zustand, hatte T sich auf einen stufenweisen Zugang zum Unbewußten eingestellt.

Major Breakthrough - stufenweiser oder geradliniger Zugang ?

Im Verlauf der Probetherapie wird das Unbewußte der Patientin stufenweise mobilisert, die Phasen der Central Dynamic Sequence spiralförmig angewendet. Nach einem gewissen Anstieg der Gefühle wird eine kurze Analyse des Prozesses vorgenommen, bevor erneut Druck ausgeübt wird. Im erreichten Plateau tritt eine gewisse Konsolidierung der Strukturen ein, die Angsttoleranz ist danach erhöht und beim nächsten Anstieg kann das Ich einem größeren Druck standhalten (Davanloo 1987a, 1995a).

In ihrem Erscheinungsbild in der Stunde (allgemeine muskuläre Verlangsamung, Seufzer, taktische Abwehrmechanismen) zeigt sich die Patientin entgegen ihrer Vorgeschichte mit reiferer Struktur. T hätte deshalb auch einen direkten Weg einschlagen können, der mehr oder weniger steil verlaufen könnte. In diesem Fall hätte T im Anschluß an die Frage nach den Problemen und dem nachfolgenden ersten Seufzer der Patientin die Übertragung direkt zum Thema gemacht, indem sie die offensichtliche Ängstlichkeit der Patientin aufgegriffen und gefragt hätte, ob diese mit der Therapie, also mit der Begegnung mit der Therapeutin in Zusammenhang stünde. Daran läßt sich Druck auf Gefühle direkt anschließen mit der Frage: „Und was fühlen Sie mir gegenüber noch außer Angst?" (Bleuler 1996).

Da der Therapeutin im vorliegenden Fall ein schrittweiser, langsamer Zugang sicherer scheint, bleibt sie zunächst bei der von der Patientin angebotenen Situation und greift zu schwächeren Formen von „Druck". Im „strukturierten Interview" fokussiert T auf eine ganz bestimmte Begebenheit der jüngst zurückliegenden Vergangenheit, fordert P auf, diese im Detail genau zu schildern, formuliert daraus in zugespitzter Form die Essenz der Konfliktsituation („framing"). Andere Formen von „Druck" sind „sondierende Fragen" („probing questions") oder klärende Bemerkungen („clarifying remark") (Davanloo 1987a, 1996b).

Wir fahren fort mit der Antwort der Patientin auf die Frage nach ihren Problemen.

P *Erstens die Sexualität. Ich kann sie zwar ganz schön empfinden und entdeck immer wieder was Neues, und was ich das erste Mal will* (mit Betonung) . *Aber hinterher möcht ich mich am liebsten selber in die Luft sprengen.*

Übergang zu Phase 2 - Druck*

T *Aber Sie sagen, es sei der Hans.* („framing")

P *Die Liebe von ihm, die er mir entgegenbringt, ist zwar etwas, das ich aufsaug wie ein Schwamm, aber was mir dann die Luft zum Atmen nimmt.*

T *Aber was ist dabei Ihr Problem?* („probing question", sondierende Frage)

P *Das Verarbeiten, ich kann das nicht verarbeiten irgendwie.*

T *Sie können das nicht verarbeiten?*

P *Ich kann das nicht begreifen, daß jemand so lieb zu mir ist, ohne dann irgendetwas zu wollen, oder daß was Böses nachkommt, irgendwie so.*

T *Aber das ist dann nicht er, das ist in Ihnen drin.* („clarifying remark", Klären)

P *Ja, in mir drin. Also der Verstand sagt mir zwar etwas anderes, aber das Gefühl ist so zwiespältig.*

T *Also das Problem liegt in Ihren Gefühlen.* (klärend)

P *Ja, ich kann damit nicht umgehen. .... Und zwar hab ich schon festgestellt, wenn er besonders lieb und aufmerksam ist, daß ich dann versuch, das ist dann in meinem Kopf drin, jetzt haust du ihn unter die Gürtellinie, daß er verletzt ist, oder mich zurückweist oder irgendwie so.*

T *Sie werden so aggressiv? Sie können die Nähe nicht vertragen?*

P *Nicht auf Dauer.*

P beschreibt dann den psychose-ähnlichen Panikzustand:

P *Die Angst, daß das dann immer so hochkommt, das Böse in mir oder die Gestalt in mir.-*

T *Sie reden von dieser Gestalt, von dem Bösen in Ihnen,*

* Der Dialog ist wortgetreu und in der Reihenfolge exakt wiedergegeben. Wiederholungen, für den Zweck dieser Veröffentlichung unwichtige Passagen oder sinnentstellende Sätze sind ausgelassen. Auslassungen sind mit — markiert.

als ob Sie das gut kennen?

P *Also erst seit ich den Hans kenne, ist das ausgelöst, und zwar nicht gleich.*

T *Vorher kannten Sie die nicht? Sie ist nicht eine lang vertraute Gestalt?*

P *Nein, sie ist mir aber trotzdem vertraut. Das bin ich. Ja, aber das bin nicht ich, wie ich jetzt bin, sondern das ist ein böses Gesicht, das mir ganz viel böse Sachen einredet, und so einredet, daß es in einen Geist übergeht und ich dann außen auch nicht mehr viel wahrnehme, und ganz häßliche Sachen sag. Und das verschwindet dann irgendwann. Und dann hab ich eine Zeitlang furchtbar Angst, und dann geht der Zustand vorbei.*

—

P *Und zwar ist die Gestalt in dem Moment weggegangen, in dem ich eingesehen hab, daß ich für das, was passiert ist, nichts gekonnt hab, aber mich nicht hab wehren können. Ich hab mir immer vorgeworfen, warum hab ich mich nicht gewehrt? Und ich hab mit Hans viel gesprochen, und das hat mir gut getan. —*

T *Sie bringen diese Gestalt, die in Ihnen ist, die sich nach außen richtet, aber auch gegen sich selber, zweierlei, daß Sie dem Hans etwas tun und gegen sich aggressiv sind....* (framing).

P *Ja, ja - so ist es*

T *und Sie bringen das in Verbindung mit gewissen Ereignissen in Ihrer Kindheit.*

P *Ich denke, ich bring da irgendwas ganz furchtbar durcheinander.*

T *Sie sind bewegt im Moment?* (Druck auf Gefühl)

Diese Kommunikationen der Patientin geben der Therapeutin wertvolle Hinweise ((daß die Patientin bei Nähe, besonders mit einem Mann, Angst bekommt, daß Wut und Selbstbestrafungstendenzen (Schuldgefühle) mobilisiert werden)), aber auch Hinweise hinsichtlich des Abwehrmusters: daß sie in Bezug auf diese Gefühle primitive Abwehrmechanismen des Dissoziierens und der Projektion auf eine fiktive Geistgestalt einsetzt. Diese Abwehrmechanismen können nicht direkt aufgegriffen und durchgearbeitet werden.

Eigentlich wäre dies der Zeitpunkt, den Druck zu verstärken, die von der Patientin genannte Situation genauer zu explorieren, daraus die therapeutische Aufgabe zu formulieren und dem Gefühlsgehalt direkt nachzugehen.

T faßt deshalb das Bisherige zusammen.

P ist aber von einem kürzer zurückliegenden Erlebnis bewegt, das von ihrem Brückensymptom, einem Alptraum, seinen Ausgang genommen hat:

P *Ja, es ist halt so viel passiert in den letzten Wochen. Es kommt ein blödes Erlebnis nach dem andern hoch, das ich nicht mehr gewußt habe. Und das Allerschlimmste war am Dienstag. In der Nacht von Montag auf Dienstag hatte ich einen furchtbaren Alptraum. Da war diese schwarze Wand, wie ein Wirbelsturm kam das auf mich ein, und ich wehr mich massiv dagegen, so daß ich nachts so komische Bewegungen gemacht habe, daß mir am Morgen alles wehgetan hat. Und da hab ich gedacht, was paßt denn in meinem Bild nicht, da stimmt doch irgendwas nicht, und hab so ein komisches Gefühl zu meiner Mutter hin gekriegt, ein unangenehmes, und hab den Wunsch gehabt, sie anzurufen, um irgendwas bestätigt zu haben, irgendwas. Und dann haben wir irgendwas Nichtiges geredet, halt so. Daraufhin hat sie einen Satz gesagt, sie „möchte doch nicht ein Leben lang verantwortlich sein für das, was ihr in der Kindheit erlebt habt". Und da hat es Klick-klick-klick gemacht, und tausend Erinnerungen sind in meinem Kopf, was ich als Kind erlebt hab, ist wieder da gewesen. Und ich hab das Gaksen und Stottern angefangen und den Hörer drauf geschmissen, und seither weiß ich, daß ich ein falsches Bild von meiner Mutter gehabt habe. Und das war das Schlimmste.*

T *Und das bewegt Sie jetzt auch sehr.*

P *Ja, weil ich jetzt eigentlich überhaupt nichts mit ihr zu tun haben will. Null. Mein Vater hat mich körperlich mißbraucht, und meine Mutter hat mich seelisch unheimlich gequält.*

T *Aber das sind Tatsachen. Gleichzeitig haben Sie Probleme mit Ihren Gefühlen. Ich spreche Sie aufs Bewegtsein an, und sie gehen sehr schnell darüber hinweg.*

P *Ja.*

T *Sie machen auch so eine Bewegung.*

P *Ja, das kommt von unten rauf, alles.*

T *Tja, aber ich spreche Sie aufs Bewegt-sein an, und Sie haben ganz schnell verhindert, daß etwas rauskommt. Merken sie das? Sie haben geschluckt und gesagt „weil", was zu rationalen Gründen führt.*

Offenbar ist das Unbewußte der Patientin mobilisiert, verdrängte Erinnerungen kommen ins Bewußtsein und komplexe Gefühle möchten an die Oberfläche kommen, und an die Stelle der Verdrängung treten andere Abwehrmechanismen.

Übergang zu Phase 3 - Klären und Bewußtmachen der Widerstände

T weist auf die Abwehrmechanismen der Verdrängung (Schlucken), der Rationalisierung und Intellektualisierung hin. Aus den angebotenen äußeren Problemen „Hans“, die eine Externalisierung darstellen, hat sich das psychische Problem der Patientin herausgestellt: ihre Angst und Aggression bei Annäherungen. Im nächsten Schritt ist eine klarere Formulierung des intrapsychischen Problems notwendig. Zum Ordnen der intrapsychischen Vorgänge ist es nützlich, die wesentlichen psychischen Parameter der heraufdrängenden Gefühle, der Angst und der Abwehrmechanismen immer wieder zu benennen und in klaren Zusammenhang zu bringen („Sie haben Angst vor ihren Gefühlen und reagieren dann mit Flucht“). Jetzt läßt sich ein erstes Mal die therapeutische Aufgabe mit der Patientin zusammen formulieren:

P *Ja, ich versuche, das nicht so zuzulassen, das alles.*
T *Ja, Sie versuchen, das nicht zuzulassen. Aber dafür sind wir hier, um das alles...*
P *Ich will das unbedingt, daß das aufgearbeitet wird, und daß alles rauskommt und daß das verarbeitet wird, damit ich lerne, damit umzugehen, wie es für mich akzeptabel wäre.*
T *Und wie stellen Sie sich das Verarbeitet-werden vor?*
P *Also mit Ihnen das rauszuholen, was ich nicht zulassen will.*
T *Haben Sie gemerkt, wie Sie gerade geschluckt haben? Also das, was sie nicht zulassen wollen, schlucken sie runter. Das sind zum Teil auch Erinnerungen, aber das sind vor allem auch Empfindungen, die Gefühle, die an die Erinnerungen geknüpft sind.*
P *Genau, genau.*
T *Und das sind zum Teil schmerzliche, zum Teil aggressive Gefühle.*
P *Furchtbar schmerzlich und auch aggressiv.*
T *Und Sie scheinen schon einen gewissen Kontakt zu beidem zu haben.*
P *Ja, das merk ich.*
T *Aber Sie haben auch Angst davor.*

Therapeutische Aufgabe

Die allgemeine Formulierung der therapeutischen Aufgabe lautet: „Ihre Probleme zu verstehen und an die Wurzel zu kommen“ oder „... und an den Motor zu kommen“. Der erste Teil dieser Formulierung bezieht sich auf die Aufgabe, aus der Externalisierung das eigentliche psychische Problem im Austausch mit einer Bezugsperson zu formulieren, daraus das intrapsychische Problem klar zu definieren: nämlich zu analysieren, auf welche Form von Angst und störende Abwehrmechanismen sich das Beziehungsproblem zurückführen läßt. Der zweite Teil weist mit der Formulierung der „Wurzel“, des „Motors“, auf das Anliegen hin, die Dynamik des Verdrängten zu ent-decken und durchzuarbeiten.
Da ja nicht davon ausgegangen werden kann, daß ein Patient von vornherein weiß, um was es bei einer analytischen Psychotherapie geht, vielleicht sich gar nicht bewußt für eine derartige Behandlung entschieden hat, ist eine klare Definition der Zielrichtung erste Aufgabe des Therapeuten. Zur Motivation des Patienten und für die Bildung eines guten Arbeitsbündnisses ist es entscheidend, die therapeutische Aufgabe aus dem „Angebot“ des Patienten heraus zu formulieren und die therapeutische Aufgabe als Angebot an den Patienten zu formulieren, für das er sich entscheiden kann oder auch nicht. Dazu wird zusätzlich eine sehr allgemeine Zielvorstellung formuliert wie „Freiwerden von den störenden Symptomen“ oder „sein Leben in den Griff zu bekommen und seine Fähigkeiten entfalten zu können“. Im Verlauf der Therapie weist der Therapeut immer wieder einmal auf die Aufgabe hin, als Orientierungshilfe und um den Willen des Patienten für diesen Weg zu bestärken. Im späteren Verlauf, nachdem der Patient sich für die Arbeit entschieden hat, kann an die therapeutische Aufgabe mit mehr Herausforderung erinnert werden.

Die Therapeutin lenkt zu der ersten spezifischen Situation zurück, zur Situation mit Hans, in der die Patientin aggressive Gefühle hatte. Da die Angst vor den hochdrängenden Gefühlen naturgemäß in der Beziehung zu den Eltern besonders groß ist, ist ein Erlebnis mit einer Bezugsperson der Gegenwart oder ein Konflikt mit der Therapeutin vorzuziehen.

P Ja, *ich habe einen Ha-, ich hab irgend einen Haß auf ihn.*
T *Das Wort ist Ihnen fast in der Kehle steckengeblieben beim ersten Anlauf.*
P *Ja, weil, ich hasse ihn ja eigentlich nicht, ganz im Gegenteil.*
T *Da sind gemischte Gefühle. Wahrscheinlich doch auch ein Haß, der Ihnen auch Angst macht, aber dann ist da auch eine große Zuneigung.*
P *Ja, er ist eigentlich das, was ich immer gesucht habe.*
T *Sie sind jetzt auch bewegt. — Waren Sie kurz traurig?*
P *Ja, ein Glücksgefühl und ein Traurigkeitsgefühl.*

T *Und das macht Ihnen auch Angst. Und das ist die Frage, was Ihnen da Angst macht.*

P *Ja, das weiß ich halt nicht. Vielleicht die ganzen Geschehnisse -oder? Oder habe ich mir vielleicht doch Schuld gegeben für die Situationen, die da waren?* (Dies ist wieder eine metapsychologisch sehr bedeutsame „Botschaft aus dem Unbewußten", in diesem Moment dennoch eine Ablenkung von den traurigen Gefühlen, die die Patientin gerade bewegen.)

T *Sie haben gesagt, Hans ist, was Sie immer suchten. Wie ist Ihnen dabei zumute? - Sie schlucken wieder. — Merken sie, daß Sie mich kaum angucken?*

Wie ja schon in der Eingangssituation zu erkennen, hat die Patientin ein ausgeprägtes Bedürfnis, sich zu verstecken. Zu diesem Zeitpunkt greift T das Problem in seinem Erscheinen in der Übertragung auf.

P *Vielleicht schäm ich mich auch dafür.*

T *Einerseits kommen Sie hierher, um Hilfe zu bekommen* ......

P (bewegt) *Das ist ganz wichtig.*

T ..... und dann ist aber auch ein Bedürfnis ..... Sich zu schämen heißt ja, sich zu verstecken, sich nicht zu zeigen.

Scham - Resistance against emotional closeness - Widerstand gegen Nähe

P sagt, sie schäme sich. Die für Scham charakteristische Geste ist, die Hände verbergend vors Gesicht zu halten. Dies verdeutlicht, daß Scham nicht eigentlich ein Gefühl ist, sondern eine Abwehr. Wird Scham von einem Gefühl begleitet, ist dies ein unbestimmtes „Unbehagen" oder, wenn stärker, dann deutlich Angst. Häufiger als mit bewußter Scham werden innerste Regungen hinter einem Lächeln versteckt oder gar mit einem Lachen weggewischt.

Diese und auch andere Mechanismen haben die Funktion, das Gegenüber von den verborgenen innersten Regungen fernzuhalten, können sich aber auch gegen jegliche Art von Annäherung oder Bindung richten. Davanloo fand, daß „Widerstand gegen Nähe" regelmäßig über und neben dem „Widerstand gegen das Erleben verdrängter Gefühle" liegt (Davanloo 1995a:Kap.11, Konzelmann 1995). Oft geht dieser Widerstand weit in die Kindheit zurück und ist komplex im neurotischen Kern verwurzelt.
Auch im Verlauf der vorgestellten Therapie kamen verschiedene Wurzeln für die Vermeidung von Nähe an den Tag. In einer späteren Sitzung (s.S.46/47), aus der Auszüge wiedergegeben werden, wird eine für Mißbrauchspatienten typische Wurzel aufgedeckt.

Zu Beginn der Therapie kann Widerstand gegen Nähe nicht einfach geklärt und bewußt überwunden werden. Hier ist der Einsatz einer oder mehrerer kurzer HOC unumgänglich.

„Head-on-Collision" - HOC

Direkt übersetzt, handelt es sich um einen Kollisionskurs auf einen Widerstand. Der Patient wird in der HOC deutlich auf die blockierende Auswirkung seines Widerstandes hingewiesen. Es ist klar, daß er sich zwischen Beibehaltung seines Widerstands und Therapieerfolg entscheiden muß. Eine exakt eingesetzte HOC hat nicht nur eine rationale Seite, sondern stellt auch eine Botschaft an das Unbewußte dar, mobilisiert die therapeutische Allianz und komplexe Übertragungsgefühle. Wir werden zunächst einige Mini-HOCs sehen.
Für den Zeitpunkt kurz vor dem Durchbruch ist die „major HOC" vorgesehen, die dem Durchbruch einen letzten Schub verleiht. Die „major HOC" setzt sich aus einer Reihe verschiedener Komponenten zusammen (Davanloo 1986, 1988, 1995a, 1995c). Ausführlicher wird ein Beispiel einer solchen „major HOC" später im Text wiedergegeben (24. Sitzung, S.49).

Übergang zu Phase (4) - Übertragungswiderstand

P *Ja, ich schäm mich fürs Weinen.* (Lacht)

T *Ist das so? Sind Sie jemand, der eine lachende Fassade...?*

P *Ja - Lachen. Aber ich mach das schon nicht mehr so.* (Bagatellisierung bis zu trotzigem Leugnen)

T *Ja, aber, wenn das so zu Ihnen gehört, müssen wir uns das hier anschauen.*

P *Ich hab immer.....* (eine neue Abwehr tritt auf, P hat erstmals einen trotzigen Gesichtsausdruck)

T (unterbricht und schließt eine erste „mini-HOC" an in Form eines einfaches Hinweises auf die die Behandlung verhindernde Auswirkung von Scham) *Weil das ja hier auch im Weg ist und sie z.B. daran hindert, einfach loszuweinen, wenn Ihnen danach zumute ist.*

P *Ja.*

T *Daß Sie sich wahrscheinlich angewöhnt haben, nach außen eine lachende Fassade zu zeigen. Was Ihnen im Beruf nützen kann.— Also, das Lächeln hat eine*

Distanzierungsfunktion.
P *Ja* (tiefer Seufzer)
T *Und es ist klar, daß, wenn Sie sich hier auf Distanz halten, unsere Arbeit nicht weitergehen kann.*
P *Das ist mir klar, und das will ich nicht.*
T *Und dann kommt sofort wieder dieses Lächeln.*
P *Es muß alles raus, es muß die Gabi so raus, alles.*
T *Und Sie seufzen. Macht Ihnen das auch Angst?*
P *Ja, ich hab schon Angst.*

Vertrautmachen mit Angst
Gerade bei Patienten, die wegen einer Angsterkrankung in Behandlung kommen, ist eine detaillierte Exploration von Angst aus diagnostischen Gründen wichtig, aber auch, um den Patienten mit seinen somatischen Erscheinungen vertraut zu machen. Die folgenden Interventionen stellen dar, in welcher Form direkter „Druck auf das Gefühl" (hier: Angst) gemacht wird.

T *Und wie merken Sie, daß Sie Angst haben? Denn es ist ja wichtig, daß Sie sich und Ihre Gefühle kennenlernen.*
P *Ja, wenn ich veratme oder schwer atme. Das ist auch diese Macht da innen drin, die macht mir Angst.*
T *Sie sind schnell wieder dabei, zu erklären, was Ihnen Angst macht. Meine Frage war ja, ob und wie Sie Angst haben. Sind da noch andere Zeichen, daß Sie Angst haben?*
P *Kalte Hände, und daß ich da irgendwie mit den Händen knete, oder an meinen Fingern kratze.*
T *Aha. Noch andere Zeichen?*
P *Und daß ich wegschau.*
T *Das ist an sich zweierlei, Angst und Wegschauen. Schauen Sie immer weg, wenn Sie Angst haben? Soll ich nicht merken, daß Sie Angst haben? Wegschauen hat etwas mit Scham, mit Verstecken zu tun.*
P *Verstecken.* (sehr kleinlaut und scheu wirkend) *Doch, Sie sollen merken, daß ich Angst hab.*
T *Aber da ist eine Tendenz, daß ich das nicht merken soll. Und das ist ja wichtig, daß Sie das nicht einfach wegschieben, sondern, daß Sie merken, daß das in Ihnen ist. Denn sie müssen ja all die Mechanismen, mit denen Sie verhindern, daß wir hier diesen Gefühlen auf die Spur kommen, kennenlernen, sich mit ihnen auseinandersetzen und sich bewußt entscheiden, was Sie wollen.*

Bei fortgesetztem „Druck auf das Gefühl Angst" tritt wieder der Mechanismus des „Versteckens" auf, den T erneut aufgreift. In späteren Sitzungen stellt sich heraus, daß die Patientin in ihrer Kindheit besonders in den traumatischen Situationen mit ihrem Vater keine Angst äußern durfte. Er geriet dann so außer sich, daß er sie quälte und drohte, sie umzubringen. Später im Leben versuchte sie quasi, dies in den nächtlichen Terrorzuständen nachzuholen, die so im Unbewußten abliefen, daß sie am nächsten Morgen Mitbewohner fragten, warum sie so furchtbar geschrien habe. In der Therapie lernte sie, ihre Angst vor der Äußerung von Angst zu überwinden, Angst bewußt zu erleben und mit zeitweise großer Intensität abzuführen. Dabei schrie sie mehrere Male so, daß es T eiskalt den Rücken herunterlief (16.-18.Sitzung). Danach waren die nächtlichen Alpträume kein Thema mehr.

Vorbeugen von Trotz, Vorbeugen von Omnipotenz - „Undoing defiance and grandiosity"
Die Therapeutin nutzt die Gelegenheit, zwei Interventionen anzuschließen, die sehr einfach aussehen, aber sehr wichtig und bedeutsam sind, und von Davanloo „undoing of omnipotence" und „undoing of defiance" genannt werden (1994-1997). Dies läßt sich am besten frei mit „Vorbeugen eines Anspruchs von Omnipotenz an den oder auch seitens des Therapeuten" und „Vorbeugen von Trotz" übersetzen. Dazu gehört die Herausforderung des freien Willens des Patienten.
Wie wichtig diese vorbeugende Maßnahme ist, wird bei Frau M. wieder einmal klar, als sie in einer späteren Stunde berichtet, daß sie als Kind sehr trotzig war. U.a. sprach sie bis zu zwei Wochen lang kein Wort mit ihrer Mutter.

T *Denn wir können ja nur weiterkommen, wenn ich mit Ihrer Hilfe, und Sie mit meiner, diesen ganzen Gefühlen auf den Grund gehen und sie zusammen angucken. Also die bewußte Entscheidung ist, ob Sie wollen.*
P *Ich will es.*
T *Das nächste ist aber, daß Sie angucken, was passiert hier im Prozeß. Was ist das in Ihnen, was sind das für Kräfte, die dagegen halten. Denn wenn Sie die zu schnell wegschieben, nützt das auch nichts, wir finden nicht heraus, was ist da eigentlich, wenn jemand zu nah kommt zum Beispiel.*
P *Gut, o.K.*
T *Sie sagen so schnell, gut. Also nicht nur mir zuliebe?*
P *Nein, ich will es mir zuliebe. Ich wills wirklich mir zuliebe. Ich will von innen heraus richtig mir zuliebe. - Von mir aus. Will auch die Angst zulassen.*
T *Und wie ist Ihnen dann zumute, wenn Sie das sagen?* (P war wieder sichtlich berührt)
P *Positiv. Da ist etwas Positives.*
T *Das ist vage.— Das sagt nicht, wie Sie sich fühlen im Moment. —*

P *Das ist innen drin. Nichts, was ich jetzt so zeigen könnte, aber innen drin, so ein kleines Licht. Es ist etwas, das mir Angst macht, aber ich weiß, wenn es dann draußen ist, dann wird mir leichter, wie ein Licht da drin. Deswegen bin ich da, daß ich das rauslass, und daß mir dann leichter ist.*

Regelmäßig lösen erste positive Gefühle traurige Gefühle aus (Entbehrungsschmerz), so auch hier. Was Frau M. *„innen drin, so ein kleines Licht“* nennt, ist ein eindrucksvolles Bild für eine aufkeimende tiefe Hoffnung auf Hilfe. Hieraus erwächst die „unbewußte therapeutische Allianz“ (s.S.10). T fährt fort mit „Druck auf Gefühl“:

T *Wie ist Ihnen im Moment? Sie haben gesagt, leichter. Aber ist es wirklich nur leichter? Sie haben wieder geschluckt. Und die Atmung. Und Sie gucken ganz viel weg. Könnte es sein, daß der Gedanke, daß irgendwo ein Licht ist, Sie auch innerlich berührt?*

P (nickt) *Daß mich das innerlich berührt.*

T *Und jetzt haben Sie mir so schnell zugestimmt. — Was passiert, wenn Sie so schnell Ja sagen?*

P *Da ist etwas, was mir gleich wieder widerspricht.*

T *Können wir uns das angucken? Im Moment* (P wird sichtlich steif und leblos; emotionaler Rückzug). *Was passiert im Moment?*

P *Ich bin entspannt, ruhiger.*

T *Oder auch entrückter?*

P *Ja ..... nicht entrückter, ruhiger.* (Offenbar ist der jetzt eingetretene Widerstand gegen das Erleben eines tiefen Gefühls unbewußt, ich-synton.)

T *Und wie geht es Ihnen dann mit mir?*

P *Ruhiger.*

T *Aha. Aber eigentlich ist es doch seltsam. Sie haben gesagt, es muß alles raus...*

P *Ja, es muß alles raus.*

T *Es muß alles raus. Aber gleichzeitig sind Sie „entspannter“?*

Der Abwehrmechanismus der emotionalen Distanzierung scheint in diesem Moment mit einer sehr tief verwurzelten Angst vor Nähe in Verbindung zu stehen (kurz nach „das Licht da innen“ in Bezug auf die Therapie). Frühe Störungen der Mutter-Kind-Beziehung und eine starke Überichproblematik führen zu ausgeprägter Angst vor Nähe. Da diese Angst jetzt als Widerstand in der Übertragung aufgetreten ist, kann T sie ansprechen.

T *In Wirklichkeit hat es etwas mit einer Mauer zu tun. Daß Sie eine Mauer hochziehen. Und dahinter sind Sie nicht entspannt, weil etwas herausgekommen ist, sondern, weil Sie es verstecken.*

P *Hm. Ich bin glaub ich ein Meister da drin.*

T *Ja, ein Meister im Verstecken und Mauer hochziehen. Das Problem ist, wenn Sie sagen, wir wollen sehen, was in Ihnen ist, was Ihnen Schwierigkeiten macht, dann müssen wir erst einmal sehen, was Sie gegen die Mauer machen. — Wenn Sie das wirklich wollen.*

T hat jetzt eine erste deutliche „Herausforderung eines Widerstandes" eingesetzt („challenge“) und sofort ein „Vorbeugen von Trotz“ angefügt: *„Wenn Sie das wirklich wollen“*. Mit hier nicht wiedergegebenen Interventionen weist T wiederholt auf die Abwehr des Widerstands gegen Nähe hin, setzt diesen in Bezug zu einer versteckten Dynamik (Hochsteigen von Gefühlen, die Angst machen) in der Beziehung, macht auf die Folgen für den therapeutischen Prozeß, nämlich die Sabotage und Selbstsabotage, aufmerksam.

P zeigt eine positive Reaktion in Form einer „Botschaft aus dem Unbewußten“:

P *Ich habe Angst, daß Sie mir nicht glauben, was ich Ihnen sage.*

„Komplexe Übertragungsgefühle“ - „Complex Transference Feelings“

Diese Bemerkung zeigt an, daß komplexe Übertragungsgefühle mobilisiert sind, d.h. sowohl positive als auch negative Gefühle, die mit der Beziehung der Pat. zu ihrer Mutter zu tun haben (Davanloo 1986, 1995a:Kap.1). Die Äußerung einer „bedeutungsbeladenen Botschaft aus dem Unbewußten“ zeigt einen Anstieg der „unbewußten therapeutischen Allianz“ („UTA“) an, die Angst deutet auf negative Gefühle der Therapeutin gegenüber.

T hätte diese Bemerkung aufgreifen können und wäre wahrscheinlich bei dieser bis zu einem gewissen Grad offenen aber zu Intellektualisierung neigenden Patientin zu der verstandesmäßigen Einsicht gelangt, daß ihre in diesem Satz ausgesprochene Erwartung an die Therapeutin auf die Beziehung zu ihrer Mutter zurückzuführen sei, die nicht sehen und ihr nicht glauben wollte, was sie mit Vater erlebt hatte. Aber intellektuelle Einsichten sind nicht Anliegen der ISTDP, sondern werden von dieser als Abwehr gegen das Freiwerden darunter liegender beängstigender und schmerzlicher Gefühlspakete gesehen.

Deshalb fährt T mit „pressure and challenge“ und eingeschobenen HOCs fort, also mit Interventionen, die zunehmend Widerstände in Frage stellen und herausfordern, auf das Sabotierende dieser Widerstände aufmerksam machen, und „Druck auf Gefühle“ ausüben, mit dem Ziel, die komplexen Übertragungsgefühle zu einem weiteren Anstieg zu bringen, wodurch zunächst einmal weitere Widerstände auf den Tisch gebracht werden, bis diese erschöpft sind.

T *Solange Sie ein Bedürfnis haben, mich nutzlos zu machen, ist das Unternehmen hier gleich von vorn herein gescheitert.*
P *Dann kann ich eigentlich gleich wieder gehen.*
T *Ja.*
P *Das stimmt. Nee, deswegen bin ich nicht da.*
T *Da müssen wir sehen, was machen Sie gegen diese Mauer? Was ist das in Ihnen?* (Herausforderung von Widerstand gegen Nähe und Druck auf Gefühle)
P (kneift sich an ihrer Hand) *Da ist schon etwas.* (zeigt aufs Sternum, mit kleiner Stimme:) *Ich will es fühlen, was das ist.* (Atmet schwer, Ansteigen von Angst)
T *Wie wäre Ihnen zumute, wenn Sie gleich wieder gehen müßten?*
P *Schrecklich.*
T *Das ist vage.*
P *Enttäuscht.*
T *Das ist auch vage. „Enttäuscht“ ist ein Mischgefühl. Sind Sie sonst auch so unbestimmt?*
P *Nein.*
T *Sie müssen doch auch in Ihrem Beruf genau sein.*
P *Ja, nur mit meinen Gefühlen .....*
T *..... halten sie sich vage, halten sich raus. Auch jetzt gucken Sie wieder zu Boden, verkriechen sich wieder mit Ihren Gefühlen. Und wenn Sie das Bedürfnis haben, sich zu verkriechen, wozu sind Sie dann hier?*
P (Beugt sich vor, stützt sich auf ihre Knie) *Ich will mich nicht verkriechen.*
T *Ich kann Ihnen nicht helfen. Wenn Sie sich verkriechen, oder trotzig sind, kann ich Ihnen nicht helfen.* (ein weiteres „Undoing of omnipotence“)
P *Das stimmt.*
T *Also müssen wir sehen: Was wollen Sie jetzt machen gegen diese Mauer?*
P *Ich will Sie zerstören diese Mauer. —*
T *Und Sie haben eine kleine Stimme. — Wenn Sie nur sagen, ich will die Mauer wegtun, das kann auch auf übermorgen verschoben sein. Sie sind sicher ein Mensch, der sagt, am nächsten Tag geht es mir besser, heute kann es mir noch schlecht gehen.*
P (nickt heftig, zustimmend).
T *Am Ende stehen Sie an Ihrem Grab und sagen, morgen geht es mir besser. Also, Verschieben ist auch ein Teil dieses fortgesetzten Leidensmusters. Sie haben bis jetzt unter dem Einfluß Ihrer Vergangenheit nicht gut gelebt - oder?*

Im Folgenden macht T mit der Abwehr des „Verschiebens“ als Teil eines masochistischen Lebensmusters vertraut. Danach sagt die Patientin:

P *Ich will das negative Gefühl zulassen.*
T *Ist da ein negatives Gefühl zwischen uns? Was meinen Sie mit einem negativen Gefühl?*
P *Das ist das, wogegen ich jetzt die Mauer aufgebaut habe.* (Jetzt ist der Widerstand der emotionalen Distanzierung bewußt, während P weiter oben meinte, sie sei „entspannt“.)

Auf weitere Fragen nach dem körperlichen Erleben des „negativen Gefühls“ reagiert die Pat. mit Weinerlichkeit.

Weinerlichkeit

Nicht immer ist es im Prozeß sofort klar, wann Tränen aus einer Quelle tiefen Schmerzes kommen, und wann sie die Abwehr der „Hilflosigkeit“ anzeigen. Hilflos-regressives Weinen stellt eine spontane Reaktion auf Angst dar. Hilflosigkeit kann auch eine eingefahrene Charakterabwehr sein, die in jedem Fall das Auftreten von Ärger oder Wut verhindert (Davanloo 1995a:Kap.9, 304). Nachdem diese Tränen als Abwehr geklärt sind, gesteht P, daß sie nicht nur Ärger, sondern Wut auf T habe.

T *Sie seufzen, Sie haben Angst.*
P Ja, ich hab Angst.
T Aber Angst ist nicht Wut.
P Ist Angst nicht Wut?
T Sie haben Angst statt Wut. Wenn Sie Ihre Wut zulassen, haben Sie keine Angst. Sie wollen immer noch Ihre Wut verstecken hier. Und die Frage ist doch: wieso haben Sie überhaupt Angst statt Wut? (eine indirekte Formulierung der therapeutischen Aufgabe)
P *Wieso hab ich Angst statt Wut?*
T *Ihre Stimme ist ängstlich, merken Sie? So eine ängstliche Stimme!* (Herausforderung des Widerstands durch Tonfall)
P *Ich merk das Gefühl schon, ich habs.* (Mit etwas festerer Stimme)
T *Dahinter muß Wut sein.*
P *Ich hab das Gefühl schon.*
T *Aber davor ist eine Mauer von Angst.*

Die Patientin scheint kurz vor einem ersten Erleben eines tieferen Gefühls zu stehen. T setzt noch einmal eine HOC ein, um Schub zu verleihen:

T *Wenn Sie weiter verstecken und verdrängen...dann kommt irgendwann der Vulkan heraus und Sie geraten in so einen Zustand wie neulich. Und deshalb ist das Entscheidende: können wir jetzt drankommen oder nicht? Wollen Sie ängstlich sein, abgeschnitten sein, gelähmt sein, oder eine Frau, die in der Lage ist, ihrer Wut ins Auge zu sehen.*

P *Ich will ängstlich sein, und ich will wütend sein.*

Phase 5 - intrapsychische Krise

Pat. drückt aus, was Davanloo „intrapsychische Krise" nennt: die Kräfte des Widerstandes und der „UTA" sind etwa gleich stark. Sie muß sich entscheiden. Körperlich wird oft in diesem Stadium ein bestimmter Druck erlebt, der für eine Weile retrosternal hochsteigt und wieder absinkt oder von einem „Deckel" nach unten gedrückt wird. Die Aufgabe des Therapeuten ist jetzt etwa die eines Geburtshelfers. Druck auf Gefühle und Druck und Herausforderung hinsichtlich der Angst müssen sorgfältig aufeinander abgestimmt werden.

T *Aber solange Sie ängstlich sind, können Sie nicht wütend sein.*

P *Kann ich nicht wütend sein? Dann bin ich ängstlich, wutig zu sein.*

T *Aber dann bleiben Sie eine ängstliche, gelähmte Frau. Sie sind ja wie gelähmt. Das meine ich mit „Puppe". Zwar kreisen wahrscheinlich Ihre Gedanken, aber von hier an abwärts ist kein Leben drin.* (T deutet auf Hals abwärts)

P *Ja, das fühl ich auch, im Moment ist kein Leben drin.* (P bewegt jetzt aber sehr lebhaft ihre Arme, lacht, und seufzt dann)

T *Haben Sie Ihr Lachen bemerkt? Was haben Sie eben weggelacht?-*

P *Irgendwas ist hochgestiegen, das ist auch hochgestiegen, und ich hab Angst davor gehabt, es zu zeigen.*

T *In Ihrer Vorstellung, nur in Gedanken, was ist da die Angst?*

P *Das weiß ich eben nicht.*

T *Wenn das durchkommt, was da hochgestiegen ist, was würden Sie machen?*

P *Streiten.*

T *Aber das ist verbal. Körperlich, was würden Sie machen? Nur in Ihrer Vorstellung.*

P *Nicht so puppenhaft dasitzen, mich irgendwie aufregen* (Lebhafte Armbewegungen)

T *Aber wie?*

P (mit fester Stimme und Entschiedenheit) *Aufstehen, rausgehen, Tür zuknallen.*

„erster Durchbruch" - „First Breakthrough"

Jetzt ist ein „erster Durchbruch" mit Erleben von Wut erreicht. Zwar haben die wütenden Impulse in Richtung auf die Therapeutin nicht die Verdrängungsschranke in die Gedankenwelt durchbrochen, aber körperlich ist eindeutig ein heftiger Impuls durchgegangen. P war danach auch offenbar traurig (Davanloo 1995b).
Bei direktem Erschließen des Unbewußten hätte T mehr Druck auf das körperliche Erleben der hochsteigenden Wut gemacht und wäre länger in dieser Phase verharrt. Dann entsteht ein größerer Aufbau komplexer Übertragungsgefühle. In dem Augenblick, in dem die „UTA" über Angst und Widerstände die Oberhand gewinnt, fließen dann die Gefühle intensiver, der Durchbruch durchdringt auch die Schranke zur bewußten Vorstellung; es entsteht dann wie oben beschrieben ein Bild des ermordeten Therapeuten. Danach tritt das Phänomen des Umschlags zur genetischen Bezugsperson auf, der die auch hier spürbaren schmerzlichen Gefühle gelten.

T fragt nach Erfahrungen mit Wut überhaupt.(Rückkehr zu Phase (1): Befragen. Im Verlauf dieser Probetherapie fanden mehr solcher „Schleifen" in der Reihenfolge der „CDS" statt, die zur Kürzung des Textes hier aber ausgelassen wurden.)

T *Was ist Ihre Erfahrung mit Wut?*

P *Hab ich nie zugelassen, immer aufgestaut.*

Sie erzählt dann, daß sie vor sieben Jahren eine Glastür zerstört hat. Sie habe auch ihrem damals 4 Jahre alten Sohn gegenüber *„Wut angestaut, bis alles rausgeplatzt"* sei. T fragt, was passiert wäre, wenn sie sich an ihrem Sohn statt an der Tür entladen hätte. P sagt, sie hätte ihn *„zusammengeschlagen"*. Sie fügt an, daß es ihr leid täte, jemandem wehzutun, den sie lieb habe.

Der „erste Durchbruch" bahnt hier den Weg ins Unbewußte etwas untypisch über das Hochdrängen einer spezifischen Erinnerung aus der Kindheit, aus der sich die verdrängten Gefühle entwickeln lassen.

T *Daß Sie nach dem Telefonat mit Ihrer Mutter das Bedürfnis hatten, sich zu strafen, das heißt ja, daß da auch gewisse Gefühle in Ihnen sein müssen.*

P *Daß sie mich auch verletzt hat.* (Projektion)

T *Was für Gefühle?*

P *Verletzende Gefühle. —*

T *Wie ist Ihnen zumute, wenn Sie an Ihre Mutter denken in diesem Zusammenhang? Grad sind Erinnerungen hochgekommen und dazu gehören auch Gefühle.*

P *Das war - dieses Gefühl, das ich dann hatte, ein Gefühl, das ich dann durch Angst wieder verdrängt habe.*

T *Können wir uns das hier zusammen angucken?*

P *Ja.*

Die Pat. erinnert sich an Jahre ihrer Kindheit, als sie jede Nacht Schläge von ihrer Mutter bekam, wenn sie ihr Bett naß gemacht hatte. Später wird deutlich, daß das Bettnässen begann, als sie etwa 8 Jahre alt war, also im Laufe des Zeitraums, in dem Vater sie sexuell mißhandelte.

P *Und da hab ich eine unheimliche Wut auf meine Mutter, daß sie das gemacht hat. Sie hätte ein bißchen mehr verstehen können, warum das so war.*

T *Im Moment sind wieder Tränen da.*

P *Weil es weh tut. Es tut mir weh.*

Noch eine „mini HOC", diesmal mit dem Widerstand der Weinerlichkeit:

T *Da ist das gleiche wieder, daß Sie lieber weinerlich werden, als mit mir zusammen diese Wut anzugucken. Und damit bleiben sie eine Gefangene von diesen Gefühlen.*

P *Ja.*

T *Und ich weiß nicht, wie Sie sich entscheiden, ob Sie mit mir zusammen diese Wut anschauen wollen. Oder haben Sie jetzt auch Angst?*

P *Ich will die Wut angucken.*

T *Ja haben sie die eben in irgend einem Moment gespürt?*

P *Ja - wo ich dann die Tränen bekommen hab.*

T *Also müssen wir sehen, was haben Sie da gespürt? —*

P *Ich möchte ihr etwas antun.*

T *Was fühlen sie innerlich von diesem Zorn? Wenn sie das zulassen, wenn Sie diesem Zorn innerlich nachspüren, was würden sie ihr antun wollen?*

P *Ich würde aus dem Bett springen und sie anschreien: „Weißt Du überhaupt, was Du da machst?"*

T *Ja, aber das ist nicht „antun", das ist Schreien! — Was für einen Zorn haben Sie eben erlebt?*

P (schüttelt leicht den Kopf) *Ich weiß es nicht mehr. Was hab ich für einen Zorn erlebt?* (sehr leise) *Wieder dieses, was da ein wenig hochsteigt.* (Macht eine Handbewegung vorm Körper, vom Bauchraum ausgehend hoch, aber kraftlos), *das ich nicht benennen kann.*

T *Ist es, daß Sie nicht können, oder ist es, daß Sie sich wieder zurückziehen, und sagen, ich kann nicht?*

P *Ich kann es nicht benennen. Es ist immer das gleiche Gefühl* (zeigt jetzt kraftvoller), *das steigt hoch, und ich kann es nicht benennen. Der Zorn, den ich Ihnen gegenüber gebracht habe, das ist das gleiche Gefühl.*

T *Damals, bei Ihrem Sohn, mit der Tür?*

P *Das war Zorn, das war Wut* (energisch), *die ich umgesetzt habe. Eindeutig, das war Wut.*

T *Und eben das?*

P *Das kann ich nicht beschreiben. — Es ist genau dieses Gefühl, das dann so hoch steigt, wo auch diese Wallung dann da ist oder dieses Schlecht-schlucken.*

T *Sie merken, daß Sie dann einen Kloß haben?— Bei Ihrem Sohn wissen wir, wenn der abbekommen hätte, was die Tür abbekommen hat, hätten Sie ihn verprügelt.*

P *Ja, verprügelt.*

T *Und die Frage ist, wenn Sie hier diese Wallung zulassen, ob Sie Angst haben, daß Sie hier auch etwas machen, was Sie bereuen. Statt einfach nur zu spüren, was der Impuls ist, und mir zu zeigen, was das Gefühl ist.*

P *Ja, das Gefühl ist da, meiner Mutter wirklich etwas antun zu wollen.*

T *In Ihrer Vorstellung, was würden sie ihr antun?* (Hier wird zunächst nach der Vorstellung gefragt, um die Angst zu reduzieren.)

P *Was würd ich ihr antun? Ich würd vielleicht auch auf sie einschlagen.*

T *Ist Ihnen so zumute, wenn Sie dieses Gefühl zulassen?*

P *Ja* - (still) *ich würde zurückschlagen, fürchterlich zurückschlagen, mich entsetzlich wehren.*

T *Und wenn Sie ganz in sich hineinspüren und ganz ehrlich sind, „fürchterlich zusammenschlagen und sich entsetzlich wehren", welche Formen würde das annehmen?*

P *Solange auf sie einhauen, bis sie sich nicht mehr wehren kann. Das ist das Gefühl* (sehr ernst). —

T *Spüren Sie von dem wütenden Gefühl im Moment etwas?*

P *Nein.*

T *Also eher lahm.*

P *Aber so könnte ichs mir vorstellen, daß ich es mach. Sie furchtbar zurückschubsen, zurückstoßen.* (P bleibt bisher bei der Abwehr der isolierten Phantasie, T fragt deshalb weiter:)

T *Aber jetzt im Moment ist da gar kein Gefühl davon? Ganz sicher? Kein Zugang dazu?*

P *Nein.*
T *Sie können sich dieses Wütende nicht herholen?*
P *Ich probiers mal, ob ichs mir herhole. Das ist auch diese schwarze Gestalt in mir drin, die ganz bös ist* (P wechselt die Stimme zu einer tiefen, bedrohlichen)
T *Können Sie sich das noch herholen, das Gefühl, körperlich?*
P (nickt eifrig) *Diese Fratze. Dieses häßliche Gesicht. Ja, bös, furchtbar bös, ärgerlich, gewalttätig.*

Das „Monster" - Projektion als Hilfe bei der Passage der Wut

P greift hier spontan zu einem Mechanismus, der technisch für die Passage der Gefühle zur Überwindung der letzten Hürde angeboten wird: Projektion auf eine fremde Gestalt z.B. mit der Formel: „Wie ein wildes Tier". Diese Hilfe ist u.a. dadurch entlastend, daß auf diese Art die durchströmenden zerstörerischen Gefühle klar als ein Teil der Person erlebt werden, während der Patient sich ansonsten vollständig mit diesem als „böse" eingeschätzten Anteil seiner Person identifizierte und darüber verzweifelte. Dabei ist sorgfältig darauf zu achten, daß die Patienten die Phantasie nicht zur Isolierung des Affekts benutzen. Reine Phantasien bringen keine Abfuhr und damit keine Weiterentwicklung.

T *Können wir uns das angucken, wie die sich anfühlt? Was die für Gefühle hat?*
P *Haßgefühle, böse Gefühle, jemandem wirklich wieder Böses anzutun.*
T *Wie würden Sie da, wenn Sie dieses Gefühl hochkommen lassen...? Es kommt ja offenbar.*
P (wie vor Wut kochend) *Mit dem Messer stechen. Ja, das seh ich auch immer, das Messer, reinstechen.*
T *Das spüren Sie auch?*
P *Ja - auf meinen Unterleib furchtbar mit dem Messer einstechen.* (Wendung gegen die eigene Person, hier oberflächlich in Form einer taktischen Abwehr, die mit einer klärenden Bemerkung weggewischt werden kann)
T *Auf wessen Unterleib?*
P *Auf meinen Unterleib.*
T *Ja, aber jetzt richten Sie es wieder gegen sich, das ist einfacher.*
P *Ja, auf meine Mutter einstechen mit dem Messer* (energisch). —
T *Spüren sie das im Moment im Körper? Können sie das herholen?*
P (Spürt in sich hinein. Dann entschieden, leise) *Ja. Fransige Haare. Richtig weggetreten, richtig bitterbös* (macht jetzt ganz kleine energische Bewegungen mit den Armen)
P fährt fort:
P *Ich würd auf sie einstechen, und immer, immer wieder drauf, bis das Blut spritzt.*
T *Und was würden Sie weiter machen?*
P *Immer weiter und immer weiter, bis ich eine Erleichterung spüre.*
T *Und wie lange würden Sie stechen, bis Sie die Erleichterung spüren?*
P *Bis sie tot ist. — Das ist das Gefühl, vor dem ich Angst habe. Ja, solange auf sie einstechen, bis sie tot ist. Ja, zustechen, bis das ganze Blut spritzt, bis sie sich nicht mehr bewegen kann. Und dann anschauen, daß sie tot ist, tut mir dann doch weh.*
T *Wie spüren Sie das Wehtun? Wenn sie sich vorstellen, die Mutter liegt jetzt hier tot.*
P *Da will ich nichts mit ihr zu tun haben, so, wie ich mich jetzt gefühlt habe.*
T *Gucken sie hin. Wie geht es Ihnen da?*
P *Da tut es mir leid.*
T *Lassen Sie es durchkommen. Warum wehren sie sich dagegen?*
P (mit tränen-erstickter Stimme) *Da tut es mir doch leid, daß ich ihr nicht gesagt habe, daß ich sie eigentlich doch lieb habe, und daß ich sie so gebraucht hätte.*
T *Sehr schmerzlich, lassen Sie das Gefühl zu.*
P (tiefe, schmerzliche Schluchzer der Reue, etwa drei Minuten lang)

Phase 6 - Analyse

Sobald die Tränen abgeebbt sind, beginnt T mit der Analyse, zunächst der kürzlich zurückliegenden Abfolge von Gefühlen, wie diese erst in der Gegenwartsbeziehung zur Therapeutin, zum Sohn und zur Mutter am Telefon, dann zur Mutter in der traumatischen Kindheitssituation erlebt wurden. In späteren Sitzungen mit breiterem Durchbruch wird zunächst noch einmal formuliert, daß die Gefühle in der Beziehung zur T erlebt wurden, aber eigentlich ganz klar der Mutter der Kindheit galten. Dann wird noch klarer herausgearbeitet, daß dem vollständigen Durchbruch von Wut auf eine geliebte Person Schmerz folgt, daß die schmerzlichen Gefühle aus mehreren, qualitativ unterschiedlichen Anteilen bestehen: Schuldgefühlen, die nicht selten den Wundschmerz des „Opfers" einschließen (projektive Identifikation, ein häufiger metapsychologischer Hintergrund für Symptombildung), Trauer über das Trauma, Trauer über den Tod und Verlust des Elternteils, der gerade in der Phantasie getötet wurde,

Trauer über den tatsächlichen Abbruch der Beziehung, leichteren Schuldgefühlen über tatsächlich gemeines Verhalten einem geliebten Objekt gegenüber, Schmerz über die verlorenen Lebensjahre. Auch liebevolle, zärtliche Gefühle werden zu körperlichem Erleben gebracht und sind mit bestimmten vorgestellten Handlungen verbunden (Umarmen, Streicheln). Schuldgefühle werden in Zusammenhang gebracht mit selbst-sabotierendem Verhalten als „Motor" für dieses Verhalten.

Jetzt lenkt T auf die Beziehung zur Therapeutin, was wieder zur Beziehung zur Mutter zurückführt.

T *Sie sind im Moment sehr mit Ihrer Mutter beschäftigt. Aber jetzt ist es auch wichtig zu merken, daß Sie hier sind, daß Sie sich hier von diesen ganzen Tränen erleichtern. Das ist ja etwas, das Sie schon lange, lange nicht gemacht haben. Es hat ja niemand gewußt, wie viel Schmerz in Ihnen steckt.*

P *Das stimmt, wie weh das eigentlich tut. Das Nichtankommen bei meiner Mutter.*

T *Was Mutter machte, ist eine Sache. Aber Sie haben auch eine Menge Sturheit.*

P *Ja, ich hab ihr den Haß nicht gezeigt, den ich oft auf sie hatte.*

T *Auf indirekte Art und Weise schon, nämlich durch Verweigerung.*

P *Durch Nicht-reden. Und ich hab sie aber trotzdem ganz arg lieb.*

T *Wenn die Haßgefühle draußen sind, merken Sie, wie lieb Sie sie haben.*

P *Ja, wie arg lieb ich sie wirklich hab.*

T *Und wieviel Schmerz da über diese Wut ist.*

P *Diese Wut, sie so zu hassen, daß ich sie umbringen könnte. Und später dann zu merken, wie lieb ich sie eigentlich hatte, und ihr nicht gesagt zu haben, daß ich sie lieb hab.* (Weint erneut Wellen intensiven Schmerzes) . *Ich hab es nicht aussprechen können: „Ich hab dich lieb".*

T *Der Haß war oft da. In Ihrer inneren Vorstellung haben Sie sie wahrscheinlich sehr oft erstochen.*

P Ja.

T *Haben Sie eine Vorstellung, in welcher Umgebung das vorhin stattgefunden hat?*

P (in sich gekehrt, forscht in sich hinein. Nach einer kleinen Weile:) *Das war im Kinderzimmer, wo ich immer war, wo ich diese furchtbare Angst hatte.*

Phase 7 - Ergänzung der Anamnese

Daraus ergibt sich die weitere Exploration der ursprünglichen Szene, und daraus eine Ergänzung der Vorgeschichte. Das Bettnässen begann während der Jahre der Mißhandlung durch Vater. Es steht im Zusammenhang mit Angstgefühlen. Und dann sagt die Patientin:

P *Irgendetwas fehlt noch. Es fehlt noch, wie mein Vater mich das erste Mal angefaßt hat und die Situation, wieso ich das zugelassen habe und mich nicht so arg gewehrt habe. Da kann ich mich einfach nicht daran erinnern.*

T macht darauf aufmerksam, daß wahrscheinlich noch einiges fehlt. (Botschaft an das Unbewußte zu dessen Mobilisierung und Vorbereitung der nächsten Sitzung)

Phase 8 - Therapieplanung, Vorbereitung der nächsten Sitzung

Es folgt die Therapieplanung. Wenn P einverstanden sei, und das wirklich wolle, diese ganzen gemischten Gefühle, die sie noch jetzt an die Vergangenheit binden, hier zu untersuchen, dann treffe man sich einmal wöchentlich für etwa 40 Sitzungen. Zur Vorbereitung der nächsten Sitzung erinnert T noch einmal an die Frage, die P vorhin bezüglich ihrer Beziehung zu ihrem Vater geäußert hat: „Warum habe ich mich nicht gewehrt?" (dies ist ein Beispiel für eine „Botschaft an das Unbewußte", es soll eine nächste Schicht verdrängter Gefühlskomplexe mobilisieren).

Therapieverlauf

Umgang mit erotischen Gefühlen - Enttabuisierung

Die Patientin beginnt die **zweite Sitzung** wieder mit einem breiten versteckenden Lächeln, wird bald auch wieder sichtbar ängstlich, kleinmütig (mit regressiv-weinerlicher Abwehr) und zunehmend verspannt und trotzig verweigernd.

Nachdem Widerstände und Angst bewußt gemacht und überwunden werden konnten, ist es für den Therapeuten (und den Patienten) zunächst enttäuschend, daß in der folgenden Sitzung die gleichen oder ähnliche Phänomene wieder auftauchen. Dies ist allerdings eine regelmäßige Erscheinung. Angst und Widerstände, besonders, wenn sie sich bereits Stunden oder Tage vor einer Sitzung einstellen, sind unangenehm, aber kein schlechtes Zeichen. Wie in jedem psychoanalytischen Prozeß wird das Auftreten dieser Phänomene begrüßt, weil es darauf hinweist, daß Verdrängtes mobilisiert ist und bearbeitet werden möchte (so sehr es auch Angst macht und abgewehrt wird). Gleichzeitig schafft dies die Möglichkeit, die störenden Charakterwiderstände wiederholt durchzuarbeiten und bleibend zu verändern.

In dieser zweiten Sitzung bleibt P zunächst in ihrer Abwehrhaltung. Erst als T sie auf ihre Selbstsabotage hinweist (HOC), ist sie bereit, einen Schritt weiter zu gehen. Die Abwehr wird zunächst weiter geklärt und P erkennt die Parallele zu ihrem bockigen Verhalten ihrem Vater gegenüber. T greift diese Parallele auf, und es wird bald klar, daß sich die Abwehr gegen die Behandlung des Themas Sexualität richtet.

In der Regel, und das ist hier nicht anders, müssen Patienten erst lernen, ungehemmt über intime Erfahrungen zu sprechen, bevor sie sich darauf einlassen, ihren erotischen Gefühlen nachzuspüren. Um möglichen Mißverständnissen vorzubeugen, soll an dieser Stelle noch einmal darauf aufmerksam gemacht werden, daß in der Intensiven Psychodynamischen Kurztherapie lediglich Gefühle, keinerlei Handlungen gefördert werden.

Die Patientin hat in ihrer Eingangsformulierung ihres Problems das Thema auf den Tisch gebracht. T kann deshalb darauf zurückkommen und fragt zunächst nach ihren sexuellen Erlebnissen mit Hans (Bezugsperson der Gegenwart). Die Patientin hat mit Hans erstmals einen Orgasmus mit einem Mann erlebt, ist ansonsten aber immer noch sehr gehemmt. Schließlich erzählt sie von ihren sexuellen Phantasien, in denen sie „ganz wild" sei im *Liebesspiel. Danach wechselt P scheinbar zusammenhanglos das Thema zum Problem „Zulassen von positiven Gefühlen".*

P *Also wenn ich jemandem die Meinung sage, also da vermute ich, daß er mich auch von meiner andern Seite sehen könnte, wenn mir etwas nicht paßt, also nicht von der lieben, von der andern, und mich dann ablehnt. Aber wenn ich jemandem nicht zeigen kann, wie gern ich ihn habe, oder gewisse Gesten dann nicht zulassen kann, dann weiß ich einfach nicht, was mich daran hindert.-*

T *Und was vermuten Sie? Hatten sie einen Gedanken dazu?*

P *Ich habe darüber nachgedacht, ich hab mich von jemandem verabschiedet, und der wollte mich in den Arm nehmen, ich konnte es nicht.*

Es stellt sich heraus, daß sie bei einer Fortbildung einen ihr sympathischen Mann kennengelernt hatte, von dem sie sich gern mit einer Umarmung verabschiedet hätte. (Daß sie zuerst sagt, <u>er</u> wollte <u>sie</u> in den Arm nehmen, stellt eine typische Projektion eines abgewehrten konfliktbeladenen Wunsches dar.)

P *Ich wollte ihn eigentlich umarmen und sagen „Tschüs, machs gut", und ich konnte es nicht. Ich hab dort gestanden, halt so bockig, wie mir halt ist, und es ging nicht, es ging nichts. Ich hab dann ganz steif „auf Wiedersehen" gesagt, und das war alles. Manchmal mach ich das auch mit Verwandten, die mir irgendwie näher kommen wollen, genau so. - Ich machs auch mit meinem Vater so, wenn er mir manchmal so ein wenig klar machen will, wenn er mich eigentlich um Verzeihung bittet, daß ich es dann überhaupt nicht zulassen kann. Das ist dasselbe. Ich weiß nicht, warum ich es nicht mach, ich lass es nicht zu.*

Hier handelt es sich offenbar wieder um ein bedeutungsgeladenes Thema: bereits die vorgestellte Berührung mobilisiert komplexe, angstmachende Gefühle. Die Angst führt zu Vermeidung von Nähe. Zur Entdeckung der Dynamik gilt es wieder, zum Erleben im Hier-und-Jetzt zurückzufinden. T fragt deshalb:

T *Wie ist das mit der Umarmung bei Ihrem Vater?*

P *Das geht gar nicht. Und wenn, dann ist das nicht echt. Also, ich geb ihm höchstens die Hand.*

T *Auch nicht immer?*

P *Das ist mir widerlich, wenn der mir in irgendeiner Art und Weise näher kommt. Ich hab dann sofort Angst, der will vielleicht was anderes von mir.*

T *Das ist sofort in Ihnen?*

P *Ja, sofort macht es „Klick", und .....*

T *Und was würde er anderes machen, was haben Sie da für eine Vorstellung?*

P *Daß er mich irgendwie begrabscht, was mir unangenehm ist.*

T *Was ist die Vorstellung? Wie, "begrabscht"?*

P *Vielleicht - daß er mir einen Kuß auf den Backen drückt.*

T *Wohin?*

P *Ja, vielleicht auf die Wange, oder vielleicht auch auf den Mund, das wäre das Schlimmste. Nein danke!*

(schüttelt sich).

T *Begrabschen, haben Sie gesagt. Was ist Ihre Vorstellung?*

P *Irgendwie am Busen anfäßt, wo es mir schon zu viel ist, wenn er mich nur am Arm faßt.*

T *Was ist Ihre Vorstellung? Denn Ihre Phantasie ist ja dann, daß er Sie hier anfaßt.*

P *Das stell ich mir dann vor, jetzt faßt er mich hier an, jetzt wird er gleich auch woanders anfassen.*

T *Das ist Ihre Vorstellung. Vor langer Zeit war das mal so, aber heute ist das Ihre Vorstellung, daß er das macht.*

P *Machen könnte.*

T *Nein, Ihre Vorstellung ist, daß er das macht. Er könnte es machen. Aber in Ihrer Vorstellung macht er es. Das ist ganz wichtig.*

P *Wahrscheinlich macht er es in meiner Vorstellung, und das läßt mich zurückgehen, läßt mich die Nähe dann nicht zulassen.*

T *Was würde passieren, wenn Sie frei wären?*

P hat (jedenfalls für den Moment) verstanden, daß Tatsachen und Vorstellungen zwei verschiedene Realitäten sind, und daß es hier um die Untersuchung des Bereichs ihrer Vorstellungen geht.

Man könnte fragen, ob es notwendig ist, oder vielleicht sogar verwerflich (verführend), erotische Gefühle der Gegenwart oder auch der Vergangenheit im Detail und im Hier-und-Jetzt spürbar zu untersuchen. Es ist aber so, daß alle Gefühle eng miteinander verknüpft sind, die einen zu den andern führen, sodaß man einen künstlichen Sprung einlegen müßte, wollte man die erotischen Gefühle auslassen. Wichtiger noch: der Zugang zum Unbewußten ist nur mit totaler Offenheit, ohne jegliche Zensur zu erreichen. Stellen Sie sich vor, Sie vermuten in einem Raum etwas, das Sie nicht sehen möchten - würden Sie die Tür öffnen? Zum Schutz der therapeutischen Beziehung wird sorgfältig darauf geachtet, daß erotische Gefühle in keinem Fall in der Übertragung erlebt werden. Der „Einstieg" erfolgt über eine Bezugsperson der Gegenwart.

T *Vorhin bei Hans, haben Sie mir erzählt, daß er sie streichelt, da sind Sie frei.*

P *Aber ich will es ja nicht bei ihm* (dem Vater). — *Ja, jetzt könnte ich mich wehren.*

T *Und hier wollen wir untersuchen, was in Ihnen vor sich geht. Da haben sie mir bei Hans erzählt, der streichelt Sie, und da werden Sie ganz wild.*

P *Das ist angenehm.*

T *Nicht nur angenehm! Was Sie mir vorhin auch zuerst nicht sagen wollten, ist, daß Sie, wenn Sie sich keine Schranken auferlegen, daß Sie sexuell eine wilde Frau wären.*

P *Das stimmt.*

T *Und in Ihrer Vorstellung faßt Ihr Vater Sie auch hier an und gibt Ihnen einen Kuß aufs Gesicht, einen Kuß auf den Mund.*

P *Das ist, was ich gar nicht will.*

T *Natürlich, ist klar, nicht wirklich bei Ihrem Vater. Aber wir sind hier bei Gefühlssachen, und da sind auch wieder enorme Blockaden. Aber das ist ein wichtiger Punkt, ob, wenn Ihr Vater Sie anfaßt, ob Sie da auch sexuelle Gefühle haben könnten. - Sie können sagen „Quatsch". Aber diese ganze Blockade, diese Vermeidung, hat ja vielleicht damit zu tun, daß das alles in Ihnen ist, was sicher viele Probleme nach sich zieht. - Wieso wehren Sie sich so gegen diese Vorstellung?*

P *Weil das unnormal ist.*

T *Das ist eine Zensur, oben im Kopf. Sie meinen, das ist unnormal, seinem Vater gegenüber sexuelle Gefühle zu haben?*

P *Ich finds abartig.*

T *Ach ja? Dann ist es kein Wunder, daß Sie sich bei mir gar nicht auf die Arbeit einlassen wollen.*

P *Nein, weil ich es nicht preisgeben will. Ich weiß ja, wie ich hergekommen bin, wollt ich es ja sagen, aber dann .....*

T *Was wollten Sie da sagen?*

P *Na, daß diese sexuellen Gefühle, die man für seinen Vater empfinden kann, daß die mir Angst machen.*

T *Das ist jetzt sehr interessant. Genau das wollten Sie sagen?*

P *Und dann war das ganze Abgeblockte da, und da war der Gedanke dann weg.*

T *Den Gedanken hatten Sie schon beim Herkommen?*

P *Ja, beim Herkommen, der ist mir halt so durch den Kopf geschossen, und schießt mir manchmal halt so durch den Kopf, und den find ich abartig, und drum will ich ihn gar nicht aussprechen.*

T *Aber jetzt sind wir ja doch noch dahin gekommen. Daß, wenn wir uns auf diese Arbeit einlassen, daß wir damit rechnen müssen, daß Sie hier bei mir auch sexuelle Gefühle mit Ihrem Vater erleben.*

P *Also ich war nie .....*(P versucht eine Zurücknahme als Restwiderstand; dies stellt hier eine taktische Abwehr dar, die leicht übergangen werden kann)

T *Aber in Ihrem Unbewußten, in Ihrem Gefühlsleben. Und wenn Sie einfach sagen, „ abartig", davon sind Ihre Gefühle ja nicht weg. Aber wenn wir sie durchar-*

beiten, haben Sie die Chance, sie durchzuarbeiten und hinter sich zu bringen. —

P *Ich wollte das nicht. Ich wollte schon Liebe von ihm, aber nicht so eine.*

T *Aber das geht am Punkt vorbei. Der Punkt ist, daß das lebendige, sexuelle, wache Mädchen das durchaus wollte, vom Gefühl her. —*

P *Dann hab ich das verursacht.*

T *Zum Teil, ja. Sie haben das letzte Mal sich gefragt, „warum hab ich mich nicht gewehrt?" Dies hier ist ein Schlüssel.*

P *Weil ich das gewollt hab. Und er hat das ausgenutzt. Und dann bin ich doch dran schuld.*

T *Sie haben Schuldgefühle. Und es ist wichtig, das mit den Schuldgefühlen nicht abzutun, sondern erstmal genau hinzugucken, was da überhaupt ist, damit Sie es dann abschließen können.*

P *Das begreif ich aber nicht.*

T *Das ist nicht zu begreifen. Daß Sie jetzt weinen möchten, das ist das, was Sie erlöst, und was Ihnen hilft, das alles hinter sich zu bringen.*

P (Gibt ihren Schmerz nach und weint, ein paar Mal tief schluchzend. Dann sagt sie wieder rationalisierend:) *Wie soll ich das verstehen?*

T *Das ist nicht zu verstehen, versuchen sie nur zu akzeptieren, was war. Aber dazu ist natürlich sehr wichtig, daß Sie sagen, ich weiß, ich hab das erlebt. Daß Sie nicht sagen, ich red Ihnen etwas ein.*

P *Ich hab das freilich so erlebt. — Aber dann hab ich doch Schuld an der Sache.*

T *Da kommt jetzt noch etwas ganz ganz Wichtiges: Dieses Grübeln, ob Sie Schuld haben, damit können Sie sich ein Leben lang einschnüren und einengen, ins Gefängnis sperren. Oder Sie können bei mir das machen, was Sie gerade gemacht haben. Wenn Sie das machen, Gefühle spüren, Gefühle zulassen, merken, das eine Gefühl war da, aber das andere auch, daß es Ihnen leid tut, dann können Sie frei leben. - Dann können Sie in Ihrem Kopf wissen „das war", aber es braucht Sie nicht mehr zu bedrücken. Ist es nicht viel besser, diese ganzen Regungen zu kennen, als nicht zu kennen?*

P *Aber er hätte es nicht machen dürfen.*

T *Das steht auf einem andern Blatt. Und es steht Ihnen zu, Wut auf ihn zu haben.*

Es ist klar, daß die Erinnerungen an die Mißbrauchserlebnisse auch viel Wut in der Patientin mobilisieren.

An dieser Stelle soll noch einmal betont werden, daß es *besonders bei einer Mißbrauchspatientin ein wichtiges Anliegen sein muß, zwischen Schuldgefühlen und Schuld zu unterscheiden. Die Basis ist klar und muß ausgesprochen werden: die Verantwortung und das Vergehen liegen bei den elterlichen Bezugspersonen. Der Patientin lediglich zu versichern, sie hätte keine Schuld, ist kurzsichtig, geht am Gefühlsbereich und damit am therapeutischen Auftrag vorbei. Dieser ist, herauszufinden, was die Patientin bedrückt und krank macht, und ihr nicht erlaubt, die Vergangenheit hinter sich zu lassen. Und dazu gehören verdrängte Schuldgefühle.*

Davanloo hat in der Analyse vieler Patienten gefunden, daß zwar die oberflächliche „Scham" an das Inzestthema, an oedipale erotische Gefühle, die tiefen verdrängten eigentlichen Schuldgefühle aber an die mörderischen und sadistischen Gefühle geknüpft sind. Dieser Befund bestätigte sich im weiteren Therapieverlauf bei dieser Patientin (s.u., 3. Sitzung).

„Ekel" — komplexe Gefühle zum Vater

In der **dritten Sitzung** kommen wir zur weiteren Erschließung der Psychodynamik dieser Patientin in der Beziehung zu ihrem Vater.

Die erschreckenden Erlebnisse, die zur Therapie führten, haben sich seit Beginn nicht wiederholt, aber P hat auch kürzlich wieder ein Erlebnis gehabt, in dem sie die Nähe zu ihrem Freund nicht ertrug. Dies Erlebnis gibt Gelegenheit, zu untersuchen, welche Gefühle Hans in ihr mobilisiert.

P *Ekel, ich ekel mich vor ihm.* (Verschwommenheit)

Ekel ist eine Mischung aus verschiedenen Gefühlen: Angst, Erotik, Wut und insofern ein Abwehrmechanismus. T übergeht diese taktische Abwehr durch Nachfragen (Druck).

T *Was haben sie ihm gegenüber da für Gefühle?*

P *Da ist eine starke Abneigung.*

T *„Abneigung" ist abgehoben.*

P *Es ist schwer.*

T *Ist es schwer, oder haben sie Angst?*

Ein weiteres Mal wird zwischen Angst, Abwehr und Gefühl unterschieden und Druck auf Gefühle ausgeübt.

P (diesmal mit Entschlossenheit) *Da ist eine ganz arge Abneigung.*

T *Körperlich, wie empfinden sie diese Abneigung?*

P *Das ist schon ein wenig, wie ich meine Mutter abstechen wollte* (Armbewegungen), *so! Das ist schon ein wenig so „jetzt könnt ich Dir eine reinhauen".*

Durch „Druck auf körperliches Erleben von Wut" kommt es zum weiteren Anstieg des Gefühls:

P Das kocht und brodelt.

Sie spürt den Impuls, Hans mit einem Messer so zu verletzen, *„daß es wehtut"*, und zwar insbesondere Herz und Geschlechtsteile zu verletzen, die Hände abzuhacken und den Mund zuzuhalten. Als das Bild von Hans in das Bild von Vater umschlägt, flackert zunächst noch heftigere Wut auf. Mit großer Vehemenz, „wutschnaubend", mit böser Stimme, hat sie die Phantasie, den Vater *„mitleidlos krepieren"* zu lassen, dann, noch wütender:

P *Ich würd ihn ganz und gar vernichten, Säure drüberschütten, daß er ganz aufschäumt, bis nichts mehr da ist von ihm. Dann wär a Ruh. Dann wär er nimmer.*

Danach tut sie einen tiefen Seufzer der Erleichterung.

Obwohl bereits während des Wutdurchbruchs kurz schmerzliche Schuldgefühle aufgetaucht waren, braucht es doch wieder einen gewissen Druck, bis die Schuldgefühle frei fließen:

T *Wenn Sie jetzt nicht dagegen ankämpfen, dann sind auch andere Gefühle da.*

P *Da sind noch andere da, ja, die ich nicht zulassen will.*

T *Es ist wichtig, daß Sie die auch zulassen.*

P *Ich könnt ihm ja schon verzeihen.* (Intellektualisierung)

T *Spüren Sie in Ihren Körper. Wenn sie sich nicht wehren ....., wenn Sie ihn da unten liegen sehen. — Versuchen Sie, seine Augen zu sehen.*

P *Ich hab schon Mitleid. Ich mag ihn auch.*

P bricht in heftiges Schluchzen aus, das einige Minuten anhält. Danach fließen liebevolle Gefühle im Kontakt mit den Augen ihres Vaters, in denen sie jetzt auch einen liebevollen Ausdruck ihr gegenüber entdeckt. Anschließende sehr schmerzliche Gefühle sind Ausdruck ihres Bedauerns darüber, daß die zärtliche Liebe zwischen Vater und Tochter in Realität völlig überschattet war.

In der darauf folgenden Analyse des Prozesses sagt die Patientin, daß sie sich in den Momenten starker Wut wieder als „das häßliche Gesicht" erlebt habe.

In den folgenden drei Sitzungen kommen wieder wütende und schmerzliche Gefühle der Mutter gegenüber an die Oberfläche, gefolgt von intensivem Schmerz über ihre traumatischen Erlebnisse mit Mutter, die in die früheste Kindheit zurückgehen. Nachdem sie bereits seit einem Jahr mit ihrem Vater nicht mehr spricht, stellt sie jetzt auch die wöchentlichen Telefonate und gelegentlichen Besuche bei Mutter ganz ein.

Sie ist erschrocken über den Unfall von Hans' Mutter. Da sie in der Nacht vorher einen ähnlichen Unfallhergang geträumt hatte, bildet sie sich ein, magische Fähigkeiten zu besitzen.

Autoaggression - Wiederholungszwang - Magisches Denken

P beginnt die **siebente Sitzung** mit

P Ich hab wieder einen so grenzenlosen Selbsthaß.

In der vergangenen Woche habe sie Durchfall gehabt und nichts essen können, *„als Bestrafung"*, meint sie, auch Todesphantasien, in denen sie in ein Auto fahren würde, *„oder in einen großen Laster, wo nichts übrig bleiben würde"*.

Sie erzählt, daß es ihr ansonsten besser ginge, daß sich Menschen für sie interessierten, und daß sie an einer neuen Arbeitsstelle anfangen werde, an der sie eine leitende Stellung übernehme.

Auch mit Hans sei es ihr gut gegangen, aber sie habe eine Wut auf ihn. Statt sich auf die Gefühle, die Hans in ihr mobilisiert, einzulassen, gerät die Pat. mehr und mehr in Panik, die sich als Widerstand in die Übertragung bringen läßt. Systematische Anwendung von „Druck und Herausforderung" führen zum Ansteigen „komplexer Übertragungsgefühle", schließlich zur Erschöpfung der Widerstände und zum Durchbruch zunächst zu den wütenden Gefühlen.

T *Wenn Sie in sich reinspüren, spüren Sie die Kraft?*

P (noch sehr gequält und ängstlich) *Ganz arg verstümmelnd, mit etwas Schwerem auf Sie einschlagen.*

T *Können wir sehen, wie sich das anfühlen würde, wenn Sie die Angst zurückhalten. Wie würde das aussehen, wenn Sie jetzt etwas nehmen und auf mich einschlagen? Wie würde das aussehen?*

P *Mit dem Hammer.*

T *Sie trauen sich nicht, hinzugucken. Wenn Sie die Augen aufmachen, diesen Hammer in der Hand haben und auf mich einschlagen.*

P *Das ist furchtbar!*

T *Wenn sie die Augen aufmachen, den Hammer in der Hand, und mich angucken. Und nicht weinerlich werden!*

P (Hyperventiliert noch mehr)

T *Sie haben Angst, hyperventilieren und werden weinerlich. Wie würden Sie diesen Hammer nehmen?*

Jetzt hat sich der Ausdruck von P geändert, die Angst ist überwunden, der Weg frei:

P *Ich würd ihn nehmen und Ihnen ins Gesicht schlagen.*

T *Ja, wie? Können wir das sehen, wie Sie mir ins Gesicht schlagen?*

P *Ganz arg, mit der ganzen Kraft würd ich draufschlagen* (Handbewegung, ausholend von hoch über ihrem Kopf aus, als hätte sie einen Hammer in der Hand). *Dann würd ich nochmal ganz fest draufschlagen.*

T *Und wenn Sie hingucken dabei?*

P *Ich würd noch mal draufschlagen und immer wieder draufschlagen* (ihr Blick ist jetzt voll auf T gerichtet, ihre Hand fest, die Bewegungen weniger ausfahrend, dafür mit mehr Energie gefüllt)

T *Ist da noch mehr Wut?*

P *Und ganz arg draufschlagen, bis der Kopf nur noch zur Hälfte dranhängt, und nochmal, bis der Kopf weg ist, so arg würd ich da draufschlagen, und weiter, damit es nicht mehr da ist, so würd ich einfach draufschlagen, einfach drauf und immer wieder drauf* (sehr hohe Stimme, energischere Bewegungen, bis Tränen durchbrechen)

T *Jetzt lassen Sie den Schmerz kommen!*

P (schluchzt laut)

T *Lassen Sie den Schmerz kommen. — Da ist viel Schmerz in Ihnen.*

P *Ich will das nicht.*

T *Sie wollten es wohl, aber Sie haben auch Schmerz darüber.*

P *beruhigt sich nach einer Weile Schluchzens wieder, T fügt eine kurze „Analyse des Prozesses" ein:*

T *Da ist im Moment sehr viel vermischt und ich würd gern mit Ihnen angucken, was wir hier gesehen haben.*

P *Einfach so, daß ich alles kaputt machen wollte.* (macht wieder schlagende Bewegungen).

T *Das sind wütende Gefühle. Und dann ist viel Angst davor und furchtbar viel Schmerz dahinter. Und wenn der Schmerz nicht rauskommt, dann haben Sie diese selbstzerstörerischen Impulse.*

P *Ja.* (ganz ruhig und engagiert)

T *OK, und deshalb ist es wichtig, diese Gefühle hier anzugucken. Und da müssen wir als allererstes sehen, daß wir diese Angst wegbekommen. Und deshalb hab ich Ihnen eben gesagt, Sie sollen die Augen nicht zumachen, sondern Sie sollen mich angucken. Wenn Sie zurückgucken, haben Sie mich mit dem Hammer getroffen?*

P *Ja, auch ins Gesicht.*

T *Ist mein Kopf noch dran?*

P *Jetzt ist er noch dran, aber in meinem Bild war er nicht mehr dran.*

T *Und deshalb ist es der erste Übungseffekt hier, daß Sie merken, —, daß Sie mir auf den Kopf hauen, und Sie merken, die Gefühle sind draußen, es ist eine gewisse Befreiung da, und Sie stellen fest, ich sitze noch.*

P Sie sitzen noch, Gott sei Dank, sitzen Sie noch da!

T *Gell?*

P (muß jetzt lachen) *Gott sei Dank, muß man sagen. Furchtbar, wie ich sowas anrichten kann.*

T *Sie wollen das ja nicht wirklich. Nur Ihre Gefühle sind so. Sie haben Angst, Sie machen es wirklich.*

P *Ja, ich hab Angst, ich mach es wirklich.*

T *Und das kleine Kind - die Gefühle sind ja schon alt - das kleine Kind konnte Gefühle und Wirklichkeit nicht unterscheiden. Und deshalb hat das kleine Kind immer gedacht, wenn es die Sachen denkt, passieren sie wirklich.*

P *Da bin ich noch ein Kind geblieben.*

T *Ja.*

P *Da hat sich das nicht weiterentwickelt.*

T *Nein.*

P *Warum entwickelt sich das dann nicht weiter?*

Entwicklungsrückstände sind Teil der Neurose.

In mehreren folgenden Sitzungen achtet T darauf, die Abwehr in der Übertragung zu kristallisieren (Davanloo 1994-1997, 1995c) und dadurch den Durchbruch der Gefühlskomplexe in der Übertragung zu erzielen. P verliert allmählich die Angst, durch Gefühle Schaden anzurichten.

In der Weiterführung der 7. Sitzung klärt sich die tiefere Dynamik wie folgt:

T fordert P auf, sich noch einmal auf den abgeschlagenen Kopf von T zu konzentrieren, besonders auf deren Augen. Bald sieht P die Augen der Mutter, worauf sich noch eine Portion Schuldgefühle löst. Sie erkennt dann auch, daß die Passage von Schmerz unmittelbar nach Beendigung der Wut bereits der Mutter gegolten hatte. Warum sollte sie bezüglich T Schuldgefühle haben, blieb diese doch unverletzt? Der Therapeut hat sorgfältig darauf zu achten, daß der Patient erkennt, daß diese tiefen schmerzlichen Schuld- und Trauergefühle den biologischen Bezugspersonen gelten. Das ist sehr wichtig zur Vermeidung jeglicher Spur von Abhängigkeit vom Therapeuten.

In der dem Durchbruch folgenden Analyse wird auch die Verknüpfung aufgezeigt zwischen dem eingangs geschilderten Selbsthaß und der Störung in der Beziehung zu Hans einerseits und den Gefühlen andererseits. Wenn weitere Schichten von Wut und Schuld abgetragen sind, wird „der Motor“ für diese selbstsabotierenden Mechanismen wegfallen. Im Verlauf der Passage der verschiedenen Gefühle wird P in einem späteren Stadium des Prozesses in Mutters Augen Wohlwollen sehen, das tiefe Bedürfnis jeder Mutter, daß es der Tochter gut gehen möge.

Reparative Kräfte der kindlichen Psyche - 10. Sitzung

Phantasien sind zwar eine Abwehrmaßnahme gegen Gefühlsausbrüche und Handlungen, bieten aber auch die Möglichkeit, einen kleinen Teil der Gefühle zu kanalisieren.
P erinnert sich, als Kind lebhaft positive und negative Phantasien gepflegt zu haben. An vielen Abenden ging sie sehr früh ins Bett, nicht aus Erschöpfung, sondern um sich ungestört ihren Tagträumen hingeben zu können. Einmal, als Vater sie für einige Stunden in eine Besenkammer gesperrt hatte, die so eng war, daß sie noch nicht einmal kauern konnte, dachte sie sich mit Genuß Foltermaßnahmen für ihren Vater aus.

Der größte Teil der damals mobiliserten Wut auf Vater steckt noch in ihr. Von der 10. Sitzung an erreicht sie in den Durchbrüchen die Schicht quälender primitiver Wut. In der 10. Sitzung verläuft die Passage der Wut in drei Portionen. Nach jeder abgeführten Portion sadistischer Gefühle folgt ein Durchbruch sehr schmerzlicher Gefühle. Erst bei der dritten Portion fließen die Schuldgefühle frei und über längere Zeit. Für diese neue Schicht der verdrängten Organisation muß eine neue Strukturstufe der Angsttoleranz erst etabliert werden.

Danach spricht P erstmals über ihren Großvater, der sehr lieb gewesen sei. Er war kriegsverletzt und lebte in einem Dorf, etwa eine Stunde von daheim entfernt. Sie verbrachte dreimal ein paar Tage bei ihren Großeltern. Sie erzählt vom gemeinsamen Pilze- und Beerensammeln, vom Geschichtenerzählen und Mensch-ärger-Dich-nicht-Spielen *„bis Großmutter uns ins Bett schickte“*. Besonders genoß sie, auf seinem Schoß sitzen zu können, oder gar das eine Mal, als sie *„im Gräbele schlafen“* durfte, *„ohne daß er etwas von mir wollte“*.

P *Das war ein starkes Gefühl, das ich wie aufgesaugt habe. Diese Gefühle habe ich mir ganz lange aufbewahrt und mir seine Blicke, seine Stimme immer wieder hergeholt. Er hat gesagt: „Du bist mein Schätzele“.*

In einer späteren Sitzung sagt sie, sie habe diese warmen Erinnerungen bewahrt *„wie einen Laib Brot, von dem ich mir immer wieder eine Scheibe abschneiden konnte, wenn ich es brauchte“*.
Das Heimkommen sei gewesen *„wie ein Hammerschlag“* (s. 7. Sitzung!). Im Badezimmer und im Bett habe sie Angst gehabt wie in einem Alptraum. Sie erinnert sich an einen ersten Abend wieder daheim, an dem sie im Bett lag und weinte vor Heimweh nach ihren Großeltern. Ihr Vater hatte getrunken. Sie hörte streitende Stimmen ihrer Eltern. Während er die Tür zu ihrem Zimmer aufmachte, sagte Vater noch zur Mutter: *„Ich will sie nur anschauen, nur gucken“*......

Sie erzählt, sie habe die Besuche bei den Großeltern danach vermieden, weil das Heimkommen zu schmerzlich gewesen sei. Wir sind wieder an eine gefühlsbeladene Wurzel ihrer Näheangst gekommen: „sich lieber nicht auf eine schöne Beziehung einlassen, sie könnte auch wieder in einem Trennungsschmerz und nachfolgender Katastrophe enden“.

Eine weitere Quelle für Mißtrauen und Verschlossenheit gegen Fremde wird in der 15. Sitzung erschlossen:

Noch einmal eine Wurzel für Vermeidung von Nähe - 15. Sitzung

P hat in der zurückliegenden Woche ihre Mutter nach monatelanger Pause zu deren Geburtstag erstmals wieder angerufen. Sie war froh, daß Mutter freundlich reagierte, aber doch auch enttäuscht über die Belanglosigkeit des Gesprächs. Aus diesem „Angebot“ ließ sich ein weiterer Gefühlskomplex in Beziehung zu Mutter mobilisieren und durcharbeiten. Eine erste Portion des Schmerzes bezieht sich auf die Beziehung zu T:

T *Das waren viele Tränen, tiefes Schluchzen. Was hat Sie so bekümmert?*
P *Daß ich so bös bin.*
T *Zu wem?*
P *Zu Ihnen, wo Sie mir doch nur helfen wollen. Daß ich so viel zurückhalte, den großen Teil zurückhalte.*
T *Und jetzt haben Sie freier geweint. Wie war das für Sie?*
P *Ich denk, daß es mich erleichtert, Ihnen das zeigen zu dürfen, aber mich auch traurig macht, daß ich es bis*

jetzt nicht gemacht habe. —

T *Und wie geht es Ihnen jetzt mit der Erfahrung?*

P *Ich merk, wie schwer es mir fällt, jemand ganz nah an mich ranzulassen. Es ist auf einer Seite eine Erleichterung, auf der andern Seite tuts auch weh.*

T *Was tut weh? Kann es sein, daß es weh tut, wie einsam Sie sich gemacht haben, und wo Sie einen so großen Teil Ihres Lebens schon verbracht haben mit dieser selbstverordneten Einsamkeit, diesem „Ich brauch niemanden", „Ich kann es allein schaffen".*

P (nickt) *Viele versäumte Jahre.*

T *Ich würde gern noch einmal zurückkommen auf das Bild. Sie waren so tief da drin, ich weiß nicht, ob die Wut nur mir gegolten hat.*

P *Das war gemischt, zwischen Ihnen und meiner Mutter. Richtig gemischt.*

T *Können wir auf den Teil gehen, der Mutter galt, denn das wäre schade, wenn wir das nicht nützten.*

P *Das „Richtig-Wehtun" hat meiner Mutter gegolten. Das „Haare rausreißen und Augen ausstechen" war mehr Mutter. Das Anschauen war gemischt, manchmal Mutter, manchmal Sie.*

T *Das Zeigen?*

P *Der Schmerz, die Augen anschauen, das war vermischt.*

T *Ich denke, daß ich Ihnen am meisten helfen kann, wenn Sie mich zuschauen lassen, und das ist ja real zwischen uns beiden. Daß es für Sie eine Überwindung ist, eine Fremde so mitzunehmen und sich so auszuweinen bei einer Fremden. Und es könnte natürlich sein, daß die Mutter dann auch zwischen uns steht, daß sie auch sagt: „trau ihr nicht". Was hat Ihre Mutter für ein Gefühl, wenn Sie sich bei mir ausweinen?*

P *Das Skeptische, Mißtrauische.*

T *Ja? Mit welchen Worten würde sie das formulieren?*

P *Das findet sie nicht gut, das würde sie nicht machen, das würde sie mir nicht raten. Sie würde es mir nicht direkt verbieten, aber mich wissen lassen „das geht keinen was an".*

T *Und was würde sie sagen?*

P *Was da so abgelaufen ist, das geht keinen was an, mit Vater und auch mit ihr.*

T *Hat Sie das je gesagt? Sie hat Sie ja isoliert, direkt heimkommen lassen von der Schule und so, und Kontakte mit Freundinnen unterbunden.*

P *Doch, das hat sie schon, Freundschaften immer kaputt gemacht oder nicht zugelassen und verhindert.*

T *Und wo sind Sie jetzt?*

P *Ja, ich denk, daß der Teil, der das nicht zulassen will, daß das die Stimme ist, die sie mir so eingetrichtert hat.*

T *„Lass keinen Fremden an Dich heran, und lass Dich nicht ausfragen von Fremden"?*

P *Ja, und „werd nicht weich, und lass Dich nicht gehen".*

T *Wenn so etwas passiert in einer Familie, ist ja immer die Tendenz, es zu verstecken.*

P *Das ist der Teil, der das nicht zulassen will und sich verweigert.*

T *Und das ist Mutters Stimme?*

P *Ja, das fühlt sich so an, als wäre sie das. Das ist nicht mehr die schwarze Maske, sondern sie selber, als wenn sie etwas dagegen hätte, daß ich frei werde.*

T *....und daß Sie rausplaudern von zu Hause.....*

P *Ja, und daß ich alles rausplaudere und preisgebe und es ans Tageslicht kommt, und das will sie nicht. Das will sie gar nicht. Das soll ich für mich behalten und das sind diese Schranken, die ich dann immer wieder durchbrechen muß, wenn ich hier alles zeige. -*

T *Und Sie haben diese Stimme geschluckt. Es kommt Ihnen so vor, als ob es Ihre wäre.*

P *Aber das ist Mutters Stimme, mit der sie mir so lange eingetrichtert hat, daß es schlecht wäre, davon zu erzählen.*

P *erkennt ihre Identifikation mit Mutter und kann sie entflechten.* (Auflösen von Introjektionen und Internalisierungen)

Masochistischer Charakterwiderstand - „Major Head-on-Collision"

Auch die masochistische Beziehungsstruktur, das Bedürfnis zu leiden und Leiden zu verursachen, wird in dieser Therapie als Charakterwiderstand deutlich und ist in einer Festschreibung von Wut, also einer unversöhnlichen Haltung verwurzelt, hinter der sich besonders quälerische Wut und entsprechend rachsüchtig sadistische Schuldgefühle verbergen. Dies ist ein Beispiel für einen Abwehrmechanismus, der selbst Aggressionen abführt: es ist oft deutlich, daß der Patient in seinen Beziehungen nicht nur leidet, sondern auch sein Bedürfnis, leiden zu verursachen, auslebt (s.S.10). Dies kann in einem vorwurfsvoll leidenden Blick kanalisiert sein. Die Rache an den Eltern läßt sich in dem Satz formulieren „Sie sollen sehen, was sie mir angetan haben, sich schuldig fühlen und ewig darunter leiden". Darin ist oft ein gnadenloses ewiges Rachegelöbnis enthalten. Diese Dynamik ist nicht selten tief verborgen und zeigt sich erst gegen Ende einer Therapie, besonders darin, daß die Therapie nicht erfolgreich abgeschlossen werden darf.

Bei P ist der Erfolg mit ihrem Therapieziel verknüpft, sich mit ihren Eltern auszusöhnen. Über mehrere Sitzungen hinweg dient die Vorstellung eines Aussöhnungsgesprächs als nützlicher Anknüpfungspunkt. Sie empfindet Angst bei der Vorstellung, vor ihren Vater bzw. vor ihre Mutter zu treten. Die Angst führt uns zu immer wieder neuen vorgestellten Störungen in der Beziehung, die projizierte frühere Erlebnisse darstellen, die dadurch in ihrer Gefühlsbesetzung zugänglich werden und durchgearbeitet werden können. Die Verwertung von Vorstellungen und Phantasien, sowie von Traumbildern zum Einstieg in das Unbewußte ist im Verlauf der Therapie bei hochgradiger „unbewußter therapeutischer Allianz“ möglich.

In der 24. Sitzung entspinnt sich aus der Ausgangslage einer vorgestellten Begegnung mit dem Vater eine Übertragungssituation, in der P zunächst Mitleid möchte, dann die Therapeutin „an der Nase herumführt“. Hier Ausschnitte aus dem Dialog:

T *Sie wollen erst auf Mitleid gehen, obwohl Sie gesagt haben „auspacken“.*
P (knubbelt mit Fingern) *Ja, auspacken, sich richtig aufführen.*
T *Was heißt „sich richtig aufführen“? Was für Gefühle haben Sie da?*
P (trotzig achselzuckend, leichthin) *Wutgefühle halt.*
T *Ja, aber das speist mich ab. Wie fühlen sich diese Wutgefühle an?*
P *Richtig groß und tobend.*
T *Wie? Im Moment sind Sie noch hilflos, lahm.*
P *Ich stell mich dann drohend vor ihn hin.*
T *Wie fühlt sich das an?*
P *Ja, stark.*
T *Stark ist ein Wort. Was fühlen Sie im Moment?*
P *Daß ich die ganze Wut fühle, die ich entwickeln könnte, mich richtig aufblas, vor ihn hinstell und ihm das richtig gediegen zeige.* (bläst sich auf)
T *Aber wir müssen sehen, daß Sie sich nicht aufblasen.*
P (bockig) *Ich will mich aber aufblasen.*
T *Ein Teil davon ist aber, daß Sie lieber oberflächlich bleiben wollen. - Und wenn Sie mit mir den Konflikt, den Sie haben, ob hingehen oder nicht, lösen möchten, dann ist es ja wichtig zu sehen, wie es Ihnen dabei innerlich geht. Wenn Sie die Angst davor wirklich verlieren wollen.*
P *Verlieren werd ich die nie!* (sehr betont, wie trotzig)
T *Ja, aber wenn Sie sagen, „verlier ich nie“, dann werden wir hier nicht auf den Grund kommen. Sie haben immer noch Angst, hier auch mit mir Angst, an diese Gefühle wirklich in der Tiefe heranzukommen, weil es doch auch schmerzliche sein könnten, dann wollen Sie lieber Ihren Vater sich räudig vorstellen oder aggressiv, als an Ihre eigenen Gefühle ranzukommen. —*

Der Widerstand ist kristallisiert und hartnäckig. T wendet die stärkste Form des Drucks an, eine **Major HOC**, mit den Bestandteilen des freien Willens bezüglich der Therapie, der genauen Benennung des Widerstands, des Aufzeigens der sabotierenden Wirkung des Widerstands für die Therapie, aber auch für ihr Leben draußen, des Erinnerns an die therapeutische Aufgabe, des Erinnerns an den freien Willen auch für ihre Lebensgestaltung.

T *Und, klar, können Sie das hier tun, denn wir wissen ja, Sie sind eigensinnig, und wenn Sie irgend etwas nicht wollen, wollen Sie nicht.*
P *Ja, dann will ich das nicht, das stimmt.*
T *Ja? Ich kann Sie da zu nichts bringen. Aber Sie müssen sich klar sein, daß eine oberflächliche Operation Sie nicht wirklich weiterbringt.*
P *Das ist klar. —*
T *Und sie können ja sagen, wir haben schon viel erreicht, OK.*
P *Nein, das ist mir nicht genug. —*
T *Dann müssen wir sehen, daß Sie sich auf Ihr Gefühl konzentrieren, und wie Ihnen zumute ist dabei. Wo spüren Sie diese Kraft, diese Wut, die ja noch da ist?*
P (Seufzer, ängstliches Lächeln) *Die ist schon noch im Bauch.*(zeigt auf Oberbauch)
T *Wieso sagen Sie, „schon im Bauch“? Und lächeln so. Ein Teil von Ihnen möchte sich noch vormachen, daß das oberflächlich ist, nicht unten drin.*
P (lächelt verschmitzt)
T *Aber unten drin ....., die tiefe Gabi soll immer noch lieb sein.*
P *Eigentlich nicht.*
T *Aber nicht diese bösen Gefühle, diese primitiven wütenden Gefühle haben.*
P *Die hab ich.*
T *Aber Sie möchten mir immer noch vormachen, und sich selber, auch daß Sie sie nicht haben. Sie möchten sich immer noch etwas vormachen.*
P (still, in sich rein) *Wenn ich aber zugebe, hab ich sie immer.*
T *Wollen Sie sie immer behalten? Kann ja auch sein, daß ein Rest von Ihnen sagt: „Nein, das verzeih ich ihm nie. Vergeß ich und verzeih ihm nie“. Wobei ich ja sage, vergessen dürfen Sie nicht, aber .....*
P *Aber wenn ich es nicht vergesse, hab ich doch immer die Gefühle. Doch, von dem Erlebnis sowieso immer und von dieser Wut wahrscheinlich auch.*
T *Das kann sein, daß Sie sich innerlich sagen, „das verzeih ich ihm nie“-„nach dem, was er mir da angetan hat, verdient er nicht, daß ich ihm das jemals verzeih“.*

P *Ich will es verzeihen, aber ich will keinen Kontakt mit ihm.*

T *Aber das heißt, daß Sie ihm im Herzen nicht verzeihen.*

P *Ja, dann soll es das so heißen.*

T *Und das steht Ihnen zu, und da hat jeder Verständnis dafür.*

P *Aber das würde mich nicht frei machen.*

T *Richtig. Jemand, der mit Groll im Bauch herumläuft, kann nicht Frieden finden und frei sein.*

P (nachdenklich, Trotz vermischt sich mit bewegten Tränen) *Dann muß ich ihm jetzt um meinetwillen verzeihen. Sonst kann ich nicht frei sein.(*tiefer Seufzer, vorwurfsvoll) *Und daß er mich 31 Jahre, 33 Jahre ins Gefängnis gesetzt hat, das auch.*

T *Ja. - Sie wissen auch, daß er das nicht hat. Und auch von jetzt an, werden Sie in 50 Jahren sagen „er hat mich 83 Jahre ins Gefängnis gesetzt"? Und natürlich müssen Sie sich überlegen, ob Sie die nächsten 50 Jahre im Gefängnis sitzen wollen. —*

P *Dann muß ich das lernen, zu verzeihen.*

T *Denn damals, das war schlimm. Was Sie von damals an mit sich und ihm machen, das ist Ihre Verantwortung.* (P nickt und ist nachdenklich) *Sie merken, daß da immer noch ein Teil ist, der ihm nicht verzeihen möchte, und ihn auch anschuldigt für das, was seither mit Ihnen passiert ist. Mit Ihrer Ehe. 33 Jahre hat er Sie ins Gefängnis gesetzt. Daß er die Verantwortung dafür hatte.*

P Ja, doch, das hab ich mir auch gewunschen, daß ich es nicht hatte. —

T *Er hat Sie ins Gefängnis gebracht. Und wenn Sie weiter grollen wollen, werden Sie weiter im Gefängnis sitzen, und auch wenn Sie weiter Ihre schmerzlichen Gefühle behalten wollen, werden Sie weiter im Gefängnis sitzen.*

P *Ja, dann müssen wir weiter machen. Ein schönes Stück ist geschafft.*

T *Das glaub ich auch. Vielleicht 50 %.*

P *Solange es nicht 100% sind, geb ich nicht auf.*

T *OK, wenn Sie das möchten.*

P *Ich möchte das. Ich fühl mich schon ein schönes Stück stark, aber ich will ganz stark sein.*
Jetzt hab ich schon viel Kraft gespürt.

T *Dann ist es wichtig, daß Sie zugeben vor sich, da ist noch etwas, vor dem Sie auch wieder Angst haben, aber wo Sie doch die Angst in Kauf nehmen werden, ganz in sich hineinspüren .....*

P *Ja.*

T *Ganz unten reinspüren, was da hochkommen will, nicht nur oberflächlich Schaumschlagen. Wenn Sie an Vater denken, und das, was er Ihnen angetan hat, wie sieht das dann aus?*

P *Ich hab Angst, aber ich weiß, daß ich da durch will.*

Es beginnt nun wieder eine Phase des Drucks, wieder tritt ein Widerstand nach dem anderen auf den Plan und wird herausgefordert, bis zum Durchbruch in der Übertragung, der über primitiv-quälende mörderische Wut zunächst zum Vater, dann aber zur Mutter führt. Es wird jetzt klar, daß diese besonders große Menge an sadistischer Organisation, die ja erstmals beide Eltern in einer Sitzung betraf, zu dem Auftauchen eines neuen, besonders malignen Widerstandes zu Beginn der Sitzung geführt hatte. Nach tiefen heftigen, aber auch sehr schmerzlichen Gefühlen erlebt sie besonders intensiv die Sehnsucht nach ihrer Mutter, die der Grund für immer neue Hoffnungen und phantasierte Wunscherfüllungen ist. Erst wenn sie das idealisierte Bild ihrer Mutter aufgibt und betrauert, kann sie das, was Mutter tatsächlich geben kann, realistisch einschätzen. Wie wir sehen werden, zieht sich dieser Prozeß über das Therapieende hinweg.

Erotische Gefühle im Therapieverlauf

Im Verlauf der Therapie enthalten etwa 50% der Durchbrüche sogenannte „sexualisierte Wut". Damit ist eine Fusion von Wut und Lust gemeint. Die Sexualisierung dient nicht der Abfuhr liebevoller Gefühle, sondern der Intensivierung der sadistischen Gefühle. Während der Passage der wütenden Energien wird körperlich aufgrund entsprechender neurophysiologischer Erregung sexuelle Lust empfunden und abgeführt. In der Regel bestehen die dabei vorgestellten Handlungsimpulse aus Angriffen auf die Genitalien der Eltern und aus sexuellen Handlungen.

Ganz anders ist das Bild nach dem Durcharbeiten eines gewissen Teils der unbewußten Organisation. Dann treten, jeweils im Anschluß an die Passage von Wut und Schuldgefühlen, erotische Gefühle in der liebevollen Annäherung an die genetische Person auf, verbunden mit entsprechenden Vorstellungen. Beim Entdecken tatsächlicher Erlebnisse wird ganz deutlich, wann, wo, inwieweit, wie lange die Patienten während eines Mißbrauchs tatsächlich erotisiert waren. Im vorliegenden Fall etwa in einer Badezimmersituation, als sie erregt war durch Vaters zarte Berührung ihrer Brust. Als er sich ihr kurz danach im elterlichen Schlafzimmer energischer näherte, war sie innerlich nur noch wütend.
In der Überzahl der verdrängten Situationen mit erotischer Gefühlsaufladung ist der Auslöser nicht ein Übergriff

seitens des Vaters, sondern ein altersentsprechender Wunsch des kleinen Mädchens. Sie erregt sich z.B. neugierig am Anblick seines Gliedes. Übrigens fand Davanloo, daß ödipal-erotische Gefühlsbesetzung eines Elternteils nicht zu Schuldgefühlen (im hier verwendeten Sinn des Begriffs) führt. Allerdings führen erotische Gefühle einer der biologischen Personen gegenüber in derart gestörten Familienverhältnissen wie sie die Kindheit von Frau M. beherrschten, in der Regel zu mörderischer Wut dieser oder einer dritten Bezugsperson gegenüber, die Schuldgefühle nach sich zieht.

Auch in der Beziehung zur Mutter tauchen sexualisierte Wut sowohl als auch erotische Gefühle/Handlungsimpulse auf. In ihrer Sehnsucht danach, eine warme, liebevolle Beziehung zu ihrer Mutter gehabt zu haben, findet sich zeitweise eine Verschmelzung von zärtlich liebevollen mit erotischen Gefühlen. Nach dem Durcharbeiten all dieser Gefühle verschwinden die erotischen Gefühle bei der vorgestellten Annäherung wieder. Die Vorstellung, die Sehnsucht, geht dann lediglich dahin „nur einmal so richtig von Mutter (Vater) in den Arm genommen zu werden".

„Elternschelte"

P hatte von Beginn der Therapie an im Tiefsten den Wunsch, sich mit ihren Eltern auszusöhnen. Nach den ersten Sitzungen begann sie, sich mit ihren Geschwistern auszutauschen. Mutter hatte sie nicht nur von fremden Kindern, sondern auch von ihren sieben Geschwistern durch Intrigen und eklatante Bevorzugungen entzweit. Deshalb erfuhr sie erst jetzt, daß sechs weitere Geschwister von ihrem Vater sexuell mißhandelt worden waren, allerdings sie als die älteste Tochter am meisten. Zwei ihrer Geschwister waren aufgrund neurotischer Störungen in Psychotherapie und hatten angefangen, ihre Erlebnisse aufzudecken. Von einem ihrer Brüder ging die Idee aus, ein Geschwistertreffen zu veranstalten, die Erlebnisse auszutauschen, zu sammeln, und dann geschlossen zu den Eltern zu gehen und sie zur Rede zu stellen. P war gegen diesen Vorschlag. Je mehr sie in der Therapie ihre Gefühlsreaktionen kennenlernte, desto mehr verlor sie ihre Vorwurfshaltung den Eltern gegenüber. Diese wurde ersetzt durch Mitgefühl mit den Eltern und deren Geschichte, dem Wunsch, die Vergangenheit „zu vergeben, aber nicht zu vergessen", sich mit den Eltern auszutauschen über die katastrophale Zeit und die verbliebene Lebenszeit mit ihnen in zärtlichem Einvernehmen zu verbringen. Nach der 33. Sitzung rief sie zunächst ihren Vater an, der ja bereits in früheren Jahren ein Bedürfnis nach Aussprache mit ihr signalisiert hatte. Sie erfuhr bei dem Telefonat, daß er erfahren hatte, daß er unheilbar an Lungenkrebs erkrankt sei, und sich nichts mehr gewünscht hatte, als sich mit ihr noch aussprechen zu können. Es wurde ein 4-stündiges, sehr offenes und sehr bewegtes Gespräch, in dem sie ohne Vorwurf von ihren besonders quälenden Erinnerungen erzählen konnte, aber auch „gestand", wie sadistisch und mörderisch wütend sie innerlich oft auf ihn war, oder auch, wie sie heute bereute, ihn oft mit ihrem Trotz gequält zu haben. Und Vater erzählte von seinem Erleben, auch davon, wie sehr ihn das Gewissen drückte. Beide weinten und konnten auch ihre gegenseitige besondere Zuneigung austauschen. „Vergeben und nicht Vergessen" erwies sich als heilsam auch für die Beziehung. Es freute sie besonders, als Vater ein paar Tage später erstmals schützend gegen Mutter eingriff.

Auch mit Mutter fand eine offene versöhnliche Aussprache statt. Die endgültige, realistische Auseinandersetzung mit Mutter erfolgte aber erst nach Abschluß der Therapie und wird weiter unten abgehandelt.

Terminierung

Das Ende der Therapie wird früh zum Thema gemacht, z.B. über eine vorgestellte Abschiedsszene von T. Immer wieder im Verlauf einer Therapie am Ende einer Sitzung und besonders in der Terminierungsphase wird die tatsächliche Beziehung zum Therapeuten analysiert. Im Verlauf der Therapie wird der Patient mehr und mehr „vom Co-Piloten zum Piloten" der Sitzung. Es entwickeln sich positive Gefühle „gegenseitiger Achtung und Zuneigung" und Gefühle der Dankbarkeit. Der Vergleich dieser Gefühle mit denen zu den Eltern etwa als „Wie stellen Sie sich ihr Leben vor, hätten Sie eine ähnlich offene Beziehung zu ihren Eltern haben können?" fördert die Trauerarbeit über die versäumte Zeit mit den Eltern und über die versäumte Lebenszeit und damit die Möglichkeit des Neubeginns und entlastet die Übertragung. Auch wird regelmäßig untersucht, welche Gefühle die herannahende Trennung vom Therapeuten hervorruft. Bei gelungener Arbeit ist dies Erleichterung, daß die schwere Arbeit geschafft ist, Erleichterung darüber, daß der Terminkalender freier wird, Stolz auf die erbrachte Leistung und das Gelingen, gleichzeitig leichte Traurigkeit, evtl. auch über das nicht Erreichte. Insgesamt überwiegt ein Wohlgefühl bei der Erinnerung (Davanloo 1994, 1995c).

Bevor wir uns anschauen, was Frau M. im katamnestischen Gespräch ein Jahr später über ihre Erfahrungen seit der Terminierung berichtet, sollen Davanloos Konzeptualisierung der Psycho- und Pathogenese, sowie das Behandlungsziel der ISTDP dargelegt werden.

Entwicklungsmodell

Die Struktur der psychodynamischen Kräfte und der Persönlichkeit läßt sich am besten nach Art einer Baumscheibe mit konzentrischen Kreisen darstellen (Davanloo 1992, 1995c, Gottwik 1996).
Am Anfang der menschlichen Entwicklung und somit auch als Niederschlag im Kern jeder Psyche steht die Bindung an die Mutter (biologisch in der Tatsache der neunmonatigen Schwangerschaft verankert) und andere frühe Bezugspersonen. Zu diesen genetischen Bezugspersonen fließen positive zärtliche Gefühle, deren Niederschläge sich in der Psyche als positive Energien auf die internalisierten Beziehungen legen. Zu einigen dieser Personen entwickelt das Kind im Lauf der ersten Jahre zusätzlich zärtliche erotische Gefühle, die Gefühlsbesetzung dieser Personen wird erotisch getönt.
In der normalen Entwicklung werden die ihnen entgegengebrachten Gefühle von den elterlichen und geschwisterlichen Bezugspersonen aufgefangen und erwidert, können damit in der jeweiligen Begegnung abgeführt und erledigt werden. Oder sie treffen auf Frustrationen, die der Situation und dem Alter des Kindes angemessen sind und damit der Bildung klarer und fester psychischer Strukturen dienen. Zu diesen gehören Ich-strukturen, die das Erleben von Gefühlen erlauben und die dazu gehörigen Energien in angemessene Handlungen lenken, schließlich gehört dazu die kognitive Entwicklung, die Welt der Sprache, und zuletzt die Integration der Welt der Gefühle mit der der Wörter. Parallel dazu formt sich ein integriertes, realistisches Bild des Selbst und der Umwelt, sowie die Fähigkeit, sich von den alten Bezugspersonen zu lösen und sich auf neue Bezugspersonen emotional einzulassen. Ebenso befähigt eine gesunde Entwicklung das Individuum, seine gesamte psychische Energie für die Lebensbewältigung zur Verfügung zu haben
(Ab wann erste Gefühlsreaktionen, die reflexartig auf neurophysiologischen Bahnen verlaufen, „bewußt" und mit gedanklichen Vorstellungen verknüpft verlaufen, wird in der Säuglingsforschung z.Zt. diskutiert. Sterns Konzeptualisierung psychischer Strukturbildung auf der Basis von RIGs (representations of interaction generalized) scheint der Autorin eine hilfreiche Vorstellung (Stern 1992)).

Pathogenese - „Das Trauma"

Versagungen oder gar Verluste und seelische oder körperliche Übergriffe, die die Fähigkeiten des kindlichen Ich übersteigen und auch nicht von einer Bezugsperson hinreichend aufgefangen werden, stellen Verletzungen dieser Bindungen dar. Sie führen zu Gefühlen, die nicht abgeführt werden können, sondern einen bleibenden Niederschlag in der psychischen Organisation finden. Art und Umfang dieses Niederschlags unverarbeiteter Gefühle (der neurotische Kern) hängen von der Stärke des Traumas, der Reife oder Unreife der psychischen Strukturen zum Zeitpunkt des Traumas, von der Anwesenheit bzw. Abwesenheit einer „haltenden" Elternfigur (im Sinne Winnicotts) und vom evtl. Auftreten entgegengesetzter (konflikthafter) Gefühlsregungen ab.

Die unmittelbare, erste Gefühlsreaktion auf eine Verletzung ist Schmerz. Schmerz löst reaktiv Wut aus. Je jünger das menschliche Wesen, desto archaischer ist die Wut: mörderisch oder gar primitiv mörderisch. Wut auf eine geliebte Person zieht automatisch Schuldgefühle nach sich, die sich wie eine Schicht um die anderen Gefühle legen. Da die Bezugspersonen durch den begangenen Mord im psychischen Erleben des Kindes vernichtet sind (magisches Denken), fallen sie zum Auffangen der Gefühle nicht nur auf Grund realer Verhältnisse (Insuffizienz der Eltern) weg. Die Energien müssen geschluckt und durch Verdrängung und andere Mechanismen (Abwehrmechanismen, Charakterabwehr) in Schach gehalten werden. Aus Angst vor weiteren Verletzungen wird all das noch einmal mit einem mehr oder weniger dicken Abwehrmantel umhüllt, dem „Widerstand gegen Nähe".

Zu jeder traumatischen Situation gehört somit im Unbewußten ein Komplex von Gefühlen, die diese Gefühle betreffende Bezugsperson und ein System von Abwehrmechanismen. Serien von Erlebnissen mit der gleichen Bezugsperson führen zu einer ganzen Organisation von solchen Gefühlspaketen, die zu dickeren Paketen zusammengefaßt werden können („Schlüsselerlebnis"). Es ist eher die Regel, jedenfalls bei schwereren Störungen, daß die Beziehungen zu mehr als einer genetischen Person gestört waren. Darüber hinaus hatten die Bezugspersonen untereinander gestörte Verhältnisse, sodaß der neurotische dynamische Kern aus einem komplexen Gefüge solcher Gefühls-Beziehungspakete zusammengesetzt ist.

Ein zusätzlicher wichtiger Faktor für die weitere Entwicklung ergibt sich daraus, daß in nahen Beziehungen auch das Unbewußte der Bezugsperson auf das Unbewußte des Kindes reagiert. Vom ersten Trauma an kann das Kind trotz der Verdrängung auf diesem unterschwelligen Weg die Beziehung mitgestalten. Besonders deutlich wird die Abfuhr verdrängter Aggression im schuldzuweisenden Leiden, auf das das Gegenüber aufgrund eigener verdrängter Schuldgefühle mit überschwenglicher Fürsorge oder mit neuer strafender Aggression reagieren wird. Wie oft sagen Mütter, die ihre Säuglinge geschlagen haben, sie hätten das Schreien des kleinen Kindes als Vorwurf erlebt! Ein alter Grundsatz lautet: „Nur das erste Trauma ist tatsächlich ein Trauma".

Ziehen wir in Betracht, daß die verdrängten Gefühle auch später ihre Energie in der Verdrängung nicht verlieren, können wir uns gut vorstellen, daß sie bei entsprechender Veranlassung geschürt werden und den Mantel stören oder gar durchbrechen. Diese Störung kann ein entsprechendes neues Trauma sein oder eine positive Erfahrung, die sozusagen die schlafenden Höllenhunde des Über-Ich weckt (wie bei Frau M.). Es ist zudem leicht einzusehen, daß die Kräfte durch die Verdrängung selbst an Energie gewinnen (Dampftopf-Prinzip). Dadurch hat eine Neurose die Tendenz, sich im Lauf der Jahre zu verschlimmern. Dabei gibt es zwei Möglichkeiten: entweder wird der „Überdruck" abgeführt (über Symptome, Fehlhandlungen oder in Beziehungen) oder der Charakterpanzer wird im Lauf der Jahre immer undurchdringlicher.

Im Fall unserer Patientin war die Traumatisierung durch den Vater eklatanter, aber die Traumatisiserungen durch die Mutter früher und chronischer. Tatsächlich war ihr Unbewußtes mit einer größeren und sadistischeren Organisation auf die Mutter hin belegt als auf den Vater. So hatte sie circa 15 Durchbrüche auf Vater, dagegen 25 auf Mutter.

Auch durch die Aktivität der inneren positiven Gefühle können verdrängte Energien geschürt werden. Im Fall von Frau M. war dies in ihrer bewußten Sehnsucht nach einer guten Mutter und in der Pflege der Vorstellung einer idealisierten Mutter zu erkennen. In der Beziehung zur Mutter führte diese Idealisierung durch deren eigene Realität bis über das Therapie-Ende hinaus zu immer neuen Traumatisierungen, während die innersten positiven Gefühle für den Großvater weitgehend positiv genutzt werden.

Klar wird aus der Darstellung, daß eine Ablösung bei einer neurotischen Entwicklung behindert ist. Auch normale Trauerarbeit wird selten möglich sein. Um bleibende Symptomheilung und Strukturveränderung zu bewirken, wird diese Arbeit in einer Psychotherapie nachzuholen sein.

Behandlungsziel der ISTDP: multidimensionale intrapsychische Strukturveränderungen

Das Behandlungsziel wird in der ISTDP zur Förderung der therapeutischen Allianz immer wieder in allgemein gehaltener Formulierung ausgesprochen („frei von Behinderungen und frei, seine Fähigkeiten zu nutzen") und steht damit wie der zu erklimmende Berggipfel bald klarer, bald weniger klar vor Augen. Wie oben schon ausgeführt, ist das Ziel ein doppeltes: die störenden Strukturen zu erkennen und durchzuarbeiten und die zugrundeliegenden destruktiven Energien abzuführen. Dadurch verlieren Erinnerungen an traumatische Situationen der Kindheit ihren „Stachel", bisher als zu schmerzlich oder unakzeptabel abgespaltene oder verdrängte internalisierte Beziehungen können als Teile des Selbst integriert und genutzt werden. Energien, die bis jetzt zur Verdrängung und im Dienste des destruktiven Systems verbraucht wurden, stehen zur Entfaltung kreativer Anlagen und für positive Beziehungen zur Verfügung. Als Folge der Arbeit wird der Patient oft sehr rasch (1 bis 2 Sitzungen) von seinen Symptomen befreit und wird allmählich auch seine äußeren Verhältnisse, insbesondere seine Beziehungen, verändern. Je nach Zeitpunkt des Traumas, Vorliegen korrigierender Faktoren, Komplexizität der traumatischen Verhältnisse, resultierender Aufladung der multifokalen Kernneurose und Stärke der eingefahrenen Charakterabwehr ist zur Erzielung bleibender Strukturveränderungen eine mehr oder weniger tiefe und intensive Arbeit erforderlich. Bei leichten Störungen genügen wenige Stunden, bei mittelschweren bis schweren Störungen bis zu 40 Sitzungen, und bei komplexen Störungen ist die analytische Version mit 100 bis 150 Stunden angezeigt (Davanloo 1995c, 1995e, 1996b).

Katamnese

Ein Jahr und mehrere Jahre nach Beendigung der ISTDP werden katamnestische Sitzungen durchgeführt und gefilmt. Davanloo hat große Serien von Patienten, die er selbst und seine Mitarbeiter in Montreal behandelt haben, auf diese Art nachkontrolliert und die Erfolge über mehr als 10 Jahre hinweg dokumentiert (Davanloo 1978, 1980, 1995a).

Diese Nachuntersuchungen sind integraler Teil der ISTDP, sehr nützlich für den Lernenden und demnach für den fortlaufenden Prozeß jedes Therapeuten.

Wie vereinbart rief Frau M. ein Jahr nach Beendigung der Therapie für einen Termin an. Es folgen Auszüge aus dem katamnestischen Gespräch.

Frau M. sagt zu Beginn der Sitzung, daß sie Wut auf T mitgebracht habe, die sie bereits ein Jahr lang mit sich schleppe, die sie gern loswerden würde. Die Wut, die sie daraufhin zeigt, ist von mörderischer Intensität.

P *Ich bin halt aufbrausend.*

Es folgen traurige schmerzliche Gefühle, aber weder Schuldgefühle noch ein Umschlag auf eine genetische Bezugsperson. Frau M. nennt folgenden Grund für ihre Wut auf T:

P *Mit dem Wissen, was ich erworben hab, rauszugehen und keinen mehr zu haben, mit dem ich reden kann, intensiv reden kann.*

T *Sie hatten ein Bedürfnis, so intensiv zu reden wie mit mir.*

P *Ja, so frei auch und so .....*

Sie mußte lernen, allein mit ihrem Ärger umzugehen, insbesondere, diesen nicht zu schlucken und dann nicht in die alten Verhaltensweisen des Rückzugs, der Abspaltung und Projektion zu verfallen.

P *Ja, wenn ich .. ich hab dann Schritt für Schritt angefangen, das auszuprobieren* (macht Handbewegungen des aus sich Herausbringens) *und hab halt auch gemerkt, wenn ich es runterschluck und mich nicht wehre, mich steif und hilflos und nur lächelnd mache, daß dann diese Geister, die ich früher immer gehabt habe, wieder kommen wollen, dies nachts nicht schlafen und irgendwelche Schatten sehen. Und wenn ich´s rauslass, und meistens denk ich mir, wenn ich einen Anflug von diesen Schatten hab, „so nicht!", und meistens wird es dann am nächsten Tag bereinigt, so wie ich es eigentlich gleich hätte tun sollen, und dann ist es wieder gut.*

T *Und was meinen Sie damit? Haben Sie ein Beispiel?*

Frau M. bezieht sich bei dem erwähnten Ärger auf übliche zwischenmenschliche Konflikte mit ihrem Chef und mit Hans.

P *Bei der Arbeit zum Beispiel. Mit meinem Chef hab ich geschluckt, und da hat es ein paarmal gespukt. Das ist halt einfach die Wut, das Böse, was ich nicht rauslass, das kommt dann einfach zurück, und da hab ich mir gedacht, das mach ich nicht mit, und dann hat es einen furchtbaren Streit gegeben.*

T *Und haben Sie sich arrangieren können mit ihm? —*

P *Ja, und dann ist ein, zwei Tage diese (Daumenbewegungen nach unten) Stimmung, wo ich dann aber nicht locker lasse.*

T *Ach, er versucht dann .....*

P *..... mir ein schlechtes Gewissen zu machen, aber so läuft das nicht, das laß ich mir nicht gefallen, da bin ich bös.*

T *Ach so, Sie lassen sich nicht wie bei Ihrem früheren Chef durch seine Laune beeinflussen.*

P *Nein, da kriegt er gleich das nächste Trum an den Kopf geschmissen. — Auch mit dem Hans.*

T *Und da ist es wohl besonders kritisch?*

P *Aber auch da geht es nicht anders. Wenn er spinnt, oder sagt „ich kann nicht", gibt´s Druck, gibts Stunk, daß die Fetzen fliegen.*

T *Tatsächlich? Wie sind Sie dann?*

P *Ich zeig ihm halt dann so richtig meine Wut, die ich dann habe. Mittlerweile hab ich auch gelernt - er ist ja sehr wortgewandt - gelernt, daß ich da toll zurückschlagen kann, daß es ihm oft die Sprache verschlägt und er sich beleidigt zurückzieht in sein Zimmer. Und da kann er ja bleiben. Er kommt schon wieder.* (kein Mord!)

T interessiert sich dafür, ob es auch Situationen gab, in denen eine Konfliktsituation der Gegenwart einen Rest verdrängter Wut aus der Kindheit mobilisiert hatte.

T *Sind da Situationen gewesen, in denen etwas Tieferes dran war? Wenn Sie die Wut auf Hans hatten, und wenn Sie daran gingen, daß Sie dann gemerkt haben, es ist eigentlich noch mal etwas, das an die Eltern erinnert?*

P *So Situationen sind da. Es sind oft nur Worte oder Gesten, wenn ich dann eine unbeschreibliche Wut auf ihn habe, aber nicht weiß, warum. -*

T *Also Sie können unterscheiden, wenn er nur den Anlaß gegeben hat, nicht den Grund.*

P *Ja. Aber dazu hab ich gebraucht, kann es jetzt aber ganz gut.*

Wenn sie unsicher sei, woher ihre Reaktion kommt, ziehe sie sich in ihr Zimmer zurück und sei in der Lage, die alte Wurzel zu finden.

T *Und geht das dann manchmal in Schuldgefühle und Trauer über? Denn die Wut ist ja das erste.*

P *Trauer ja, daß alles so gewesen ist. — Da ist hauptsäch-*

lich Trauer. Ehrlich. Ich hab ja mein Zimmer, und da mach ich dann die Tür zu. Manchmal schieb ich es ein paar Stunden rum, um es nicht rauszulassen, manchmal auch einen Tag. Aber es kommt raus. Und für mich ist es gut. Es ist dann wieder leichter. Und ich fühl mich dann auch wieder stark.

Es ist nicht überraschend, daß eine derart traumatische Kindheit noch eine zeitlang immer wieder einmal betrauert werden muß („Schmerz des Traumas" und „Schmerz der versäumten Zeit").

T *Das ist ja gut, auch für Ihr Selbstbewußtsein, zu wissen, Sie können das auch allein. Aber Sie haben mich da auch vermißt.*

Die eingangs geäußerte Wut auf T war nicht nur eine Reaktion auf den Verlust einer Vertrauensperson für ihre intensiven Gefühle, sondern auch Hinweis auf eine Spur einer Abhängigkeitsbeziehung. Frau M. berichtet von der ersten Zeit nach der Terminierung:

P *Ich kann´s ja alleine. Ich war dann zwar eine Woche so „laß dir mal tausend Sachen einfallen, daß Du da wieder zurückmußt" und, hm, und war unausstehlich dem Hans gegenüber, weil ich das ja jetzt verloren hab.*

T *Und Sie hatten sogar die Hoffnung, es würde Ihnen so schlecht gehen, daß Sie wieder .....*

P *Ja, ich könnte es nicht alleine schaffen, und ich muß abhängig sein, irgendwie so, ich wollt das halt nicht hergeben. Und dann hab ich gedacht, so ein Blödsinn, das kannst Du alleine auch, und dann hab ich das Kämpfen angfangt, und hab gemerkt, daß es alleine auch geht.*

T *Dann war das der Schritt ins volle Erwachsensein, so aus einer kindlichen Ebene heraus.*

P *Ja so: jetzt ist keiner mehr da, der dich a weng drauf hinweist, dich a weng dahin führt, dahin und dorthin, und da hab ich mir gedacht, so nicht!, und du mußt jetzt durch. Und dann hab ich Stück für Stück das, was ich hier erworben habe, ausgeführt. Und mal ein bissel mehr und ein bissel weniger, bis ich die Sicherheit hatte, ich kann das allein.*

T *Dann war das ein Schritt in die Selbständigkeit.*

P *Dieses Loslassen, dieses Loslassen, das ist mir schwergefallen.*

T *Loslassen von was? Also offenbar von etwas, das Sie führt, wie eine gute Elternfigur. So etwas, wo Sie sich rückversichern können.*

P *Ja. Und jetzt bin ich Sie los. Jetzt schaff ich das auch alleine.*

T *Ist das ein gutes Gefühl?*

P *Ja* (tiefer bewegter Seufzer)

T *Ist da auch Trauer dabei?*

P *Nein, nicht Trauer, Dankbarkeit (sehr bewegt). Dankbarkeit, daß Sie mich dahingeführt haben. Daß Sie mich zu dem gemacht haben, was ich eigentlich immer bin - auch bös!*

T (muß lachen)

Frau M. bringt die Abspaltung ihrer negativen Ich-Anteile in den Zusammenhang ihres Abhängigkeitsstrebens. Dies macht auch wieder deutlich, daß orale Fixierung nicht ein „Mangel" ist, sondern überichgesteuert. Nicht: „Sie hat es nie geschafft, sich aus einer Symbiose zu lösen", sondern: „Aufgrund ihrer Wut und daran geknüpfter Schuldgefühle verdient sie nicht, sich auf eigene Füße zu stellen". Weiterhin stellt sie den Zusammenhang mit dem „Verstecken" her:

P *Das war ja mein Hauptproblem, die Wut nicht zuzulassen.*

T *Ich mußte jetzt lachen über Ihre Formulierung, wie war die? daß Sie .....*

P *Böse. Ich lach auch nicht immer, wenn ich meine Wut hab, dann zeig ich die auch.*

T *Sie meinen nicht, böse, Sie meinen wütend oder ärgerlich.*

P *Ja, diese Wut einfach, wenn ich etwas jetzt nicht will. Ich lach dann keinem mehr ins Gesicht, sondern ich zeig das denen und sag das denen dann auch so entsprechend* (das alles ruhig, aber sehr energisch). *Und das konnte ich überhaupt nicht.*

T *Das, was ich jetzt höre, ist, daß Sie nicht immer nur lachen müssen, diese Maske zeigen.*

P *Die Maske ist weg. Meistens.*

T *Und das empfinden Sie als befreiend.*

P *Mich zeigen können, wie ich bin, nicht immer nur gut und lieb, sondern auch bös und giftig.*

T *Ein richtiger Mensch.*

Die folgende Äußerung von Frau M. dokumentiert weitere Veränderungen der intrapsychischen Strukturen: die errungene Fähigkeit, zwischen Gefühlswelt und Realität zu unterscheiden, und das Bewußtsein für ihre Spaltungsvorgänge, sowie deren Integration.

T *Wenn Sie sagen, bös und giftig, das sind ja die normalen Launen, aber Sie hatten ja dahinter auch immer Angst, diese Gewalt, die Zerstörung kommt raus.*

P *Die hab ich schon auch noch, aber halt in Gedanken.*

T *Heute wissen Sie, das sind Gefühle.*
P *Ja, so ist das.*
T *Sie haben die Angst davor verloren. Und es gehört zu Ihnen. Sie sagen, es sind immer noch manchmal die Geister an der Wand, wenn Sie es in sich behalten. Das macht Sie nicht Sie selber.*
P *Wenn ich es trenn, das Böse.*
T *Wenn Sie es schlucken.*
P *Ja schlucken und abtrennen* (demonstriert mit einer Bewegung beider Hände, wie sie das Böse aus sich herausnimmt und neben sich stellt) *Ich trenn das dann innerlich. Ich schluck es runter und will das aber dann trotzdem nicht zu mir haben.*
T *Ah ja. Das spüren Sie so?*
P *Ja, ich trenn das. Ich gehör dann nicht zusammen* (führt Hände zusammen)
T *Und Sie empfinden es als wohltuend, wenn Sie zusammen sind: dann die echte Gabi, die beides hat.*
P *Die beides hat. Und beides sehr intensiv.* (strahlendes Lächeln)
T *Echt sein. Nicht zwei Leute.*
P *Nein, das ist eins.*
T *Sie haben jetzt auch eine andere Stimme. Eine tiefe, volle Stimme, keine Kleinmädchenstimme und auch nicht diese wilde Tierstimme.*
P *Nein, das ist eins, richtig eins. Das Böse gehört zu mir genauso wie das Liebe auch.*
T *Sie fühlen sich frei.*
P *Ich fühl mich gut, frei, wirklich.*(macht sehr festen, in sich ruhenden Eindruck) -
T Ich würd gern mit Ihnen zusammen die ersten paar Minuten angucken, wenn Sie das interessiert.

Das gemeinsame Anschauen und Analysieren eines Filmausschnitts der Probetherapie ist Teil der katamnestischen Sitzung in der ISTDP. Die bisher dargelegten Veränderungen wurden durch den Vergleich noch deutlicher und bestärkt. Frau M. gab aufschlußreiche Kommentare zu ihrem Verhalten und Befinden in der ersten Sitzung. Sie freute sich umso mehr über die erreichte Veränderung.

T lenkt nun das Gespräch auf die Eltern. Sie fragt zunächst, ob Frau M. zu ihrer Mutter auch noch eine Abhängigkeit verspüre.

T *Sie hätten mich gern länger gehabt. War die mit Mutter auch da, diese Abhängigkeit? Als Kind, ist es ja klar.*
P *Ja, ich hab da doch immer etwas gesucht, an das ich mich halten kann.*
T *So meinte ich das.*
P *Mich festhalten kann. Ja, bis vor 4, 5 Monaten hab ich mir zum Teil etwas hergespielt.*
T *Ach so, zwischen der Aussprache und .....*
P *Den Zwischenraum, bis es dann zum endgültigen Bruch kam. Da hab ich sie mir hergespielt, so etwa wie „die Mutter, die ich halt immer wollte, aber nie haben konnte".*
T *Da haben wir ja immer gesehen, wieviel Sehnsucht nach Mutter da in Ihnen war.*
P *Das wollte ich einfach nicht aufgeben. Ja, und wie das mit dem Heiraten war, war mehr Kontakt zu den Geschwistern, dann kamen halt wieder sämtliche Lügengeschichten.*
T *Ach so, Mutter hat dann wieder Intrigen gesponnen.*
P *Ja, von Anfang an. So quasi, wir haben ja reinen Tisch gemacht mit der Aussprache, und da kann es ja weitergehen. Und wirklich üble Sachen. Und dann hab ich angerufen und sie zur Rede gestellt, und da hat sie so weiter hin und her gelogen, und da hab ich mir gedacht: So eine Mutter, wie ich sie mir wünsch, die hab ich nicht, und so eine, wie sie ist, will ich nicht.*
T *Und dann haben Sie abgebrochen. Wie geht es Ihnen damit?*
P *Viel Wut ist da und viel Sehnsucht.*
T *Und bei dem Gedanken, daß Sie das nicht haben können?*
P *Schmerz und befreit. Das macht Jammer, manchmal, und dann bin ich trotzdem furchtbar frei und erleichtert, mich dann nicht mehr so hinzuklammern, oder mich nicht so selbst zu belügen, daß ich da was haben kann. Das gibts für mich nicht.*

——

T *Wie ist es denn mit Vater weiter gegangen?*
P *Ja, also positiv. Mit meinem Vater ist es positiv weiter gegangen. Nach diesem langen Gespräch und noch ein paar intensiven Gesprächen, die auch ihm sehr gut getan haben, ist der Kontakt nicht mehr abgerissen.*

——

T *Wie geht es ihm denn gesundheitlich?*
P *Er baut immer mehr ab, und bekommt auch Spritzen gegen die Schmerzen.*
T *Es ist ja erstaunlich, daß er noch lebt, nach dem, was Sie vor einem Jahr gesagt haben.*
P *Er ist zäh. Er versucht wirklich mit aller Kraft und Möglichkeit, die er noch hat, in Ordnung zu bringen, was so schief gelaufen ist. Er möchte es irgendwie wiedergutmachen oder anders kitten. Und da hat er eine so immense Kraft, und ich glaube, das hält ihn irgendwie am Leben.*

Frau M. hat die Fixierung an eine idealisierte Mutter gelöst, sich mit der Realität ihrer Mutter abgefunden und sich entschieden, den im Kontakt mit ihr unausweichlichen Ärger zu vermeiden. Die Beziehung zu ihrem Vater blieb offen. In den Schmerz über seinen nahen Tod mischt sich Freude und Dankbarkeit darüber, ihm in seinem letzten Lebensabschnitt nah sein zu können, und Bewunderung für ihn über die Stärke und den Mut, mit dem er ohne Beschönigung seiner Vergehen die Aussprache mit den Geschwistern sucht.

Einhergehend mit der Ablösung von den Eltern knüpft sie Beziehungen mit Geschwistern und einer Freundin. Froh und realistisch ist sie in Bezug auf den Schritt in die Ehe mit Hans:

P *Das war eine gute Entscheidung. So problematisch er ist, er ist auch sehr lieb. Er ist ein guter Mann. Ab und zu braucht er einen Deckel, aber er bemüht sich sehr.*

Von ihrer Hochzeit mit Hans erzählt sie:
P *Es war schön. Zuerst Stress, dann mußte ich weinen. Weil ich den Mann hab, den ich mir gewunschen hab. Daß ich auch das Leben mit ihm teilen kann. Da hab ich furchtbar weinen müssen.*

Wichtig erscheint, daß sie zwar schmerzliche Gefühle bei ihrem Glück erlebte (Entbehrungsschmerz), aber keine Überichreaktion hatte, wie bei dem Anlaß zur Therapie. Übrigens erzählte sie auch, daß sie viel Freude an der Sexualität habe.

Zuletzt macht T das allerletzte Adieu von T zum Thema.
T *Wie gehen Sie jetzt heute hier weg?*
P (Seufzer) *Innen drin traurig. So vermischt. traurig, dankbar, auch erleichtert, so richtig frei, schwebend*
T Und die Füße trotzdem auf dem Boden?
P Die sowieso auf dem Boden. Das sowieso. Ich bin furchtbar stark. Berge kann ich nicht versetzen, aber viel bewirken. Ziemlich viel verändern.

Zusammenfassende Formulierung des Fallberichts

Es folgt eine Formulierung des Fallberichts „Wer ist das schwarze Monster?", wie sie für die ISTDP charakteristisch ist und in der Phase der Analyse in zunehmendem Detail auch mit den Patienten zusammen erarbeitet wird:
Die neurotischen Störungen der Patientin waren:
1. Akute Angst: Panikzustand mit Gesicht und Stimme eines „Monsters"
2. Chronische Angst: Alpträume
3. Depressive Persönlichkeitszüge: überangepaßte lächelnde Fassade, schlechtes Selbstbewußtsein, Fehlen von nahen Beziehungen
4. Masochistische Beziehungsstrukturen: Bedürfnis, sich benützen und schlecht behandeln zu lassen in Ehe und Beruf.

Psychodynamik: Das Unbewußte der Patientin war besetzt mit primitiv-mörderischer und quälender Wut beiden Eltern gegenüber. Zu beiden Eltern lagen auch positive Gefühle vor, die entsprechende Schuldgefühle zur Folge hatten. Die positiven Gefühle zum Vater wurzelten in verschütteten positiven Erlebnissen, die zur Mutter in einer Fixierung an eine idealisierte Mutter. Es gab in der Entwicklung der Patientin eine überwiegend positiv besetzte Bezugsperson: ihren Großvater. Auch diese internalisieserte Bezugsperson war mit mörderischer Wut belegt (reaktiv auf schmerzliche Trennungen von ihm, zuletzt seinen bisher pathologisch unvollständig betrauerten Tod), die aber in 2 Sitzungen durchgearbeitet werden konnte. Die Figur des Großvaters war nicht mit quälender Wut belegt.

Die Antworten, die wir im Verlauf der Therapie zu unserer Eingangsfrage **„Wer ist das schwarze Monster"** und zur Metapsychologie der **Probleme mit Nähe** bekommen haben, lassen sich wie folgt formulieren:
1. Introjizierte Elternbeziehung: die Patientin hatte Mutters Monstergesicht in sich, das sagte „trau keinem Fremden" und „das, was hier zu Hause passiert, geht keinen Fremden etwas an, halt Dich fern von Fremden".
2. Die Fixierung des frühen Introjekts ist in reaktiver Wut und besonders in daran geknüpften Schuldgefühlen gegen die Monstermutter begründet, in der die Pat. der Mutter gegenüber ihrerseits als wütendes Monster auftritt und sich dafür durch Fixierung an die Monstermutter bestrafen muß.
3. Je mehr sie sich mit Hans emotional einließ, desto mehr mobilisierte Hans in ihr ihre alten Gefühlskomplexe in Bezug auf Vater. Hans wurde dadurch Zielscheibe für die reaktive Wut gegen Vater. Nähe wird zum Schutz der neuen, realen Bezugsperson vermieden. Wir haben gesehen, daß Frau M., aus dem Drang ihrer Gefühle heraus, erst Hans, dann ihren Vater wie ein böses Monster foltern und zerstören wollte.
4. Daraus entsteht eine „Näheangst" als Überichangst: Vater sagt aus seiner Gruft heraus: „nach dem, was Du mir angetan hast, verdienst Du keine gute liebevolle

Beziehung. Weil Du Dich dennoch eingelassen und Lust erlebt hast, verdienst Du den Tod". Der Monstervater befahl Frau M., sich unter einen Lastwagen zu werfen.

Ein weiterer sehr wichtiger Beweggrund für die Vermeidung von Nähe ist bei früh gestörten Menschen die Angst vor einer erneuten Verletzung, einem erneuten Verlust. Wie wir gesehen haben, führte dies sogar zum Abbruch der hochgeschätzten Beziehung zum Großvater und 25jähriger anschließender Kontaktvermeidung. Auch an dieser Stelle wird ein **Teufelskreis** in den äußeren Verhältnissen, aber auch in den nachfolgenden inneren Strukturen deutlich: aufgrund der katastrophalen Beziehungen zu den Eltern war der Besuch bei den Großeltern so besonders kostbar; das Heimkommen war kraß („ein Hammerschlag"), keine Bezugsperson stand zur Verarbeitung des Trennungsschmerzes zu ihrer Verfügung, dies führte zum Verzicht auf die nährende Beziehung, die Bedürfnisspannung (Sehnsucht und folgliche Enttäuschung) und die reaktive Wut auf Mutter verstärkte sich weiter, und Vater wurde zur positivsten erreichbaren Figur in ihrem Leben.

Kernstück für das Gelingen der intensiven psychodynamischen Kurztherapie ist ein **„Erschließen des Unbewußten in der Probetherapie"** unter Anwendung der von Davanloo beschriebenen **„Central Dynamic Sequence"**. Zu einer bei Panikstörungen notwendigen Erhöhung der Angsttoleranz wurde im Fall von Frau M. diese Sequenz spiralförmig durchlaufen, dabei die Gefühle in die Übertragung gebracht, sodaß es zu einem stufenweisen Anstieg der verdrängten Gefühlskomplexe kam. Ein „erster Durchbruch" beinhaltete das Erleben einer von T weg auf die Tür verschobenen Wut, brachte eine länger zurückliegende Wut auf ihren Sohn in Erinnerung, und aus einem frisch zurückliegenden Erlebnis mit Mutter eine hochbeladene traumatische Situation mit der Mutter. Wir haben gesehen, wie im Verlauf des Anstiegs immer neue Angst, sowie immer neue, für die Patientin charakteristische Abwehrmechanismen als Widerstände auftauchten, wie Intellektualisierung, Externalisierung, emotionale Distanzierung, Bagatellisierung, Trotz, regressive Weinerlichkeit, Dissoziation und zuletzt Wendung gegen die eigene Person. Die von Davanloo auf der Basis der Mikroanalyse von Videofilmen entwickelten Techniken kamen phasenspezifisch zur Anwendung, nämlich allmählich steigernder Druck, Herausforderung und „Head-on-collisions" unterschiedlicher Ausdehnung. (Kernberg beschreibt in seinem kürzlich erschienen Buch „Wut und Hass" den Einsatz wesentlicher Teile der „HOC" (Kernberg 1997)). Auch wurde beschrieben, wie das sorgfältige Vertrautmachen mit der „therapeutischen Aufgabe", das direkte Ansprechen des freien Willens der Patientin, das Vorbeugen von Trotz und Omnipotenz des Therapeuten das Arbeitsbündnis stärken. Auf Zeichen der sich relativ rasch bildenden „unbewußten therapeutischen Allianz" wurde hingewiesen (*„das Licht da innen"*, Botschaften aus dem Unbewußten).

Im weiteren Verlauf dieser sich über 38 Sitzungen ausdehnenden Psychotherapie wurden diese Techniken wie im Erstinterview eingesetzt. Es wurden für die ISTDP typische Besonderheiten beschrieben, wie das Bewußtwerden und Durcharbeiten des magischen Denkens, die Erotisierung und Sexualisierung von Gefühlen und der Umgang damit, das Auftauchen von primitiverer und punitiverer Wut und entsprechender maligner Charakterwiderstände im Verlauf (wie die masochistische Abwehr in der 24. Sitzung). Wichtig für den Erfolg dieser Therapie ist die Vermeidung einer Übertragungsneurose. Wie wir gesehen haben, konnte eine gewisse Abhängigkeitsbeziehung als Übertragung der Fixierung der Patientin an die idealisierte Mutter nicht verhindert werden, löste sich aber kurz nach Therapieende auf.

Das beschriebene Behandlungsziel der **„multidimensionalen intrapsychischen Integration"** wurde im katamnestischen Gespräch von der Patientin in ihren einfachen Worten belegt:

Insgesamt freut sie sich über die gewonnene Freiheit (die Vergangenheit hat ihre Macht verloren), über die Integration, (*„ich bin ich, auch bös", „das ist ganz"*), sie erlebt sich als authentisch, als unabhängig, mit den Füßen auf dem Boden stehend (kann angemessen mit der Realität umgehen), ist in der Lage, in Beziehungen Nähe sowohl als auch Unabhängigkeit zuzulassen, und zu erkennen, wenn Beziehungen ihr schaden und diese zu vermeiden. Sie ist auch in der Lage, sich unangenehmen schmerzlichen Gefühlen zu stellen, dadurch z.B. ihrem Vater beizustehen und Verantwortung zu zeigen.

Entstehung und Weiterentwicklung der Intensiven Psychodynamischen Kurztherapie

Davanloo übernahm im Anschluß an seine Weiterbildung in Psychiatrie und Psychoanalyse in Boston /USA (Harvard Universität) die Leitung der Poliklinik an der Psychiatrischen Universitätsklinik der McGill Universität in Montreal/Canada. Von welchem Nutzen das Festhalten bewegter Bilder im Film für Forschung und Lehre sein kann, war von den Herzchirurgen und Neurochirurgen erkannt worden. Davanloo begann bereits Anfang der 60er

Jahre, Psychotherapiesitzungen aufzuzeichnen, und so gelang es ihm in jahrelanger unermüdlicher Forschungsarbeit, aus den Ergebnissen der Filmanalysen die Methode der ISTDP zu entwickeln. Mit gleicher Akribie machte er in den folgenden Jahren Vergleichsstudien zur Anwendung und Verfeinerung der Methode bei verschiedenen diagnostischen Gruppen und zum Verlauf bei Patienten, die unmittelbar nach der Probetherapie oder ein Jahr später behandelt wurden. Mitte der 70er Jahre stellte Davanloo seine Forschungsergebnisse in mehreren internationalen Symposien der Fachwelt vor. Malan, einer der bekanntesten Pioniere der analytischen Kurztherapie in Europa, sagte anlässlich seiner Begegnung mit Davanloo: „Freud hat das Unbewußte entdeckt, Davanloo hat einen Weg gefunden, es therapeutisch zu nutzen" (Malan 1979). Auf dem Jahreskongreß der American Psychiatric Association findet alljährlich ein eintägiger Workshop mit Davanloo statt. Seit Anfang der 80er Jahre präsentiert Davanloo seine Arbeit auch in Europa.
Auf der Grundlage seiner Videodemonstrationen sind in Amerika und mehreren Ländern Europas Zentren der Weiterbildung in ISTDP entstanden, in denen Davanloo-Schüler die Methode anwenden und inzwischen auch weitergeben.

Die ISTDP zeichnet sich dadurch aus,

- daß die Mikroanalyse der Videos grundlegender Bestandteil des analytischen Therapie- und Forschungsprozesses ist, wodurch Präzision und Spezifität und damit Effizienz der technischen Interventionen dimensional erhöht werden können,
- daß Davanloo Parameter definiert hat, mittels derer psychische Reaktionsphänomene beschrieben werden, aus denen auf intrapsychische Strukturen und dynamische Zusammenhänge geschlossen werden kann,
- daß der Ansatz beziehungsorientiert ist,
- daß das Übertragungsphänomen insofern sehr intensiv genutzt wird, daß besonders in der Anfangsphase der Therapie Widerstände und dynamisch wirksame Kräfte in der Beziehung zum Therapeuten kristallisiert und auch abgeführt werden,
- daß die Entstehung einer Übertragungsneurose dadurch und durch andere gezielte Interventionen vermieden wird,
- daß sich die Deutung in der ISTDP erübrigt, da die metapsychologische Wurzel der Störungen nach dem Durchbruch ins Unbewußte klar vor Augen liegt,
- daß spezielle Techniken zur Förderung der Motivation vorgesehen sind,
- daß sich das Indikationsspektrum über die ganze Breite der psychoneurotischen Störungen, also auch der Charakterpathologien und psychosomatischen Störungen erstreckt, und sich auch (mit Abwandlungen) auf fragile Ichstrukturen ausdehnt,
- daß das von Danvanloo entwickelte Handwerkszeug zum Erschließen des Unbewußten logisch aufgebaut und der Umgang mit diesem "Schlüssel zum Unbewußten" erlernbar ist

Die Videodokumentation ist eine unverzichtbare Basis für Therapie, Lehre, Forschung und Qualitätskontrolle. In der Psychotherapieforschung allgemein wird die Videotechnik zunehmend eingesetzt. Patienten haben in der Regel keinen Widerstand dagegen, gefilmt zu werden. Sie erklären sich vor Beginn der Therapie schriftlich mit der Videoaufzeichnung einverstanden, ausdrücklich auch mit der Verwendung von Videoclips zu Supervision, Lehre und Forschung. Die Videokontrolle erfordert vom Therapeuten die Bereitschaft, präzise zu arbeiten und sich zu offenbaren. Hierin liegt wohl ein Grund für die zögerliche Verbreitung dieser hocheffizienten Methode der "intensiven psychodynamischen Kurztherapie" und Kurzzeitanalyse nach Davanloo. Außerdem mag ein besonders in der Lernphase sehr hoher Arbeitsaufwand für das analysierende Nachbetrachten des Bandmaterials manchen abschrekken (Lachenmeier 1997).

Wie jede psychoanalytische Therapie mobilisiert die Arbeit am Unbewußten des Patienten zunächst auch das Unbewußte des Therapeuten. Das Betrachten von Videos ist bis zu einem gewissen Maß auch für die Restrukturierung des Therapeuten nützlich. Nach Überwinden der anfänglichen Schwierigkeiten stellt sich ein ähnlicher Prozeß ein wie er bei Patienten für die UTA beschrieben wurde: der tiefe Wunsch, gute Arbeit zu leisten, sorgt mit der Freude über erste Erfolge für einen sprunghaften Anstieg der Motivation.

(An dieser Stelle dankt die Autorin Dr. Davanloo für die erfahrene geduldige Lehre, sowie für die Bereitstellung seiner Daten für diesen Aufsatz. Viele der hier verwendeten Begriffe, wie „komplexe Übertragungsgefühle", „unbewußte therapeutische Allianz", „Widerstand gegen Nähe", „Head-on-collision" stammen aus den von Davanloo entwickelten Konzepten und sind sowohl seinem veröffentlichten als auch bisher unveröffentlichtem Werk entnommen.)

Quellenverzeichnis

Bleuler R (1996): Anxiety as an indicator of initial transference resistance and it´s handling in intensive short-term dynamic psychotherapy. *International Journal of Short-Term Psychotherapy* 11 (1):1-20.

Davanloo H (1978): Basic Principles and Techniques in Short-Term Dynamic Psychotherapy. New York, Spectrum Publications.

Davanloo H (1980): Short-Term Dynamic Psychotherapy. New York, Jason Aronson.

Davanloo H (1986, 1995a: Kap.1,7-43): Intensive short-term dynamic psychotherapy with highly resistant patients. Part I: Handling resistance. *International Journal of Short-Term Psychotherapy* 1(2):107-133.

Davanloo H (1987a, 1995a: Kap3,69-115): Intensive short-term dynamic psychotherapy with highly resistant depressed patients. Part I: Restructuring egos regressive defenses. *International Journal of Short-Term Psychotherapy* 2(2):99-132.

Davanloo H (1987b, 1995a: Kap.7,221-262): Clinical manifestations of superego pathology. Part I. *International Journal of Short-Term Psychotherapy* 2(4):225-254.

Davanloo H (1988, 1995a: Kap.5,142-174): The technique of unlocking the unconscious. Part I. *International Journal of Short-Term Psychotherapy* 3(2):99-121.

Davanloo H (1992): *Psychodynamische Kurztherapie. Diagnostik, Technik, Katamnese.* Erlangen. 10. Okt. (Symposium).

Davanloo H (1994-1997): *German Core Training Program.* Nürnberg(Supervision).

Davanloo H (1994): *Metapsychology Course, Part I on the Fundamentals of the Metapsychology of the Unconscious in Doctor Davanloos Psychoanalytic Technique.* Bad Ragaz, Schweiz, 20.-26.Juni (Kurs).

Davanloo H (1995a): Der Schlüssel zum Unbewußten. München, J. Pfeiffer, „*Leben lernen*" 103.

Davanloo H (1995b): Intensive short-term dynamic psychotherapy: Spectrum of psychoneurotic disorder. *International Journal of Short-Term Psychotherapy* 10 (3/4):121-156.

Davanloo H (1995c): Intensive short-term dynamic psychotherapy: Technique of partial and major unlocking of the unconscious with a highly resistant patient. Part I: Partial unlocking of the unconscious. *International Journal of Short-Term Psychotherapy* 10 (3/4):157-182.

Davanloo H (1995d): Intensive short-term dynamic psychotherapy: Major unlocking of the Unconscious. Part II: Course of the Trial Therapy after Partial Unlocking. *International Journal of Short-Term Psychotherapy* 10 (3/4):183 - 230.

Davanloo H (1995e): *Metapsychological Conceptualization of Character Resistance: a Spectrum of Character Resistance, Transference, Guilt and Unconscious Therapeutic Alliance.* Bad Ragaz, Schweiz, 12.-16. Dez. (Kurs).

Davanloo H (1996a): Management of tactical defenses in intensive short-term dynamic psychotherapy. Part I: Overview, tactical defenses of cover words and indirect speech. *International Journal of Short-Term Psychotherapy* 11 (3):129-152.

Davanloo H (1996b): Management of tactical defenses in intensive short-term dynamic Psychotherapy. Part II: Spectrum of tactical defenses. *International Journal of Short-Term Psychotherapy* 11 (3):153-199.

Gottwik G (1996): Intensive Psychodynamische Kurztherapie nach Davanloo. In: H.Hennig, E.Fikentscher et al. (Hrsg.): *Kurzzeit-Psychotherapie in Theorie und Praxis.* Lengerich-Berlin, Pabst Science Publishers, 206-225.

Gottwik G (1997): Das System der Intensiven Psychodynamischen Kurztherapie nach Davanloo. *Fundamenta Psychiatrica* 11 (1):28-37.

Kernberg O (1997): Wut and Hass. Stuttgart, Klett-Cotta.

Konzelmann C (1995): Head-on collision with resistance against emotional closeness in intensive short-term dynamic psychotherapy. *International Journal of Short-Term Dynamic Psychotherapy* 10 (1):35-52.

Lachenmeier H (1997): Kurzpsychotherapie bei Neurosen. Konzept und Technik nach Habib Davanloo. *Der informierte Arzt - Gazette Médicale* 18 (1):9-16.

Malan D (1979): Individual Psychotherapy and the Science of Psychodynamics. London, Butterworths.

Stern D (1992): Die Lebenserfahrung des Säuglings. Stuttgart, Klett-Cotta.

Uexküll, Fuchs et al. (1997): Subjektive Anatomie. Stuttgart, Schattauer. 2.Aufl.

Peter Fürstenau

Esoterische Psychoanalyse, Exoterische Psychoanalyse und die Rolle des Therapeuten in der lösungsorientierten psychoanalytisch-systemischen kurz- und mittelfristigen Psychotherapie

Peter Fürstenau

Esoterische Psychoanalyse, Exoterische Psychoanalyse und die Rolle des Therapeuten in der lösungsorientierten psychoanalytisch-systemischen kurz- und mittelfristigen Psychotherapie

Der Bedeutungswandel innerhalb der Psychotherapie

Seit Freud und Breuer entdeckten, daß bestimmte psychopathologische Phänomene auf traumatische Beziehungserlebnisse in der Kindheit zurückgeführt und unter bestimmten Voraussetzungen aufgelöst werden können, wenn die betreffenden Kindheitserfahrungen dem Patienten wieder zugänglich werden, hat die Psychoanalyse als Theorie und Praxis eine reiche Entwicklung genommen. Heute ist Psychoanalyse theoretisch wie praktisch ein schwer zu übersehendes Feld mannigfaltigster theoretischer Ansätze und Praktiken.

Von Anfang an trat Psychoanalyse in doppelter Gestalt gesellschaftlich in Erscheinung. Einerseits gab es innerhalb der Psychoanalyse die Tendenz, eine psychoanalytische Methode Schritt für Schritt auszuarbeiten, zu entwikkeln und zu perfektionieren, die möglichst rein und klar auf das Originelle der Psychoanalyse (die „Essentials") konzentriert ist. Andererseits entwickelte sich parallel dazu ein im Laufe der Jahrzehnte immer reichhaltigeres Feld von „Anwendungen der Psychoanalyse". Menschen unterschiedlicher Berufe erkannten die Nützlichkeit psychoanalytischer Entdeckungen und Verfahrensweisen für ihre eigenen beruflichen Aktivitäten und integrierten Psychoanalyse in jeweils spezifischer Weise in das Gesamtkonzept ihrer Profession. Man kann diese beiden sich parallel entwickelnden Gestalten der Psychoanalyse als die esoterische und die exoterische Erscheinungsform der Psychoanalyse bezeichnen. Zunächst soll von der esoterischen die Rede sein.

Da Freud nie Theorie und Praxis der Psychoanalyse ausdrücklich kanonisiert und systematisiert hat, sondern in seinen theoretischen Überlegungen wie praktischen Erfahrungen immer wieder Neues produzierte, ohne die Stimmigkeit mit den bisherigen Konzepten und Verfahrensregeln zu überprüfen, besteht das psychoanalytische Theoriegebäude aus mannigfaltigen historisch unterschiedlich „alten" Konzepten und Theoriestücken, deren Verträglichkeit und Stimmigkeit miteinander weitgehend unklar ist.

Das führt zu starken Unsicherheiten der Einschätzung von Phänomenen und Verfahrensweisen in der Kommunikation der Fachkolleginnen und -kollegen. Die Einheitlichkeit der Entwicklung der reinen psychoanalytischen Methode wird durch wenige überrragende Begriffe wie „Übertragung" und „Widerstand" nur notdürftig gewährleistet, da die nähere Bestimmung auch dieser Begriffe und einiger weiterer zentraler ziemlich kontrovers ist.

In der letzten Zeit ist ein Aspekt der historischen Entwicklung der reinen Psychoanalyse immer deutlicher bemerkt und intensiv diskutiert worden, nämlich daß die Analysen mancher Psychoanalytiker, die sich besonders um eine reine Realisierung der psychoanalytischen Methode bemühen, im Laufe des Jahrhunderts immer länger geworden sind. Das trifft sowohl für therapeutische wie für Ausbildungsanalysen (Lehranalysen) zu. Die Psychoanalysen der Anfangszeit dauerten nur wenige Wochen bis zu einigen Monaten. Heute erstreckt sich der durch „äußere" Restriktionen wie Fremdfinanzierung möglichst wenig eingeschränkte freie psychoanalytische Prozeß je nach der fachlichen Orientierung der betreffenden Analytiker über vier, sechs, zehn Jahre und mehr. Bei vier bis fünf

Stunden pro Woche ergeben sich so schnell 1000 bis 1500 oder mehr Sitzungen (Cremerius 1987, 1990, 1991, Thomä 1991, 1992, 1994, Rotmann 1988).

Die reine psychoanalytische Methode wird heute besonders von Vertretern der Kleinianischen Schule repräsentiert, die in den letzten Jahren auch in Deutschland unter den Kollegen, die sich um eine reine psychoanalytische Methode bemühen, immer mehr Anklang gefunden hat (Thomä 1994, 290ff.). Die Notwendigkeit der Länge und hohen Frequenz (vier bis fünf Wochenstunden) dieser Psychoanalysen wird mit der Schwere der Störung der betreffenden Analysanden begründet und mit der daraus folgenden Verpflichtung zu einer gründlichen Aufarbeitung besonders der frühen traumatischen Erlebnisse der Analysanden. Psychoanalytische Beziehungen über die Jahre in dieser Intensität aufrechtzuerhalten, gelingt nur, wenn der Analysand innerhalb des psychoanalytischen Prozesses tief regrediert und die Regression während dieses Prozesses langfristig aufrechterhalten bleibt. Hinter der reinen psychoanalytischen Methode steht die Überzeugung von der heilsamen Wirkung tiefer Regression: daß nur über einen lange Jahre aufrechterhaltenen regressiven Zustand des Analysanden mit zugehöriger massiver Abhängigkeit vom Analytiker eine psychoanalytische Aufarbeitung der traumatischen Erfahrungen, insbesondere derer der frühen Zeit, möglich sei.

Im Selbstverständnis dieser Psychoanalytiker ist dies ein naturwüchsiger Prozeß, der sich einfach so ereignet, wenn man das hochfrequente langfristige Setting anbietet und sich psychoanalytisch korrekt innerhalb des kleinianischen Interpretationsrahmens von paranoid-schizoider, depressiver Position und projektiver Identifikation bewegt (zum Kleinianischen Ansatz vgl. Segal 1974, Hinshelwood 1993, 1997, Schafer 1997). Für den wissenschafttheoretisch aufgeklärten Praxeologen ist der psychoanalytische Prozeß das Produkt der psychoanalytischen Beziehung, die beide Parteien durch ihr jeweiliges Rollenverhalten gemeinsam gestalten und bestimmen. D.h.: Außer durch die Eigenart des Analysanden wird der Prozeß von dem eigenartigen methodischen (fachlichen) Verhalten des Analytikers einschließlich der seinen Interpretationen zugrundeliegenden Theorie geprägt (Thomä & Kächele 1985, Gill 1984, 1996, 1997).

Seitens des Analysanden spielt eine entscheidende Rolle, daß Kleinianische Psychoanalytiker insbesondere ichstrukturell schwer gestörte Patienten analysieren, die besonders auf eine stellvertretende Ausübung von Ich-Funktionen seitens des Analytikers angewiesen wären, um aus ihrer regressiven Position und Abhängigkeit schrittweise herauszufinden (Fürstenau 1992, 44 ff.). Diese Form von Hilfe finden sie jedoch bei den Psychoanalytikern, deren Analysen immer länger werden, kaum. Denn Regression und Abhängigkeit eines Analysanden kann man nur dadurch als Analytiker jahrelang aufrechterhalten, daß man ihm möglichst täglich sieht, möglichst wenig in den Sitzungen mit seinen gesunden Ich-Anteilen kommuniziert und sämtliche Äußerungen des Analysanden auf unbewußte Operationen zwischen „paranoid-schizoider" und „depressiver Position", insbesondere auf projektive Identifikationen deutend zurückführt (vgl. kritisch Schafer 1997).

Indem sich die Deutungsmethodik in diesem Fall auf ein bestimmtes unterstelltes archaisches pathologisches Niveau des Analysanden konzentriert, wird der regressive Zustand aufrechterhalten und eine vermeintlich „vorzeitige" Klärung und Heilung verhindert. Die Verhinderung schneller Besserung beschäftigte schon Freud (vgl. Fürstenau 1993). Für den an langfristiger Regression orientierten esoterischen Psychoanalytiker ist schon die Kommunikation mit den gesunden Ich-Anteilen des Analysanden, seinem bewußten Willen, seinen Plänen und Absichten ein Agieren, das die Deutung unbewußter pathologischer Anteile vermeidet (Etchegoyen 1991, Kap. 18-20).

Dadurch entsteht eine Beziehungsform, die für beide Seiten sehr strapaziös ist. An die Stelle einer Kommunikation mit den gesunden Anteilen des Analysanden anhand des Modells angemessener Kommunikation zwischen Erwachsenen über die gemeinsam erfahrene innere Welt des Analysanden tritt eine artifizielle (methodische) Umgangsweise, die den Analysanden bei der Beschäftigung mit seinen pathologischen, mehr oder minder archaischen Phantasien und Schwächen festhält (vgl. Pohlen & Bautz-Holzherr 1995). Dafür dient heute weithin ein bestimmtes Verständnis von Containing als Rechtfertigung. Bions Begriff des Containing liegt eine bestimmte Auffassung der Mutter-Säugling-Beziehung zugrunde: Die Mutter erfaßt die vorsprachlich ausgedrückte Affektivität und Befindlichkeit des Säuglings, nimmt seine diesbezüglichen Signale in einem traumartig-sensiblen Zustand wahr und in sich auf, verarbeitet sie intuitiv und antwortet dem Baby in einer Form, die ihm gemäß und förderlich ist (Bion 1984).

Dieser Begriff dient heute vielerorts zur Rechtfertigung dafür, daß die vom Analytiker gegenübertragungsmäßig klar erlebte vermeintlich frühkindliche Übertragung des Analysanden nicht vom Analytiker beantwortet wird. Statt dessen verschließt der Analytiker aus Verlegenheit, wie er den oft massiven Affekten des Analysanden begegnen sollte, seine Gegenübertragungsgefühle in sich und trägt sie höchstens in die Supervision oder in behandlungstechnische Seminare, wo er im wesentlichen ermutigt wird, die Spannung weiter auszuhalten. Eine angemessene Beantwortung der Übertragung des Analysanden durch Auswertung der Gegenübertragung und darauf folgende Interventionen würde den regressiven Zustand lindern und damit tendenziell „vorzeitig" aus der für notwendig gehaltenen Regression herausführen. Es handelt sich also behandlungsmethodisch in diesen Fällen häufig gerade nicht primär um eine Übertragungsanalyse, sondern um einen psychoanalytischen Prozeß, der von massiven langwierigen Widerstandsphänomenen bestimmt ist.

Die geschilderte Entwicklung der reinen psychoanalytischen Methodik im Laufe des Jahrhunderts mit der Folge immer längerer regressiver psychoanalytischer Prozesse stellt ein Beispiel für eine wissenschaftstheoretisch bekannte Erscheinung dar. So unterschiedliche Philosophen und Wissenschaftstheoretiker wie Heidegger und Kuhn haben das Phänomen beschrieben, daß wissenschaftliche Entdeckungen oder originelle philosophische Entwürfe, wenn sie immer mehr ausgearbeitet (elaboriert) und verfeinert werden, sozusagen durch monomane Übertreibung steril werden und in Sackgassen führen (Kuhn 1967, zu Heidegger vgl. Fürstenau 1958).

Heidegger spricht in solchem Zusammenhang von einer „Verfallsgeschichte" und stellt ihr die „ursprüngliche Wiederholung", d.h. originelle, kreative Formen der Aneignung und Weiterentwicklung gegenüber. Psychoanalytische Wissenschaftstheoretiker können auf den Gedanken kommen, es handle sich bei solchen Entwicklungen um eine unbewußte Rache der Schüler an ihrem Lehrer durch übertreibendes Ad-absurdum-Führen seiner Positionen (Pohlen & Bautz-Holzherr 1991, 271).

Es soll an dieser Stelle nicht unerwähnt bleiben, daß es innerhalb des bisher hier besprochenen esoterischen Felds der reinen Psychoanalyse stets auch Vertreter gegeben hat, die sich der geschilderten extremen Entwicklung entgegengestellt haben, indem sie z.B. eine enge Indikation für Psychoanalyse gefordert haben (z.B. A. Freud 1980, Wallerstein 1986, 678) oder/und eine psychoanalytische Methode vertreten haben, in deren Mittelpunkt nicht artifiziell induzierte und verstärkte Regression steht (z.B. Morgenthaler 1978, Gedo 1979, Greenson 1986).

Neben der skizzenhaft geschilderten Entwicklung der esoterischen Psychoanalyse, für die schon fraglich ist, ob sie sich als Therapie verstehen soll oder eben nur als freies Miteinander eines Analysanden mit seinem Analytiker, gebunden nur durch das psychoanalytische Setting und die psychanalytische Situation, ohne Ziele, ohne Zeitbegrenzung, ohne Drittenfinanzierung, steht die zweite Entwicklungslinie innerhalb des (engeren) psychoanalytischen gesellschaftlichen Feldes, die der „angewandten Psychoanalyse", wie Freud diese Aktivitäten schon früh nannte. Der wesentliche Unterschied dieser „Anwendungen" zur dargestellten reinen Psychoanalyse liegt darin, daß hier psychoanalytische Methodik in jeweils bestimmter Ausformung klar und deutlich unter Wahrung bestimmter Eigenart in umfassendere Sinn- und Zweckzusammenhänge integriert ist. Dabei handelt es sich, wenn man von der Rezeption der Psychoanalyse innerhalb von Kunst und Kulturwissenschaft absieht, meistens um Aktivitäten und berufliche Tätigkeiten, deren Sinn und Ziel ist, Menschen zu einer günstigen weiteren Entwicklung anzuregen. In diesem weiten Feld von Beratung und Therapie haben sich mannigfaltige Formen psychoanalytisch begründeter oder tiefenpsychologisch fundierter Verfahrensweisen entwickelt, die psychoanalytische methodische Gesichtspunkte in unterschiedliche umfassendere Kontexte stellen. Dies Feld möglicher psychoanalytisch begründeter Ausgestaltungen reicht von verschiedenen Formen der Beratung und Psychotherapie bis zu gruppendynamischen Trainingsmethoden, Supervision, Organisationsentwicklung und Erziehung. Ein solcher umfassender Kontext ist auch die versicherungsfinanzierte Krankenbehandlung (in Deutschland: psychoanalytische Psychotherapie und tiefenpsychologisch fundierte Psychotherapie) mit ihren bestimmten Regularien.

Parallel zur esoterischen psychoanalytischen Praxis hat sich diese exoterische Praxis in den letzten Jahrzehnten reichhaltig und mannigfaltig entwickelt. Der exoterische (nicht nur Eingeweihten vorbehaltene) Gebrauch psychoanalytischer Methodik ist längst der Kontrolle seitens des engeren Kreises der Psychoanalytiker und ihrer Organisationen entwachsen und wird von sich nicht primär psychoanalytisch verstehenden Fachverbänden, berufsrechtlichen Behörden (z.B. Ärztekammer, Kassenärztliche Vereinigung, Gesetzgebung, Rechtsprechung) bestimmt oder wesentlich mitbestimmt.

Schon die alte Terminologie „angewandte Psychoanalyse" im Unterschied zur reinen Psychoanalyse macht deutlich, daß dieser Bereich vom Standpunkt der reinen Psychoanalyse ein minderwertiger, mangelhafter ist, der sich an der eigentlichen Psychoanalyse zu messen habe. Diese Position verkennt wissenschaftstheoretisch, daß auch die

„reine Psychoanalyse", wie immer sie verstanden wird, als Praxis eine „Anwendung" von Psychoanalyse und damit eine bestimmte, d.h. immer auch durch ihre Regularien begrenzte und in ihrer Begrenzung zu präzisierende gesellschaftliche Realisierung von Psychoanalyse ist (vgl. Pohlen & Bautz-Holzherr 1991, Fürstenau 1994a, 76ff.). Mit dem Argument, daß es sich um mindere Formen der Psychoanalyse handele, haben die esoterischen Psychoanalytiker die Entwicklung der analytischen Psychotherapie, der analytischen Gruppentherapie, der analytischen Paar- und Familientherapie, der analytischen Körpertherapie und analytischen Kurztherapie stets zunächst bekämpft. Viele dieser Aktivitäten haben sich gegen den Widerstand der eigentlichen Psychoanalytiker unter dem Einfluß und Schutz von Rechtsprechung, berufsrechtlichen und sozialmedizinischen Instanzen entwickelt. Manche damit zusammenhängende Auseinandersetzungen haben sich in der letzten Zeit zugespitzt.

Dies macht eine epochale Bedeutungsverlagerung und - umkehr deutlich: Der Anspruch der reinen (esoterischen) Psychoanalyse, als Theorie und Praxis exemplarisches Muster und Modell psychoanalytischer Gestaltung zu sein, wird wissenschaftstheoretisch und gesellschaftlich als unbegründet erkannt. Die reine (esoterische) Psychoanalyse ist nur eine bestimmte besondere (spezielle) und damit auch begrenzte Form, wie Psychoanalyse theoretisch ausgearbeitet und praktiziert werden kann (Fürstenau 1994a, Gill 1997). Das theoretische wie praktische Interesse verlagert sich zu der Mannigfaltigkeit unterschiedlicher Aktivitäten, in die Psychoanalyse interdisziplinär als eine bestimmte Technik (Kunstlehre) integriert ist (Cooper 1988). Diese mannigfaltigen therapeutischen und nichttherapeutischen Kontexte spielen gesellschaftlich inzwischen längst eine sehr viel bedeutendere Rolle als die esoterische Psychoanalyse, die um ihre gesellschaftliche Existenz in den letzten Jahrzehnten immer mehr ringen muß. Seit mindestens zwei Jahrzehnten ist die Nachfrage nach Psychoanalysen im engeren Sinne weltweit im Rückgang: dasselbe gilt für die Ausbildung zum Psychoanalytiker (vgl. für USA. schon 1976 Pulver 1984, ferner Cooper 1988, Kernberg 1994, Gill 1997). Die geschilderte zweigestaltige Entwicklung der Psychoanalyse im gesellschaftlichen Feld verdeutlicht jetzt auch für die betreffenden Kolleginnen und Kollegen, daß „Psychoanalytiker" kein Beruf ist, sondern eine von bestimmten professionellen (fachlichen) Orientierungen geprägte Art, einen in der Gesellschaft vorfindlichen Beruf auszuüben. Das bedeutet aber, daß sich, wer an Psychoanalyse beruflich interessiert ist, mit der Totalität der für den betreffenden Beruf erforderlichen Anforderungen konfrontieren muß, die in jedem Falle in beträchtlichem Umfang auch „nicht-psychoanalytische" Aspekte umfassen. „Reine Psychoanalyse", wie immer der Betreffende sie versteht, allein kann kaum mehr zu einer Existenzsicherung führen. Reine (esoterische) Psychoanalyse ist eine Privatsache von Analysanden-Analytiker-Paaren.

Die Integration psychoanalytischer Technik (Kunstlehre) in jeweilige berufliche oder sonstige Zusammenhänge impliziert (entgegen der Argumentation der esoterischen Psychoanalyse) keineswegs von vornherein einen Qualitätsverlust. Denn bei allen psychoanalytisch oder tiefenpsychologisch fundierten oder mitbegründeten Aktivitäten handelt es sich um anspruchsvolle professionelle Tätigkeiten, für die eine für sie jeweils spezifische (nicht die esoterische psychoanalytische) Aus- und Weiterbildung Voraussetzung ist. Während sich, wie geschildert, die verschiedenen Aktivitäten, in die psychoanalytische Technik integriert ist, gesellschaftlich in den letzten Jahrzehnten sehr entwickelt und ausgestaltet haben, hinkt allerdings in vielen Fällen eine psychoanalytische Aus- bzw. Weiterbildung, die genau auf die betreffende Tätigkeit zugeschnitten ist, der gesellschaftlichen Entwicklung nach. Ein Großteil der spezifischen Ausbildung in dem jeweiligen Verfahren geschieht erst während der betreffenden beruflichen Tätigkeit (On-the-job-training) und besteht dann zu einem guten Teil im Verlernen der bisher erlernten esoterisch-psychoanalytischen Orientierung.

Dadurch wird die Nutzung psychoanalytischer Technik (Kunstlehre) in den unterschiedlichen beruflichen Bereichen behindert und eingeschränkt. Dies hängt damit zusammen, daß bisher die Aufgabe, eine umfassende psychoanalytisch begründete Beratungskonzeption zu entwickeln, die für die Integration psychoanalytischer Technik in unterschiedliche berufliche oder Tätigkeits-Zusammenhänge einen hinreichend weiten, aber auch präzisen Rahmen bietet (Fürstenau 1992, 1994a), nur von wenigen klar erkannt wird. Entsprechend unklar und unzureichend sind die Wege eines praxisbezogenen Trainings der zu erwerbenden komplexen Kompetenz, d.h. der jeweiligen Aus- und Weiterbildung, bisher in vielen dieser Bereiche.

Die geschilderte Entwicklung der exoterischen psychoanalytischen Praxis wird zunehmend von konzeptionellen neuen Ansätzen begleitet und gefördert, die wegen der Unübersichtlichkeit im Bereich der psychoanalytischen Theorie bisher nicht überall angemessen gewürdigt werden und daher auch in den verschiedenen Weiterbildungskurrikula unterrepräsentiert sind (Fürstenau 1994b, 1994c).

Schon Ende der 30er Jahre ist Hartmann die Einseitigkeit und Begrenztheit der Freudianischen Psychologie aufgefallen. Er hat sich in seiner Arbeit „Ich-Psychologie und Anpassungsproblem" (1960) um eine Erweiterung der psychoanalytischen Theorie im Dialog mit der akademischen Psychologie und der Soziologie bemüht mit dem Ziel, die Beschränkung der Freudianischen Psychologie auf den Triebabwehraspekt zu überwinden und weitere „triebfernere" Aspekte der Person in ihrer Auseinandersetzung mit der relevanten Umwelt in die psychoanalytische Theorie einzubeziehen. Zielgerichtetes Handeln und damit Willen, bewußte Motivation, Wertorientierung und zugehöriges Denken, Gesundheit und Normalität wurden von ihm in das psychoanalytische Theoriegebäude eingebracht.

Von dieser Zeit an interessierten sich psychoanalytische Forscher nicht mehr nur für die in psychoanalytischer Behandlung zu gewinnenden Informationen über psychopathologische Phänomene und Zusammenhänge, sondern engagierten sich stark in der psychoanalytischen Erforschung der normalen lebenslangen Entwicklung von der Mutter-Baby-Beziehung bis zum hohen Alter. Aus dieser Perspektive ergab sich auch ein neues Verständnis der psychoanalytischen Beziehung als einer therapeutischen. Weiss sah im psychoanalytischen Patienten nicht mehr in erster Linie ein hilfloses Opfer unbewußter für ihn undurchschaubarer Prozesse wie des „Wiederholungszwanges", sondern einen Erwachsenen, der sich in eine psychoanalytische Beziehung begibt, um seine aus der bisherigen Entwicklung resultierenden pathologischen Überzeugungen, Erwartungen und Verhaltensweisen zu entkräften, und der hofft, aufgrund der erwarteten heilsamen Erfahrung innerhalb der psychoanalytischen Beziehung künftig gesünder leben zu können (Weiss & Sampson 1986).

Diese Linie, pathologische Folgen unbewußter Prozesse mit den gesunden Ich-Anteilen der Person in Beziehung zu setzen und menschliche Entwicklungen und Schicksale aus diesem umfassenden Zusammenhang psychoanalytisch zu verstehen, führte weiter zu einer neuen Würdigung der Bedeutung der Übertragungsanalyse als des zentralen Instruments und Verfahrens der Psychoanalyse (Gill 1996).

Gill hat gezeigt, daß der originelle Beitrag der Psychoanalyse zum Verständnis und zur therapeutischen Beeinflussung menschlichen Erlebens und Verhaltens in der Analyse der Übertragung besteht mit dem Ziel, dem Analysanden zur Distanz gegenüber seinem bisherigen Beziehungserleben und Beziehungsverhalten zu verhelfen. Dies setzt voraus, daß dem Analysanden im ersten Schritt die (pathologische) Eigenheit seines Beziehungserlebens und -verhaltens im psychoanalytischen Prozeß bewußt wird (so daß er sich bewußt damit auseinandersetzen kann). Im zweiten Schritt kann dann der Analysand ausdrücklich überprüfen, ob er seine bisherigen Beziehungserwartungen, Überzeugungen und Verhaltensweisen aufgrund der neuen Erfahrung in der psychoanalytischen Beziehung ausdrücklich weiter aufrechterhalten oder durch andere - bessere, gesündere - ersetzen will (Auflösung der Übertragung). Dies setzt wiederum voraus, daß er innerhalb der psychoanalytischen Beziehung solch bessere, gesündere Erfahrungen macht (Diskrepanzerleben), was bei einer beständigen Atmosphäre von Machtkämpfen schwer denkbar ist.

Gill hat in diesem Zusammenhang auch die (wissenschaftstheoretisch korrekte) Auffassung ausgearbeitet, daß Übertragung ein interaktionelles Phänomen ist, d.h. Eigenart und Ausprägung des Übertragungserlebens und -verhaltens des Analysanden wesentlich mitbestimmt werden vom Verhalten des Analytikers. Dies wiederum hängt von der persönlichen Form ab, wie er seine Tätigkeit fachlich versteht und konkret in der Beziehung ausübt.

Schließlich hat Gill (1984) seine mehr oder minder implizite Kritik der esoterischen Psychoanalyse durch eine Thematisierung iatrogen forcierter Regression, d.h. vom Analytiker ausdrücklich aus bestimmten fachlichen Überzeugungen verstärkter Regression, abgerundet, und zwar im Zusammenhang einer Erörterung des Unterschieds von Psychoanalyse und Psychotherapie, d.h. esoterischer und exoterischer Psychoanalyse in unserer Terminologie. Er hat damit eine Selbstverständlichkeit der psychoanalytischen Tradition in Frage gestellt, nämlich daß konsequente langwierige vom Analytiker durch sein professionelles Verhalten induzierte und forcierte Regression heilsam sei. Damit ist ein Axiom der esoterischen Psychoanalyse in die Niederungen empirischer Erforschung, klinischer Überprüfung und Diskussion gerückt und der Stigmatisierung der exoterischen Psychoanalyse durch prinzipielle Vermutung ihrer Mangelhaftigkeit der Boden entzogen worden.

Empirische Forschung über psychoanalytische Langzeittherapien fehlt bisher fast völlig (Grawe et al. 1994; 171ff., Henry, Strupp et al. 1994). In Deutschland werden erst jetzt Forschungsprojekte bezüglich ambulanter langfristiger psychoanalytischer Therapien initiiert. Zudem verweisen die bisherigen empirischen Befunde darauf, daß die meisten psychoanalytisch orientierten Psychotherapien im kurz- und mittelfristigen Bereich liegen (so z.B. Luborsky et al. 1988, 10; Kächele 1990). Auch das stützt die Vermutung, daß besonders lange psychoanalytische Therapien keineswegs besonders erfolgreich sind und daß sich der gegebenenfalls schließlich erzielte Behandlungserfolg auch mit wesentlich geringerem Aufwand (niedriger Frequenz und damit Sitzungszahl) hätte erreichen lassen (Grawe et al. 1994, 185, Strupp 1992).

Der Befund, daß die meisten psychoanalytisch begründeten Psychotherapien heute im kurz- und mittelfristigen Bereich liegen, entspricht einem generellem Trend der Psychotherapie der letzten Zeit. Garfield & Bergin (1994a, 9) konstatieren in der Einleitung zur neuesten Ausgabe ihres Handbuchs einen sich fortsetzendem klaren Trend zu der Praxis relativ kurzer Formen von Psychotherapie. Während lange Zeit wirkungsvolle Psychotherapie als ein langwieriger Prozeß angesehen worden sei und Kurztherapie als dem Wesen nach oberflächlich, hätten sich die Standpunkte beträchtlich verändert. In der abschließenden Zusammenfassung von ihnen heißt es:" Es ergibt sich aus den Trends in der Psychotherapieforschung, daß fast alle Psychotherapie heute kurz ist. Das wurde teilweise durch ökonomische Faktoren diktiert, aber es ist auch durch die Tatsache beeinflußt, daß ziemlich viel Veränderung in einer viel kürzeren Zeit angeregt werden kann, als früher gedacht wurde." Forschungsbefunde belegen, „daß etwa die Hälfte der Psychotherapiepatienten signifikante Besserung nach 8 Sitzungen zeigt, daß die meisten Fälle innerhalb etwa 26 Sitzungen oder 6 Monaten wöchentlicher Therapie zu optimalen Ergebnissen führen und daß den schwierigen Fällen signifikant innerhalb eines Jahres geholfen werden kann. ... Wir müssen jedoch auch zugestehen, daß es therapieresistente Fälle gibt, wie gewisse Arten von Persönlichkeitsstörungen, die mehr als ein Jahr Behandlung erfordern oder sich als nicht behandelbar erweisen" (Bergin & Garfield 1994a, 826; vgl. auch Koss & Shiang 1994). Die intensive klinische und empirische Erforschung kurz- und mittelfristiger psychoanalytisch begründeter Therapien in den letzten 20 Jahren (vgl. zusammenfassend Luborsky et al. 1988, Luborsky 1984, 1988, Koss & Shiang 1994) hat zu bemerkenswerten Fortschritten und Klärungen geführt, deren Konsequenzen für Behandlungsmethodik und Therapeutenausbildung zu ziehen Aufgabe der Gegenwart und nächsten Zukunft sein sollte.

Die Kompetenz von Therapeuten, beobachtete (diagnostizierte) aktuelle Übertragung für die Beratung bzw. Therapie der Patienten in ihrer gegenwärtigen Lebenssituation nutzbar zu machen, ohne in einen ausdrücklich langwierigen Prozeß der Entwicklung und Auflösung einer „Übertragungsneurose" einzutreten, hat (nicht zuletzt aufgrund präziser Behandlungsmanuale bzw. -konzepte) enorm zugenommen. Voraussetzung dafür ist allerdings eine genaue Einstellung auf die gegenwärtige Lebenssituation des Patienten oder der Familie und auf die Behinderung seiner bzw. ihrer Lebensmeisterung durch überkommene pathologische Beziehungsmuster und Erwartungen. Erst aus den gesunden Motiven, bestimmte Lebensziele zu erreichen, ergibt sich für den Patienten oder die Familie eine entschiedene Bereitschaft, sich mit hinderlichen bisherigen Überzeugungen und Einstellungen auseinanderzusetzen. Für die Identifizierung der aktuellen Übertragung stehen heute verschiedene Methoden und Konzeptualisierungen zur Verfügung (vgl. Luborsky 1984, 1988; Strupp & Binder 1993; Weiss & Sampson 1986; Basch 1992, 1997; vgl. auch Arbeitskreis OPD 1996, 48ff.).

Die zweite wesentliche Klärung der letzten Jahre betrifft die Bedeutung der hilfreichen therapeutischen Beziehung für das Gelingen des psychotherapeutischen Prozesses (besonders Luborsky et al. 1988). Aus diesen Befunden läßt sich die Maxime ableiten, der Therapeut habe sich gegenüber dem Patienten so zu verhalten, daß der Patient die Überzeugung gewinnt und während des Prozesses aufrechterhält, der Therapeut verstehe ihn und könne ihm helfen. Dies impliziert die Anerkennung der zentralen Bedeutung suggestiv-therapeutischer Aspekte innerhalb psychoanalytisch begründeter Behandlungen. Zu dieser Konsequenz kommt auch Wallerstein (1986, 1990) in der Auswertung der umfangreichen Menninger-Studie über stationäre langfristige psychoanalytische Einzelbehandlungen. Er fand, daß suggestiv-therapeutische Methodenaspekte selbst in den ausdrücklich im engeren Sinne psychoanalytischen Psychotherapien eine beträchtliche Rolle spielten und daß die eher suggestiv-therapeutisch angelegten supportiven Therapien zu besseren und stabileren Behandlungsergebnissen führen, als vorher vermutet worden war. Damit ist der psychoanalytisch orientierte Therapeut gezwungen, sich mit Suggestion und suggestivtherapeutischen Behandlungsaspekten auseinanderzusetzen, einem weiteren Tabuthema der Psychoanalyse seit Freuds Abkehr von der Hypnose.

Diese Auseinandersetzung wird bisher weitgehend vermieden, und entsprechend vorsichtig, unsicher, halbherzig und konzeptionslos sind daher die Anleitungen zur aktiven Gestaltung der hilfreichen Beziehung, der unter Beweis zu stellenden Empathie und des in bestimmten

Behandlungssituationen für notwendig erachteten ausdrücklichen supportiven Intervenierens selbst in den neuesten Handbüchern der Psychotherapie, sofern überhaupt ausdrücklich darüber gesprochen wird. Selbst Luborskys Anweisungen und Beispiele in seinem Manual (Luborsky 1984 bzw. 1988) ist eine gewisse Umständlichkeit und Kargheit anzumerken. Und ein so erfahrener Praktiker der Krisenintervention und Psychotherapie wie Reimer sieht zwar klar die Notwendigkeit supportiver (suggestiver) Interventionen, allerdings nur unter bestimmten akuten Umständen innerhalb psychoanalytisch orientierter Therapien, hebt aber auch hervor, daß sich der diesbezüglich in der Regel nicht vorgebildete analytische Therapeut dadurch überfordert fühlen mag. „Denn der Spannungsbogen zwischen empathisch deutender tiefenpsychologischer Arbeit und dem direkten, sehr aktiven Vorgehen in der supportiven Psychotherapie ist groß (Reimer 1997; 49).

Der Erkenntnis- und Erfahrungsstand bezüglich Suggestion ist in den letzten Jahrzehnten durch verschiedene Beiträge gegenüber der Situation von vor 100 Jahren wesentlich verändert. Einmal ist durch die vergleichende Psychotherapieforschung seit langem klar, daß alle Psychotherapie von der Ausnutzung der Suggestionsbereitschaft lebt: Menschen in Bedrängnis reaktivieren die aus der Kindheit stammende Bereitschaft., Schutz bei Erwachsenen, Überlegenen zu suchen. Dies gilt natürlich gerade auch für die psychoanalytische Therapie, für die ja die Verarbeitungen der Eltern-Kind-Beziehung ein zentraler Fokus sind. Kinzel (1993) ist in einer dankenswerten Studie kürzlich der durchaus reichhaltigen, wenn auch bis heute wenig rezipierten Geschichte der Beziehungen zwischen Psychoanalyse und Hypnose nachgegangen. Darüber hinaus haben Pohlen & Bautz-Holzherr (1991, 1995) in eindringlichen Analysen gezeigt, daß Freuds ursprünglichem Ansatz Suggestion zugrunde liegt: Freuds Bestreben war, Patienten dazu zu verführen, sich auf die psychoanalytische Situation und damit auf die Konfrontation mit ihrer Erlebnisgeschichte, ihrer inneren Welt, einzulassen.

Schließlich sind die Möglichkeiten suggestiv-therapeutischer Einflußnahme durch den amerikanischen Hypnotherapeuten Milton Erickson wesentlich verfeinert und die Suggestivtherapie damit auf ein wesentlich anderes Kompetenzniveau gehoben worden, als es der deutschen Tradition entspricht (Haley 1996, Erickson, Rossi & Rossi 1994; Grinder & Bandler 1984, de Shazer 1989, Mohl 1994, 1996). Der Fortschritt besteht nicht nur in der Erweiterung und Verfeinerung des Repertoires zur Tranceinduktion, sondern vor allem in dem Gesichtspunkt der Ausnutzung (Utilisation) gerade auch der Symptomatik und der „Abwehr" des Patienten zur Mobilisierung der durch bewußte Instanzen blockierten unbewußten Potentiale (Ressourcen) des Patienten. „Hypnotische Suggestionen sind nur in dem Maße wirksam, in dem sie Funktionsweisen der natürlichen geistigen Mechanismen und Assoziationen, die schon im Patienten vorhanden sind, aktivieren, blockieren oder verändern. ... Um die Suggestion zu erleichtern, muß man lernen, effektiver zu kommunizieren". Die hypnotischen Kommunikationsformen Ericksons sind „Kommunikationskunstgriffe, die die Hervorrufung und Utilisation der eigenen Assoziationen, Potentiale und natürlichen Mechanismen des Patienten auf Wegen fördern, die gewöhnlich von Patienten als unwillkürlich erlebt werden. ... Der Utilisationsansatz zur Trance-Induktion ... und die Utilisation des von Patienten präsentierten Verhaltens und seiner Symptome als integraler Teil der Therapie ... gehören zu Ericksons originalen Beiträgen auf dem Gebiet der klinischen Hypnose" (Erickson, Rossi & Rossi 1994, 36ff.).

Über die unmittelbare Anwendung von Trance hinaus hat die diesem Ansatz eigenen Subtilität des Sicheinstellens der Therapeuten auf die Eigenheit und Mentalität der Patienten zwecks Mobilisierung von deren persönlichen Ressourcen die Entwicklung der Psychotherapie in den letzten Jahrzehnten sehr beeinflußt. Geht es doch dabei um die Ausschöpfung der Kompetenz der Therapeuten, Patientensysteme durch die Art der Kontakt- und Beziehungsgestaltung über ihre jeweiligen Blockaden hinweg zu einer günstigen Veränderung anzuregen. Die systemische Psychotherapie und damit auch die lösungsorientierten Verfahren sind von Ericksons Methoden der Ermöglichung von Wandel, Veränderung bestimmt (vgl. de Shazer 1989, 1992a, 1992b, Berg & Miller 1993, Walter & Peller 1996).

Im Mittelpunkt dieser Therapieansätze steht die Frage, wie Psychotherapeuten ihr Potential ausschöpfen können, Klienten (Einzelnen, Paaren, Familien oder Gruppen) zur Überwindung der ihre weitere persönliche Entwicklung behindernden Barrieren (Symptome, Eigenheiten) zu verhelfen. Entsprechend den Befunden der neueren Forschung über die Bedeutung der hilfreichen Beziehung setzt das einen kontrollierten, aber deutlichen (nicht halbherzig-zögerlichen) professionellen Einsatz persönlicher Kontakt- und Interventionsweisen voraus, die auf die Erlebnis- und Verhaltenseigenart des jeweiligen Klientensystems genau abgestimmt sein müssen. Erfolgreiche Psychotherapeuten verschiedenster Orientierung wußten das allerdings schon immer.

Das Neue der gegenwärtigen Situation liegt darin, daß eine elaborierte erprobte Behandlungsmethodik in der systemischen und lösungsorientierten Psychotherapie existiert, die für psychoanalytisch orientierte Therapien nutzbar gemacht werden kann, sofern analytisch orientierte Psychotherapeuten bereit sind, aus den Ergebnissen ihrer eigenen Forschung für Behandlungsmethodik und psychotherapeutische Ausbildung Konsequenzen zu ziehen und ihren üblichen mehr oder minder distanzierten, steifen, kargen Sprach- und Umgangsstil zugunsten einer professionell gesteuerten flexiblen direkten emotional modulierten Umgangsweise aufzugeben.

Weshalb psychoanalytisch vorgebildete Psychotherapeuten bisher davor zurückschrecken, die erforderlichen Konsequenzen aus den Befunden über den Stellenwert suggestiver bzw. supportiver Behandlungsmomente zu ziehen, muß kurz erörtert werden. Alle Ermunterungen, mit Patienten oder Klienten direkter, freier und zugleich zielgerichteter, präziser und „konkreter" umzugehen, sind so lange fruchtlos, wie nicht geklärt ist, was die Therapeuten hindert, in dieser Weise mit den Patienten umzugehen.

Der geschilderte mehr oder minder typische Sprach- und Umgangsstil analytischer Therapeuten hängst unmittelbar mit der vermeintlich fachlich erforderlichen Einseitigkeit ihres therapeutischen Blickes auf die unbewußten Hintergründe der Pathologie ihrer Patienten zusammen. Indem im psychoanalytischen Bereich der Psychotherapie bis heute (siehe Arbeitskreis OPD 1996) Diagnostik fast ausschließlich als Diagnostik der pathologischen Persönlichkeitsanteile verstanden wird, ist ein „negativer" Blick auf die Patienten programmiert, eine negative diagnostische Grundeinstellung, die verständlicherweise im Umgang mit den Patienten Vermittlungs- und Kommunikationsschwierigkeiten bereitet. Diese schlagen sich im geschilderten distanzierten Sprach- und Umgangsstil nieder. Auf diesen Hintergrund ist eine Bewältigung suggestiv-supportiver Interventionserfordernisse nur unzureichend, holperig, halbherzig, kurz: wenig überzeugend und damit wenig wirkungsvoll zu erwarten.

Zu der Originalität Ericksons gehört vor allem das Aufspüren der Ansatzpunkte für veränderungsfördernde Interventionen. Während sich gerade in neuerer Zeit Empathie im psychoanalytischen Lager sehr als Betroffenheit, d.h. sentimental zeigt, liegt dem suggestivtherapeutischen Ansatz Ericksons der methodisch geschulte Blick auf die Ressourcen des jeweiligen Patientensystems zugrunde, der den Therapeuten befähigt, sämtliche Äußerungen des Patienten unter dem Gesichtspunkt zu sehen, wie sie für dessen gesündere Weiterentwicklung nutzbar gemacht werden können. Erst damit wird der Anspruch der Diagnostik, Patientensysteme fortlaufend ganzheitlich in Hinblick auf Therapie zu erfassen, erfüllt.

Und ersichtlich ist eine dermaßen geleitete Form der Empathie unmittelbar therapieförderlich (operational) ohne das genannte psychoanalytische Kommunikationsproblem. Denn wenn ich Patienten vor allem in Hinblick auf ihre eigenen guten Absichten und Vorsätze, guten bisherigen Erfahrungen, erreichten Kompetenzen und ihre Entwicklungsmöglichkeiten beobachte und erlebe, kann ich mit ihnen frei kommunizieren, auch über ihre pathologischen Überzeugungen und Eigenarten.

Damit ist aber wiederum eine Bedeutungsverlagerung verbunden. Es geht dann nämlich nicht „zunächst und vor allem" um die Analyse der aktuell wirksamen Übertragung, wie in allen Formen der bisherigen psychoanalytischen Kurztherapie, sondern vorrangig um die Einstellung des Patientensystems auf Lösung durch Aktivierung der entsprechenden persönlichen Ressourcen. Nimmt man in dem geschilderten Sinne die Notwendigkeit suggestiv-supportiver Behandlungsaspekte ernst, dann wird Übertragungsanalyse auf diesem Hintergrund der primären Lösungsorientierung therapiedynamisch sinnvoll, präzisierbar und praktikabel - für beide Parteien der psychotherapeutischen Beziehung.

Die nachfolgenden Skizze einer lösungsorientierten psychoanalytisch-systemischen Behandlungsmethodik für kurz- oder mittelfristige Beratungen und Therapien stellt ein Konzept vor, daß die Vorzüge der psychoanalytischen Übertragungsanalyse mit den Vorzügen einer bestimmten suggestivtherapeutischen Umgangsweise mit Patienten integriert, um über diesen Synergieeffekt eine weitere Verbesserung psychotherapeutischen Handelns anzuregen. Die Darstellung konzentriert sich auf die Aufgaben und Ziele des Therapeuten innerhalb dieses Konzeptes. Einzelne Aspekte hat der Verfasser an anderer Stelle ausführlicher behandelt (Fürstenau 1994a). Weitere Informationen bietet die oben (s.S.93) zitierte Literatur. Wenn im folgenden von „Patienten" die Rede ist, ist eigentlich „Patientensystem" gemeint, also ggf. auch „Patientin", „Paar" oder „Familie". Wenn von „Therapeuten" geredet wird, ist „Therapeut" oder „Therapeutin" gemeint.

Die Rolle des Therapeuten in der lösungsorientierten psychoanalytisch-systemischen kurz- und mittelfristigen Psychotherapie

Erste Aufgabe des Therapeuten ist, sich dem Patienten als verstehender potentiell hilfreicher therapeutischer Partner darzustellen und damit den Patienten einzuladen, dem Therapeuten Vertrauen entgegenzubringen und Hoffnung auf den Erfolg der Therapie zu setzen. Das geschieht durch die Bekundung von Verständnis für alle affektiven Äußerungen des Patienten einschließlich seiner affektiven Reaktionen auf den Therapeuten, ohne ihn inhaltlich damit zu bestätigen. Es handelt sich um eine Solidarisierung mit seiner Befindlichkeit, so wie der Patient sie gegenwärtig erlebt. Weiter geschieht es dadurch, daß der Therapeut Interesse an der gegenwärtigen Lebenssituation des Patienten bekundet, die er möglichst genau kennenzulernen wünscht. Ziel dieser Interventionen ist, eine Auseinandersetzung des Patienten mit seiner gegenwärtigen Lebenssituation als Aufgabe und Herausforderung unter Berücksichtigung sowohl seiner pathologischen Überzeugungen, der Übertragung, als auch seiner Lösungsressourcen und gesunden Ich-Anteile einzuleiten.

Zweite Aufgabe des Therapeuten ist ein positiv konnotierender Umgang mit der Symptomatik des Patienten und die Herausarbeitung des Musters seines bisherigen Beziehungsverhaltens anhand reportierter Informationen und des Behandlungsverhaltens (der Übertragung) in einer zur Distanzierung einladenden Form. Mit positiver Konnotation (Umdeutung) der Beschwerden und Eigenheiten des Patienten einschließlich seines Verhaltens gegenüber dem Therapeuten ist deren Verständnis als adaptiv zur Zeit ihrer Entstehung gemeint. Die entsprechenden Interventionen sprechen von der seinerseits bestmöglichen Lösung unter Einbeziehung der jeweils bereits bekannten Informationen. Ziel ist, der negativen Selbsteinschätzung des Patienten entgegenzuwirken (Selbstwertstärkung), das Muster der Übertragung für den Patienten bewußt verfügbar zu machen und zugleich durch Zeitrelativierung („damals bestmöglich") eine emotionale und kognitive Distanzierung des Patienten von diesem Interaktionsmuster einzuleiten. Die ausdrückliche Herausarbeitung des Beziehungsmusters, das den Beschwerden, Eigenheiten und Problemen zugrunde liegt, stellt den ersten Schritt der Übertragungsanalyse nach Gill (1996) dar.

Für den Therapeuten ergibt sich aus diesen Operationen zweierlei: Vor welcher in der gegenwärtigen Lebenslage des Patienten anstehenden Aufgabe, d.h. vor welchem Entwicklungsschritt, schreckt der Patient zurück? Und: Zu welcher früheren Bewältigungsposition (Entwicklungsstufe) regrediert der Patient mit der Produktion oder Verstärkung seiner Symptomatik? Geht er z.B. auf eine bestimmte adoleszente Position zurück oder auf eine bestimmte Stufe später oder früher Kindheit? Die Beantwortung dieser beiden Fragen gibt dem Therapeuten eine Orientierung über das im einzelnen mit dem Patienten noch auszuhandelnde Behandlungsziel und über das gegenwärtige Entwicklungsniveau des Patienten, auf das sich der Therapeut im Umgang mit ihm einzustellen hat.

Dritte Aufgabe des Therapeuten ist die ausdrückliche Hinlenkung des Patienten auf die ihm eigene Lösung seiner Probleme und Schwierigkeiten, die Stimulierung von sinnlich konkreten Vorstellungen über das Verhaltensziel, das der Patient erreichen möchte, und über konkrete beobachtbare Kriterien, woran die Umgebung des Patienten und er selbst merken werden, daß er seine Probleme gelöst hat (vgl. de Shazer 1989, 116ff., 1992a, 20ff.).

Das Behandlungsziel muß im Kompetenzbereich des Patienten liegen, situationspezifisch und konkret sowie mit seinen Werten und Loyalitäten verträglich sein. Ist das zunächst nicht der Fall, müssen Ziel oder Beziehungskonstellationen bzw. Wertorientierungen so modifiziert werden, daß Verträglichkeit erreicht wird. Der Therapeut regt den Patienten an, Ziel und Kriterien so plastisch situativ auszuphantasieren, als ob das Ziel schon erreicht wäre. Dem liegt die psychologische Beobachtung zugrunde, daß sinnlich konkret entwickelte plastische Zielphantasien unbewußt eine ähnlich motivierende und steuernde Wirkung entfalten können wie die bisherigen erfahrungsbedingten Einstellungen und Verhaltensweisen. Für die Stimulierung dieser Zielfindungsaktivität stehen dem Therapeuten verschiedene Techniken zur Verfügung (Walter & Peller 1996, 99ff., Berg & Miller 1993, 52ff.).

Ergibt sich in den ersten Kontakten mit dem Patienten, daß seine Beschwerden oder Probleme mit Bezugspersonen zusammenhängen, mit denen er entweder eng verbunden ist oder zusammen lebt, empfiehlt es sich, diese Bezugspersonen (Partner, Eltern, Kinder) möglichst früh in die Behandlung einzubeziehen und die geschilderten Schritte der Behandlungseinleitung auf das Partner- oder Familiensystem zu beziehen statt auf eine Einzelperson (vgl. Berg 1995). „Übertragung" meint dann das Muster der pathologischen Überzeugungen, Einstellungen und Verhaltensweisen, die das Paar oder die Familie bisher hindern, gesündere Umgangsformen und Möglichkeiten der Lebensmeisterung zu entwickeln. Auch für Paare und Familien gilt, daß sie ggf. vor bestimmten anstehenden Aufgaben der Lebensbewältigung zurückschrecken und auf bestimmte frühere Positionen regredieren.

Da sämtliche psychogenen Beschwerden und Probleme, die als individuelle (intrapsychische) von Patienten verstanden und deklariert werden, zugleich eine interpersonelle Seite haben, die für Entstehung und Aufrechterhaltung bestimmend ist, ist in den meisten Fällen ein gemeinsames Behandlungssetting (Paar-, Familienberatung und -therapie) das für verändernde Einflußnahme günstigste. In vielen Fällen suchen ja jetzt auch schon Paare und Familien von Anfang an eine gemeinsame Beratung oder Therapie. Paar- oder Familientherapie ist gerade für stärker regredierte (gestörte) Patienten indiziert, da sie in der Regel enge pathologische Arangements mit ihren Partnern und diese mit ihnen entwickelt haben. Leben solche Patienten isoliert und allein, ist oft ein gruppentherapeutisches Setting indiziert. Nur wenige Patienten, nämlich nicht gruppenfähige alleinlebende, solche, bei denen es nur um eine Krisenintervention oder Beratung geht und schließlich Patienten, deren Partner sich beharrlich weigern, an der Therapie teilzunehmen, sind Kandidaten für das einzeltherapeutische Setting.

Entscheidend für die Settingwahl sind jedoch nicht in erster Linie allgemeine Indikationskriterien, sondern die Einschätzung des Therapeuten, wie er dem betreffenden Patientensystem am ehesten meint helfen zu können (optimale Zugänglichkeit des Patientensystems für verändernde Interventionen; vgl. Fürstenau 1994a, 93ff., 105f,. 137ff.). Das setzt in den meisten Fällen zumindest einen Untersuchungskontakt mit dem Paar oder der Familie zwecks Abklärung voraus. Vor der eigenen Settingsempfehlung wird der Therapeut die Wünsche und Vorstellungen der Patienten sorgfältig auf ihre Angemessenheit prüfen und ggf. eine Überzeugungsarbeit auf sich nehmen, um mit dem Patienten oder dem Patientensystem zu einer einvernehmlichen Settingsentscheidung zu kommen. Dies gilt auch für die Fälle, in denen das komplexe Behandlungsangebot einer stationären oder teilstationären Behandlung oder die Kombination von Psychotherapie mit einer somatischen Therapie angezeigt ist.

Neben dieser Settingentscheidung sind am Ende der Einleitungsphase Dauer und Frequenz der Behandlung seitens des Therapeuten einzuschätzen und mit dem Patienten oder dem Patientensystem zu vereinbaren. Die hier präsentierte lösungsorientierte psychoanalytisch-systemische Behandlungskonzeption ist dem Ziel einer zügigen, straffen und damit auch ökonomischen Behandlungsführung verpflichtet. Dem liegt die auf Erfahrung beruhende Überzeugung zugrunde, daß den meisten Patienten mit einem begrenzten Behandlungsaufwand geholfen werden kann. Vor daher vermeidet der Therapeut jede Deklarierung, daß die Behandlung lange dauern würde (wie in vielen psychoanalytischen Therapien üblich), da dies zu entsprechenden Einstellungen und Erwartungen auf beiden Seiten der Behandlung führt (iatrogen induzierte lange Behandlungsdauer). Ebenso empfiehlt sich Vorsicht mit der Deklaration, daß die Behandlung besonders kurz sein würde, weil dies - zumindest in Deutschland - Patienten kränkt, sofern sie nämlich meinen, an besonders schweren Störungen zu leiden.

Ergibt sich aufgrund der ersten Behandlungskontakte das Bild einer klar umgrenzten Störung auf dem Hintergrund einer im übrigen intakten Persönlichkeit mit einer starken Motivation, die durch die Beschwerden bedingten Einschränkungen zu überwinden, kann der erfahrene Therapeut einen begrenzten Rahmen mit einer bestimmten Sitzungsanzahl vorgeben, da einigermaßen intakte und stark motivierte Patienten solchen Rahmen als Herausforderung zu nutzen verstehen und damit die Chance eines erfolgreichen Behandlungsabschlusses in begrenzter Zeit besteht. Oft ist es opportun, zunächst ein kurztherapeutisches Setting zu wählen, um die behandlungsdynamische Herausforderung dieses Rahmens zu nutzen, ohne daß damit schon ein definitives Ende der Behandlung fixiert sein müßte. Im Laufe der Behandlung kann dann ggf. die anfängliche Einschätzung nach gemeinsamer Auswertung revidiert werden und ein weiterer Block von Sitzungen vereinbart werden.

Der Verfasser meint jedoch das hier vorgetragene Behandlungskonzept noch anders. Er versteht die Behandlungsführung so, daß dauernd geprüft wird, wie weit noch Anlaß und Motivation zur Fortsetzung der Behandlung seitens des Patienten(systems) besteht. Vermißt der Therapeut Anlaß und Motivation zur Fortsetzung der Behandlung, ist dies eine Beobachtung, die zu klärenden diesbezüglichen Interventionen führt.

In der lösungsorientierten Psychotherapie gibt es die Empfehlung, jede Sitzung als erste und letzte anzusehen (Walter & Peller 1996, 167ff.), als ob sie die einzige wäre. Zur Ausschöpfung der Möglichkeiten der ersten Sitzung als häufig einziger regt das Buch „Single Session Therapy“

von Moshe Talmon (1990) an. Britische Psychotherapeuten experimentieren mit einem „Zwei plus Eins-Modell“: Zwei Sitzungen im Abstand einer Woche und eine weitere Sitzung drei Monate später (Barkham 1989, Shapiro, Barkam et al. 1990). Die Bemühungen im Brief Family Therapy Center Milwaukee, die erworbene klinische Erfahrung zur Reduktion der erforderlichen Sitzungsanzahl auf wenige Klientenkontakte zu nutzen, schildert de Shazer beeindruckend in seinem Buch „Der Dreh, Überraschende Wendungen und Lösungen in der Kurzzeittherapie“ (1992a).

Damit ist schon ein weiterer für die Frage der Behandlungsdauer relevanter Settingsgesichtspunkt angesprochen: die Behandlungsfrequenz. Da für die hier vorgestellte Behandlungskonzeption die Bewältigung von Aufgaben, die das Patientensystem im Intervall zwischen den Sitzungen erfüllen soll, ein wesentlicher Teil der Behandlung darstellt und da häufige Sitzungen zudem der Übernahme von Verantwortung seitens des Patientensystems wegen der Begünstigung von Regression eher entgegenwirken, empfiehlt sich eine möglichst niedrige Behandlungsfrequenz von ein bis höchstens zwei Sitzungen pro Monat im Regelfall. Nur bei akuten Zuständen wie Kriseninterventionen ist eine höhere Behandlungsfrequenz anfangs angezeigt. Bei dieser Grundorientierung ergibt sich eine niedrige Gesamtstundenzahl selbst bei Therapien, die sich über längere Zeit erstrecken. Auf diesem Wege können gerade schwerer gestörte Patienten, Erwachsene wie Jugendliche, Paare oder Familien über beträchtliche Zeit mit begrenztem Aufwand entwicklungsfördernd begleitet werden, sofern nötig.

Dem Umgang mit der Symptomatik innerhalb der Therapie liegt die Erwartung zugrunde, daß der Patient seine Symptomatik nur in dem Maße aufgeben kann, wie er positive Schritte, d.h. neue gute Erfahrungen, in Richtung auf die Erreichung seines Behandlungsziels mit Hilfe des Therapeuten machen konnte. Dem trägt der Therapeut Rechnung , indem er

1.) Verständnis für das Leiden des Patienten bekundet,
2.) das Drängen des Patienten auf schnelle Befreiung von Beschwerden und Problemen dämpft, indem er eine angemessene Zeitperspektive dafür vorgibt und davor warnt, die den Beschwerden zugrunde liegenden Verhaltensweisen und Einstellungen vorschnell aufzugeben („Sie sollten Ihre bisherige Haltung erst aufgeben, wenn Sie sicher sind, eine bessere Lösung gefunden zu haben“).
3.) regt der Therapeut den Patienten durch die Vereinbarung entsprechender Beobachtungs- und Verhaltensaufgaben an, bewußte Kontrolle über die bisher „spontan“ auftretende Symptomatik zu gewinnen. Zu diesem Zweck verschreibt er die Symptomatik bzw. die den Beschwerden zugrunde liegende Einstellung nach sorgfältiger Erkundung ausdrücklich unter Veränderung der Manifestationsumstände. Je nach der Eigenheit der Beschwerden des Patienten handelt es sich dabei um ein sehr unterschiedlich gestaltetes Interventionsinstrument (vgl. de Shazer 1992a, 115f., 1989, 38ff.). Diese Umgangsform mit der Symptomatik zielt darauf, die Ichfremdheit der Symptomatik zu überwinden und den strapaziösen fruchtlosen Kampf gegen die Symptomatik möglichst zu dämpfen. Gerade bei Patienten, die für eine nähere Problemerörterung wenig oder gar nicht zugänglich sind, ist eine symptomatische Besserung als erster Schritt am ehesten von Symptomverschreibung (paradoxer Intervention) zu erwarten.
4.) Veränderungsprozesse in Hinblick auf die Symptomatik können weiter erleichtert werden, indem der Patient veranlaßt wird, Lebensbereiche zu erkennen und zu benennen, in denen die bisherige Verhaltensweise weiterhin sinnvoll ist und nicht geändert werden sollte.
5.) gehört zum Repertoire des Umgangs mit der Symptomatik im weiteren Verlauf der Therapie die Rückfallvorhersage in dem Sinne, daß im Seelischen nach Freud nichts untergehe und der Patient jederzeit die Symptomatik wieder produzieren könne, wenn er sie als Warnsignal im Beziehungsfeld brauche.

Die dargestellte Umgangsweise mit der Symptomatik und ihrem interaktionellen Hintergrund macht deutlich, daß eine Veränderung der Befindlichkeit des Patienten in erster Linie vom Fortschritt der Annäherung an die Lösung erwartet wird. Eine vollständige Distanz von den bisherigen pathologischen Überzeugungen im Sinne der Übertragungsauflösung nach Gill (1996) ist erst mit der Festigung neuer angemessener Einstellungen und Verhaltensweisen zu erwarten, d.h. vom Fortschritt der Therapie in Richtung auf das Behandlungsziel, die persönliche Lösung des Patienten. An die Stelle der Konzentration auf das Durcharbeiten, die wiederholte Beschäftigung mit den traumatisierten Erfahrungen unter nur leicht variierten Umständen innerhalb der analytischen Situation tritt die Mobilisierung der je eigenen Lösungsressourcen des Patienten. Der Schwerpunkt der therapeutischen Arbeit von Patient und Therapeut liegt also in der schrittweisen Annäherung an das Behandlungsziel mittels Ressourcenmobilisierung und -entwicklung. Sofern der Patient in die aufgrund seines Lebensentwurfs anstehenden familiären, beruflichen und sonstigen Rollen und Funktionen dabei sozusagen hineinwächst, kann man auch von einem weiterentwicklungsfördernden Behandlungsverfahren sprechen.

Dieser ressourcenmobilisierende lösungsorientierte Teil des therapeutischen Prozesses setzt die mit der Einstellung des Patienten auf Lösung, auf sein persönliches Ziel, begonnene anfängliche Arbeit fort und benutzt die sinnlich konkrete Zielvorstellung als behandlunsdynamisches Steuerungsinstrument. Die dem Patienten eigenen Ressourcen zur Problemlösung werden mobilisiert, indem die Aufmerksamkeit des Patienten auf gegenwärtige oder frühere Situationen gelenkt wird (Beobachtungsaufgaben), in denen der Patient das betreffende Problem lösen konnte, weniger oder keine Beschwerden hatte, sich gut fühlte bzw. erfolgreich war. Das sind die „Ausnahmen" (vgl. Walter & Peller 1996, 115ff.). Durch Herausarbeiten des Musters der Ausnahmen (Lösung) wird dem Patienten die Diskrepanz zu dem Übertragungserleben und -verhalten deutlich (Diskrepanzerfahrung zwecks Distanzierung von der Übertragung). Zugleich ist damit eine weitere Selbstwertstärkung des Patienten verbunden.

Auf dem Hintergrund dieser Prozesse wächst die Bereitschaft des Patienten, neue Anläufe zur Meisterung der Aufgabe zu unternehmen, vor der er bisher zurückgeschreckt ist. Durch darauf bezogene der Eigenart des Patienten und dem Stand der Therapie genau angepaßte Verhaltensaufgaben und die sorgfältige Diskussion der dabei gemachten Erfahrungen wird der Patient zu weiteren Schritten der Annäherung an seine persönliche Lösung angeregt und ermuntert. Die jeweils erreichten Erfolge werden genau bestimmt, gewürdigt und damit gesichert. Mißerfolge erfordern eine genaue Analyse und die Vereinbarung neuer nächster Aufgaben. Weiter steht ein reiches Interventionsrepertoire, z.B. Konditionalfragen (Was wäre, wenn...) zur Verfügung, um den Patienten mit dem von ihm intendierten Lösungsverhalten innerlich, sinnlich, phantasiemäßig vertraut zu machen und damit Ängste und Schwierigkeiten zu überwinden (vgl. Walter & Peller 1996).

Auf diesem Wege können auch massive Blockaden aufgrund traumatischer früherer Lebenssituationen mit dem Lösungspotential von heute überwunden werden. Jedoch sind im Falle schwer traumatisierter Patienten, die an die Traumasituation fixiert sind, ausdrückliche Vorbereitungen erforderlich, um sicherzustellen, daß sich die Konfrontation mit der traumatischen Situation als heilsam erweist. Diese Vorbereitungen zielen darauf ab, daß der Patient sich der ihm heute zur Verfügung stehenden Ressourcen ausdrücklich versichert, bevor er sich innerhalb der Therapie der traumatischen Situation konkret erinnernd zuwendet. Dadurch soll erreicht werden, daß der Patient diese Situation distanziert und dosiert wiederbelebt, beobachtet und neu verarbeitet. Dem dienen Anleitungen, einen sicheren Ort und eine hilfreiche Person in der Kindheit zu identifizieren (Reddemann & Sachsse 1996) bzw. die Distanz erzeugende Suggestion, die traumatische Situation als Film wie im Kino zu vergegenwärtigen (Mohl 1996, 366ff.).

Motivation und Dynamik zur Überwindung der bisherigen pathologischen Einstellungen und Überzeugungen entspringen der Dringlichkeit und Plastizität der erstrebten persönlichen Lösung. Erst angesichts der erstrebten persönlichen Lösung wird die überkommene Übertragungskonstellation als Hindernis zur Erreichung des betreffenden Ziels präzis konkret erlebbar und in dem Maße, wie sie der persönlichen Lösung, dem nächsten Entwicklungsschritt, entgegensteht, für den Patienten zu einem zu überwindenden Problem. Die sich daraus ergebenden Bewältigungsschritte schließen die Distanzierung von der Übertragung im Sinne ihrer Auflösung ab.

Anzumerken ist, daß sich der vorgestellte lösungsorientierte psychoanalytisch-systemische Ansatz von einem traditionell-psychoanalytischen dadurch unterscheidet, daß gegenüber der Experteneinschätzung (der Expertendiagnostik) die Einschätzung des Patienten den Vorrang hat. Zum systemischen Denken gehört der Respekt vor der Autonomie des Patientensystems, das nicht nur über das Ziel, sondern auch über das Ausmaß der gemeinsam zu erreichenden Veränderung letzten Endes entscheidet. Dem Therapeuten verbleiben nichtsdestoweniger beträchtliche Einflußchancen, die er nutzt oder nicht.

Das skizzenhaft hier dargestellte Behandlungsverfahren ist in den verschiedensten Settings und Behandlungssituationen anwendbar: im Einzel-, Paar-, Familien-, Gruppensetting, in der stationären Psychotherapie, der psychosomatischen Grundversorgung und der kurz- oder mittelfristig angelegten tiefenpsychologisch fundierten Psychotherapie. Es kann somit mannigfaltig für die psychotherapeutische Versorgung nutzbar gemacht werden, sofern die Therapeuten in ihrer Ausbildung die nötige aktive „positive" Grundeinstellung zum Patienten und die nötigen Verstehens- und Interventionskompetenzen erworben haben. Nach den bisherigen klinischen Beobachtungen führt das vorgestellte Verfahren zu einer wesentlichen Verkürzung effizienter Therapie hinsichtlich der für den Therapieerfolg nötigen Sitzungszahl wegen der niedrigen Sitzungsfrequenz. Die zugrunde liegende Vorstellung ist die, daß der Patient zur Umsetzung der vereinbarten Beobachtungs- und Verhaltensaufgaben Zeit braucht.

Außerdem gehört zu dem Behandlungsverfahren eine entschiedene antiregressive Tendenz: dem Patienten möglichst schnell und weitgehend die Verantwortung für sein interaktionelles Verhalten zuzumuten und nur so viel Regression zu ermuntern, wie für eine vertrauensvolle Zusammenarbeit mit dem Therapeuten und die Auflösung der aktuellen Übertragung erforderlich ist. Ziel ist, den Patienten aus der regressiven Verstrickung in sein pathologisches Erleben und Verhalten und die damit verbundenen Enttäuschungserlebnisse möglichst schnell durch Stärkung des Selbstwertgefühls, durch Entlastung und Erfolgserlebnisse herauszuführen und ihm zu Selbststeuerung (Autonomie) und Eigenverantwortung auf einem gesünderen Niveau erwachsener Lebensmeisterung zu verhelfen. Dies gelingt durch eine konsequente Verknüpfung der psychoanalytischen Übertragungsanalyse mit originellen suggestivtherapeutischen Verfahren, die die Mobilisierung der persönlichen Lösungsressourcen des Patienten fördern. Die Kombination beider Therapieansätze in einem integrierten Konzept führt nach bisherigen Beobachtungen zu einer Wirkungssteigerung im Sinne eines Synergieeffektes.

Eine angenehme Nebenwirkung des Verfahrens ist die weitgehende Entlastung der Therapeuten von Machtkämpfen und sonstigen affektiven Verwicklungen mit den Patienten.

Literatur

Arbeitskreis OPD (Hg.): Operationalisierte Psychodynamische Diagnostik. Grundlagen und Manual. Bern, Göttingen, Huber, 1996

Barkham M: Exploratory Therapy in Two-plus-one Sessions. I: Rationale for a Brief Psychotherapy Model. Brit. J. Psychother. 1989, 6, 79-86

Basch MF: Die Kunst der Psychotherapie. Neueste theoretische Zugänge zur psychotherapeutischen Praxis. München, Pfeiffer, 1992

Basch MF: Kurzpsychotherapie in der Praxis, München, Pfeiffer, 1997

Berg IK: Familien-Zusammenhalt(en). Ein kurztherapeutisches und lösungsorientiertes Arbeitsbuch. Dortmund, Modernes Lernen, 2.Aufl. 1995

Berg IK, Miller SD: Kurzzeittherapie bei Alkoholproblemen. Ein lösungsorientierter Ansatz. Heidelberg, Auer, 1993

Bergin AE, Garfield SL (eds.): Handbook of Psychotherapy and Behavior Change. New York, Wiley, 4.ed. 1994

Bergin AE, Garfield SL: Overview, Trends and Future Issues. (1994a) In: Bergin & Garfield (1994), 821-830

Bion W: Attacks on Linking. In: Bion W: Second Thoughts. New York, Aronson, 1984, 93-109

Cooper AM: Hundert Jahre Psychoanalyse: Beginn der Reife. Psyche 1988, 42: 53-74

Cremerius J. Wenn wir als Psychoanalytiker die psychoanalytische Ausbildung organisieren, müssen wir sie psychoanalytisch organisieren! Psyche 1987, 41: 1067-1096

Cremerius J: Die hochfrequente Langzeitanalyse und die psychoanalytische Praxis. Utopie und Realität. Psyche 1990, 44: 1-29

Cremerius J: Einige Bemerkungen zu „Analyse und Analysieren im Spiegel einer empirischen Studie" von C. Nedelmann und R. Reiche. Psyche 1991, 45: 265-275

Erickson MH, Rossi EL: Hypnotherapie. Aufbau, Beispiele, Forschungen. München, Pfeiffer, 4.Aufl. 1997

Erickson MH, Rossi EL, Rossi SL: Hypnose, Induktion, Therapeutische Anwendungen, Beispiele. München, Pfeiffer, 4.Aufl. 1994

Etchegoyen RH: The Fundamentals of Psychoanalytic Technique. London, New York, Karnac, 1991

Freud A: Der wachsende Indikationsbereich der Psychoanalyse. In: Freud A: Schriften. Band V. München, Kindler, 1980, 1349-1367

Fürstenau P: Heidegger. Das Gefüge seines Denkens. Frankfurt/ M., Klostermann, 1958

Fürstenau P.: Zur Theorie psychoanalytischer Praxis. Psychoanalytisch-sozialwissenschaftliche Studien. Stuttgart, Klett, Cotta, 2.Aufl. 1992

Fürstenau P: Freuds „Wege der psychoanalytischen Therapie" - 75 Jahre später. Z. Psychosom. Med. Psychoanal. 1993, 39: 224-229

Fürstenau P: Entwicklungsförderung durch Therapie. Grundlagen psychoanalytisch-systemischer Psychotherapie. München, Pfeiffer, 2.Aufl. 1994a

Fürstenau P: Chancen der Professionalieserung durch den „Facharzt für psychotherapeutische Medizin", In: Gröninger S, Fürstenau P. (Hg.): Weiterbildungsführer Psychotherapeutische Medizin. München, Pfeiffer, 1994b, 39-53

Fürstenau P: Kurrikulum des Bereichs „Psychotherapie" mit Literaturliste als Modell einer sinnvoll organisierten Theorievermittlung in drei Schritten. In: Groninger S, Fürstenau P (Hg.): Weiterbildungsführer Psychotherapeutische Medizin. München, Pfeiffer, 1994c, 88-104

Garfield SL, Bergin AE: Indroduction and Historical Overview. In: Bergin & Garfield 1994, 3-18

Gedo JE: Beyond Interpretation. Toward a Revised Theory for Psychoanalysis. New York, Intern. Univ. Press, 1979

Gill MM: Psychoanalysis and Psychotherapy. A Revision. Intern. Rev. Psychoanal. 1984, 11: 161-179

Gill MM: Die Übertragungsanalyse. Theorie und Technik. Frankfurt/M., Fischer Taschenbuch, 1996
Gill MM: Psychoanalyse im Übergang. Eine persönliche Betrachtung. Stuttgart, VIP, Klett-Cotta, 1997
Grawe K, Donati R., Bernauer F: Psychotherapie im Wandel. Von der Konfession zur Profession. Göttingen, Bern, Hogrefe, 1994
Greenson RR: Technik und Praxis der Psychoanalyse. Band 1. Stuttgart, Klett-Cotta, 4.Aufl. 1986
Grinder J., Bandler R: Therapie in Trance,. Hypnose: Kommunikation mit dem Unbewußten. Stuttgart, Klett-Cotta 1984
Haley J: Die Psychotherapie Milton H. Ericksons. München, Pfeiffer, 4.Aufl. 1996
Hartmann H: Ich-Psychologie und Anpassungsprobleme (1939). Psyche 1960, 14: 81-164
Henry WP, Strupp HH, Schacht TE, Gaston L: Psychodynamic Approaches. In: Bergin AE, Garfield SL (1994), 467-508
Hinshelwood RD: Wörterbuch der kleinianischen Psychonanalyse. Stuttgart, VIP, Klett-Cotta, 1993
Hinshelwood, RD: Die Praxis der kleinianischen Psychoanalyse. Stuttgart, Klett-Cotta, 1997
Kächele H: Wie lange dauert Psychotherapie? Psychother., Psychosom., med. Psychol. 1990, 40: 148-151
Kernberg OF: Der gegenwärtige Stand der Psychoanalyse. Psyche 1994, 48: 483-508
Kinzel C: Psychoanalyse und Hypnose. Auf dem Weg zu einer Integration. München, Quintessenz, 1993
Koss MP, Shiang J: Research on Brief Psychotherapy. In: Bergin AE, Garfield SL (1994), 664-700
Kuhn TS: Die Struktur wissenschaftlicher Revolutionen. Frankfurt/M:, Suhrkamp 1967
Luborsky L: Principles of Psychoanalytic Psychotherapy. A Manual für Supportive-Expressive Treatment. New York, Basic Books, 1984
Luborsky L: Einführung in die analytische Psychotherapie. Ein Lehrbuch. (Unvollständige deutsche Ausgabe) Berlin, Heidelberg, Springer, 1988
Luborsky L, Crits-Christoph P, Mintz J: Who will benefit from Psychotherapy? Predicting Therapeutic Outcomes. New-York, Basis Books, 1988
Mohl A: Der Zauberlehrling. Das NLP-Lern- und Übungsbuch. Paderborn, Junfermann, 4.Aufl. 1994
Mohl A: Der Meisterschüler. Der Zauberlehrling II. Das NLP-Lern- und Übungsbuch. Paderborn, Junfermann, 1996
Morgenthaler F: Technik. Zur Dialektik der psychoanalytischen Praxis. Frankfurt/M., Syndikat, 1978
Nedelmann C, Reiche R: Analyse und Analysieren im Spiegel einer empirischen Studie. Psyche 1990, 44: 202-217
Pohlen M, Bautz-Holzherr M: Eine andere Aufklärung. Das Freudsche Subjekt in der Analyse. Ffm., Suhrkamp, 1991
Pohlen M, Bautz-Holzherr M: Psychoanalyse. Das Ende einer Deutungsmacht. Reinbek, Rowohlt Taschenbuch, 1995
Pulver SE: Erhebung über die psychoanalytische Praxis 1976. Tendenzen und Konsequenzen. Psyche 1984, 38: 63-82
Reddemann L, Sachsse U: Imaginative Psychotherapieverfahren zur Behandlung in der Kindheit traumatisierter Patientinnen und Patienten. Psychotherapeut 1996, 41: 169-174
Reimer C, Eckert J, Hautzinger M, Wilke E: Psychotherapie. Ein Lehrbuch für Ärzte und Psychologen. Berlin, Heidelberg, Springer, 1996
Rotmann M: Der Einfluß von Häufigkeit und Dauer der Sitzungen auf die Entwicklung eines kurativen psychoanalytischen Prozesses. Bull. Europ. Psychoanal. Föderation 1988, Nr.31: 151-164
Schafer R:; Die zeitgenössischen Kleinianer in London. Psyche 1997, 51: 338-357
Schmid R: Psychoanalytische Tätigkeit in der Bundesrepublik Deutschland. DGPPT-Praxisstudie. Hamburg DGPPT, 1988
Segal H: Melanie Klein. Eine Einführung in ihr Werk. München, Kindler, 1974
Shapiro DA, Barkham M, Hardy G, Morrison L: The second Sheffield Psychotherapy Project: Rationale, Design, and Preliminary Outcome Data. Brit. J. Med. Psychol. 1990, 63: 97-108
de Shazer S: Wege der erfolgreichen Kurztherapie. Stutttgart, Klett-Cotta, 1989
de Shazer S: Der Dreh. Überrraschende Wendungen und Lösungen in der Kurzzeittherapie. Heidelberg, Auer, 2.Aufl 1992a
de Shazer S: Das Spiel mit Unterschieden. Wie therapeutische Lösungen lösen. Heidelberg, Auer, 1992b
Strupp HH: Die klassische Psychoanalyse ist ein Auslaufmodell. Interview. Psychologie heute 1992, 19, H.6: 29-31
Strupp HH, Binder JL: Kurzpsychotherapie. Stuttgart, Klett-Cotta, 2.Aufl. 1993
Talmon M: Single Session Therapy. Maximizing the Effect of the First (and often only) Therapeutic Encounter. San Francisco, Jossey-Bass, 1990
Thomä H: Idee und Wirklichkeit der Lehranalyse. Ein Plädoyer für Reformen. I u. II. Psyche 1991, 45: 385-433 u. 481-505
Thomä H: Stellungnahme zum kritischen Kommentar H. Belands zu meinem Aufsatz „Idee und Wirklichkeit der Lehranalyse". Psyche 1992, 46: 115-144
Thomä H: Frequenz und Dauer analytischer Psychotherapie in der kassenärztlichen Versorgung. Bemerkungen zu einer Kontroverse. Psyche 1994, 48: 287-323
Thomä H, Kächele H: Lehrbuch der psychoanalytischen Therapie. Band 1: Grundlagen. Berlin, Heidelberg, Springer, 1985
Tschuschke V, Czogalik D (Hg.): Psychotherapie. Welche Effekte ändern? Zur Frage der Wirkmechanismen therapeutischer Prozesse. Berlin, Heidelberg, Springer, 1990
Wallerstein RS: Forty-two Lives in Treatment. A Study of Psychoanalysis and Psychotherapy. New York, London, Guilford, 1986
Wallerstein RS: Zum Verhältnis von Psychoanalyse und Psychotherapie. Wiederaufnahme einer Diskussion. Psyche 1990, 44: 967-994
Walter JL, Peller JE: Lösungsorientierte Kurztherapie. Ein Lehr- und Lernbuch. Dortmund, Modernes Lernen, 3.Aufl. 1996
Weiss J, Sampson H et al.: The Psychoanalytic Process. Theory, Clinical Observations and Empirical Research. New York, London, Guilford, 1986 (Deutsche Ausgabe in Vorbereitung)

Elisabeth Schramm

Interpersonelle Psychotherapie der Depression

Elisabeth Schramm

Interpersonelle Psychotherapie der Depression

Die Behandlung phasenhaft auftretender unipolarer Depressionen galt noch bis vor kurzem als Domäne pharmakologischer Therapie. Psychotherapeutische Verfahren wurden vor allem für schwere depressive Störungen weder als wirksam noch überhaupt als zulässig betrachtet. Mit der Entwicklung der Interpersonellen Psychotherapie (IPT) durch den amerikanischen Psychiater Klerman und seine Frau, Myrna Weissman (1984), liegt eine psychologische Depressionstherapie vor, die - wie wissenschaftlich belegt werden konnte - einer medikamentösen Standardbehandlung sogar schwerer ausgeprägter Depressionen nahezu gleichkommt (Elkin 1994).

Kurzbeschreibung

Bei der IPT handelt es sich um eine relativ junge Therapieform, bei der die gezielte Auseinandersetzung mit der depressiven Störung und die Bewältigung damit verbundener interpersoneller Schwierigkeiten im Vordergrund steht. Dahingegen ist die theoretische Orientierung an einer der traditionellen Therapieschulen für das therapeutische Vorgehen von untergeordneter Bedeutung. Die IPT arbeitet vielmehr schulübergreifend und integriert in systematischer Weise Techniken und Elemente verschiedener Therapierichtungen mit eigenen spezifischen Strategien zu einem biopsychosozialen Vorgehen. Obwohl theoretische Bezüge des Verfahrens auf die interpersonelle Schule Sullivans zurückgehen, beruht es in erster Linie auf empirischen Befunden, beispielsweise aus der Life-event und der Social-support-Forschung sowie der Bindungsforschung (Überblick bei Schramm 1996; Paykel & Cooper 1992). Unter Nutzung wissenschaftlicher Erkenntnisse, neuer diagnostischer Konzepte und Therapieerfahrung mit Depressiven verfolgten die Begründer der IPT in erster Linie das Ziel, eine möglichst wirksame psychologische Depressionstherapie zu entwickeln, die sich im Rahmen einer Studie mit antidepressiver Medikation vergleichen ließ. Dazu war es nötig, die therapeutische Vorgehensweise auf die spezifischen Eigenheiten depressiver Störungen zuzuschneiden, sie in einem Manual festzulegen (Klerman et al. 1984; dt. Version: Schramm 1996), und die Durchführungsdauer mit der einer pharmakologischen Therapie vergleichbar zu halten. So entstand innerhalb eines Forschungskontextes eine strukturierte Kurzzeittherapie mit 12 bis 20 wöchentlichen Einzelsitzungen für ambulante depressive Patienten. Die beschränkte Dauer impliziert, daß der Behandlungsschwerpunkt im „Hier und Jetzt" liegt, also auf der Bearbeitung gegenwärtiger interpersoneller Probleme. Orientiert am medizinischen Krankheitsmodell kann die Therapie mit oder ohne begleitende Medikation durchgeführt werden.

Theoretischer Hintergrund

Theoretische Bezüge gehen auf Adolf Meyer (1957) zurück, der mit seinem Konzept der Psychobiologie die amerikanische Psychiatrie wesentlich prägte. Meyer betrachtete, in seiner Sichtweise entscheidend von Darwin beeinflußt, psychische Störungen als mißlungenen Versuch des Individuums, sich an veränderte Umweltbedingungen, und dabei insbesondere an psychosoziale Stressoren anzupassen. Das Anpassungsverhalten des Patienten sah er als geprägt von frühen Erfahrungen in der Familie und in anderen sozialen Gruppen.

Meyers Ansatz wurde von einem seiner Schüler, Harry Stack Sullivan (1953), erweitert und ergänzt, indem dieser die gesamte Psychiatrie als Wissenschaft interpersoneller Beziehungen auffaßte - konträr zu Freuds Konzept der sexuellen Triebe und intrapsychischen Konflikte als Grundlage für Psychopathologie. Der Mensch wird sowohl von Meyer als auch von Sullivan in erster Linie in seinen Beziehungen zu anderen gesehen. Sullivan gilt als der bekannteste Vertreter der interpersonellen Schule, die zwischen den 30er und 40er Jahren in Washington gegründet wurde. Von der Neopsychoanalyse herkommend, wie andere Begründer und führende Vertreter der interpersonellen Schule (z.B. Mabel Blake Cohen, Frieda Fromm-Reichmann, Erich Fromm, Karen Horney), wies Sullivan fundamentale analytische Konstrukte wie das Unbewußte oder die Bedeutung früher Kindheitserfahrungen nicht zurück, legte jedoch den Behandlungsschwerpunkt auf zwischenmenschliche, soziale oder familiäre Faktoren. Eine ausführlichere Beschreibung der Vorläufer, Entwicklung und Konzepte der interpersonellen Schule findet sich bei Klerman et al. (1984).

Der interpersonelle Ansatz nach Klerman und Weissman steht allerdings in einer relativ losen Beziehung zu Sullivans therapeutischem Vorgehen bzw. der traditionellen, psychodynamisch ausgerichteten interpersonellen Schule. Wie bereits erwähnt, orientierten sich Klerman und Weissman bei der Entwicklung der IPT hauptsächlich an empirischen Befunden bzw. an der Beobachtung, daß es einen entscheidenden Zusammenhang zwischen ineffektivem Umgang mit interpersonellen Belastungen und dem Auftreten einer depressiven Episode gibt. Das heißt, daß jede Depression unabhängig von ihren komplexen Ursachen in einem psychosozialen Kontext entsteht, beispielsweise im Rahmen eines aktuellen zwischenmenschlichen Konflikts und sich eben dort abspielt. Die Begründer der IPT gehen davon aus, daß das Erfassen und Verändern dieser Zusammenhänge depressionslindernde und möglicherweise prophylaktische Wirkung hat.

Gemäß dem Konzept der IPT sind drei Prozesse an der Depressionsentstehung beteiligt, nämlich die Symptombildung, die zwischenmenschliche und soziale Konstellation und die Persönlichkeitsfaktoren. Aufgrund der kurzen Behandlungsdauer und des problemorientierten Vorgehens versucht die IPT, nur auf der Ebene der Symptome und der interpersonellen Dysfunktionen zu intervenieren und nicht auf der Ebene der situationsüberdauernden Persönlichkeitsaspekte.

Empirische Absicherung

Trotz des relativ jungen Alters der IPT ist sie sowohl als Akut- als auch als Erhaltungstherapie schon recht umfassend untersucht und weist laut Grawe (1994) eine überdurchschnittliche Effektstärke auf. Sie zählt heute zu den wirksamsten psychologischen Depressionstherapien. Die Qualität der Arbeiten zur IPT ist bis auf wenige Ausnahmen als sehr anspruchsvoll zu bezeichnen. Sie wurde als Einzelbedingung, im Vergleich zu oder in Kombination mit medikamentöser Therapie an meist großen Stichproben überprüft. Bis auf eine Ausnahme wurde die IPT in allen Studien an ambulanten depressiven Patienten untersucht.

In den 70er Jahren führte die Arbeitsgruppe um Klerman und Weissman mehrere Studien durch (Klerman et al. 1974; Weissman et al. 1979), die die Überlegenheit der IPT gegenüber unspezifischer psychotherapeutischer Behandlung zeigte. Die Untersuchung, die der IPT jedoch zum Durchbruch verhalf, war die Multicenterstudie des National Institute of Mental Health (Elkin 1989, 1994). Bei diesem Projekt handelt es sich um die aufwendigste Psychotherapiestudie mit der bisher umfassendsten Stichprobe. 250 akut depressive Patienten wurde auf die Behandlungen „IPT", „Kognitive Verhaltenstherapie (KVT)", „Imipramin und Clinical Management" und „Placebo und Clinical Management" randomisiert. Unter „Clinical Management" sind bis zu 30minütige, unterstützende und in erster Linie auf die Medikation bezogene Gespräche mit einem erfahrenen Psychiater zu verstehen. Man könnte hier durchaus von einer minmalen supportiven Therapie sprechen (Elkin 1994). So verwundert es auch nicht, daß die Patienten in allen Behandlungsbedingungen (auch in der sog. Placebo-Gruppe) eine signifikante Reduktion der depressiven Symptome sowie eine Verbesserung des psychosozialen Funktionsniveaus über den Behandlungsverlauf zeigten. Über zwei Drittel der Patienten waren bei Behandlungsende symptomfrei. In einer zweiten Analyse erwies sich die IPT als einzige Psychotherapie sogar bei der Gruppe der schwer Depressiven (Hamilton-Wert größer/gleich 20) der Placebo-Behandlung als überlegen und der medikamentösen Therapie als nahezu gleichwirksam. Außerdem wies die IPT-Bedingung die niedrigste Rate von Therapieabbrüchen auf. Von den Ergebnissen des naturalistisch erhobenen 18-Monats-Follow-up dieser Untersuchung war man allerdings ziemlich ernüchtert (Shea et al. 1992). Man mußte feststellen, daß die 16-wöchige Akutbehandlung für die meisten Patienten nicht ausreichte, um ganz zu genesen und diesen Zustand länger als 18 Monate beizubehalten. Nur 24% der Patienten remittierten vollständig und erlitten keine neue Episode. Zwischen den Therapiebedingungen zeigten sich hierbei keine signifikanten Unterschiede. Aus diesen Ergebnissen leitete sich die Notwendigkeit für längfristigere Erhaltungstherapien ab.

In einer Untersuchung von Ellen Frank und ihrer Arbeitsgruppe in Pittsburgh wurde deswegen die Wirksamkeit der IPT als sog. maintenance- oder Erhaltungtherapie über einen Zeitraum von 3 Jahren überprüft (Frank et al. 1990). Auch diese Studie ist hinsichtlich ihres Aufwands und ihrer Qualität als bisher einzigartig für den Bereich der Psychotherapieforschung zu bezeichnen.

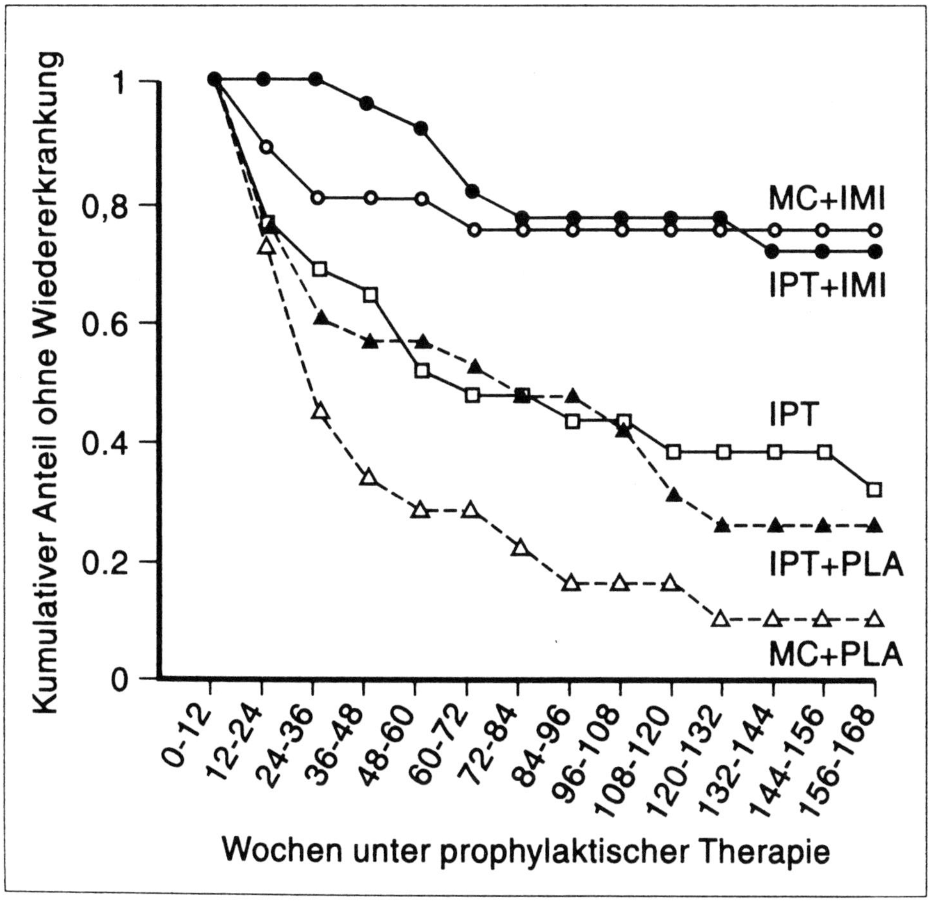

Abbildung 1

Behandlungserfolg der verschiedenen rezidivprophylaktischen Bedingungen in der Studie von Frank et al., (1990a). Nach: Frank E., Kupfer D., Perel J., Cornes C., Jarret D., Malliner A., Thase M., Mc Eachran A., Grochoncinski V. Three-year outcomes for maintenace therapies in recurrent depression. Arch Gen Psychiatry 1990a; 47: 1097

IMI = Imipramin

PLA = Placebo

MC = Medication Clinic (ärztliche Gespräche)

IPT = Interpersonelle Psychotherapie

In einem fünfarmigen Design wurde die Wirksamkeit von „Imipramin plus IPT" mit „Imipramin plus medication clinic (MC = ärztliche Gespräche)", „IPT alleine", „IPT plus Placebo" und „Placebo plus MC" bei 128 rezidivierenden Patienten verglichen. Die Therapiesitzungen wurden monatlich durchgeführt. Am erfolgreichsten hinsichtlich der Länge der phasenfreien Zeit schnitten die Bedingungen „Imi + IPT-M" und „Imi + MC" ab. Trotz der klinischen Überlegenheit der Kombinationsbehandlung erreichte der Effekt keine statistische Signifikanz. Bei der Interpretation der Ergebnisse ist außerdem zu berücksichtigen, daß Imipramin in der höchsten (150-300mg) und IPT in der niedrigsten „Dosis" verabreicht wurde, die bisher bei der Langzeittherapie untersucht wurde. Der dadurch erzeugte Deckeneffekt erklärt möglicherweise, warum keine signifikanten Unterschiede entstanden, wenn Imipramin mit IPT-M vs. nur mit Arztgesprächen kombiniert wurde. Diese Vermutung wird dadurch unterstützt, daß „IPT" und „IPT + Pla" signifikant wirksamer waren als „MC + Pla", die sich als die am wenigsten wirksame Maßnahme herausstellte. Hauptergebnis hinsichtlich der IPT war, daß die rückfallfreie Zeit nach Absetzen der Medikation signifikant und positiv mit der minimalen Fortsetzung der interpersonellen Psychotherapie korrelierte. Patienten, die IPT-M erhielten, blieben fast doppelt solange ohne erneute Episode wie Patienten, die mit Placebo und ärztlichen Gesprächen behandelt wurden (siehe Abb. 1). Eine integre bzw. spezifische Durchführung der IPT-M, d.h. wenn sich der Therapeut eng an das im Manual beschriebene Vorgehen hielt, und wenn Patient und Therapeut den interpersonellen Fokus über die Behandlungsdauer beibehalten konnten, ging mit einer deutlichen Verlängerung der phasenfreien Zeit nach Absetzen der Medikation einher (Frank et al. 1991).

Untersuchungen zur Erforschung der Wirkmechanismen der IPT und ihrer Prozeßmerkmale liegen erst vereinzelt vor (zus.f.: Schramm 1996). Die Ergebnisse dieser Untersuchungen weisen darauf hin, daß bei der IPT sowohl allgemeine als auch spezifische therapeutische Wirkfaktoren zum Behandlungserfolg beitragen, wobei die Ausprägung allgemeiner positiver Prozeßmerkmale stark mit der spezifischen Kompetenz eines Therapeuten bei der Durchführung der IPT korreliert (O'Malley et al 1988). Ebenso zeigten, wie bereits erwähnt, die Spezifität und Ausschließlichkeit interpersoneller Strategien und Elemente einen wichtigen Einfluß auf das Therapieergebnis (Frank et al. 1991).

Wie bei anderen effektiven Behandlungsformen wurde auch bei der IPT versucht, sie auf neue Anwendungsbereiche auszudehnen. Modifikationen beziehen sich auf die ursprünglich postulierte Zeitdauer (z.B. Erhaltungsform, Kurzberatung), auf die spezifische Störungsform (z.B. Eßstörungen, Dysthymie, bipolare Störungen) oder auf Patientencharakteristika (z.B. Jugendliche, Alterspatienten) und dienen dazu, die Behandlung spezifischer zu gestalten und dadurch die Wirksamkeit zu erhöhen. Die ersten Ergebnisse zu den modifizierten Formen sind sehr ermutigend. Davon ausgenommen sind lediglich die beiden Studien von Rounsaville und Kollegen (1983, 1985), in denen sich IPT bei der Behandlung von Opiat- bzw. Kokainabhängigen als nicht besonders erfolgreich erwies. Besonders überraschend erwies sich die Wirksamkeit der IPT für bulimische Patienten, die der der bewährten KVT ebenbürtig war. Vielversprechend, jedoch noch nicht vollständig überprüft, zeigte sich die IPT bei jugendlichen Depressiven sowie bei depressiven Alterspatienten, bei Dysthymien und HIV-positiven depressiven Patienten. Auch in Beratungsform für leicht Depressive und als Paartherapie hat sich IPT bewährt (Überblick bei Klerman & Weissman 1993; Schramm 1996).

Durchführung

Der Behandlungsablauf ist inhaltlich klar strukturiert und in einem Manual (Klerman et al, 1984; dt. Version: Schramm, 1996) beschrieben. Der therapeutische Prozeß gliedert sich in drei Abschnitte, die jeweils für die Behandlung der depressiven Störung eine ganz bestimmte Funktion aufweisen (siehe Tab. 1).

Der Gesprächsstil in der IPT ist insgesamt am ehesten an den psychodynamischer Therapien angelehnt. Hier ist der Einfluß Sullivans deutlich spürbar, denn insbesondere die Exploration stellt eine wichtige Säule der IPT dar. Die zeitliche Begrenzung des Ansatzes darf nicht dazu verleiten, einen Plan zu formulieren oder gar überstürzt in die direkte Handlung zu gehen bevor sorgfältig exploriert und der emotionale Anteil geklärt wurde. Erst wenn der Fokus klar erkennbar wird, erfolgen in relativ rascher Abfolge die entsprechenden Interventionen. Diese Art des Vorgehens ist in jedem Behandlungsabschnitt zu erkennen.

In der Anfangsphase (1. bis ca. 3 Sitzung) wird zunächst vorwiegend exploriert, um die Beschwerden des Patienten als depressive Störung einordnen zu können und um Zusammenhänge zwischen dem interpersonellen Geschehen

Therapie-phasen	Sitzungen	Ziele	Inhalte/Strategien	Therapeutenrolle	Optionale Maßnahmen
Anfangs-phase	1 - 3	• Die Depression als Erkrankung begreifen • Entlastung • Hoffnungsvermittlung • Informations-gewinnung • Symptombewältigung	• Symptome erheben, Diagnose stellen • Dem Patienten die Depression als Krankheit erklären, Zuteilen der Krankenrolle • Notwendigkeit einer medikamentösen Behandlung abklären • Die Depression in einen interpersonellen Kontext bringen (inkl. Beziehungsanalyse) • Problembereiche identifizieren • IPT-Konzept erklären • Behandlungsvertrag schließen	aktiv, unterstützend, ermutigend explorativ, psychoedukativ	• anti-depressive Medikamente • Miteinbe-ziehen der Angehörigen
Mittlere Phase	4 - 13	Fokus: Rollenwechsel • Betrauern und Akzeptieren des Verlustes der alten Rolle • Positivere Sichtweise der neuen Rolle • Wiederherstellen des Selbstwertgefühls	• Die Symptome der Depression in Bezug setzen zu den Schwierigkeiten bei der Bewältigung der aktuellen Veränderung im Leben des Patienten • Positive und negative Aspekte alter und neuer Rollen besprechen • Gefühle bezüglich des Verlustes und der Veränderung selbst explorieren • Möglichkeiten innerhalb der neuen Rolle abklären • Das Ausmaß des Verlustes realistisch einschätzen • Zur angemessenen Äußerung von Gefühlen ermuntern • Zum Aufbau eines sozialen Stützsystems und neu benötigter Fertigkeiten ermutigen	geteilte Verant-wortung für die Therapie, Hilfe bei der Fokussierung, unterstützend bei der Selbst-offenbarung, explorierend, klärend, Hilfe bei der Bewältigung	• Mitein-beziehen eines Sozial-arbeiters
Abschluß-phase	14 - 16	• Angemessener Umgang mit dem Abschiedsprozeß • Stärkung d. Autonomie • Vorbereitung auf die Zukunft • Rückfallprophylaxe	• Gefühle bezüglich des Abschlußes der Therapie ausführlich besprechen • Dem Patienten seine autonomen Kompetenzen bewußt machen, Fortschritte zusammenfassen • Besprechen von Risikofaktoren und typischen Frühwarnzeichen der Depression • Zukunftsplanung	Zum Ausdruck der Gefühle ermuntern, unterstützend, ermutigend, positive Bestätigung	• Erhaltungs-therapie • Weiter-behandlung, z.B. bei spezialisier-ter Fachkraft

Tab. 1 Ziele, Techniken und Strategien in den drei Phasen der IPT am Beispiel Rollenwechsel

und der depressiven Episode zu erkennen. Die Symptomatik wird systematisch erfragt, so daß damit das Rational für das Zuteilen der Krankenrolle und das Symptommanagement geschaffen wird. Der Patient soll erkennen, daß die von ihm häufig als unzusammenhängend oder diffus empfundenen Beschwerden alle Teil des Krankheitsbildes der Depression darstellen. Dadurch soll er in der Lage sein, ein klares Konzept über die Störung zu erhalten, das im weiteren Verlauf durch die Einbettung in den interpersonellen und psychosozialen Kontext noch erweitert wird. Mit Hilfe gezielter Informationsvermittlung über die Eigenheiten und Behandlungsmöglichkeiten der Erkrankung soll der Patient unterstützt und ermutigt werden. Der Aufbau von Hoffnung ist in diesem Behandlungsabschnitt eine entscheidende Aufgabe des Therapeuten. Genauso wichtig ist jetzt auch eine Entlastung des Patienten. Denn häufig wird die Störung als persönliche Schwäche erlebt und ist deswegen von Gefühlen der Schuld, Scham und Wut begleitet. Diese Gefühle führen zu einer weiteren Verschlimmerung des Zustands. Wenn der Patient seine Symptome und Beeinträchtigungen als Erkrankung begreift, ermöglicht diese Erkenntnis meist eine konstruktive Auseinandersetzung mit den Beschwerden. Außerdem erleichtert das Krankheitskonzept den Umgang mit den Angehörigen, die bei der Aufklärung möglichst miteinbezogen sein sollten, um ein besseres Verständnis der Depresssion zu erhalten. Der Informationsvermittlung folgen Strategien zum Symptommanagement, indem bespielsweise eine antidepressive Gestaltung des Tages geplant wird, die den Patienten weder über- noch unterfordert. In der Anfangsphase wird außerdem neben der Erhebung der Vorgeschichte eine Analyse der wichtigsten Beziehungen des Patienten durchgeführt (interpersonal inventory), um die Depression in einen zwischenmenschlichen Kontext zu setzen. Welche Zusammenhänge lassen sich erkennen zwischen dem Beziehungsgeschehen und der depressiven Symptomatik? Wo deuten sich interpersonelle Problemfelder an?

Bei den erwähnten therapeutischen Vorgehensweisen ist der Behandler notwendigerweise aktiv, um den Antriebsverlust und die innere Leere des Depressiven auszugleichen. Längere Schweigepausen sind beispielsweise zu vermeiden, da diese von depressiven Patienten in der Regel schuldhaft erfahren werden. Vielmehr vermittelt der Therapeut durch sein expertenhaftes Auftreten dem Patienten die Sicherheit und Zuversicht, die er sich vorübergehend selbst nicht in der Lage ist, zu geben. Die genannten Interventionen, die im Anfangsteil fokussiert und stringent zur Anwendung kommen sollen, zielen auf eine kurzfristige und zumindest teilweise symptomatische Remission. Diese aktivierende Entwicklung nutzt der Therapeut, um nun in den mittleren Sitzungen an den relevanten interpersonellen Problemfeldern zu arbeiten, auf die man sich in Form eines Behandlungsvertrags geeinigt hat. Neben den Therapiezielen wird in diesem Vertrag auch die kurzzeitige Dauer der Behandlung festgelegt, an die der Patient im weiteren Therapieverlauf immer wieder erinnert wird. Die von vorneherein deutlich gemachte Zeitbeschränkung hat für depressive Menschen zum einen den Vorteil, daß sie dadurch aktiviert und zum Handeln gebracht werden. Zum anderen können sie erkennen, daß es sich bei ihren Beschwerden um etwas handelt, daß in einem überschaubaren Zeitraum behandelt bzw. bearbeitet werden kann. Die oben erwähnte Krankenrolle findet hiermit eine Begrenzung, sie hat vorübergehenden Charakter. Während im Anfangsteil vor allem die Entlastung durch den Krankenstatus im Vordergrund steht, wird zu Beginn des mittleren Abschnitts die mit der Krankenrolle verbundene Verpflichtung betont, nämlich an der Genesung aktiv mitzuarbeiten. Man geht davon aus, daß zu diesem Zeitpunkt die Symptomatik des Patienten wenigstens zum Teil abgeklungen ist. Deswegen bleibt der Therapeut in der mittleren Phase zwar weiterhin in einer unterstützenden Rolle, aber die Verantwortung, geeignete und für den jeweiligen Problembereich relevante Themen einzubringen, liegt von nun an beim Patienten. Der Therapeut hilft ihm dabei, auf den interpersonellen Kontext fokussiert zu bleiben, ein besseres Verständnis für die Zusammenhänge zu erhalten und sich zu verändern. Diese Art der Rollenverteilung kann ebenfalls in den Behandlungsvertrag mitaufgenommen werden bzw. sollte auf jeden Fall dem Patienten erklärt werden.

Bei den interpersonellen Problembereichen, die empirisch am häufigsten im Zusammenhang mit Depression gefunden wurden, handelt es sich um:

1) Pathologische Trauer
2) Interpersonelle Auseinandersetzungen und Konflikte
3) Rollenwechsel- und übergänge
4) Interpersonelle Defizite

Der ausgewählte Problembereich steht in engem Zusammenhang zur Entstehung der derzeitigen depressiven Episode. Es ist prinzipiell auch möglich andere als die o.g. Problemfelder zu bestimmen, wobei dies im Regelfall nicht nötig ist. Nur selten lassen sich die Schwierigkeiten des Patienten nicht in jenes Schema einordnen, wie beispielsweise im Falle einer depressiven Dekompensation infolge zunehmender Überforderung. Häufig steht dabei eine Inbalance von Leistungsansprüchen im Rahmen übertriebener Autonomietendenzen einerseits und unterentwickelten soziotropen Bedürfnissen andererseits im Hintergrund. Ein fünfter Problembereich, der sich formulieren läßt, könnte also „Inbalance zwischen autonomen und soziotropen Werten" heißen. Die Beschränkung auf eine relativ geringe Anzahl von Therapiesitzungen wird durch die Fokussierung auf einen, höchstens zwei Problembereiche ermöglicht.

In der mittleren Phase (ca. 4. bis 13. Sitzung), die das Kernstück der Behandlung darstellt, widmet sich die Therapie der Bearbeitung des ausgewählten Problemfeldes, wobei vor allem emotionale Themen Beachtung finden. Ungeklärte Gefühle stellen meist einen wichtigen Teil der interpersonellen Problematik dar. Typischerweise geht einer Depression ein Verlusterlebnis voraus, das beispielsweise nicht adäquat betrauert wurde. Grob beschrieben soll je nach Problemfeld die Trauer um den Verlust einer Bezugsperson erleichtert, Konflikte oder Rollenwechsel erkannt und gelöst, und soziale Defizite bewältigt werden mit dem Ziel, soziale Unterstützung zugänglich zu machen. Es wird unter Anwendung der im Manual beschriebenen Strategien und Zwischenziele (siehe Abb. 1 am Beispiel des Rollenwechsels) nach einer Klärung des Problembereichs vorwiegend an angemessenen Bewältigungsstrategien oder alternativen Verhaltensmöglichkeiten gearbeitet. Liegt zum Beispiel ein aktueller zwischenmenschlicher Konflikt mit einer Bezugsperson vor, wird zunächst versucht herauszufinden, in welchem Stadium sich die Auseinandersetzungen befinden. Finden noch Verhandlungen statt oder ist bereits ein Zustand der Resignation und Kommunikationslosigkeit eingetreten? Worum geht es in dem Konflikt? Welche Kommunikationsdefizite bestehen? Weiß der Partner, worum es geht oder ist die Verständigung zu indirekt? Welche Gefühle spielen bei dem Konflikt eine Rolle und wie kann damit umgegangen werden? Was kann auf beiden Seiten verändert werden? Um diese Fragen zu beantworten, kann der Partner mehrere Sitzungen hinzugezogen werden. Im Gegensatz zur klassischen Paartherapie besteht bei der IPT explizit die Möglichkeit, daß die Partnerschaft als nicht funktionsfähig definiert wird und von daher die Auflösung das Ziel darstellt. Typische Techniken bei diesem Problembereich sind die Kommunikationsanalyse und die Klärung von Gefühlen, aber auch direktere Interventionen wie das Rollenspiel, psychoedukative Strategien und die Entscheidungsanalyse. Das therapeutische Vorgehen ist auch in den mittleren Sitzungen in erster Linie supportiv und ermutigend. Der Therapeut unterstützt und verstärkt Änderungsversuche des Patienten ohne dabei direktiv vorzugehen und beispielsweise strukturierte Aufgaben zu geben. Überhaupt wird in der IPT nicht mit spezifischen Protokollen und Hausaufgaben gearbeitet. So werden bei der Entscheidungsanalyse zwar alle bestehenden Optionen berücksichtigt und gegeneinander abgewogen, jedoch wird dabei nicht wie in der KVT ein formaler Problemlöseplan durchgeführt. Außerdem soll im mittleren Abschnitt weiterhin das Verständnis des Patienten für den Zusammenhang zwischen den depressiven Symptomen und Veränderungen innerhalb der Beziehungs- und Rollenkonstellation vertieft werden.

Die Beendigungsphase (ca. 14. bis 16. Sitzung) unterscheidet sich nicht von der anderer Kurzzeittherapien. Die erfolgreiche Loslösung von Therapie und Therapeuten steht jetzt im Vordergrund. Darüber hinaus soll dafür gesorgt werden, daß die Behandlungserfolge nach dem Therapieende fortgeführt werden. Themen sind demnach erstens, das emotionale Begreifen dieser Therapiephase als Abschiedsprozess, wobei die damit verbundenen Gefühle des Patienten besondere Beachtung finden. Zweitens, die detaillierte Zusammenfassung der therapeutischen Fortschritte, um die Autonomie des Patienten zu stärken. Und drittens, die Vorbereitung auf das Therapieende und die Zeit danach. Dazu gehört unter anderem, Risikofaktoren sowie frühe Warnsignale für das Auftreten einer erneuten Depressionsphase zu besprechen und für diesen Fall einen exakten Handlungsplan zu erstellen. In der Beendigungsphase ist der Therapeut ganz besonders bestärkend, ermutigend und wiederum verstärkt psychoedukativ tätig. Er hat abschließend noch die Aufgabe, zu beurteilen, ob der Patient eine unmittelbare Weiterbehandlung benötigt. Falls der Patient dies wünscht, es aber nicht unbedingt erforderlich erscheint, sollte ihm vermittelt werden, daß bei Untersuchungen der IPT zahlreiche Behandlungseffekte erst nach einem längeren Zeitraum deutlich wurden. Demnach lohnt es sich, erst eine Therapiepause von ca. 4 bis 6 Wochen einzulegen, um festzustellen, ob eine mögliche weitere Verbesserung die Fortsetzung der Therapie entbehrlich macht. Erfahrungsgemäß gibt es immer Gründe, die für das Fortsetzen der Psychotherapie sprechen, zumal niemand gerne eine hilfreiche Stütze aufgibt. Gefühle von Angst, Traurigkeit und möglicherweise Ärger sind dabei üblich. Therapeut und Patient sollten dennoch generell versuchen, den Behandlungsvertrag bzw. den darin festgelegten zeitlichen Rahmen einzuhalten. Ausnahmen davon sind, wenn der Patient beispielsweise droht, einen Rückfall zu erleiden oder wenn sich ein essentieller Problempunkt erst gegen Ende der Therapie zeigte und nicht mehr bearbeitet werden konnte. Manchmal kann auch eine weitere spezifische Behandlung beispielsweise bei einem Paartherapeuten oder bei einem auf Traumaarbeit spezialisierten Therapeuten angebracht sein. Bei Patienten mit häufig wiederkehrenden depressiven Episoden kann auch eine Erhaltungstherapie indiziert sein.

Die IPT ist im Vergleich zu anderen Psychotherapieformen nicht besonders stark technikorientiert. Im ersten Teil kommen hauptsächlich explorative, psychoedukative und symptombewältigende Techniken (z.B. Ermutigung, Anleitung, positive Rückmeldung) zur Anwendung. Im mittleren und letzten Abschnitt zielen sie vorwiegend auf die Förderung der Einsicht auf der bewußten Ebene, des emotionalen Lernens und der zwischenmenschlichen Problemlösung ab (z.B. Ausweitung eines Themas, Klärung, Akzeptieren negativer Gefühlszustände, Kommunikationsanalyse). Insgesamt bietet diese Methode eine systematische Aufstellung von Vorgehensweisen, von denen man weiß, daß sie für den Therapieerfolg von Bedeutung sind (z.B. das Behandlungsrational zu erklären, einen Behandlungsvertrag zu schließen, etc.) und die von kompetenten, erfahrenen Therapeuten meist ohnehin angewandt werden (z.B. sich auf die Stärken des Patienten zu konzentrieren, bei der Therapiebeendigung auf Gefühle des Patienten zu fokussieren, etc.). Neben der Klärung und Problembewältigung spielt insbesondere auch die Ressourcenorientierung eine entscheidenede Rolle. In der oben beschriebenen NIMH-Studie (Elkin 1994) wurde festgestellt, daß Personen, die über höhere soziale Leistungsfähigkeit verfügten besser auf IPT ansprachen als auf Kognitive Therapie (KT) und umgekehrt. Ebenso respondierten Patienten mit dysfunktionaleren Denkweisen nicht etwa, wie man zunächst annahm, eher auf KT, sondern auf IPT. Anscheinend ist es von Vorteil, wenn der spezifische Schwerpunkt des jeweiligen Ansatzes an den Stärken des Betroffenen ansetzt und darauf aufbaut.

Rolle des Therapeuten

Um IPT durchführen zu können, wird eine Grundausbildung in einer der klassischen Therapieformen sowie ausreichende Kenntnisse in der Behandlung depressiver Patienten vorausgesetzt. Der Therapeut soll damit in der Lage sein, das Manual flexibel und sinnvoll zu handhaben, und die im Manual weniger strukturierten Abschnitte der Therapie auf dem Hintergrund seiner psychotherapeutischen Erfahrung effektiv zu gestalten. Außerdem sollte sich der Therapeut mit dem interpersonellen Ansatz, dem medizinischen Krankheitsmodell und der Idee einer zeitlich begrenzten Behandlung identifizieren können und nicht rigide auf eine bestimmte Therapieschulrichtung fixiert sein. Da sich der Ansatz unter anderem an der Tradition psychoanalytischer Fokaltherapien orientiert, wird ein psychodynamisches Training bevorzugt. Allerdings sollen dann viele der typischen analytischen Elemente, wie beispielsweise die neutrale Haltung, die Interpretation der Übertragung und des Widerstandes, die Konfrontation, die gezielte Veränderung der Persönlichkeitsstruktur, etc. im Rahmen der IPT vermieden werden. Auch soll das Verständnis um die Komplexität des interpersonellen Geschehens nicht die Zeit einnehmen, die üblicherweise bei psychodynamischen Therapieformen gestattet ist. Die Übertragungsbeziehung wird höchstens dann in den Therapiesitzungen zum Thema gemacht, wenn negative Aspekte den therapeutischen Fortschritt behindern oder gar ein Abbruch der Behandlung droht.

Die Rolle des Therapeuten ist als intervenierend, aber nicht ausgesprochen direktiv, wie beispielsweise bei der KVT, beschrieben. Als Advokat des Patienten bietet er aktive Unterstützung und Zuspruch an und hilft bei der Fokussierung. Das Einnehmen einer nicht-neutralen, nicht-zurückhaltenden Position soll verhindern, daß der Patient in der therapeutischen Beziehung regrediert.

Die Rolle des IPT-Therapeuten und die Anforderungen an ihn sind in Tabelle 2 zusammengefasst.

Tab. 2

Anforderungen an den IPT-Therapeuten

- erfahrener Psychotherapeut
- zur flexiblen Anwendung des Behandlungsmanuals in der Lage
- Advokat des Patienten, unterstützend, ermutigend, optimistisch, nicht neutral
- aktiv, engagiert, explorierend und intervenierend
- therapeutische Beziehung wird nicht als Übertragung interpretiert
- therapeutische Beziehung steht als Modell für andere zwischenmenschliche Beziehungen

Fallbeispiel

Herr M. ist ein 49jähriger Patient, der im Rahmen seiner ersten depressiven Episode vom behandelnden Nervenarzt zur Psychotherapie überweisen wird. Er ist seit 24 Jahren verheiratet, hat zwei Kinder im Alter von 17 und 19 Jahren, die noch zu Hause wohnen. Zusammen mit zwei Geschäftspartnern führte er bis vor Kurzem über 20 Jahre lang ein erfolgreiches Immobiliengeschäft. Der ältere der beiden Partner verstarb vor 2 Jahren. Daraufhin kam es vermehrt zu Auseinandersetzungen zwischen den beiden zurückgebliebenen Geschäftsinhabern, die bis zu diesem Zeitpunkt auch privat engen freundschaftlichen Kontakt pflegten. Beide merkten schnell, daß Ihnen die ausgleichende und vermittelnde Persönlichkeit des verstorbenen Seniors fehlte, der es sich in der Vergangenheit zur Aufgabe gemacht hatte, aufkommende Konflikte zu schlichten. Die Streitigkeiten eskalierten, man trennte sich schließlich im Streit. Herr M. ließ sich auszahlen, blieb seit diesem Ereignis, das vor fünf Monaten stattfand, arbeitslos. Die ersten depressiven Symptome setzten etwa drei Monate nach der Trennung ein in Form von Schlafstörungen, Niedergeschlagenheit, Antriebslosigkeit, Grübelzwang, Konzentrationsproblemen und erhöhter Reizbarkeit. Bis dahin hatte Herr M. noch gehofft, daß sein Geschäftspartner und früherer Freund doch noch auf ihn zugehen würde, um ihm die Versöhnung anzubieten. Oder daß zumindest einer der gemeinsamen Bekannten Bemühungen unternehmen würde, um zwischen beiden Parteien zu schlichten. Er beschrieb, zu „stolz" und „beleidigt" zu sein, um diesen Schritt von sich aus zu tun. Mit zunehmender depressiver Symptomatik kam es auch in seiner Familie zu Spannungen. Er befürchtete, auch hier seinen Status als Familienoberhaupt zu verlieren und fühlte sich durch die Ablösungstendenzen seiner fast erwachsenen Kinder bedroht. In Auseinandersetzungen mit den Kindern erwartete er Unterstützung durch seine Frau, die jedoch vielmehr die altersgerechten Interessen der Kinder verteidigte. Dies führte dazu, daß Herr M. sich ausgeschlossen, degradiert und wertlos fühlte. Nun, da er arbeitslos sei und seine Funktion als Ernährer der Familie nicht beibehalten könne, werde er nicht mehr „respektiert". Von beiden Ehepartnern wird geschildert, daß die Ehe und das Familienleben bis vor einigen Monaten noch harmonisch und befriedigend verlief. Herr M. gibt an, sich derzeit nicht in der Lage zu fühlen, sich um eine neue Arbeitsstelle zu kümmern, was jedoch zunehmend Druck und Schuldgefühle verursache.

Zu Beginn der Behandlung wird der Patient über das Krankheitsbild der Depression, die Behandlungsmöglichkeiten und die Prognose informiert. Erleichtert nimmt er zur Kenntnis, daß einige seiner Reaktionsweisen im Rahmen der Depression zu erklären sind (beispielsweise, die Unfähigkeit, sich um einen Job zu bewerben oder in Auseinandersetzungen schnell gereizt zu reagieren) und daß er an seinem Zustand nicht selbst „schuld" ist. Medikamente lehnt er zunächst ab, ist aber bereit, seine Meinung zu ändern, wenn sich nach 4 Wochen immer noch keine spürbare Verbesserung seines Zustandes eingestellt hat. Als nächstes wird das Auftreten der Depression in den interpersonellen Kontext gesetzt. Als Hauptproblembereiche werden die Konflikte mit wichtigen Bezugspersonen (früherer Partner, Familie) im Behandlungsvertrag festgelegt. Weiterhin wird der unerwünschte Rollenwechsel vom Firmenmitinhaber zum Arbeitslosen sowie der befürchtete Rollenwechsel vom anerkannten Familienoberhaupt zum Außenseiter der Familie als wichtiges Thema aufgenommen. Eine pathologische Trauerreaktion infolge des Verlustes des Geschäftsseniors kann nach näherer Exploration ausgeschlossen werden. Nachdem der Patient in der initialen Therapiephase mit Hilfe verschiedener Strategien von den Symptomen Entlastung erfährt (z. B. durch Schlafhygiene, Aktivitätsaufbau, etc.), werden im mittleren Abschnitt die positiven und negativen Aspekte der alten Rolle exploriert. Hierbei wird deutlich, daß es dem Patienten immens schwer fällt, sich negative Gefühle bezüglich der alten Rolle und des Wechselns zuzugestehen und damit adäquat umzugehen. Als Beziehungsmuster kristallisiert sich ein eher ängstlich-vermeidender Stil heraus. Sowohl mit den früheren Geschäftspartnern als auch in seiner Familie zeigt er bei Konflikten geringe Frustationstoleranz, zieht sich nach anfänglich überschießend aggressiver Reaktion sofort „beleidigt" zurück und wartet auf jemanden, der vermittelnd eingreift. Kommt diese Hilfe nicht, verharrt er passiv in seinem Rückzug. Dem Patienten ist dieses Muster aus der Kindheit vertraut, wo er aufgrund einer körperlichen Beeinträchtigung und als Jüngerer von zwei Brüdern übermäßig viel Verteidigung und Schutz von seinen Eltern gegen den Bruder und andere Spielkameraden erfuhr. Die Fähigkeit, sich selbst mit zwischenmenschlichen Konflikten auseinanderzusetzen und beispielsweise Lösungsmöglichkeiten mit anderen zu verhandeln konnte sich nicht in ausreichendem Maße entwickeln. Nachdem sich Herr M. über seine Gefühle bezüglich des Verlustes der Arbeitsrolle und der Beziehung zu seinem Ex-Partner bewußt wurde, werden Bewältigungsmöglichkeiten durchgesprochen. Er erkennt schließlich, daß er mit dem Partner in Verhandlungen eintreten möchte, um die Vorfälle zu klären, die sich nach dem Tod des Seniors zwischen beiden ereigneten. Im

Rollenspiel übt er offen seine Wünsche, Gefühle und Befürchtungen äußern. Dabei fällt es ihm schwer, die Seite des anderen zu erfassen. Am Beispiel der Auseinandersetzungen mit seinen Kindern gelingt es ihm jedoch, besser zuzuhören und dem Gegenüber Fragen zu stellen. Ermutigt über den spontanen Erfolg im Umgang mit der Familie, beschließt er den Konflikt mit seinem Ex-Partner aus dem Stadium der Sackgasse in das Stadium der Neuverhandlung zu lenken. Beiden wird im Gespräch klar, daß sie sich im Rahmen der geschäftlichen Überlastungen bedingt durch den plötzlichen Tod des Ältesten gegeneinander gewandt hatten, anstatt zusammen dem Streß als gemeinsamen Gegner zu begegnen. Von jeder Seite werden Mißverständnisse, Kommunikationsprobleme und Fehler eingeräumt und versucht, diese wieder gutzumachen. Man einigt sich darauf, daß Herr M. erneut in das Geschäft einsteigt und plant, mit Hilfe eines neuen dritten Geschäftsführers wieder eine größere Balance herzustellen. Der Patient ist über diese Wendung sehr erleichtert, die depressive Symptomatik remittiert zunehmend. In den Abschlußsitzungen äußert er als den wichtigsten Fortschritt die Erkenntnis, daß er vor Konflikten nicht davonrennen und auch nicht auf Dritte warten könne, um diese zu lösen. Vielmehr werde er wie in der Therapie auch in Zukunft den Dingen „ins Auge schauen" und durch direkte Kommunikation versuchen, Schwierigkeiten frühzeitig zu klären. Die Ablösung vom Therapeuten und der Therapie verläuft problemlos, zumal der Patient weiterhin symptomatisch remittiert bleibt und über ausreichende persönliche Ressourcen und ein tragendes soziales Netz verfügt. Auch nach der Therapie wolle er gemeinsam mit seiner Frau sich über die Regeln erfolgreicher Kommunikation belesen.

Abschließende Bemerkungen

Die IPT stellt insgesamt einen einfachen und sehr gradlinigen Ansatz dar, der vor allem durch seine Stringenz besticht. Den Autoren ging es nicht darum, ein besonders neuartiges, originelles oder sophistiziertes Verfahren zu entwickeln. Obwohl zu jener Zeit die Kognitive Therapie nach Beck in ihren Grundzügen bereits vorlag, entschieden sich Klerman und seine Mitarbeiter dafür, eine andere Therapieform zu kreieren, deren Interventionen in pragmatischer Weise direkt auf den Kern der Dinge abzielen, nämlich den Lebenskontext in dem sich die Depression entwickelt hat. Die Methode ist in ihrer Konzeption so erfahrungs- und lebensnah, daß sie sowohl dem Therapeuten als auch dem Patienten unmittelbar einleuchtet und plausibel erscheint, zumal lebenspraktische Probleme für den Betroffenen meist höchste Dringlichkeit haben. Die Augenscheinvalidität des IPT-Ansatzes kann allerdings auch dazu verleiten, daß man sich vorschnell darin wiedererkennt und davon ausgeht, IPT in ihren Grundzügen ohnehin bereits anzuwenden. Zu diesem Eindruck trägt bei, daß die konkrete therapeutische Vorgehensweise im Manual an vielen Stellen leider nur sehr knapp oder vereinfachend beschrieben ist, da es sich an erfahrene Therapeuten richtet. In der Tat wenden manche Therapeuten zahlreiche Elemente der IPT in ihrer täglichen Praxis an, meist jedoch nicht in der erforderlichen Vollständigkeit, Systematik und Stringenz. Außerdem geht es bei bei der Durchführung dieser Methode nicht nur um das, was angewendet wird, sondern insbesondere auch um das, was weggelassen werden kann. Es ist von daher nötig, ein Trainingsprogramm zu durchlaufen, das die Lektüre des Manuals, ein didaktisches Seminar sowie die Supervision von Übungsfällen einschließt. Angehende IPT-Therapeuten sind herausgefordert, ihre herkömmliche Behandlungsweise sorgfältig mit dem zu vergleichen, was in der IPT zur Anwendung kommt und was nicht. Auch dieser Aspekt sollte in einem Training in interpersoneller Therapie zur Sprache kommen. Weniger routinierte Therapeuten sind aufgrund der knappen Ausführungen im Manual auf zusätzliche Materialien und Literatur angewiesen, wie sie von der Autorin für die Ausbildung in IPT zusammengestellt wurden.

Trotz der hohen Wirksamkeit mit oder ohne zusätzliche Gabe von Medikamenten, wird die IPT in den USA bisher fast ausschließlich lediglich im Rahmen von Forschungsprojekten angewandt und konnte sich darüber hinaus klinisch noch nicht durchsetzen. Der Grund dafür besteht wohl in mangelnden Ausbildungsangeboten, da es bisher kein Ausbildungsinstitut gibt, aber auch durch die Tatsache, daß die IPT nicht den beiden psychotherapeutischen Hauptrichtungen zuzurechnen ist. Erst die Publikation von sog. Leitlinien zur Behandlung depressiver Erkrankungen durch die Amerikanische Psychiatrische Gesellschaft im Jahre 1993 (APA, 1993) löste breites internationales Interesse an der IPT, auch hinsichtlich der klinischen Anwendung aus. Hier in den deutschsprachigen Ländern hat IPT zwar einen bestimmten Bekanntheitsgrad erreicht, ohne jedoch schon in den Klinikalltag übernommen worden zu sein. Mittlererweile wurden einige Kliniken und Institute in der Durchführung der IPT sowohl für das ambulante als auch für das stationäre Setting ausgebildet und das Intresse nimmt ständig zu. Die Popularität der IPT ist unter anderem darauf zurückzuführen, daß sie als sehr effizient zu bezeichnen ist, vor allem wenn man den Therapieaufwand zum Ergebnis in Relation setzt. Sie ist aufgrund ihrer einfachen Strukturierung außerdem leichter zu erlernen als die Kognitive Therapie und läßt sich in der alltäglichen klinischen Arbeit breiter einsetzen. Ein breiteres Ausbildungsangebot in interpersoneller Psychotherapie auch für weniger erfahrene Therapeuten, das ein fundiertes Curriculum beinhaltet, muß allerdings noch zur Verfügung gestellt werden.

Literatur

Elkin I: The NIMH Treatment of Depression Collaborative Research Program: where we began and where we are. In: Bergin AE, Garfield SL (eds): Handbook of Psychotherapy and Behavior Change, 4th edn. New York, Wiley, 1994, 114-39.

Elkin I, Shea T, Watkins JT, Imber SS, Sotsky SM, Collins JF, Glass DR, Pilkonis PA, Leber WR, Docherty JP, Fiester SJ, Parloff MB: National Institute of Mental Health Treatment of Depression Collaborative Research Program: General effectiveness of treatment. Arch Gen Psychiatry 1989;46:971-982.

Frank E, Kupfer D, Perel J, Cornes C, Jarret D, Mallinger A, Thase M, McEachran A, Grochocinski V: Three-year outcomes for maintenance therapies in recurrent depression. Arch Gen Psychiatry 1990;47:1093-1099.

Frank E, Kupfer DJ, Wagner EF, McEachran AB, Cornes C: Efficacy of interpersonal psychotherapy as a maintenance treatment of recurrent depression: contributing factors. Arch Gen Psychiatry 1991;48:1053-1059.

Grawe K, Donati R, Bernauer F: Psychotherapie im Wandel - Von der Konfession zur Profession (3. Aufl). Göttingen, Hogrefe, 1994.

Klerman GL, Di Mascio A, Weissman MM, Prusoff BA, Paykel ES: Treatment of depression by drugs and psychotherapy. Am J Psychiatry 1974;131:186-191.

Klerman GL, Weissman MM (eds.). New applications of interpersonal psychotherapy. Washington, DC: American Psychiatric Press 1993.

Klerman GL, Weissman MM, Rounsaville BJ, Chevron ES: Interpersonal Psychotherapy of Depression. New York, Basic Books, 1984.

Meyer A: Psychobiology: A Science of Man. Springfield, Thomas, 1957.

O'Malley SS, Foley SH, Rounsaville BJ, Watkins JT, Sotsky SM, Imber SD, Elkin I: Therapist competence and patient outcome in interpersonal psychotherapy of depression. J Consult Clin Psychology 1988;56:496-501.

Paykel ES, Cooper Z: Life events and social stress. In: Paykel ES (ed): Handbook of Affective Disorders, 2nd ed. New York, Guilford, 1992.

Rounsaville BJ, Glazer W, Wilber CH, Weissman MM, Kleber HD: Short-term interpersonal psychotherapy in methadone-maintained opiate addicts. Arch Gen Psychiatry 1983;40:629-636.

Rounsaville BJ, Kleber HD: Psychotherapy/counseling for opiate addicts: strategies for use in different treatment settings. Int J Addiction 1985;20(6&7):868-896.

Schramm, E. (Hrsg.): Interpersonelle Psychotherapie. Stuttgart, Schattauer, 1996.

Shea MT, Elkin I, Imber SD, Sotsky SM, Watkins JT, Collins JF, Pilkonis PA, Beckham E, Glass DR, Dolan RT, Parloff MB: Course of depressive symptoms over follow-up: findings from the National Institute of Mental Health Treatment of Depression Collaborative Research Program. Arch Gen Psychiatry 1992;49:782-787.

Sullivan HS: The Interpersonal Theory of Psychiatry. New York, Norton, 1953.

Weissman MM, Prusoff BA, DiMascio A, Neu C, Gohlaney M, Klerman GL: The efficacy of drugs and psychotherapy in the treatment of acute depressive episodes. Am J Psychiatry 1979;136:555-558.

Dirk Revenstorf

Hypnotherapie

Dirk Revenstorf

Hypnotherapie

Einleitung

Manifestations-Ebenen

Anhand von etwa 1000 Studien konnten Grawe, Donati, & Bernauer (1994) zeigen, daß für eine Reihe von sehr unterschiedlichen Therapieformen überzeugende Wirksamkeitsnachweise vorliegen. Es fällt dabei schwer zu glauben, diese generelle Wirksamkeit gehe darauf zurück, daß es sich in allen Fällen um spezifische Mechanismen handelt, die jeweils an einem anderen Ort angreifen. Es muß jedoch „Sollbruchstellen" im Organismus geben. Es ist zu vermuten, daß sich die meisten Störungen auf mehreren Ebenen an solchen Sollbruchstellen manifestieren und auch dort behandelt werden können.

Die einzelnen Ansatzpunkte für Symptomatik und Intervention lassen sich in Form eines Zwiebelschalen- oder Mehrebenenmodells ordnen: körperliche Ebenen, kognitiv-emotionale Ebenen, Verhalten, interaktive Ebenen in Primärfamilie, Paar und sozialem Kontext. Derartige Systematisierungsversuche finden sich bei vielen eklektischen Autoren (Lazarus, 1981; Norcross, 1986, Norcross & Goldfried, 1992).

Für eine differenzierte Sichtweise von Psychotherapie erscheint es nötig, den Begriff der *Kognition* aufzugliedern in Prozesse, wie Emotion, Traum, Trance, Vorbewußtsein, Vorstellung, logisches Denken, Wertsysteme usw. (Revenstorf, 1996). Die entsprechenden Interventionsformen konkurrieren nicht miteinander, sondern ergänzen sich. Die Indikation für einen bestimmten Zugang zum Problem bleibt zunächst ungeklärt und bedarf entsprechender Forschung. Im Sinne des „Folgens und Führens" (s. u.) würde man jedoch zunächst auf die Sichtweise des Klienten eingehen und auf dieser Ebene beginnen - im Laufe der Behandlung kann sich herausstellen, da diese Sicht ein Teil des Problems darstellt und eine andere Ebenen einbezogen werden sollte - etwa die Paarbeziehung.

Veränderungs-Modell

Als Forscher ist es sinnvoll, einzelne theoretische Positionen zu überprüfen (Theorien mittlerer Reichweite wie etwa Lerntheorien). Als Therapeut dagegen ist es der täglichen Praxis nicht angemessen sich etwa mit 7 verschiedenen Lerntheorien (vergl. Revenstorf, 1996a) auseinanderzusetzen und man benötigt eine Metatheorie. Der Konstruktivismus liefert dafür eine Basis, indem von einer konstruierten, persönlichen Realität ausgegangen wird (Kelley, 1955). Das klingt zunächst absurd, da es sich z. T. um schwere Leiden handelt, die nicht selbst konstruiert erscheinen. Im allgemeinen ist eine professionelle Intervention zur Veränderung der Verhaltens- und Erlebensperspektive erforderlich. Entsprechend ist der erste Schritt eine Veränderung, die es ermöglicht, die Sichtweise aufzugeben, daß das Symptom die einzige Erlebensmöglichkeit darstelle. Erst dann werden Neuorientierungsversuche unternommen. Es wird folgendes generelle Veränderungsmodell zugrunde gelegt.

Der Klient soll durch die Intervention zu einer derartigen Umordnung angeregt werden. Das setzt voraus, daß eine „Kopplung" von Patient und Therapeut vorliegt. Erzeugt, darauf basierend, die Intervention eine Resonanz, dann kommt es zu einer Anregung des Systems und das Individuum oder die Familie wird im günstigen Fall wieder handlungsfähig. Manchmal genügt die Anregung, oft müssen orientierende Interventionen folgen. Die Form der resultierenden Neuorganisation ist jedoch individuell verschieden und oft nicht vorhersagbar.

Nach dieser Modellvorstellung geht es in der Therapie nicht nur um die Einspeisung einer zielgerichteten Information (verhalte Dich oder fühle oder denke in bestimmter Weise), die dann in der intendierten Weise vom Klienten übernommen und eingeübt wird - vergleichbar etwa mit einem Ratschlag, einer rechtskundigen Beratung oder einer medizinischen Rezeptur. Obwohl es solche Fälle gibt, in denen mit Übung - etwa beim Stottern, (Fiedler & Standop, 1986) - oder Information - bei sexuellen Störungen (Barbach, 1982; Zilbergeld, 1968) direkt Veränderungen bewirkt werden, sind psychische Probleme oft zu fest verankert in den ökologischen Kontingenzen, Glaubenssystemen, Lebensskripten u. a., um leicht in eine bestimmte Richtung verändert werden zu können. Um dies zu erreichen, sind Therapeut und Patient in einer Weise kokreativ, daß der Therapeut u. U. auf ein bestimmtes Ziel hinarbeitet, der Patient aber in oft nichttrivialer (Foerster, 1985), d. h. autonomer Weise (autopoietisch) auf den Anstoß reagiert.

Metaphern für die Reaktion des Patientensystems auf Interventionen liefert die Chaos- und Katastrophentheorie (Lewin, 1992; Tschacher, Schiepek & Brunner, 1992; Waldrop, 1992). Dort werden Bifurkationen, idiographische Entwicklungen, die praktisch unvorhersagbar, weil sie hochgradig von den Anfangsbedingungen abhängig sind, oder Lawineneffekte beschrieben. Dabei geht es um das Prinzip der (Neu-) Ordnung durch Fluktuationen. Ziel der Intervention ist es, eine Fluktuation herbeizuführen - der Rest ist häufig Autopoiese, d. h. entzieht sich der Planung des Therapeuten. Ob der Patient auf die Intervention im Sinne von Fluktuation reagiert, hängt von der Güte der **Kopplung** ab, die man gewöhnlich Rapport nennt. Für den Anstoß des Systems sind spezifische Interventionen nötig; sie erfordern das technische Wissen des Therapeuten über psychische Mikromechanismen (wie Habituation, Reizüberflutung, Evokation von Affekt, Traumdeutung, Ideomotorik, subliminale Wahrnehmung, Ablenkung, Argumentation, Suggestion, Konditionierung, soziale Interaktion u. a.). Zwei qualitativ verschiedene Reaktionen auf solche Anstöße sind zu unterscheiden: **Destabilisierung** und **vorläufige Orientierung.** Erstere ist nicht immer nötig und letztere ist meist von vorübergehender Natur. Die therapeutische Metatheorie sieht daher folgende Schritte vor (s. Abb. 1):

Kopplung
-> Labilisierung
-> Orientierung
-> Stabilisierung

Individualisierung

Um den Rapport zu erleichtern, werden individuelle kognitive Merkmale (etwa Attributionsstil) und Interaktionsmuster (etwa Konkurrenzdenken) incl. des Symptoms und des Widerstands für die Veränderung genutzt.

Bei einem Ehepaar, das sich zum wiederholten Male das Rauchen abgewöhnen wollte, und sich gegenseitig daran zu hindern schien, außerdem aber noch nie getrennt in Urlaub gefahren war, machte der Therapeut (Zeig, 1990) dem konkurrenzorientierten Ehemann folgenden Vorschlag: Da er sowieso länger dazu brauchen würde und dabei seine Frau daran hindern würde, sofort aufzuhören - solle sie allein in Urlaub fahren bis auch er es geschafft hätte. Empört wollte es der Ehemann beweisen und beide hörten gleichzeitig in der folgenden Woche auf.

Für die Utilisation bestimmter Patientenmerkmale hat Beutler (1983) Vorschläge zur Systematisierung gemacht. Er berücksichtigt Charakteristika wie Attribution, Emotionsverarbeitung, Verhaltensexzess bzw. -defizit sowie Interaktionsmerkmale wie Bindungstendenz oder Reaktanz.

Ebene	Persönlichkeitsmerkmal		
Kognition:	Ursachen-Attribution: internal/external		
Emotion:	Repressor (Hysteriker)	Sensitizer (Hypochonder)	Container (Zwängler)
Verhalten:	exzessiv - defizitär		
Interaktion:	bindungsorientiert -individuationsorientiert kooperativ - reaktant		

Entsprechend solcher Merkmale ergibt sich eine Art differentielle Indikation sowohl für das Vorgehen des Therapeuten in der Rapport-Phase wie in der Orientierungs-Phase (vergl. Revenstorf 1996 b). Ein ähnliches Repertoire, wie die dort aufgeführten Interventionen, findet sich jedoch ohne Indikation etwa bei Lazarus (1976).

Destabilisierung

Am heikelsten ist wohl das Konzept der Labilisierung, das von Erickson (Erickson & Rossi, 1981) und ihm folgend vielen Familientherapeuten vertreten wird (vergl. Seltzer, 1986; Weeks & l'Abate, 1982). Dabei wird von einer weitgehenden Abgeschlossenheit erkennender Systeme

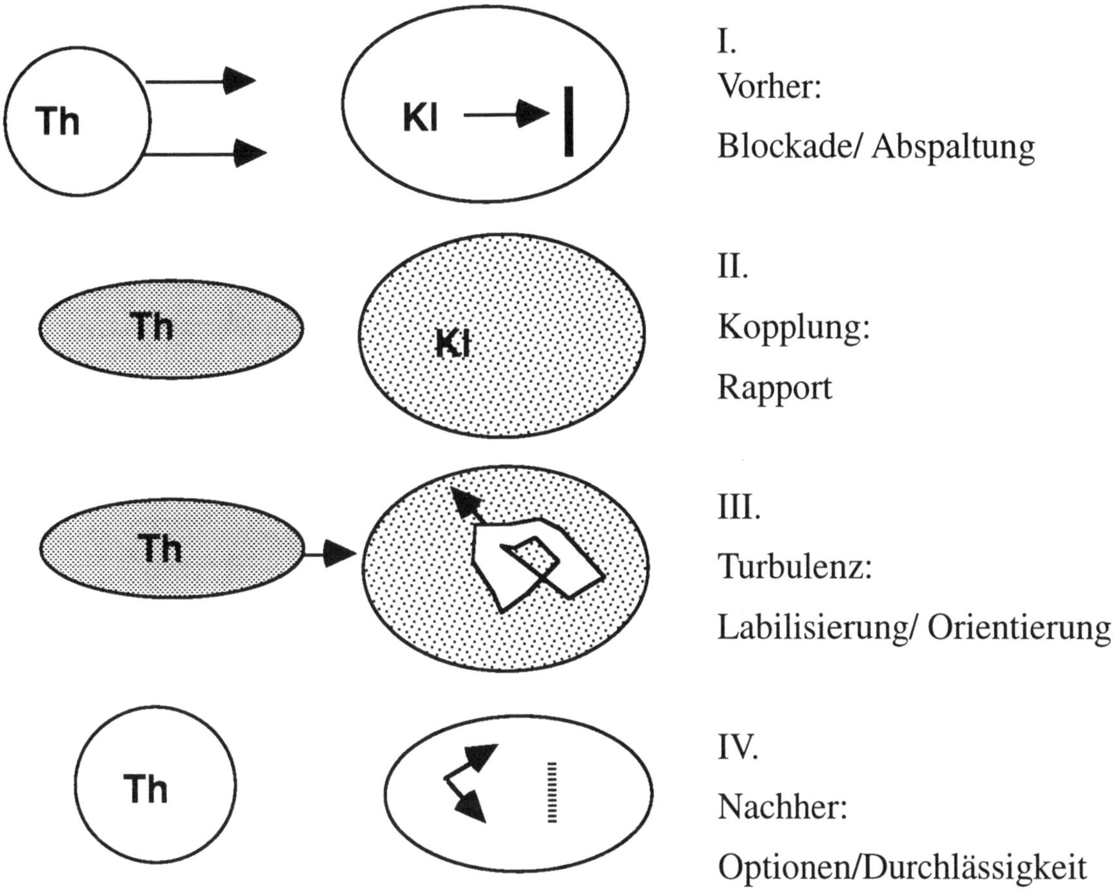

Abbildung 1. Allgemeines Veränderungsmodell für therapeutische Interaktionen, durch die der Klient (Kl) von einer blockierten Position mit wenig Optionen zu einer flexiblen Position mit mehr Optionen gelangt. Voraussetzungen dafür sind eine Kopplung zwischen Klient und Therapeut sowie eine mögliche Destabilisierung und vorläufige Orientierung. Anschließend folgt eine Neuorganisation und Stabilisierung (aus Revenstorf, 1996b).

ausgegangen („operative Geschlossenheit" bei Maturana & Varela, 1987). Diese verhindert, daß ein Klient einen dysfunktionalen „Attraktor" verläßt und einen funktionaleren aufsucht - d. h. lieber weiterhin assimiliert statt zu akkomodieren. Interventionen zur Destabilisierung stammen aus allen Therapieformen. Dazu können gerechnet werden: die paradoxen Interventionen (Frankl, 1975; Watzlawick, Weakland, & Fisch, 1974; Seltzer 1986, Weeks & l'Abate 1982), die strategischen und rituellen Verschreibungen (Haley, 1977, Madanes 1982), bestimmte Umdeutungen und Metaphern in der Hypnotherapie (Erickson, Rossi & Rossi, 1978), aber auch die Reizüberflutung aus der Verhaltenstherapie, die Technik der Frustration in der Gestalttherapie (Perls, 1973) oder die Streßpositionen der Bioenergetik (Lowen, 1979). In allen Fällen wird ein vorhandenes Gleichgewicht labilisiert: ein Glaubenssystem, eine eingeschliffene emotionale Reaktion, eine gewohnte Verhaltensweise oder

Körperhaltung, ein immer wieder inszeniertes Interaktionsmuster usw.

Ein anderes Prinzip zur Labilisierung ist die minimale Veränderung mit Kaskaden- oder Lawineneffekt. Um die Veränderung einzuleiten, kann dies an einer Stelle geschehen, die unschuldig erscheint und auf die Klient nicht vorbereitet ist (man bittet etwa einen Nägelbeißer einmal ein größeres Stück abzubeißen und dazu einen Nagel 3 Wochen wachsen zu lassen). Ist das Verhaltensmuster einmal unterbrochen, ergibt sich u. U. eine Neuorganisation im Sinne einer Kaskade. Beiläufigkeit ist ein weiteres Prinzip, um den Widerstand des Klienten zu umgehen. Erickson hat diverse Kommunikationsmuster beschrieben, die die relevante Information indirekt vermitteln (Einbettung, Implikation, Stellvertreter, Negation der Negation, vergl. Erickson & Rossi, 1981). Es werden also drei Grundschritte in der Therapie vorgeschlagen: Kopplung, Destabilisierung und Orientierung, die sich jeweils nach Gesichtspunkten der Individualisierung gestalten. Jeder dieser Schritte kann auf verschiedenen Ebenen der Informationsverarbeitung realisiert werden. Den kognitiven Prozessen kommt beim Menschen eine entscheidende Rolle zu; sie teilen sich in bewußte und unbewußte Prozesse auf, die für die Lebensgestaltung gleichermaßen wichtig sind.

Unbewußte und bewußte Prozesse

Argumentation und Planung

Kognitive Therapie hat mit den behavioristischen Veränderungsprinzipien wenig zu tun. Die meisten Lerngesetze beschreiben Konditionierungsprozesse, mit denen Wahrnehmung und Verhalten auf motorischer, vegetativer und emotionaler Ebene reflexartig, d. h. weitgehend unbewußt oder zumindest unwillkürlich gesteuert wird. Kognitve Therapie dagegen bezieht sich auf bewußte und willkürliche Prozesse des Denkens und der Vorstellung. Dabei geht es um Selbstbeobachtung, logische oder empirische Überprüfung, und Selbst- bzw. Fremdsuggestion. Es werden im allgemeinen folgende Strategien verwendet:

- 1. Sophistischer Disput von Glaubenssätzen (sensu Ellis);
- 2. Empirische Überprüfung verzerrter Wahrnehmungen (sensu Beck);
- 3. Selbstinstruktion zur Bewältigung von Hyperaktivität, psychotischem Verhalten, Schmerz und Streß (sensu Meichenbaum);
- 4. Umstrukturierung von dysfunktionalen Bewertungen von Vorkommnissen;
- 5. Selbstbeobachtung, Selbstbewertung und Selbstbelohnung (sensu Kanfer);
- 6. Assoziative Kopplung von negativen Begriffen an unerwünschtes und positiven Begriffen an erwünschtes Verhalten („Coveranten"-Kontrolle, sensu Homme);
- 7. Assoziative Kopplung von negativen Vorstellungen an unerwünschtes Verhalten (Sensitivierung) und positiven Vorstellungen an angstauslösenden Stimuli (Desensibilisierung);
- 8. Entwicklung von positiven Zielvorstellungen (Lazarus 1976)

Bis auf die Methoden unter 6) und 7), die Lernprinzipien gehorchen, lassen sich die übrigen Veränderungsmethoden eher mit Begriffen der Schematheorie (sensu Piaget), der Theorie der persönlichen Konstrukte (sensu Kelly) und der Theorie der kognitiven Dissonanz (sensu Festinger) erklären. Methodisch lassen sich sechs Interventionstypen unterscheiden; je nachdem ob man eine Bearbeitung vergangener, zukünftiger oder gegenwärtiger Erlebnisse in den Vordergrund stellt und ob man die verbale oder die nonverbale Repräsentation (Imagination) in der Darstellung wählt. Die nonverbale Repräsentation wird von der Hypnotherapie und bevorzugt. Hier ist eine deutliche Überschneidung mit der traditionellen kognitiven Therapie festzustellen (siehe Tabelle 1).

Hypnose

Es lassen sich mehrere Trance-Ebenen unterscheiden. Auf **physiologischer Ebene** ist Trance ein Bewußtseinszustand, der auch ohne Anwesenheit einer anderen Person durch sensorische Einengung (Trommeln, Meditation) erreicht werden kann. Fremd- oder Selbsthypnose läßt sich auf dieser Ebene als Fokussierung (meist Innenwendung) und Abspaltung von Außenreizen mit erhöhter Fantasietätigkeit, Suggestibilität und visueller Imagination definieren. Dieser Zustand geht häufig mit Entspannung und einer trophotropen Umstellung sowie der Mobilisierung der Immunabwehr (Bongartz, 1993) auf körperlicher Ebene einher. Davon ist die **Beziehungs-Ebene** zu unterscheiden (Hall, 1989): In Trance ist offenbar die Bereitschaft zu Regression und Übertragung erleichtert. Dadurch wird es dem Klienten möglich, Teile der Kontrollfunktion des Alltags-Ichs an den Therapeuten zu delegieren. Es resultiert eine kindliche Lernhaltung, die Korrekturen von

Bindungsmustern und Einstellungen sowie die Reaktivierung von verdrängten, weil traumatischen Lebensereignissen aber auch deren fiktive Rekonstruktion zuläßt.

Darüberhinaus lassen sich weitere Trance-Ebenen vermuten (vergl. Revenstorf, 1997 a). Auf einer **transzendenten** Ebene wird es möglich abgespaltene Teilpsychen ins Bewußtsein zu rücken, etwa Jungs Archetypen, wie „Schatten", „Anima/Animus", die im Alltag ausgeblendet sind oder Bilder des Selbst, einem Zentrum seelischen Gleichgewichts, in dem auch unbewußte Teilpsychen integriert sind, das im Traum symbolisch als Mandala erscheint. Eine **transpersonale** Ebene erschließt womöglich den Zugang zu weiteren Erfahrungen. Wie in anderen Formen veränderter Bewußtseinszustände - durch Meditation, schamanische Reisen, Halluzinogene oder in Träumen - können in hypnotischer Trance Symbolfiguren und Metaphern auftauchen, die aus der eigenen Erfahrung nicht vollständig herleitbar erscheinen z. B. Totemtiere, „weiser alter Mann" oder „große Mutter" (siehe das Beispiel des Hogdekin-Klienten weiter unten). In allen Formen der Trance ist die Empfänglichkeit für Märchen, Metaphern und Anekdoten und anderen Formen der analogen Information erhöht.

Traum

Kekulés Traum vom Benzolring als Schlange, die sich in den Schwanz beißt, ist ein Beispiel dafür, daß Dinge, die eine rationale Analyse fordern, davon profitieren, wenn sie auf einer nonverbalen Ebene betrachtet werden. Winson (1986) hat REM-Träume als Offline-Abgleich der Tagesinformation mit vorhandenen Schemata beschrieben, den es erst bei den Säugern gibt. Diese Ebene wird auch in Visualisierungen und hypnotischer Trance angesteuert und unterscheidet sich nach Matte-Blanco (1975) durch die Art der Logik. Die Sprache verfügt über mehr asymmetrische ([A sieht B] ≠ [B sieht A]) als symmetrische Prädikate (z.B. [A trifft B] = [B trifft A]). Während symmetrische Prädikate das Gemeinsame hervorheben, führt die Verwendung von asymmetrischen Prädikaten zu Unterscheidungen. Auf der Beziehungsebene führen symmetrische Prädikate zu Symbiose und Identitätsverlust, asymmetrische Prädikate zu Abgrenzung und Isolation.

Der symmetrische Gebrauch asymmetrischer Prädikate im Traum und in der hypnotischen Trance entspricht in Begriffen der Psychoanalyse den Eigenschaften des Primärprozesses. Der Sekundärprozeß dagegen wird von asymmetrischer Logik dominiert. Durch die damit verbundene Betonung von Unterscheidungen werden in der rationalen Analyse oft Lösungen erschwert, die auf der nonverbalen Ebene möglich sind (Revenstorf, 1996). Träume als spontane Produkte dieses Prozesses lassen sich therapeutisch nutzen, indem die auftretenden Bilder und Symbole als mögliche Situationsbeschreibungen und Lösungshinweise interpretiert werden, in denen unterschwellig wahrgenommene Information verarbeitet wird (Kaser, 1986).

Dabei ist zu beachten, daß es bei der Traumbearbeitung nicht auf eine vollständig ins Bewußtsein gehobene Deutung eines Traumes ankommt. Vielmehr schadet man dadurch, so meint Jung, der Informationsverarbeitung des Traumes, die sich eben anderer Kategorien als der des Wachbewußtseins bedient. Es kommt darauf an, daß der Träumer eine Bedeutung des Traumes akzeptiert, die Raum für eine suggestive Bereicherung seines aktuellen Problems darstellt (s. Fallbeschreibung weiter unten).

REPRÄSENTATION

	Nonverbal	Verbal
ZUKUNFT	Zukunftsprojektion	Problemlösung Streßimmunisierung
GEGENWART	"Focusing" Ressourcen "ankern"	Umstrukturierung
VERGANGENHEIT	Regression Rekapitulation	Disput von erworbenen Glaubenssätzen

Tabelle 1. Intervention, die auf die Bewältigung der Zukunft, Gegenwart und Vergangenheit zielen, in jeweils zwei Repäsentationen (verbal und nonverbal).

Integration mit der kognitiven Therapie

Eine Vielzahl von Untersuchungen zeigt, daß subliminal oder inzidentell wahrgenommene Information Wirkungen auf Wiedererkennung, Stimmung und Handlungsimpulse hat und unbewußt verarbeitet wird (Dixon, 1981; Bornstein & Pittman, 1992; Loftus, 1992; Perrig, Wippich, & Perrig-Chiello, 1993). Die rationale Analyse der kognitiven Verhaltenstherapie kann daher durch die Einbeziehung der qualitativ anderen, unbewußten Informationsverarbeitung ergänzt werden. Das geschieht neben der Trauminterpretation planbar durch hypnotische Suggestionen, die in einem Zustand der Innenfokussierung (Trance) eher beiläufig aufgenommen werden. Diese Art der Kommunikation schließt mehrere Aspekte ein:

a) Positive Definition von Inhalten durch Vorstellung;
b) Betonung von symmetrischer Logik durch Verwendung von Bildern statt abstrakter Sprache;
c) Unterschwelligkeit durch Verschiebung der Aufmerksamkeit;
d) Beiläufigkeit durch Transformation in Metaphern.

Vergleicht man die Verfahren der unbewußten oder vorbewußten Informationsverarbeitung mit denen der Verhaltenstherapie, so ist vor allem die Nutzung der unwillkürlichen kognitiven und somatischen Reaktionen, die Ersetzung des faktischen durch fiktives Erleben sowie der Schutz der unbewußten Verarbeitung vor der bewußten Analyse bei der Traumbearbeitung und der Hypnotherapie deutlich. Ausgehend von einer konstruktivistischen Sichtweise kann dies zur Veränderung von dysfunktional gewordenen Schemata - Akkomodation im Sinne von Piaget - genutzt werden, die auf rationaler Ebene erst langsam aufgegeben werden, da hier eine gewisse Tendenz zum Festhalten an den vertrauten Arten der Assimilation besteht.

Hypnotherapie

Rapport

Hypotherapie setzt wie andere Therapieformen eine tragfähige Beziehung zum Klienten voraus. Da der Klient für die Tranceinduktion die Kontrolle über die äußere Umgebung dem Therapeuten überläßt, ist eine sorgfältige Überprüfung des Rapports als eine Form der besonders vertrauensvollen Kopplung nötig. Dies wird durch eine Anpassung der Induktion an die Bedürfnisse des Klienten mit Hilfe der genannten Kriterien zur Individualisierung angestrebt (s. o.). Inhaltlich läßt sich dieses Vorgehen als Folgen und Führen beschreiben („pacing and leading"), indem anfänglich „Pacing"-Metaphern gewählt werden, die die Situation des Klienten beschreiben. Später folgen andere Inhalte, die Labilisierung der bisherigen Anschauungen, Ressourcen, und Veränderung suggerieren (s. Fallbeispiel).

Hypnotherapie führt aufgrund der deutlichen Rollenverteilung leicht zu einer Regression des Klienten in eine kindliche Rolle. Diese hat den Vorteil einer flexiblen Lernhaltung. Darüberhinaus kann der implizite Therapieauftrag von seiten des Klienten eine bindungsorientierte Komponente enthalten. D. h. der Klient möchte in der Beziehung zum Therapeuten eine frühere Beziehung (zu Vater, Mutter oder anderen Personen) wiederholen oder komplettieren. In diesem Fall wird der Therapeut darauf achten, interaktive Fallen zu vermeiden (Überforderung, Kränkung, Distanzierung usw.) und den Übertragungsanteil stabil erhalten, um dem Klienten Gelegenheit zu einer Revision bestimmter Aspekte seiner Bindungsmuster geben - allmählich jedoch auf eine Ablösung hinarbeiten (s. Ablösungsmetapher im Fallbeispiel).

Tranceinduktion: Gestaltungsprinzipien

Die folgende Tranceinduktion ist lediglich ein Beispiel, das je nach Klient und Situation verändert werden kann. Die Induktion ist in mehrere Abschnitte gegliedert. Früher ging man von Standardinduktionen aus, die den Eindruck erwecken, als sei die hypnotische Trance eine reflexartige Reaktion auf einen bestimmten verbalen Stimulus. Dabei wurde übersehen, daß Hypnose im wesentlichen ein Interaktionsphänomen ist; daß autoritär vorgebrachte Standardinduktionen trotzdem wirksam waren, lag vermutlich an einem anderem kulturellen Kontext der vergangenen Jahrhunderte in Europa, in dem Loyalität und autoritäres Verhalten eher die Norm waren als heute.

Zunächst wird man die Etikettierung der Trance an den Vorerfahrungen des Klienten orientieren[1] (O). Je nach Erwartungen oder Befürchtungen kann man die Trance als Hypnose, Tiefenentspannung, thematische Fokussierung, Innenwendung, oder Imaginationsübung bezeichnen. Weiter ist es nützlich, die Form der Induktion auf die

[1] Die in diesem Abschnitt in Klammern erscheinenden Buchstaben beziehen sich auf die verbatim Beipiele der nachfolgenden Induktion.

Bedürfnisse des Klienten abzustimmen. Dabei helfen die weiter oben genannten Gesichtspunkte der Individualisierung (I). Etwa kann man einem Klienten mit starken Kontrollbedürfnissen Wahlfreiheiten lassen, einem reaktanten Patienten gegenüber an seiner Tranceeignung zweifeln usw.

Trance ist eine natürliche Fähigkeit, die Aufmerksamkeit vom momentanen perzeptuellen Feld abzuspalten (*Dissoziation,* D), die wir manchmal spontan bei langweiligen Tätigkeiten erleben. Z. B. in einem spannenden Film spalten wir das Sitzen in der uninteressanten Kino-Umgebung ab.

Um diesen natürlichen Vorgang künstlich einzuleiten, ist es vorteilhaft zunächst die Aufmerksamkeit zu bündeln (*Fokussierung*), um sie dann auf einen bestimmten Inhalt zu lenken. Diese Fixation kann einem oder mehreren Sinneskanälen stattfinden: visuell durch Blickfixierung, akustisch durch repititive Geräusche wie Trommeln, kinästhetisch durch gleichmäßige Bewegung, wie sich im Kreis drehen. Den physiologischen Umstellungen, die mit der Trance einhergehen, benötigen Zeit, daher wird häufig eine Phase der Vertiefung angeschlossen.

Während der Trance verbleibt wenigstens anfänglich ein Teil der Aufmerksamkeit als Kontrollfunktion in der Umgebungswahrnehmung (des hypnotischen Textes, der Körperreaktionen u. a.). Da das Hauptziel der Hypnotherapie darin besteht, dem Organismus andere Reaktionsweisen zu erlauben, ist es sinnvoll dem Bewußtsein zu zeigen, daß ein veränderter Zutand erreicht wurde (*Ratifikation* der Trance, R). Dies wird durch Hinweis auf die veränderte Wahrnehmung (Tunnelvision: nebelhaftes Verschwimmen der Peripherie oder Fehlen des Blinkreflexes bei einem willkürlich herbeigeführten Geräusch), auf Immobilität des Körpers („Sie können nicht aufstehen"), Kleben der Lider (nach Lidschluß) oder Levitation der Hand erreicht. Weiterhin wird nach Beendigung der Trance die verstrichene Zeit im allgemeinen falsch eingeschätzt (meist um die Hälfte reduziert).

Ebenfalls hilfreich kann eine *Konfusion* (K) der alltäglichen Begrifflichkeiten sein, um den Übergang zur Trancelogik zur erleichtern. *Doppelbindungen* (B), d. h. Formulierungen, denen man scheinbar nicht ausweichen kann, eigenen sich dazu, die Akzeptanz von Suggestionen zu fördern.

Beim ersten Mal oder bei innerer oder äußerer Unruhe des Klienten ist eine mehrfache Unterbrechung der Trance sinnvoll (*Fraktionierung*), um einerseits Rückmeldung über die Fortschritte und Schwierigkeiten zu erhalten und andererseits die Erwartung und Motivation zu steigern. Am Anfang der Induktion ist es gut, unerwartete Ereignisse wie Geräusche oder Schlucken in den Text einzubeziehen (*Inkorporation,* IK) : „Die Schritte, die Sie hören und Schritte, um tiefer in Trance zu gehen." Später ist es meist wegen zunehmender Dissoziation nicht mehr nötig.

Während der gesamten Induktion ist es sinnvoll, Therapieziele zu bahnen (*‚Seeding‘*, S), indem man mehrdeutige Begriffe verwendet und den entscheidenden Teil stimmlich *hervorhebt* (durch Abwendung des Kopfes).

In Trance bearbeitete Inhalte können bewußt schwer erträglich oder gefundene Lösungen noch nicht in die Rationalität des Alltagsdenken integrierbar sein. Dann ist eine vorläufige oder teilweise *Amnesie* nützlich (durch Ablenkung, Amnesiesuggestion, A), bis eine Konsolidierung stattgefunden hat.

Die Nutzung der Trance wird dem Problem entsprechend unterschiedlich ausfallen (s. u.). Zum Schluß sind Suggestionen für *posthypnotische Reaktionen* sinnvoll (P), die sich auf die Veränderung des Verhaltens und physiologische Reaktionen im Sinne der Therapie beziehen und an einen Auslöser geknüpft werden (z. B.: „Immer wenn Sie kalte Behälter aus dem Eisschrank nehmen, werden Sie sich an das Kribbeln in der Hand erinnern, das Ihnen zeigt, daß Ihr Blut zu den Warzen gelangt und dort weiterarbeitet") Daran schießt sich eine Reorientierung.

Tranceinduktion: Beispiel

ORIENTIERUNG

Welche Erfahrungen haben Sie mit Entspannung, Meditation oder Hypnose ? - (O) Möchten Sie mit offenen oder geschlossenen Augen in Trance gehen ? - (I) Ich weiß nicht, ob Sie gleich beim ersten Mal eine wirklich tiefe Trance erreichen (I).

Ich nehme an, daß Sie eine angenehme Haltung einnehmen können und die Augen auf einen Punkt richten auf dem *sie* sich ausruhen können. *Sie können Ihre Haltung überprüfen, und alles verändern (S).* Alles so einrichten, daß es Ihnen gut geht, auch wenn Sie die Geräusche hören, die Ihnen bekannt oder fremd vorkommen mögen (B), um später zu vergessen, darauf zu achten (IK). Dabei kann die Unruhe sich an einer Stelle sammeln, während der Rest des Körpers sich entspannt (D). Sie brauchen nicht alles annehmen, sondern können Ihren eigenen Gedanken folgen (B).

FIXATION

Die Augen brauchen die Lider nicht zu schließen, und die Lider brauchen die Augen nicht zu schließen (K), dann können Sie nach einer Weile feststellen, daß Sie durch die Dinge hindurchsehen, mühelos, indem sich Ihr Blick weit gestellt hat. Es ist ein eigenartiges Gefühl, den Blick weit zu stellen. und dabei durch die Dinge durchzusehen, ohne sie aus den Augen zu verlieren.

Früher oder später können die Lider ein Gefühl der Schwere entwickeln, dem es angenehm ist, nachzugeben (B). Die Hände können unterschiedliche Empfindungen haben, wenn sie getrennt liegen (B). Geräusche können der Ausgangspunkt sein, von dem sie sich entfernen (IK). Es ist gut, zu überprüfen, was wirklich wichtig ist. Alle Gedanken, die Sie nicht brauchen, können Sie an einem bestimmten Ort verwahren oder vergessen, indem Sie darauf achten (D), wie die Füße den Boden berühren, das Gewicht auf der Unterlage ruht und den Rücken spüren, der gestützt wird.

Das, was Sie anschauen, kann unschärfer werden oder sich verändern (B). Sie können nicht wissen, ob Sie unbewußt daraus lernen, was Sie bewußt entscheiden oder ob Sie daraus lernen, es Ihrem Unbewußten zu überlassen, was Sie bewußt richtig machen (D, K). Sie können die Atmung verfolgen und sogar die Wangen spüren. Sie nehmen alles zugleich wahr: das Blut in den Wangen und in den Händen.

FRAKTIONIERUNG:

Ich möchte Sie bitten, für einen Moment von der Schulter aufwärts wach zu werden, die Augen zu öffnen auch wenn sie kleben (R) und ein paar Worte dazu zu sagen, was sich gegenüber vorher verändert hat, ob etwas gestört oder gefehlt hat. Auch wenn die Lippen faul sind (R). Danach werden sie noch schneller denselben Zustand erreichen wie diesmal. (Nach der Rückmeldung zurück zur FIXATION; dies ein oder zweimal wiederholen).

LEVITATION

Die eine Hand kann warm und schwer werden und die andere leicht (D). Sie können das Kribbeln bemerken oder ein Gefühl von Taubheit und die zunehmende Festigkeit, so als *wäre sie zu bequem*, diese Hand, sich zu bewegen. Die linke Hand kann etwas anderes empfinden als die rechte (D). Während die andere Hand leichter wird - ich weiß nicht, ob es der linken oder rechten Hand leichter ist eher dieses Gefühl zu entwickeln - was daran zu bemerken ist, daß sich unmerklich eine Schicht, die Empfindung einer Schicht zwischen Stoff und der Haut schiebt, Bruchteile von Millimetern. Kleine unregelmäßige Bewegungen der Finger (R) zeigen an, daß diese Hand damit beginnt, etwas für sich zu erreichen, ein Gefühl von Leichtigkeit und ein Gefühl von Kühle. Die Luft zwischen den Fingern fühlt sich kühl an oder es entsteht eine Spannung im Handteller.

Die Kühle und die Leichtigkeit kann sich ausbreiten so, als würde mit jedem Einatmen diese Hand leichter, als würden Ballons mit Fäden an die Finger geknüpft sein, die die Hand unmerklich nach oben ziehen - und auch wenn die Hand sich noch nicht beginnt zu heben, können Sie die Vorstellung entwickeln, daß sie bereits einige Zentimeter darüber in einem Abstand von einigen Zentimetern sich über der Hand befindet als hätten Sie eine zweite Hand - in der Vorstellung, leicht und unempfindlich. Das ist eine eigenartige Vorstellung. Wie ein Ballon kann sie sich heben.

Ein Heißluftballon erzeugt Hitze und die warme Luft hebt den Ballon - höher und höher. Und wenn man die Hände hinausstreckt, werden sie kühl und sie spüren die Luft und die Frische während innen die Wärme zunimmt und gleichmäßig den Körper durchströmt. Das Blut der anderen Hand strömt durch die weiten Adern, die sich Millimeter öffnen und bis in die äußersten Spitzen der Finger das Blut strömen lassen - es ist ein bestimmtes Gefühl, die eine Hand warm und schwer zu spüren und die andere kühl und leicht, kühl und leicht.

[Wenn Sie sich vorstellen, an einem Wintertag vor die Tür zu treten. Sie können den Atem in der Luft sehen und die schneebeladenen Zweige, den knirschenden Schnee unter den Sohlen und die Frische auf der Haut. Und nach ein paar Schritten können Sie die Hand in den Schnee stecken und die Kälte als Unempfindlichkeit registrieren. Wenn Sie den Schnee zerdrücken, der zwischen den Fingern als Wasser zerrinnt; nur die Kühle bleibt, auch wenn Sie zu der Hütte zurückkehren.]

LIDSCHLUSS

Und als würden Sie eine Tür hinter sich schließen, können Sie tiefer in Trance gehen; so wie sich die Lider schließen können, um sich nach innen zu wenden angenehm und die Reizung der Augen durch die Lider vergessen und die Müdigkeit der Lider sich guttun lassen. Die Lider werden müde und schwer, müde und schwer und schließen sich, während es manche vorziehen, die Lider nicht zu schließen, wenn sie (S) in Trance gehen.

VERTIEFUNG

Während ich von 1 - 10 zähle, können Sie sich Zeit nehmen und einzelne Schritte tun, um die Trancetiefe zu erreichen, die im Moment richtig ist. Einzelne Schritte wie auf einer Treppe an einem Haus, in einem Garten oder an einem Berg, kleine oder große Schritte und weiterkommen; in Ihrem eigenen Rhythmus. Sie müssen meinen Worten nicht folgen und können heimlich schon weiter sein, schon ganz woanders.

1 den ersten Schritt haben Sie längst getan.
2 alle Dinge haben 2 Seiten: Münzen haben 2 Seiten, eine Tür hat zwei Seiten; das kann man sehen, wenn man sie öffnet und hineingeht.
3 aller guter Dinge sind 3, sagen manche Leute.
4 Finger und ein Daumen an jeder Hand. 4 Ecken und Kanten hat ein Fenster oder ein Bild an der Wand.
5 + 5 ist zehn. 5 Zehen an jedem Fuß.
6 ist eine Zahl, die man auf den Kopf stellen kann. Zahlen, mit denen kann man spielen, oder sie vergessen, weil sie unwich-

tig sind. Jede Zahl ist eine Stufe; mit jedem Schritt etwas hinter sich lassen.
7 auf einen Streich, 7 Schwaben, 7 Tage hat die Woche, 7 X sieben gibt feinen Sand.
8 sind zwei Nullen übereinander. Achtgeben und nehmen, behalten.
9 ist eine sechs, auf den Kopf gestellt.
10 den letzten Schritt tun Sie allein.

Sie können diesen Zustand genießen und müssen nichts besonderes tun. Ich weiß, daß der bewußte Verstand mir zuhören kann, während das Unbewußte von dem lernt (D), was Sie nicht beachten und manchmal lernt auch der bewußte Verstand von dem, was Sie hören (K). In Trance können sich die Gedanken neu ordnen. So wie Sie vom Flugzeug aus die Küste erkennen, die Sie vom Strand aus nicht sehen.

IMMOBILITÄT

Mit einem Teil der Aufmerksamkeit können sie den Beobachtungen folgen und mit einem anderen Teil der Aufmerksamkeit Gedanken nachgehen (D). An einen anderen Ort, wo es ihnen sehr gut geht, in eine andere Zeit. Sie können den Körper sich selbst überlassen, er sorgt für sich selbst. Sie müssen nichts tun und es ist amüsant, daß es unmöglich erscheint aufzustehen - je mehr Sie sich bemühen, um so schwerer ist es.- Versuchen Sie es. Es geht nicht (R).

ILLUSION

Verschiedene Erinnerungen können auftauchen. Unruhige Empfindung, wie die einer Fliege auf der Haut. Sie erinnern das Kitzeln, wie sie sich über die Wange bewegt mit ihren Beinchen, die Ihre Haut berühren (R).

NUTZUNG DER TRANCE (s.u)

POSTHYPNOTISCHE SUGGESTION

Es gibt andere Erinnerungen, die Sie vergessen haben, weil Sie mehr vergessen als Sie erinnern und mehr wissen als Sie erinnern und Dinge, vergessen zu erinnern (A) - so, wie Sie früher vergessen haben, an die Zukunft zu denken, die jetzt Gegenwart ist und später vergessen haben werden, was Sie jetzt wissen, um das richtige zu tun (A).

REORIENTIERUNG

Sie können diesen Zustand beim nächsten Mal, wenn Sie in diesem Stuhl sitzen, noch schneller und leichter erreichen (P). In wenigen Momenten können Sie in diesen Raum zurückkehren, ganz frisch und wach sein , wie nach einem kurzen Schlaf und sich wieder bewegen und dem nachgehen, was Sie ohnehin als nächstes tun wollen. Drei, zwei, eins. Jetzt.

Wieviele Minuten sind vergangen, seit Sie hier sitzen? (R)

Unspezifische Nutzung der Trance

Es können mehrere Arten der Nutzung hypnotischer Trance unterschieden werden. In der **unspezifischen** Nutzung wird hypnotische Trance als heilsamer Zustand - meist wiederholt - ohne genaue Bezugnahme auf die Natur oder Erscheinung der Störung eingesetzt. In den **spezifischen** Anwendungen kann man unterscheiden, ob die Instruktion **explizite** Suggestionen zur Veränderung eines bestimmten Symptoms oder zur Überwindung des dahinter stehenden Problems enthält. Schließlich können in der hypnotischen Trance **implizite** Anweisungen gegeben werden, um die zur Heilung nötigen Ressourcen im Klienten zu aktivieren. Dazu gehört die Befragung mit Hilfe ideomotorischer Reaktionen und die Verwendung von Metaphern.

UNSPEZIFISCHE NUTZUNG: physiologische Umstellungen

SPEZIFISCHE NUTZUNG: Bezugnahme auf das Problem/Symptom

EXPLIZITE NUTZUNG: Lösungsweg bewußt

SYMPTOM-ORIENTIERT: Elimination des Symptoms

PROBLEM-ORIENTIERT: Elimination des Problems

IMPLIZITE NUTZUNG: Lösungsweg unbewußt

Zu den unspezifischen Wirkungen der Trance gehören die heilsamen Effekte der Entspannung, der trophotropen Umstellung, der Verbesserung der Immunabwehr und die Reduktion der Ausschüttung von Stresshormonen. In Fällen von Streß, Angst, Krebs (Spiegel et al 1989), einigen psychosomatischen Beschwerden und Wundheilungsprozessen ist daher eine tägliche Anwendung von hypnotischer Trance adjunktiv sinnvoll - z. B. mit Hilfe einer entsprechenden Audiokassette. In metaphorischer Weise kann durch die Vorstellung einer unbewußten Heilungsinstanz im Körper („innerer Heiler“) die unwillkürliche Bereitschaft zur Kooperation und eine positive Einstellung zur Genesung gefördert werden.

Symptomorientierte Hypnotherapie

In der spezifischen Anwendung kann man zwischen symptomorientierten und problemorientierten Verfahren unterscheiden. Bei der symptomorientierten Vorgehensweise steht die Veränderung der wahrgenommenen Beschwerde im Vordergrund. Bei der Behandlung von Schmerzen werden diese durch ablenkende Vorstellungen, suggestive Veränderung der sensorischen Qualität (dumpf statt stechend) oder durch eine veränderte Zeitwahrnehmung erträglicher. Somatische und psychosomatische Störungen werden durch Visualisierung der Heilungsprozesse behandelt.

Dies kann spezifisch an pathophysiologischen Prozessen ansetzen. Etwa wird die Erweiterung von Bronchien bei Asthmatikern (Schirmer, 1993) oder die Erweiterung von Blutgefäßen bei Morbus Reynaud (Conn & Mott, 1984) oder Hörsturz suggeriert (Steinriede, 1997). Ist das Immunsystem in die Erkrankung involviert, werden Visualisierungen bezüglich der Leukozytenaktivität eingesetzt (Simonton, Matthews-Simonton und Creighton, 1978). Sind Bewegungsabläufe durch neurologische Traumata beeinträchtigt (z. B. zerebrale Apoplexie), werden in Trance Erinnerungen an früher beherrschte Bewegungsabläufe aktiviert und zwar möglichst solche die eine hohe subjektive Bedeutsamkeit haben und mit starken Emotionen verbunden sind (Görtz, 1990).

Im Bereich der Gewohnheitskontrolle wird versucht symptom-relevante motorische Muster zu unterbrechen (Tics, Rauchen, Essen) oder diese in ihrer subjektiven Bedeutung zu ändern (Reframing). Zum Beispiel kann man bei einem Raucher suggerieren, die Zigarette in der levitierten Hand zu halten und sie den Fingern entgleiten zu lassen. Das Ergebnis ist nicht vorhersagbar:

Eine 47-jährige Frau entwickelte dabei einen Tremor in der rechten Hand, erinnerte sich daran, daß sie angefangen hatte zu rauchen, als ihr Mann verunglückte. Dadurch erhielt das Rauchen die Bedeutung einer Kommunikation mit dem Toten. Sie berichtete in der Woche darauf, daß sie mit der rechten Hand nicht mehr rauchte; stattdessen mit der linken und nur noch sechs statt 30 Zigaretten.

Zusätzlich zur Vorstellung alternativer Handlungsabläufe werden oft stützende Suggestionen eingeführt oder die aversiven Folgen des problematischen Verhaltens imaginiert. Weit verbreitet ist die häufig wiederholte Suggestion positiver Vorsätze, wie die folgende von Spiegel (Barabasz & Spiegel, 1989) zur Raucherentwöhnung:

„Für meinen Körper ist Rauchen Gift, ich brauche meinen Körper zum Leben, ich schulde meinem Körper Respekt und will ihn schützen".

Bei akuten Schmerzen (beim Zahnarzt, bei schmerzhaften Eingriffen oder versorgten Wunden) wird Analgesie suggeriert (Schmierer, 1994). Dazu ist es günstig mit einer Handlevitation zu beginnen und diese über Gefühle der Kühle in Taubheitssuggestionen übergehen zu lassen und schließlich das Taubheitsgefühl auf die schmerzende Körperregion zu übertragen (etwa durch Auflegen der analgetischen Hand).

Problemorientierte Hypnotherapie

Bei der problemorientierten Vorgehensweise sind mehrere Strategien unterscheidbar, die auch in Kombination zur Anwendung kommen. Ist der Beginn des Problems mit einer traumatischen Erfahrung aus der Vergangenheit verbunden, kann diese frühere Erfahrung mittels **Altersregression** wieder aktiviert und dann verändert werden. Die Veränderung kann in einer **Dissoziation** von beeinträchtigenden Erlebnisqualitäten bestehen (Abspaltung von auditiven, visuellen oder propriozeptiven Komponenten) oder in einer **Assoziation**, d. h. einer Ergänzung von Bewältigungs-Erfahrungen (sogen. „Ankertechnik" s. u.). Die Ergänzung kann einmal in Ressourcen liegen, die nicht abrufbar waren oder solchen, die zum Zeitpunkt des Traumas noch nicht sondern erst später zur Verfügung standen (z. B. Kompetenzen des Erwachsenen). Oder es wird in einer Rekonstruktion die prägende Situation durch eine fiktive Bewältigungs-Möglichkeit ergänzt.

Eine Mutter, die ihre Tochter nach einem Autounfall durch einen Kunstfehler des behandelnden Arztes verloren hatte entwickelte eine Lähmung der Beine und konnte sich nur noch mit Krücken bewegen. Die Schlüsselszene war die Situation, wo sie sich gegen einen Oberarzt nicht durchsetzen konnte, der ihr stehend erklärte, die zunehmende Gelbfärbung der Haut bedeute nichts, während sie am Fußende des Bettes im Stuhl saß. Die Tochter starb an einer übersehenen Verletzung der Galle. In Trance wurde ihr die Vorstellung suggeriert, daß sie sich aufblasen und übernatürlich groß werden könne, um den Missetäter zurechtzustutzen.

In Fällen von Phobien und Streßsymptomen wird zunächst die Problemsituation mit einem äußeren Auslöser assoziiert, mit Hilfe dessen die Erinnerung an die Situation vom Therapeuten aktiviert werden kann („Ankern"). Dasselbe gilt für die Aktivierung der Erinnerung einer Ressource (Bewältungssituationen). Die „Anker" (Auslöser) können auf verschiedenen Repräsentations-Ebenen (d. h. Sinnesmodalitäten) angesiedelt sein: Visuell durch Fixierung zwei verschiedener Punkte (z. B. Daumennägel), akustisch durch Veränderung der Stimmqualität, zwei Geräusche oder Musik, taktil durch Berührung oder Druck (an Handgelenk und Schulter), kinästhetisch durch eine bestimmte Körperhaltung oder Bewegung (das Körpergewicht im Stuhl nach links oder rechts verlagern). Sind Problemsituation und Ressource einmal durch entsprechende Anker abrufbar, dann werden sie „kollabiert", d. h. durch gleichzeitige Aktivierung (etwa zwei verschiedenen Druckpunkte - Schulter für die Ressource und Handgelenk für die Problemsituation) wird die Problemsituation mit der Ressource in ihrer mentalen Repräsentation überlagert. Dadurch erweitert sich die ursprünglich eingeengte Erfahrung des Stressors oder Traumas um physiologische Komponenten (z. B. Entspannung) oder Verhaltensweisen (vorgestellte Selbstsicherheit, Heiterkeit, Distanzierung, Aggression).

Ein 35-jähriger Versicherungsvertreter litt unter Angstattacken bei Präsentationsgesprächen mit Kunden und Auseinandersetzungen mit Kollegen. Als Ressourcen wurden u. a. die Situationen eines Urlaubs am Meer und des sportliches Gerangels auf dem Fußballplatz (Jugenderinnerung) verwendet. Bei Flugphobie einer 28-jährigen Frau eine Kindheitserinnerung an eine Fahrradfahrt mit Vater auf dessen Lenker. Dabei hatte sie sich trotz des Schütteln geborgen gefühlt.

Neben der regressiven Arbeit in der Vergangenheit ist eine **Progression** d. h. in die Zukunft gerichtete Vorgehensweise möglich. Auch hier ist eine Assoziation von Ressourcen an eine in der Zukunft liegende Situation (z.B. Prüfung, Konfrontation) oder eine Dissoziation überwertiger Wahrnehmungsaspekte möglich. Von der Warte der Zukunft aus ist unter Vorwegnahme der Problemlösung auch eine Rekonstruktion des Lösungsweges möglich.

Ein 42-jähriger Richter in einer Scheidungssituation wußte nicht, wie er die Verhandlungen mit seiner Frau führen sollte, ohne in Streit zu geraten. Nachdem er sein neues Leben fünf Jahre nach der Scheidung imaginierte und dann eine befriedigende Besuchsregelung - zwei Jahre vorher, sowie eine konstruktive Unterhaltung mit seiner Frau - ein Jahr vorher, konnte er schließlich eine ruhige Gerichtsverhandlung visualisieren und am Ende wußte er, in welcher Weise er seiner Frau am nächsten Tag entgegentreten konnte, um sich mit ihr über eine Trennung zu unterhalten.

Die Vorwegnahme zukünftiger Streß-Situationen und deren verbesserte Bewältigung durch die reassoziierten Ressourcen wird auch „Future-pacing" genannt.

Implizite Hypnotherapie

Die bisher beschriebenen Vorgehensweisen sind explizit, insofern Problem und Lösungsweg beschreibbar sind und vom Therapeuten nach Exploration unter Hypnose formuliert werden. Davon läßt sich eine implizite Nutzung der hypnotischen Trance unterscheiden, bei der man unwillkürliche, meist motorische Reaktionen beobachtet (Handlevitation, Fingersignale, Annäherung der in Höhe des Oberkörpers gehaltenen Hände, Rossi & Cheek, 1988). Sie werden als unwillkürliche Signale auf bestimmte Fragen gewertet - z. B. bezüglich der unbewußten Veränderungsbereitschaft oder verfügbarer Information in Form „stillem" Wissen. Stilles Wissen ist eine Alltagserfahrung. Man versteht darunter die subjektive Sicherheit, etwas zum Problem relevantes zu wissen, ohne im Moment sagen zu können, was („Ich weiß, daß ich etwas vergessen habe ohne sagen zu können, was." - später stellt sich heraus es war der Autoschlüssel). Kreative Problemlösungen beruhen häufig auf der Aktivierung von stillem Wissen. Es kann nicht direkt abgerufen werden, sondern wird eher durch unwillkürliche Suchprozesse wie malen oder singen oder analoge Beschäftigungen aktiviert. In der Hypnotherapie verwendet man hierzu unwillkürliche Körperreaktionen. Auf diese Weise läßt sich neben der rationalen eine zweite Entscheidungsinstanz etablieren, die eine Kommunikation mit dem Unbewußten zuläßt.

Ein 32-jähriger Mann mit einem Hodgkin-Karzinom stand vor der Frage, ob er das Heiratsangebot seiner Freundin annehmen sollte. Mit Hilfe seiner Hände, sie sich schrittweise aufeinander zu bewegten, konnte er in Trance folgende Fragen klären: Stimmt er unbewußt zu, diese Frage in Trance zu bearbeiten, hält er Informationen dafür bereit (stilles Wissen), kann er einen Anteil von sich visualisieren, der dieses Wissen vermittelt. Er visualisierte einen Bischof mit Krummstab und verstand das Bild zunächst nicht. In der Nacht träumte der Klient von dem Bild und fand am nächsten Tag, daß es Petrus ähnelte. In einer Diskussion über Petrus wurde klar, daß Petrus an Christus zweifelte und trotzdem der Fels war, auf dem die Kirche ruhte. Der Klient fand nicht nur zu seiner Spiritualität zurück sondern entschied sich auch zu heiraten.

Ebenfalls implizit ist die Anleitung des Patienten zu inneren Suchprozessen, wie beim Erzählen von **Metaphern** oder im Katathymen Bilderleben. Metaphern können als Brücke zwischen bewußt kontrolliertem Denken und unbewußten kognitiven Prozessen betrachtet werden (Brown, 1993; Krause & Revenstorf, 1997). Da unser Selbst- und Lebensverständnis zum Teil unbewußt ist und dies auch auf unsere Problemsicht zutrifft, sind Metaphern besonders nützlich. Sie werden zwar bewußt aufgenommen, aber wirken unbewußt weiter und können so unsere unbewußte Problemsicht beeinflussen. Sie sind dann hilfreich, wenn sie persönliche Relevanz haben.

Für einen im Konkurrenzkampf blockierten, sportlichen, leistungsorientierten 40-jährigen Geschäftsmann war die Metapher eines Stierkampfes ansprechend. Einen Student, der sich ungern durch Studienaufgaben festlegen ließ, faszinierte der Teil der Metapher vom Künstler der einen Vogel malen sollte (s. Fallbeispiel) besonders, wo er dem Kunden nach einem Jahr ein leeres Blatt zeigt. Eine 55-jährige fleißige schwäbische Hausfrau konnte sich für die Geschichte der Heinzelmännchen, die nachts den Abwasch besorgen als Metapher für die Immunabwehr begeistern.

Metaphern haben unterschiedliche Funktionen in verschiedenen Therapiephasen und dienen dazu, mögliche Ressourcen, Blockaden oder Randbedingungen einer psychosomatischen Veränderung aufzufinden.

Ein 27-jähriger Student litt seit zwei Jahren unter einer reaktiven Depression nachdem ihn seine erste und langjährige Freundin verlassen hatte. Er hatte Monate in der Psychiatrie zugebracht, und zwei Jahre nicht gearbeitet. Er räsonierte ständig, daß keine Frau so wie die eine sein werde. In Trance wurde ihm die bekannte Metapher von den drei Türen erzählt (Bandler und Grinder, 1979), die im wesentlichen davon handelt, daß der Klient sich in einem Raum mit zwei ihm bekannten Türen befindet und unvermittelt eine dritte entdeckt. As er den Raum dahinter betritt findet er Chaos vor, so wie die Zweige eines Baumes von nahem chaotisch durcheinander wachsen. Von weitem jedoch ergibt ihr Wachstum die Regelmäßigkeit einer ganz bestimmten Baumkrone. In der Woche darauf berichtete er von einer neuen Freundin, von der er sich bald wieder trennte, in eine andere Stadt umzog und das Studium wieder aufnahm.

Die Indikation für die implizite Vorgehensweise ergibt sich aus der Unmöglichkeit rationale Entscheidungskriterien zu finden, sowie aus der existentiellen Natur der anstehenden Frage. Eine explizite, problemorientierte Methode ist angezeigt, wenn die Ursache einen bekannten Konflikt beinhaltet, während die symptomorientierte Strategie dann sinnvoll erscheint, wenn der Klient seinen Therapieauftrag entsprechend einschränkt oder eine organisch abgeklärte Basis eines psychosomatischen Leidens oder Schmerzes vorhanden ist.

Diskussion

Hypnose wird als integrativer Bestandteil einer allgemein kognitiv-behavioralen Therapie verstanden. Die Grundannahme einer mehrschichtig verknüpften Erfahrung (Körper-Emotion-Kognition-Verhalten-Interaktion) könnte ein sequentielles Vorgehen nahelegen, erst ein Problem auf der Interaktionsebene behandeln, und die anderen Ebenen einzubeziehen, wenn das nicht möglich ist.

Ein solches Vorgehen wäre durchaus sinnvoll. Auf der anderen Seite sind die Verknüpfungen zwischen den Ebenen bidirektional. Man kann daher auf jeder Ebene beginnen und nach ökonomischen Grundsätzen vorgehen. Dazu gehört, dort anzufangen, wo sich der Patient selbst ansiedelt. Wenn man von einem irgendwie gearteten Zentrum des Individuums ausgeht, würde man dort beginnen. Für einen Somatiker ist der Körper die Basis, für einen Philosophen das von Verstand gesteuerte Ich, für ganzheitlich orientierte Denker wie C. G. Jung oder M. H. Erickson regelt das unbewußte Selbst körperliche und kognitiv bewußte Vorgänge. Darüber hinausgehend ist die Indikation der Zugangs-Ebene zur Zeit nicht entscheidbar. Es bleibt also der Gesichtspunkt des „Pacings" und der Anspruch möglichst mehrere Ebenen in der Behandlung zu erfassen.

Die zweite Grundannahme der autonomen Selbstregulation, impliziert, daß die Aufgabe des Therapeuten darin besteht, wirksame Anstöße zu geben. Wenn er dabei neben der Ebene des Verstandes unbewußte Prozesse anstoßen kann, wird er eher hinreichend Resonanz erzeugen.

In der Therapieplanung sind sieben Aspekte zu berücksichtigen, an denen unbewußte Prozesse in unterschiedlichem Ausmaß beteiligt sind. Zunächst ist nach einer vorläufigen **Anamnese** die Herstellung des **Rapport** (1) die erste Aufgabe. Eine **Problemdefinition** (2) ist zu-

INTERAKTIONSEBENE (PAAR, FAMILIE, GRUPPE)

=> INDIVIDUELLES VERHALTENSREPERTOIRE (EXZESSE, DEFIZITE)

=> EMTIONALE FIXIERUNGEN LÖSEN

=> KOGNITIVE STRUKTUREN DURCHLEUCHTEN

=> UNBEWUSSTE PROGRAMME REVIDIEREN

=> MUSKELPANZER IN BEWEGUNG BRINGEN

=> MEDIZINISCHE EINGRIFFE (PHARMAKA)

gleich ein Teil des Therapievertrags. Ein Patient kann sein Problem bewußt und verstandesmäßig als Phobie oder Rückenschmerz definieren und der Therapeut wird erst später eine erweiterte Auffassung suggerieren, wenn eine Funktion des Symptoms sichtbar wird. Ebenso ist dann die **Zieldefinition** (3) revisionsbedürftig. Unter Einbeziehung unbewußter Prozesse wie Träume und impliziter Hypnotherapie findet der Klient leichter Zugang zu einer erweiterten Sichtweise seines Problems. Die **Lösungssuche** (4) ist im Prinzip ein autopoetischer Prozeß, den der Therapeut nur bedingt beeinflussen kann. Allerdings wird beim Klienten in der regressiven Haltung implizit der Wunsch nach einer Orientierung da sein. Dem kann der Therapeut entsprechen, indem er auf der bewußten Ebene eine Verschreibung gibt, die er durch eine Metapher ergänzt, um unbewußte Suchprozesse anzuregen. Die **Umsetzung** (5) im Alltag ist meist ein bewußt organisierter Prozeß, der jedoch die Gefahr negativ interpretierten (katastrophisierten) Rückfalls mit sich bringt. Mit paradoxen Manövern läßt sich das auffangen (z. B. Rückfallverschreibung) oder durch gezielte Mobilisierung von Ressourcen (Ankertechnik) verhindern. Óder man kann die Aufmerksamkeit verschieben, so daß in der Hauptsache ein anderes Therapieziel verfolgt wird, während das eigentliche Therapieziel beiläufig erreicht wird. Der vorletzte Schritt der Therapie ist **Überprüfung** (6) des Resultates, die auf der bewußten Ebene erfolgt, auf der auch die Problemstellung begann. Für die meisten Menschen ist es wichtig erlebte Veränderungen zu benennen. Durch die Integration in das eigene Denkgebäude wird zugleich die Abhängigkeit von einer externen Instanz aufgelöst und eine interne Attribution des Erfolgs gefestigt. Dazu eigenen sich Träume gut, die am Ende anders ausfallen als am Anfang der Therapie (s. Fallbeispiel). Das bewußte Verständnis ist auch für Maßnahmen zur **Stabilisierung** (7) des Therapieerfolges sinnvoll.

Fallbeispiel

Alexandra: Dissoziative Störung

1. Sitzung:

Anamnese und Pacing-/Ressourcenmetapher.

Die 21-jährige Klientin mit kindlich freundlichem Wesen klagt darüber, daß sie sich häufig von ihren männlichen Bekannten völlig unvermittelt distanziere und dabei das Gefühl habe, aus einer anderen Welt zu kommen. Sie ist beunruhigt und glaubt eine Reinkarnation einer anderen Person zu sein. Durch dieses Verhalten fühlt sie sich sozial isoliert und verängstigt. Die Exploration ergibt, daß sie nacheinander fünf Männerbekanntschaften hatte, die in der besagten Weise endeten und daß alle Männer gutaussehend aber rücksichtslos waren. Der Vater ist Offizier und die Familie hat oft den Wohnort gewechselt. Die Mutter ist nachgiebig und leidet unter dem Vater, der trinkt und dann brutal wird. Es gibt noch eine ältere Schwester, die weniger attraktiv als die Klientin ist. Die Schwester hat oft die erzieherischen Belange der Mutter gegenüber der Klientin vertreten.

In Trance wird ihr die Metapher vom Adler, der im Hühnerhof aufwächst erzählt. Dort entdeckt ihn ein Besucher und weist den Bauern darauf hin, daß der körnerfressende Vogel der König der Lüfte sei. Nach mehreren gescheiterten Versuchen des Fremden, den Vogel zum fliegen zu bewegen, meint der Bauer: „Er ist aufgewachsen wie ein Huhn, also verhält er sich wie ein Huhn". Der Fremde entgegnet, aber er habe das Herz eines Adlers. Beim dritten Versuch schließlich fliegt der Adler und wird nicht mehr gesehen. Jedoch weiß man nicht genau, ob er nicht am Ende ein Huhn geheiratet hat.

Die Klientin wird gebeten, im Kalender täglich ihre Befindlichkeit zu notieren.

2. Sitzung:

Traum. Explizite Hypnotherapie (symptomorientiert) Implizite Hypnotherapie (Konfusionsmetapher).

Die Klientin träumt, sie habe mit ihrer Mutter das elterliche Haus verlassen und führe mit ihr im Auto auf der Straße. Sie sitzt am Steuer, die Mutter neben ihr. Die Straße steigt an und der Verkehr kommt ins Stocken. Das Auto bleibt stehen und aus dem hinter ihr befindlichen Fahrzeug steigt ein Mann mit schwarzen Haaren und heller Haut, er ist ärgerlich, daß es nicht weiter geht und sticht die Träumerin mit einem Küchenmesser in die Seite. Sie erwacht und stellt fest, daß ihre Regel eingetreten ist.

Die Klientin wird auf die zwei Themen des Traumes aufmerksam gemacht: daß sie eine aktivere Rolle als ihre Mutter einnehmen möchte und daß sie dazu ihre männliche Seite akzeptieren müsse. (Es wurde zunächst überprüft, daß in der Realität keine akute Bedrohung von Männern ausging). In Trance reaktiviert die Klientin eine Situation, in der sie sich unvermittelt von ihrem ehemaligen Freund entfremdet fühlt. Als Ressource findet sie eine

Erinnerung an eine Familienszene, in der alle vier zusammen sind und sich darüber erheitern, daß der Vater zeitungsortierend versehentlich die Kochrezepte der Mutter wegwirft und sich dafür entschuldigt. In der Vorstellung protestiert sie anschließend gegen die Übergriffe des Freundes. Als Metapher zur Labilisierung der bestehenden Anschauungen wird das Märchen vom Scheinriesen angefügt, der größer wird, wenn man wegläuft, kleiner wird, wenn man auf ihn zugeht und schließlich beglückt ist jemanden in seiner Einsamkeit zu treffen. Als Hausaufgabe wird die Klientin gebeten, mehrere Bekannte anzusprechen und sich nach kurzem Kontakt selbständig zu verabschieden.

3. Sitzung: Durchsetzung gegen Männer. Rollenspiel Implizite Hypnotherapie (Veränderungsmetapher).

Die Klientin berichtet von einigen zaghaften Abgrenzungsversuchen mit männlichen Gesprächspartnern. In Trance wird ihr die Metapher vom Künstler angeboten, der für den König einen Vogel zeichnen soll und dafür zwei Jahre benötigt. Am Ende will der König das Bild abholen. Der Künstler nimmt ein weißes Blatt und stellt in zwei Minuten eine perfekte Zeichnung her. Auf die zornige Frage, warum der König solange habe warten müssen, öffnet der Künstler einen Schrank und es fallen 2000 Blätter heraus.

4. Sitzung: Rollenspiel

Fiktive Abgrenzung von der Mutter als mangelhaftes Modell einer selbständigen Frau.

5. Sitzung: Traum und Rollenspiel zur Differenzierung.

Die Träumerin geht über den Baumkronen auf einem unsichtbaren Weg. Sie hört die Stimme ihrer Mutter (oder ihrer älteren Schwester), die sie warnen, da oben könne man nicht gehen. Aber die Träumerin entgegnet heiter, es gäbe einen Weg, auch wenn man ihn nicht sehen könnte. Dann befindet sie sich auf der Straße vor einem großen Wandgemälde (Mural), dessen Autor sie ist. Auf dem Bild ist sie selbst dargestellt, wie sie furchtlos Männer niedermetzelt.

Der erste Teil des Traumes wird mit dem Traum der ersten Sitzung verglichen. Es werden zwei Aspekte hervorgehoben: im ersten Traum ist die Träumerin ausgeliefert, im letzten ist sie der Situation überlegen. Beide Traumszenen haben die Beziehung zur Mutter zum Gegenstand: Die Träumerin setzt sich mit dem schwachen Mutterbild auseinander: anfangs versucht sie sich den äußeren Rahmen (das Auto) aufrecht zu erhalten, im letzten Traum löst sie sich von den Vorschriften der Mutter/Schwester und geht ihren eigenen Weg (sie kann sich vom Boden ihrer Familie erheben) und fühlt sich wohl dabei.

Der zweite Teil des letzten Traumes beunruhigt die Klientin. Sie wird gebeten die Szene vor dem Wandgemälde in einem Dialog fortzusetzen (im Sinne der Gestalttherapie in zwei Stühlen). Durch die Identifikation mit der Kämpferin kann sie das Gefühl der Macht und Assertivität für sich reklamieren und akzeptieren. In der Rolle der anderen Frau erkennt sie sich selbst in ihrer anpassungsfähig liebenswürdigen Seite. Sie wird gebeten, in Trance für beide Rollen Szenen aufzusuchen, in denen sie angemessen sind. In der Nachbesprechung gibt sie an, daß sie im Alltag zu 95% liebenswürdig und 5 % assertiv ist. Ihr Ziel ist eine Verteilung von 60 zu 40%. Als Symbolisierung für den kriegerischen Anteil wird ihr eine kleine schwarze Stoffpuppe mit Schwert mitgegeben, die sie in der Tasche tragen und berühren kann, wenn sie diesen Teil braucht. Sie wird gebeten täglich diese Verteilung zu überprüfen und zu notieren.

6. Sitzung: Nachbesprechung. Abschlußmetapher.

Die Klientin ist zufrieden mit ihrer Durchsetzung gegenüber Männern. Sie kann sich von dem schwachen Mutterbild distanzieren und die beiden Anteile der assertiven und der liebenswürdigen Frau nebeneinander bestehen lassen, um diese beiden Rollen in entsprechenden Situationen einzunehmen. In der abschließenden Trance wird als Ablösungsmetapher die Geschichte vom Eisenhannes angeboten, mit Betonung darauf, daß der junge Mann in dem Märchen den Eisenhannes verlassen muß, ihn jedoch jederzeit um Hilfe anrufen kann. Dabei symbolisiert der Eisenhannes den Vater oder Therapeuten.

Literatur

Bandler R, Grinder J: Frogs into Princes. Moab/Utah, Real People Press, 1979.

Barabasz M, Spiegel D: Hypnotizability and weight loss in obese subjects. International Journal of Eating Disorders 1989; 8(3): 335-341

Barbach LG: For Yourself: Die Erfüllung weiblicher Sexualität. Frankfurt/M, Ullstein, 1982.

Beutler L: Eclectic Psychotherapy. New York, Pergamon, 1983.

Bongartz W: Hypnose und immunologische Funktionen. In: Revenstorf D. (ed.): Klinische Hypnose. Heidelberg, Springer, 1993.

Bornstein RF, Pittman TS: Perception without awareness. New York, London.The Guilford Press, 1992.

Conn L, Mott T: Plethysmographic demonstration of rapid vasodilation by direct suggestion: A case of Reynaud's disease treated by hypnosis. American Journal of Clinical Hypnosis 1984; 26: 166-170.

Dixon NF: Preconscious processing. New York, Wiley, 1981.

Erickson MH, Rossi EL: Hypnotherapie. Pfeiffer, Müchen, 1981

Erickson MH, Rossi EL, Rossi SL: Hypnose. Induktion- Psychotherapeutische Anwendung - Beispiele. München, Pfeiffer, 1978.

Fiedler PA, Standop R: Stottern. Winheim, Psychologie Verlags Union, 1986.

Foerster HV: Sicht und Einsicht. Vieweg, Braunschweig, 1985.

Frankl VE: Theorie und Therapie der Neurosen. München, UTB, 1975.

Görtz K: Rehabilitation von Schädelhirnverletzten durch Hypnose. Experimentelle und Klinische Hypnose 1990; 6 (2): 137-156.

Grawe K, Donati R, Bernauer F: Psychotherapie im Wandel. Von der Konfession zur Profession. Göttingen, Hogrefe,1994.

Haley J: Direktive Familientherapie. München, Pfeiffer, 1977.

Hall, J.A: Hypnosis. A Jungian Perspective. New York, Guilford, 1989

Kaser VA: The effects of an auditory subliminal message upon the production of images and dreams, Journal of Nervous and Mental Disease 1986; 174 (7): 397-407.

Kelley GA: The psychology of personal constructs. New York, Norton,1955.

Krause C, Revenstorf D: Ausformung therapeutischer Metaphern. In: Hypnose und Kognition 1997, 14

Lazarus AA: Multimodale Verhaltenstherapie. Frankfurt a. M., Fachbuchhandlung für Psychologie, 1976.

Lazarus AA: The practice of multimodal therapy. New York, McGraw-Hill, 1981.

Lewin R: Complexity. Life at the edge of chaos. New York, Macmillan Publishing Company, 1992.

Loftus EF: Is the unconscious smart or dumb. American Psychologist 1992; 47: 61-65.

Lowen A: Bioenergetik. Therapie der Seele durch Arbeit mit dem Körper. Reinbek, Rowohlt, 1979.

Madanes C: Strategic Family Therapy. San Francisco, Jossey - Bass, 1982

Matte-Blanco I: The unconscious as infinite sets. London, Duckworth, 1975.

Maturana HR, Varela FJ: Der Baum der Erkenntnis. München, Scherz Verlag, 1987.

Norcross JC, Goldfried MR (ed.): The handbook of psychotherapy integration. New York, Basic Books, 1992.

Perls F: Grundlagen der Gestalt-Therapie. Einführung und Sitzungsprotokolle. München, Pfeiffer, 1973.

Perrig WJ, Wippich W, Perrig-Chiello P: Unbewußte Informationsverarbeitung. Bern, Göttingen, Toronto, Seattle: Verlag Hans Huber,1993.

Revenstorf D: Psychotherapeutische Verfahren Bd. II: Verhaltenstherapie. Stuttgart, Kohlhammer, 1996a.

Revenstorf D: Verhaltenstherapie und andere Therapieformen. In: Margraf J. (Hrg): Handbuch der Verhaltenstherapie. Heidelberg, Springer, 1996b.

Revenstorf D: Hypnose. In: Margraf J. (Hrg): Handbuch der Verhaltenstherapie. Heidelberg, Springer, 1996c.

Revenstorf D: Hypnose als Kognitive Vehaltenstherapie. Hypnose und Kognition 1996; 13: 23-51.

Revenstorf D: Subliminal Perception and its relation to the concept of the unconscious. Hypnos 1997b, (im Druck).

Rossi EL, Cheek D: Mind-Body Healing. New York, Brunner-Mazel, 1988.

Schirmer, A: Hypnose bei Asthmapatienten. In: Revenstorf D (Hrg): Klinische Hypnose. Heidelberg, Springer, 1993.

Schmierer A: Zahnärztliche Hypnose. München, Quintessenz, 1994.

Seltzer LE: Paradoxical Strategies in Psychoterapy. New York, Wiley, 1986.

Simonton O, Matthews-Simonton S, Creighton J: Getting well again. Los Angeles, J.P. Tarcer, 1978.

Spiegel D, Bloom JR, Kraemer HC, Gottheil E: Effect of psychological treatment on survival of patients with metastatic breast cancer. Lancet 1989; 14 (2): 888-891.

Steinriede, R: Medizinische Hypnose bei Tinnitus und Hörsturz. Wiesbaden, Ullstein Mosby, 1997 (im Druck).

Tschacher W, Schiepek G, Brunner EJ (eds.): Self-organization and clinical psychology. Berlin, Springer, 1992.

Waldrop MM: Complexity. New York, Simon and Schuster, 1992.

Watzlawick P, Weakland JH, Fisch R: Lösungen. Zur Theorie und Praxis menschlichen Wandels. Bern, Huber, 1974.

Weeks GR, L'Abate L: Paradoxical Psychotherapy. New York, Bruner & Mazel, 1982.

Winson J: Auf dem Boden der Träume. Weinheim, Beltz, 1986.

Zeig JK: Gewohnheitsprobleme: Raucherentwöhnung. In: Revenstorf D (Hrsg.): Klinische Hypnose. Berlin, Springer, 1990, 240-253.

Zilbergeld B: Männliche Sexualität. Tübingen, DGVT, 1968.

Frederick H. Kanfer

Selbstmanagementtherapie: Eine Zusammenstellung von grundlegenden Komponenten für Einzelklienten

Frederick H. Kanfer

Selbstmanagementtherapie: Eine Zusammenstellung von grundlegenden Komponenten für Einzelklienten

Die Selbstmanagement-Therapie hatte ihren Anfang in dem Versuch, den linearen, symptomorientierten Zugang zur Verhaltenstherapie zu mäßigen, indem sowohl die theoretische Grundlage als auch das Repertoire der Strategien und Vorgehensweisen erweitert wurde, um den kognitiven und den motivationalen Bereich als beachtenswerte Faktoren in der Entwicklung eines individuellen Behandlungsplanes miteinzubeziehen. Später wurde auch die Berücksichtigung biologisch-emotionaler und soziokultureller Faktoren hinzugenommen. Sie stellen die neuesten Interessen- und Forschungsbereiche auf diesem Gebiet dar. Sie sind noch nicht völlig in einen konzeptuellen Rahmen über das menschliche System eingegangen, der die Grundlage für einen umfassenden Zugang zu Therapie bilden kann, obwohl bereits bemerkenswerte Fortschritte gemacht wurden (z. B. Garber und Dodge, 1991; Greenberg, Rice und Elliot, 1993; Kanfer, 1992).

Bei den meisten Klienten bilden einige wesentliche Prozesse und Bereiche das Kernstück für die Therapie; Vorgehensweisen, zeitliche Abstimmung und der Vorrang von Zielen müssen verändert werden, um den spezifischen Bedingungen eines jeden Falles zu genügen. Während es die Hauptaufgabe der meisten Therapeuten ist, Klienten dabei zu helfen, ihre Verhaltensweisen, Gefühle, Gedanken und/oder Umgebungsfaktoren zu ändern, wird der angestrebte spezifische Endzustand (goal state) mit der Entwicklung und der biologischen Geschichte des Klienten, seinem sozio-kulturellen Netzwerk und seinen eigenen Zielen und Werten variieren. Bei der Auswahl der Behandlungsmethoden aus den weiten Möglichkeiten, die von verschiedenen Theorien und Therapieschulen angeboten werden, muß der Therapeut drei Kritierien erfüllen: (1) Strategien und Ziele müssen zu den Bedürfnissen und Fähigkeiten des jeweiligen Klienten passen, (2) sie müssen sich in den institutionellen Kontext fügen, in welchem die Behandlung stattfindet und (3) sie müssen der eigenen Definition des Therapeuten bezüglich seiner professionellen Rolle und seiner Überzeugungen entsprechen. Trotz der Unterschiede zwischen den Therapieschulen gibt es einige Annahmen über Bereiche psychologischer Ereignisse und Prozesse, die von den meisten Schulen geteilt werden, obgleich sie häufig in verschiedener Sprache ausgedrückt werden.

Diese Bereiche betreffen:

1) Die Klient-Therapeut-Beziehung;
2) motivationale und emotionale Mechanismen auf Seiten des Klienten;
3) die Meta-Fertigkeiten und Fertigkeiten sowohl des Klienten als auch des Therapeuten, die notwendig sind, um die Behandlung auf das gewünschte Ziel hin zu bewegen. Zusätzlich zu diesen prozessorientierten Bereichen, muß auch beachtet werden
4) die Einzigartigkeit des Erfahrungsgutes des Klienten, der biologische und sozio-kulturelle Status des Klienten, der Kontext, in welchem die Behandlung geschieht und der passendste Zeitpunkt für verschiedene Einschätzungs- und Veränderungsprozesse. Die Grundidee wurde in der Regel für Kliniker zusammengefasst: Denke global, handle lokal".

Für jeden Prozeßbereich gibt es in Psychologie, Psychiatrie und Soziologie umfassende Literaturbestände, welche die Grundlage für die Entwicklung von Strategien und Verfahren bieten, um das Erreichen von Zwischenzielen in unterschiedlichen Bereichen und auf verschiedenen Stufen der Veränderung zu fördern. Diese Literatur liefert nicht nur Anregungen für Behandlungsmethoden, son-

Übersetzung: Hanne Dirlich-Wilhelm, München

dern können auch bei der Auswahl realistischer Ziele für Klienten mit unterschiedlichen Lebensläufen, Symptomen, Therapiemotivation oder sozio-kulturellem Kontext hilfreich sein.

Um in jedem dieser Bereiche Wirkung zu erzielen, muß der Kliniker auf drei Gebieten kompetent sein: Erstens: Kenntnis der Veränderungsprinzipien, Strategien und Methoden; zweitens: persönliche Interaktionsfertigkeiten und drittens: Sensibilität für die Bedürfnisse des Klienten und dafür, was zu seiner Einmaligkeit gehört, sowie für den aktuellen Einfluß der Umgebung, in welcher der Klient lebt. Dieser Ansatz deckt sich mit vielen Merkmalen, welche mit "Psychotherapie auf Verordnung" ("prescriptive psychotherapy") bezeichnet werden (Beutler und Harwood, 1995).

Es gibt jedoch praktische Grenzen für das Ausmaß der möglichen Anwendung dieser Idealvorstellung. Einerseits sollte Therapie auf den individuellen Klienten zugeschnitten sein, um dessen Potential und Zufriedenstellung maximal zu fördern und den Vorstellungen des Therapeuten über den Nutzen der Therapie genügen. Andererseits können Einschränkungen der technischen und finanziellen Resourcen dazu führen, daß auf eine Breitbandbehandlung mit Manualen für spezifische pathologische Verhaltensmuster zurückgegriffen wird, mit dem Fokus auf eher bescheidenen, unmittelbaren Zielen und nur mit der Hoffnung auf eine eventuelle Ausweitung der Behandlung oder selbstgesteuerte psychologische Entwicklungen zur Erreichung entfernterer Ziele und als Unterstützung für den Klienten, ein dauerhaftes, stabiles und wirkungsvolles Lebensmuster aufrechtzuerhalten.

In unserem Ansatz werden Interventionen in jedem dieser Bereiche so zusammengestellt, daß sie zwei Kriterien genügen:

1. Sie tragen bei zum Fortschritt auf dem allgemeinen Weg zur Veränderung wie es für die Struktur einer Therapie durch unser auf Selbstregulation bezogenes Modell vorgeschlagen wird (Kanfer, Schefft, 1988; Kanfer, Reinecker & Schmelzer, 1996) und
2. Sie passen zur gegenwärtigen Situation des Individuums und den langfristigen Behandlungszielen.

In der praktischen Anwendung muß jeder Bereich bei den verschiedenen Behandlungsabschnitten in einem unterschiedlichen Ausmaß beachtet werden. Nicht nur die eigene Geschichte und Zukunftsperspektive des Klienten, sondern auch die des Klinikers, wie sie durch Ausbildung und/oder Anbindung an verschiedene Therapieschulen geformt wurde, hat einen Einfluß darauf, wie stark jeder Bereich betont wird.

Aus Platzgründen beschränkt sich die folgende Darstellung darauf, allgemeine Strategien zu beschreiben und macht nur wenige Vorschläge für spezifische Methoden. Meistens können die schrittweise vorgehenden Ansätze (step-by-step procedures) in vielen Texten und Manualen der kognitiv-verhaltensorientierten und interpersonalen Therapieformen gefunden werden. Es soll jedoch festgestellt werden, daß unser Ansatz Gewicht legt auf eine Systemorientierung. Das heißt, daß wir davon ausgehen, daß in jedem Abschnitt der Behandlung die gewählten Strategien die Tendenz haben, mit anderen Faktoren zu interagieren. Deshalb bestimmt der Ausgang eines jeden Behandlungsabschnitts die Wahl für den nächsten Schritt. Nichtlinearität, Rückbezug auf Vorheriges, Rückmeldung und Vorwegnahme sind Wirkfaktoren, welche die Struktur dieses dynamischen Therapieansatzes charakterisieren.

Bereich I: Die Klient-Therapeut-Beziehung

Obwohl neuere technologische Errungenschaften in Cyberspace einige therapeutische Methoden zur Verfügung stellen, welche keinen direkten Kontakt mit dem Therapeuten erfordern, finden bis heute letztlich alle Behandlungen im Kontext einer Interaktion mit einem Fachmann statt, dessen Aufgabe es ist, zusammen mit dem Klienten das Problem zu definieren und ihm zu seiner Lösung zu verhelfen. Ein Hauptproblem, das in diesem Bereich auftaucht, kann oft darauf zurückgeführt werden, daß sowohl der Therapeut als auch der Klient Schwierigkeiten hat, die spezifischen Rollen für diese Interaktion von den Rollen, Gefühlen, Reaktionen und Erwartungen zu trennen, die in früheren außertherapeutischen Situationen erlebt wurden (Kanfer, 1994; Zimmer, 1983; Horvath & Greenberg, 1994). Freud bemerkte dieses Phänomen mit feiner Wahrnehmung und nannte es Übertragung und Gegenübertragung. Verhaltenstherapeuten sollten die Wichtigkeit der Generalisierung anderer menschlicher Beziehungen in der Therapiesitzung bei Therapeut und Klient ebenso beachten. Worin sich jedoch Verhaltenstherapeuten von Psychoanalytikern unterscheiden, ist das Ausmaß dieser Generalisierung und ihre Nutzbarkeit in der Therapie. In der Selbstmanagement-Therapie wird diesem Thema viel Aufmerksamkeit geschenkt; seitens des Therapeuten wird während der Ausbildung den Teilnehmern geholfen, den Unterschied zu erkennen zwischen der professionellen Rolle des Therapeuten und persönlichen Kontakten. Im genannten Ansatz ist der Fokus in erster Linie darauf gerichtet, den Klienten beim Erreichen des gesteckten Zieles zu unterstützen. Therapeuten treffen jedoch auch auf Patienten, welche bezüglich demographischer Fakten, Verhalten oder emotionaler Reaktionen Personen ähnlich sind, mit denen der Therapeut in engem Kontakt war. Dieser Umstand kann einen Therapeuten dazu verleiten, die vorrangigen Verhaltensweisen, die durch die therapeutische Rolle definiert sind, außer Acht zu lassen und stattdessen in die Rolle eines Freundes, Elternteils, Richters oder Lehrers zu schlüpfen. Einer solchen Versuchung ist dann besonders schwer zu widerstehen, wenn der Klient den Therapeuten "dazu bringt", eine dieser Rollen zu spielen. Während wohlüberlegtes und bewußtes Einsetzen unterschiedlicher interpersonaler Verhaltensmuster Teil einer therapeutischen Strategie darstellen kann, darf sie nie die wichtigsten Aufgaben des Therapeuten als "professioneller Helfer" ersetzen; dieser darf nicht zu seiner eigenen Befriedigung handeln, sondern muß stattdessen soziale, institutionelle Interessen und die des Klienten repräsentieren, welche auf die Verbesserung der Bedingungen des Klienten abzielen.

Über die Behandlungsabschnitte hinweg sind in diesem Bereich die Hauptaufgaben:

1. Vertrauen und Offenheit zu entwickeln, Empathie zu zeigen, ein Kommunikationssystem für eine helfende Beziehung zu strukturieren, Rollen und Verantwortlichkeiten zu definieren, mit einem einseitigen Fokus auf die Probleme und Schwierigkeiten des Klienten gerichtet. Notwendigerweise muß der Klient lernen, seine Erwartungen an den Therapeuten zu verändern und sowohl die Ähnlichkeiten als auch die Unterschiede zwischen Rollenerwartungen und außertherapeutischen Beziehungen zu erkennen.

2. Die Beziehung zu nützen, um die interpersonalen Verhaltensmuster des Klienten einzuschätzen, auf Haltungen und Erwartungen außerhalb der Therapiesitzungen zu schließen und einige Verallgemeinerungen der Erwartungen und des Verhaltens des Klienten zu machen, die auf Erfahrungen von außerhalb basieren. Manchmal schließen diese Aufgaben auch ein, daß die therapeutische Beziehung für Klienten neu definiert werden muß, die vorher in einer erfolglosen Behandlung waren oder die durch Lesen oder andere Informationsquellen verzerrte Eindrücke von Therapiebeziehungen haben. Wird die Beziehung nicht klar strukturiert, kann den Therapiefortschritt blockieren bis das System umstrukturiert ist. Nur dann können die verschiedenen Therapiestrategien wirksam angewendet werden.

3. Unterstützung anzubieten, Verstehen und Bestätigen, aber auch zu versuchen, die Wahrnehmungen des Klienten dadurch zu ändern, daß Alternativen angeboten werden, die mehr zu dem soziokulturellen Hintergrund des Klienten passen und auch für den Therapeuten annehmbar sind. Verbunden mit Offenheit und Empathie wird diese Aufgabe manchmal durch Variationen der sokratischen Methode angegangen oder durch leichte Provokationen und durch viele andere Kommunikationstechniken, welche den Klienten hinführen zu einer kognitiv umstrukturierten Interpretation vergangener Erfahrungen oder gegenwärtiger und weiterer Perspektiven.

4. Nachdem das nötige Vertrauen aufgebaut ist und die Kommunikation frei fließt, ist es die Aufgabe des Klinikers, den Klienten zu motivieren, gemeinsam gesetzte Ziele zu akzeptieren und danach zu handeln.

5. Wenn die Therapie Fortschritte macht, ermutigt der Therapeut den Klienten allmählich, mehr und mehr Verantwortung zu übernehmen, er reduziert das "Experten" -Image des Therapeuten, arbeitet an der Ablösung der emotionalen Bindungen an den Therapeuten, ermutigt zum Aufbau konstruktiver Außenbeziehungen und verringert die Abhängigkeit oder den Rest von nicht-professionellem Engagement mit dem Therapeuten dadurch, daß die Autonomie und das Selbstvertrauen des Klienten gestärkt werden.

6. Den Klienten zu unterstützen, die Bindung zu lösen und die Therapiebeziehung als eine hilfreiche, aber vorübergehende Erfahrung zu betrachten.

Bereich II: Motivation und Gefühl

Unglücklicherweise haben Kliniker den Begriff "Motivation" in einer allgemeinen und unspezifischen Weise übernommen, die zu vielen Mißverständnissen und Problemen geführt hat. Motivation wird am besten durch das Erleben und die Neigung einer Person definiert, Handlungen auf ein Ziel zu richten, diese Handlungen im Wettstreit mit anderen Tendenzen auszuwählen und solange aufrechtzuhalten, bis das Ziel erreicht oder aufgegeben wird. Therapierelevante Motivation zu verstehen, erfordert deshalb eine Analyse der Komponenten, welche spezifische Handlungstendenzen beeinflußen, seien sie vorübergehend oder andauernd. Wir müssen im einzelnen in Betracht ziehen, was den Klienten bewegt, in die Therapie zu kommen, welche Anreize notwendig sind, eine lange bestehende Gewohnheit zu verändern oder eine gewisse Angst zu tolerieren, die mit dem Veränderungsprozeß einhergeht und um die nötigen Anstrengungen zu machen, definierte Ziele zu erreichen. Wir müssen uns auch fragen, ob es Konflikte zwischen therapeutischen Zielen und lange bestehenden persönlichen Werten gibt. Unglücklicherweise wurde das Konzept der Motivation selbst unter klinischen Fachleuten mißverstanden. Zum Beispiel können wir nicht von unmotivierten Klienten sprechen, da Klienten immer für irgend etwas motiviert sind. Wir müssen manchmal ganz genau fragen, wofür der Klient motiviert ist und dann versuchen, diese Motivation auf die Veränderungen zu beziehen, die mit dem therapeutischen Erfolg zusammenhängen. In ähnlicher Weise sind Emotionen oft als deorganisierend, störend und unverträglich mit einem wirksamen, rationalen Verhalten betrachtet worden. Obwohl viele Klienten Unterstützung brauchen, die Anwesenheit, die Art und das Ziel ihrer intensiven Gefühlsreaktionen zu erkennen und die Anregungen und Ziele, die ihre Verhaltensweisen motivieren und steuern, ist weder die Beseitigung emotionaler Reaktionen noch der Anstieg eines ein angenommenen allgemeinen Motivationsniveaus die Aufgabe von Therapie.

Über die Behandlungsabschnitte hinweg sind die Hauptaufgaben in diesem Bereich:

1. Die Einschätzung des Ausmaßes an emotionaler Kontrolle, einschließlich des Vorherrschens intensiver emotionaler Reaktionen oder ihrer Abwesenheit und die Fähigkeit der Klienten, ihre eigenen Empfindungen und Gefühle zu beobachten.

2. Die Einschätzung der gegenwärtigen, widerstreitenden und hierarchisch geordneten Motive.

3. Absichten (Anregungen) zu schaffen; den Klienten zu helfen, die Ziele zu klären, die in ihren Handlungen und Erwartungen impliziert sind und ihre erlebten Gefühle, Stimmungen und "drängenden Antriebe" ("urges") zu verbalisieren. Den Klienten zu helfen, ihre Anwesenheit anzuerkennen und diese Information für die Handlungsplanung zu benutzen.

4. Die Entwicklung von Zielvorstellungen (goal states) und Überlegung von Wegen, diese zu erreichen; die Unterscheidung von Nah- und Fernzielen.

5. Dem Klienten helfen, seine Ziele und lange bestehenden Werte zu erforschen, zu klären und zu beurteilen und ihre Tragweite für die geforderten Verhaltensänderungen in Betracht zu ziehen.

6. In der Vorstellung und im realen Kontext Ziel-Zustände (goal states) auszuprobieren oder zu sammeln.

7. Durch Kontrakte und andere Abmachungen zu unterstützen, sich auf spezifische Ziele einzulassen, die für beide, den Klient und den Therapeuten, annehmbar sind.

8. Unterstützung zu geben beim Abbau konkurrierender Motive (z. B. Angst vor Versagen, Aufgabe kurzfristiger Befriedigung oder anderer sekundärer Gewinne durch pathologisches Verhalten oder eine Patientenrolle) und Anpassung der Veränderungsrate durch kleine Schritte, so daß die größte eigen Wirkungsgrad (self-efficacy) und mit dem geringsten Aufwand für den Klienten erzielt wird.

9. Frühzeitig daran zu denken, Verfahren zu entwickeln, welche die Motivation des Klienten erhalten, damit neu erworbene Verhaltensweisen fortgesetzt werden und auf dem gewünschten Zielniveau geblieben wird.

10. Alle oben genannten Schritte mit der Art und Intensität der Klient-Therapeut-Beziehung als eine starke Quelle der Veränderungsmotivation zu verbinden.

11. Dem Klienten zu helfen, für eine langfristige Anpassung nach der Therapie Fertigkeiten zu erwerben, sowohl Emotionen als auch Motiven zuerkennen und zu regulieren.

Es sollte erwähnt werden, daß während der Klient durch die Therapieabschnitte geht, eine therapeutische Verbesserung abhängig ist von Veränderungen in den Vorgehensweisen und in den Schwerpunkten im Bereich von Motivation und Emotion. So kann keine Veränderungsmotivation erwartet werden, wenn nicht der Klient zunächst eine Vorstellung über gewünschte Ziel-Zustände entwickelt und dann darüber, welche Wege dahin führen. Wie die Umgangssprache sagt "ein Traum ist notwendig, um einen Traum wahr werden zu lassen". Der Traum muß auch mit den allgemeinen Werten und früheren Erfahrungen der Person übereinstimmen. Nur dann bewegt sich der Fokus in die Richtung, den Klient zur Verwirklichung des Planes zu motivieren. Eine weitere Unterstützung ist normalerweise nötig, die Veränderungen in Verhaltensweisen und Kognitionen aufrechtzuhalten, um den therapeutischen Plan auszuführen. Diese zwei unterschiedlichen Stadien (stages) wurden bereits von Heckhausen (1980) beschrieben durch die Trennung von motivationalen Prozeßen und Willensprozessen. In Alltagssprache: Gute Absichten sind wichtig, aber nicht genug. Die Person muß auch motiviert sein, die Handlungen zu tätigen, die zum Ziel führen.

Bereich III: Metafertigkeiten und Fertigkeiten

Im Gegensatz zu den frühesten verhaltensorientierten Therapieansätzen durch Konditionierungsmethoden, nehmen wir an, daß eine wirksame Behandlung dem Klienten hilft, eine Reihe von Metafertigkeiten zu entwickeln, die verschiedene psychologische Prozesse kontrollieren. Sie sind dazu ausgelegt ihm zu helfen, gegenwärtige Dysfunktionen zu verändern, aber auch wirksamer zu sein bei der zukünftigen Ausführung seiner Handlungen.
Deshalb ist der Zweck einer Behandlung nicht nur eine Veränderung einer bestimmten Reaktion oder eines Symptoms, sondern die Entwicklung übertragbarer psychologischer Fertigkeiten, welche die Wirksamkeit des Klienten erhöhen, seine eigenen Kognitionen und Verhaltensweisen zu steuern und aufrechtzuhalten.

In unserem Modell, dem Selbstmanagement und seinen Komponenten sind von vornherein Fertigkeiten für den Klienten wesentlich, um mit dem Therapeuten zu arbeiten. Diese schließen die Fähigkeit des Klienten ein, sein eigenes Verhalten abzuschätzen, in der Definition des Problems dabeizusein, neue Wahrnehmungen und Aktionen zu entwickeln und zu behalten, sowie die Notwendigkeit für die ständige Beurteilung und Verbesserung des eigenen Verhaltens zu erkennen (Kanfer und Schafft, 1988). Diese selbstregulatorischen Fertigkeiten werden unglücklicherweise nicht in Schulen gelehrt und werden nur über Lebenserfahrung erworben. Die grundlegenden Selbstmanagement - Fertigkeiten sind in unseren früheren Arbeiten über Zielsetzung, Selbtbeobachtung und Selbstbeurteilungskomponenten der Selbtregulation beschrieben worden (z. B. Kanfer, 1970; 1977; 1984; 1992).
Über Behandlungsabschnitte hinweg sind in diesem Bereich die Hauptaufgaben:

1. Die Entwicklung von Kommunikation und interpersonalen Fertigkeiten und Empfindungen.

2. Selbstmanagement - Fertigkeiten einschließlich a) Selbstbeobachtung und Selbt zentrierung (self-focus); b) Unterbrechung automatischer Prozesse; c) Selbsteinschätzung mit der Beachtung der Wichtigkeit des Anspruchsniveaus (standard selection); d) Selbstbestätigung durch den Gebrauch von angemessenen gefühls- und stimmungsauslösenden Reizen.

3. "Therapie-Aspirin": Symptomreduktion durch die Anwendung von Entspannung, Lernen von Fertigkeiten oder vorwegnehmendes Vermeiden von Angstauslösern, sowie zeitweise Entfernung aus Streßsituationen gehören zu den vielen möglichen Fertigkeiten, die früh in der Therapie angewendet werden können, um den Individuen zu helfen, eine vorübergehende Erleichterung zu finden und frei dafür zu werden, sich aktiv auf einen Veränderungsprozeß einzulassen.

4. Emotionale Regulation, z. B. dadurch, daß die Klienten lernen, auf Gefahrensignale zu achten und sie zu erkennen, sowie vorwegnehmende Kontrollstrategien auszuüben; sie zu lehren, nach emotionalen Erregungen (peaks) Verhaltenskonsequenzen zu beachten und zu kontrollieren, sowie Stimmungskontrollmechanismen wie das willkürliche Üben von "Optimismus" anzuwenden.

5. Die Anwendung von Vorstellung und Rollenspiel für die Planung, Problemlösung und Angstreduktion, sowie für Ausbildung von Fertigkeiten durch Einüben.

6. Kognitive Leitlinien und Umstrukturierung durch Annehmen von bestimmten "Denkregeln" (Fokus auf spezifischem Verhalten, auf Lösungen, positiv und in kleinen Schritten zu denken, flexibel und zukunftsorientiert zu denken) (Kanfer und Schefft, 1988). Umstrukturierung kann auch ein Lernen von "Kreativität" (Offenheit und Akzeptanz), Risikoeingehen und experimentelle Ansätze für neue Denk-und Handlungsweisen einschließen.

7. Vermehrtes Sich-auf-sich-selbst-verlassen mit bewußter Auswahl einer unterstützenden Umgebung, wenn notwendig, und Maßnahmen zur Rückfallprävention.

Zusätzlich zu den Metafertigkeiten, die für die Klienten nützlich sein können, werden zur Abhife der Schwierigkeiten eines Klienten spezifische Fertigkeiten durch standardisierte Vorgehensweisen beigebracht, z. B. u. a. durch Manuale zum Selbstsicherheitstraining und zur Desensibilisierung. Individuelles Training von Fertigkeiten kann zu diesen standardisierten Interventionen hinzukommen, um diese zu ergänzen.

Ich habe die Hauptelemente der meisten Therapieverfahren beschrieben, die zum Ziel haben, die Fähigkeit des Patienten zu erhöhen, psychologische Prozesse und Fertigkeiten zu benutzen, um Beschwerden zu erleichtern und seinen Wirkungsgrad im Alltag zu optimieren. Die bestehende Literatur auf den Gebieten der Psychologie, Psychiatrie und Biologie bietet zahllose Mittel an, die dargestellten Bezüge an die Praxis anzupassen. In dieser Literatur sind Untersuchungen zu finden, die unser Verständnis über die Funktionen und Eigenschaften von Emotionen und Motivation vermehren, über ihren Einfluß auf das Veränderungsbemühen des Klienten, über die direkte Kontrolle des Verhaltens durch Aufmerksamkeit, über den Einfluß von sozialen Normen auf Ziele und Verhaltensweisen, über die Nützlichkeit von Belohnungskontingenzen auf das Erlernen einer neuen Reaktion, über die differentiellen Effekte von zentraler und peripherer Überzeugung (?), über die Wirkungen von Stimmung auf Gedächtnis und über viele andere mehr.

Bereich IV: Die individuelle Geschichte

Zusätzlich zur Fähigkeit des Klienten, Selbstregulation zu verbessern und ihm spezifische Bewältigungstechniken beizubringen, die künftige Schwierigkeiten vorwegnehmen und vermeiden können, muß der Veränderungsprozeß ebenso in den Kontext der Geschichte eines Individuums eingebettet sein. Entgegen den vorherigen prozeßdefinierten Bereichen ist dies das Gebiet, auf welches die klassischen Therapieschulen ihre Theorien sowohl zur Ätiologie als auch zur Behandlung von Persönlichkeitsstörungen gegründet haben. Kindheitserinnerungen, persönliche Erfolge und Mißerfolge und andere emotionale Ereignisse mögen sicherlich eine Analyse erfordern, um ihren Einfluß auf die Stärken und Schwächen des Klienten oder Verzerrungen in anderen Bereichen zu verstehen. Wir betrachten diese Ereignisse jedoch nicht als direkt und unvermeidlich verursachend für gegenwärtige Anpassungsstörungen. In jeden Fall muß die Art und das Ausmaß ihrer Einflüsse festgestellt werden. Und in jedem Fall werden sich die Inhalte, auf welche die vorausgehenden Prozeßbereiche angewendet werden, von einander unterscheiden; trotzdem führen ähnliche sozio-kulturelle und biologische Zusammenhänge bei Individuen mit ähnlichen Erfahrungen oft zu ähnlichen Störungen in den Beziehungsmustern, in der Ausrichtung der Motivation und in den Metafertigkeiten. Zum Beispiel können Kindesmißbrauch, verschiedene Eltern- Kind- und Geschwisterbeziehungsmuster zur Entwicklung von Erwartungen und Beziehungsmustern führen, die später nachteilig oder pathologisch sein können. Jedenfalls ist die ausdrückliche Darstellung der Verbindung notwendig, bevor Fakten dieses Bereiches vorrangig Aufmerksamkeit und Lösung verlangen.

Über die Therapieabschnitte hinweg sind die folgenden allgemeinen Themen und Inhalte Beispiele dafür, worauf sich die Therapie in allen Abschnitten bezieht.

1. Die Darstellung der Beschwerden, die Gründe, jetzt zu kommen, warum zu dieser Stelle. Die Geschichte früherer Therapiekontakte, die Erwartungen des Klienten an die Therapie, das Erklärungsmodell des Klienten für das Problem, die von dem Klienten in Zusammenhang mit Veränderung wahrgenommenen und tatsächlichen Gewinne und Verluste.

2. Der familiäre, soziale und berufliche Kontext. Wer sind die wichtigen Helden und Vorbilder des Klienten? Was sind seine Einschränkungen im biologischen, Bildungs- und sozio-kulturellen Bereich, seine besonderen Fertigkeiten, Begabungen und Interessen?

3. Die Analyse der Lebensbereiche des Klienten (was wurde erreicht in Arbeit, Intellekt, Gesundheit, Freizeit, Familie, finanziell, sexuell, sozial, bezüglich des eigenen Wohlergehens, persönlich und welche sozialen Normen bestehen). Untersuchung der Stärken und Schwächen in jedem Bereich, das Ausmaß der Beeinträchtigung in jedem Bereich durch die Dysfunktion des Klienten.

4. Die Pläne, Hoffnungen und Träume möglicher Situationen in der Zukunft. Wiederbeurteilung von verschiedenen Rollen und Beziehungen während der Klient sich verändert; der Fokus auf Aktivitäten zwischen den Sitzungen, Experimentieren mit neuen Verhaltensmustern und Ideen, Erledigung von gestellten Aufgaben.

5. Die Planung des Therapieendes; Rückfallprävention. Vorwegnahme zukünftigen Stresses und die Entwicklung von Bewältigungsmethoden dafür. Pläne, die Verbesserungen zu erhalten und die Förderung zukünftiger Entwicklung.

Es sollte klar sein, daß das oben beschriebene Modell lediglich als ein Mittel angeboten wird, therapeutische Strategien für den Einzelfall zu organisieren. Es gibt einige wesentlichen Merkmale zu bedenken, wie sie in den meisten Therapien vorkommen. Die Wahrnehmung des Praktikers bezüglich seiner Rolle und seiner ethischen Verantwortlichkeiten, der kulturelle Hintergrund des Klienten und das institutionelle oder Behandlungssetting mögen die Anzahl der hier aufgezählten Merkmale begrenzen. Begrenzt kann dadurch auch sein, welche Komponenten in der verfügbaren Zeit bearbeitet werden können und ein stärkerer Fokus kann auf einige Komponenten unseres Modells gesetzt werden als auf andere.

Wenn wir die absolut minimale Forderung für eine therapeutische Intervention herausheben, die effektiv und erfolgreich genannt werden kann, wäre es die gemeinsame Zielsetzung, welche die Diskrepanz zwischen dem angestrebten und dem gegenwärtigen Zustand des Klienten reduziert und welche einige der minimalen Anforderungen befriedigt, die von der persönlichen und sozialen Umgebung an den Klienten herangetragen werden. Bei manchen Patienten mögen wir einen Fokus bevorzugen, der auf die Symptombeseitignung abzielt, wenn angenommen werden kann, daß der Klient die Resourcen besitzt, später selbst weitere Forschritte machen zu können und mit minimaler Hilfe einen Rückfall verhindern zu können. Bei anderen mag der Schwerpunkt auf dem Erlernen von Metafertgikeiten liegen oder auf der Durcharbeitung emotionaler und motivationaler Komponenten mehr als auf einer bloßen Verhaltensänderung. Alles in allem haben wir ein Modell dargestellt, welches anstatt ein hochstrukturiertes und starres Schritt-fürSchritt- Interventionsprogramm anzubieten, die Hauptkomponenten umreißt und in welcher Abfolge verschiedene Therapiestrategien beachtet werden müssen.

Literatur

Beulter, L.E. & Harwood, T. M. (1995). Prescriptive therapies. Applied and Prevention Psychology, 4, 89 - 100.

Birbauer, N. & Öhman, A. (Eds.) (1993). The structure of emotion. Toronto: Hogrefe and Haber.

Garber, J & Dodge, K.A. (Eds.) (1991). The development of emotion regulation and dysregulation. New York: Cambridge University Press.

Greenberg, L.S., Rice, N.L., & Elliott, R. (1993). Facilitating emotional change. New York: Guilford.

Heckhausen, H. (1980). Motivation and Handeln. Berlin: Springer.

Horvath, A. O. & Greenberg, L.S. (Eds.) (1994). The working alliance: Theory, research and practice. New York: Wiley.

Kanfer, F.H. (1970). Self-regulation: Research, issues and speculations. In: C. Neuringer and J. L. Michael (Eds.), Behavior Modification in Clinical Psychology. New York: Appleton-Century-Crofs, 178-220.

Kanfer, F.H. (1977). The many faces of self- control or behavior modification changes its focus. In R.B. Stuart (Ed.). Behavioral self-management. New York: Brunner/Mazel, 1-48.

Kanfer, F.H. (1984). Self-management in clinical and social interventions. In J.H. Harvey, J. E. Maddox, R.P. McGlynn & C.D. Stoltenberg (Eds.). Interfaces in Psychology, Vol. II., 141-165. Lubbock, TX: University of Texas Tech Press.

Kanfer, F.H. (1992). Motivating clients in therapy: From perspective of a self-regulation model. In Kuhl, J. & Heckhausen, H. Motivation, volition and action: Encyclopedia of psychology, vol. C/IV/4 (in German Translation). Reprinted (shortend version) in: Verhaltensmodifikation and Verhaltensmedizin, 13, 137-152.

Kanfer, F.H.(1994). The patient-therapist relationship: An introdution. in Borgo, S. & Sibilia, L. (Eds.). The therapist-patient relationship: Its many dimensions. Rome, Italy: Consiglio Nationale delle Recerche (pp. 1-11).

Kanfer F.H., Reinecker, H. & Schmelzer, D. (1996). Selbstmanagement-threapie. 2nd revised edition. Heidelberg. Springer.

Kanfer, F.H. & Schefft, B.K. (1988). Guiding the process of therapeutic change. Champaign, IL: Research Press

Zimmer, D.(Ed.) (1983). Die therapeutische Beziehung. Weinheim: Edition Psychologie.

Steven Hayes

Akzeptanz- und Commitment-Therapie: Ein radikal behavioraler Ansatz

Steven Hayes

Akzeptanz- und Commitment-Therapie: Ein radikal behavioraler Ansatz

Die meisten Psychotherapien befassen sich mehr oder weniger ausdrücklich mit dem Verhältnis zwischen dem inneren Erleben des Patienten (d. h. seinen Gedanken und Gefühlen) und seinem äußeren Verhalten. In unserer Kultur herrscht der nahezu universale Glaube, daß gestörte Verhaltensweisen unangebrachte Gefühle oder Gedanken zur Ursache haben. Diese Ansicht ist nicht nur unter Laien weit verbreitet, sondern sie wird auch von vielen Experten geteilt. In der Verhaltensmedizin und Psychologie klassifiziert man Funktionsstörungen und Interventionen nach diesem Prinzip, weshalb dann auch sogenannte „Angststörungen,“ „Geistesstörungen“ oder „Gemütsstörungen“ Ziel der Behandlung werden. Das führt dann zu Behandlungsmethoden, wie z. B. der systematischen Desensibilisierung, der kognitiven Umstrukturierung und der Angstkonfrontation. Die Wirksamkeit dieser Behandlungsmethoden wird hauptsächlich nach dem Ausmaß beurteilt, zu dem sie Änderungen in der Denkweise und dem Gefühlsleben des Patienten erzielt haben, sei es nun, daß dieser von „Angstzuständen“, „Depressionen“ oder „existentiellen Fragen“ geplagt wurde. Verbesserungen im adaptiven Verhalten des Patienten werden dagegen oftmals stark unterbewertet. Diese Beispiele kann man alle unter dem folgenden Motto zusammenfassen, das unsere Denkweise widerspiegelt: "Lebensprobleme werden durch negative innere Erlebnisse verursacht, weshalb es das Hauptziel der Therapie sein muß, diese gestörten inneren Erlebnisse sowohl in ihrer Form als auch der Häufigkeit und Stärke ihrer Erscheinung zu verringern."

Dieser klinische Ansatz erscheint ganz vernünftig und ist auch unseren Patienten vertraut, da er ja von einem mechanistischen Prinzip abgeleitet wird, das in unserer Umgangssprache fest verwurzelt ist. Auch bezeugt der Erfolg der kognitiven Verhaltenstherapie ganz klar, daß eine systematische Behandlung auf dieser Basis erfolgreich sein kann. Aber das ist nicht die einzige Weise, wie sich die Rolle dieser inneren Erlebnisse konzipieren läßt. Andere Methoden könnten sogar einen Vorteil bieten, besonders mit Patienten, bei denen die Behandlung mit traditionellen Methoden nicht zum gewünschten Erfolg geführt hat.

Während der letzten siebzehn Jahre haben wir eine integrierte Konzeption von behavioralen Methoden entwickelt, die auf vollkommen anderen Voraussetzungen aufbauen: „Acceptance and Commitment Therapy“ [Therapie der Akzeptanz und der Entschlußkraft] oder ACT („act“ gesprochen, nicht A-C-T). ACT ist eine der ganz seltenen „Rede-Therapien,“ die bewußt auf der Basis der Verhaltensanalyse konzeptualisiert worden ist (Kohlenberg, Hayes, & Tsai, 1993). Im Rahmen der Verhaltensanalyse betrachtet man Gedanken, Gefühle und andere innere Erlebnisse als wichtige Formen menschlichen Verhaltens, aber man weist ihnen keinen kausalen Einfluß zu. Deshalb können Verhaltensweisen, seien sie psychischer oder motorischer, innerer oder äußerlicher Natur, niemals als die kausale Ursache anderer Handlungsweisen derselben Person gelten (Hayes & Brownstein, 1986). Anders gesagt, werden Verhaltensweisen nur als abhängige, niemals jedoch als unabhängige Variablen konzipiert. Darüber hinaus wird nicht *a priori* angenommen, daß eine automatische Relation zwischen dem Verhalten und den kognitiven und affektiven Reaktionen bestehen muß, sondern daß diese Beziehung, wenn sie besteht, vom Kontext abhängig ist.

Eine Darstellung der philosophischen Grundlage der ACT Therapie würde über den Rahmen der vorliegenden Arbeit hinausgehen (siehe Hayes, Hayes, & Reese, 1986; Hayes, Hayes, Reese, & Sarbin, 1993). Wir werden uns deshalb hier auf ihre klinische Bedeutung beschränken, deren Quintessenz wie folgt beschrieben werden kann: Damit das Leben besser funktioniert, ist es nicht notwendig, störende Gedanken, Gefühle und andere negative psychische Erscheinungen zu beseitigen. Man muß vielmehr den Kontext ändern, der für die auslösenden und aufrechterhaltenden Bedingungen verantwortlich ist, die zu dieser Koppelung zwischen unerwünschten inneren Erlebnissen und destruktiven Lebensweisen geführt haben.

Dieser Kontext hat viele Gesichter (Hayes, Strosahl, & Wilson, im Druck), aber wir werden uns hier hauptsächlich auf zwei konzentrieren, nämlich den Kontext der Gefühlsvermeidung und den der „Literalität“. Unter Literalität verstehen wir die übertriebene Reaktion zur buchstäblichen Bedeutung eines Wortes, d. h., eine Reaktion, die nicht zwischen dem Wort als einem Sprachlaut und der Bedeutung, auf die sich dieser Laut bezieht, unterscheidet. Das Hauptziel der ACT Therapie ist es, die Gefühlsvermeidung zu unterminieren, die übertriebene Reaktion zur „literalen,“ d. h., zur wortwörtlichen Bedeutung von Gedanken abzubauen und die Bereitschaft zu steigern, sich zum Handeln zu entschließen und diesen Entschluß einzuhalten.

Beispiele von Kontexten, die die Funktion psychischer Ereignisse bestimmen

Gefühlsvermeidung

Das Vermeiden von unangenehmen inneren Erlebnissen läßt sich als ein Verhalten verstehen, das nicht nur von der sozialen Umwelt gefördert wird, sondern das auch eine natürliche Reaktion aller sprachmächtigen Geschöpfe zu sein scheint. Eine zunehmende Anzahl von Experimenten im Bereich der Stimulusäquivalenz, einem Grundforschungsgebiet der Verhaltensanalyse, zeigt, daß eine der Hauptwirkungen unserer Sprache auf bidirektionalen, abgeleiteten Stimulusfunktionen beruht. Durch den Prozeß der Stimulusäquivalenz können Worte die gleichen Reaktionen hervorrufen als die Dinge, die sie repräsentieren, was erklärt, weshalb die meisten Menschen auf den kognitiven Inhalt ihrer Erlebnisse (z. B. dem Gedanken an eine Spinne) reagieren, als kämen sie mit den Ereignissen selbst (d. h., der Spinne) in Berührung. Es ist hier leider nicht möglich, eine detaillierte theoretische Abhandlung dieser Sprachfunktionen zu geben (der interessierte Leser möge sich dafür der Lektüre von Hayes & Hayes, 1992, widmen, weshalb wir uns auf die nachfolgende allgemeine Behandlung dieses Themas beschränken werden).

Wenn Menschen etwas empfinden, neigen sie dazu, es zu beschreiben und zu bewerten. „Angst“, zum Beispiel, ist nicht bloß ein Gefühl; es ist gleichzeitig etwas, das als „intensiv“, „schlimm“ oder „unkontrollierbar“ beurteilt wird. Da Worte und ihre Bedeutung in einer gegenseitigen Beziehung stehen, übertragen sich ihre Funktionen von einem Element zum anderen und werden dadurch austauschbar. Also werden Gefühle, die mit einem aversiven Erlebnis und der sich daraus ergebenden negativen Bewertung dieses Erlebnisses verbunden sind, selbst auch negativ. Die menschliche Tendenz, gewisse Gefühle zu vermeiden, aber andere bewußt auszusuchen, ist zum Teil mit dieser Funktion der Sprache verbunden (Hayes & Gifford, 1997). Bei den Tieren ist das ganz anders, da diese zwar Situationen vermeiden, die bestimmte Gefühle erwecken, nicht aber die Gefühle selbst.

Die sprachbedingte Tendenz, unerwünschte innere Erlebnisse zu vermeiden, wird durch gewisse soziale Prozesse noch verstärkt. Man bombardiert die Menschen geradezu, unbekümmert und glücklich zu sein und der Erfolg im Leben wird oft daran bemessen, ob man dieses Ziel erreicht hat. Es ist also nicht verwunderlich, daß die meisten Leute versuchen, sich von unangenehmen Gedanken und Gefühlen oder bösen Erinnerungen zu befreien. Durch den Kontext der Gefühlsvermeidung wird eine Verbindung zwischen inneren Erlebnissen und äußeren Verhaltensweisen hergestellt, denn man bringt es den Menschen ja bei, sich ihrer negativen Gedanken und Gefühle bewußt zu werden und auf sie offen zu reagieren. Die traditionelle Verhaltenstherapie stellt dieses Ziel gar nicht in Frage, sondern sucht vielmehr nach neuen Mitteln, um es bestmöglich zu erreichen.

Die während der letzten Jahre stark angewachsene Fachliteratur zeigt jedoch, daß die menschliche Tendenz, schmerzhafte innere Erlebnisse zu vermeiden, sehr destruktive Folgen haben kann (siehe Hayes, Wilson, Gifford, Follette, & Strosahl, 1996). So hat man z. B. aufgezeigt, daß die Entwicklung einer posttraumatischen Belastungsstörung weniger vom angsterregenden Erlebnis selbst abhängt, als vielmehr von der Anwendung kognitiver Verarbeitungsstrategien, mit denen der Patient versucht, die Erinnerung an dieses Ereignis zu unterdrücken (Foa & Riggs, 1995). In ähnlicher Weise hat man gezeigt, daß Opfer des Sexualmißbrauchs später ernsthafte psychologische Verhaltensstörungen entwickeln, wenn sie Gefühlsvermeidungsstrategien anwenden, obgleich sie diese Strategien zunächst als das wirksamste Mittel zur Bewältigung ihrer Erlebnisse betrachteten (Leitenberg, Greenwald, &, 1992). Ähnliche Ergebnisse lassen sich auch in der Forschungsliteratur über Angstzustände, Drogensucht, Selbstmord und viele andere menschliche Probleme finden (siehe Hayes et al., 1996). Da die destruktiven Folgen der Gefühlsvermeidung eindeutig belegt sind, versucht die ACT Therapie, diese Verarbeitungsstrategie zu eliminieren.

„Literalität" und kognitive Fusion

Ein zweiter Kontext bezieht sich auf die Reaktionen zur buchstäblichen Bedeutung der Sprache. Worte treten mit anderen verbalen und nicht-verbalen Ereignissen in Stimulus-Äquivalenzbeziehungen und andere abgeleitete Beziehungen ein (siehe Hayes &Hayes, 1989, Sidman &Tailby, 1982). Ein Wort und die Situation, auf die es sich bezieht, können leicht miteinander verwechselt werden, denn viele Stimulusfunktionen, die ursprünglich auf die Situation beschränkt waren, können durch den Prozess der Stimulusäquivalenz auch vom Wort ausgelöst werden und vice versa. Solche Wirkungen sind häufig im Forschungslabor demonstriert worden (z. B. Wulfert & Hayes, 1988).

In vielen Situationen ist unsere Fähigkeit, auf eine Beschreibung zu reagieren, als wäre man mit dem beschriebenen Ereignis direkt in Kontakt, adaptiv; in vielen anderen Situationen ist sie es jedoch nicht. Der Kontext, der für die Auslösung dieser Fähigkeit verantwortlich ist, bewerkstelligt oft auch eine Art „kognitiver Fusion" zwischen Gedanken und den Ereignissen, auf die sie sich beziehen. Wenn das geschieht, dauert es nicht mehr lange, bis man sich auf die Gedanken als die Ursache des Problems stürzt. Deshalb versucht man dann, durch bestimmte Verhaltensänderungen die unerwünschten Gedanken unter Kontrolle zu bringen. Im Gegensatz zu dieser Auffassung versucht der ACT Therapeut, den Kontext der „Literalität" auszuschalten, damit der Patient seine Gedanken in jeglicher Form und jeglichen Inhalts einfach belassen kann, anstatt sie in irgendwelche Handlungen umzusetzen.

Die Tatsache, daß Gefühle, Gedanken und Verhalten kovariieren, beschränkt sich natürlich nicht nur auf die Wirkung dieser zwei Kontexte. Eine belastungsreiche Lebensgeschichte spielt z. B. auch eine Rolle, da sie nicht nur zu negativen Gefühlen, Gedanken und Erinnerungen, sondern auch direkt zu gestörten Verhaltensmustern führen kann. Wird nun aber die Verbindung zwischen äußerem Verhalten und innerem Erleben durch Kontexte, wie z. B. der Gefühlsvermeidung oder der „Literalität", noch verstärkt, dann werden sich die schädlichen Auswirkungen einer traumatischen Lebensgeschichte weiter verschlimmern. Zum Beispiel ist es verständlich, wenn eine Frau, die als Kind sexuell mißbraucht wurde, in intimen Situationen zunächst mit Angstgefühlen reagiert. Wenn diese Angstgefühle aber zur Vermeidung führen, wird sich das Trauma, das sie früh im Leben erlitten hat, mit Sicherheit auf ihre gegenwärtigen Beziehungen ausdehnen. Durch die sich daraus ergebenden Beziehungsstörungen wird sich also der ursprünglich erlittene Schaden noch weiter verstärken. Genau diese Auswirkungen versucht man, mit der ACT Therapie zu verhindern.

Der Zweck dieses Kapitels ist, eine detaillierte Darlegung unserer klinischen Methode zu bieten. Wir werden uns daher außerhalb dieser kurzen Einführung nicht weiter mit den philosophischen, theoretischen und empirischen Grundlagen der ACT Therapie befassen, da diese anderswo dargelegt sind (z. B., Hayes, Strohsal, & Wilson, im Druck). Auch werden wir hier keine empirischen Daten über die klinische Wirksamkeit der ACT Therapie vorlegen (der interessierte Leser kann diese z. B. in Strosahl, Hayes, Bergin, & Romana, im Druck, finden). Statt dessen werden wir nachstehend die wichtigsten Komponenten der ACT Therapie in allgemeinzugänglicher Sprache erläutern und mit Beispielen illustrieren, um damit unsere Methode den klinischen Praktikern zugänglich zu machen. Nach einem kurzen Überblick des Gesamtplanes werden wir die einzelnen ACT Komponenten erläutern, begründen und mit authentischen Beispielen von ACT Sitzungen illustrieren.

Überblick über die ACT Therapie

Die ACT Therapie wurde konzipiert, um Patienten zu helfen, ihre Aufmerksamkeit vom Inhalt ihrer psychischen Erlebnisse weg auf den destruktiven Kontext zu richten, indem sie versuchen, ihre Erfahrungen zu bewältigen. Um diese Umschaltung vom Inhalt zum Kontext zu ermöglichen, muß der ACT Therapeut folgende Aufgaben bewerkstelligen:

a) Er unterminiert den funktionsunfähigen Änderungsplan des Patienten durch „schöpferische Hoffnungslosigkeit";
b) er zeigt, daß dieser funktionsunfähige Plan auf Gefühlskontrolle und Vermeidungsstrategien begründet ist;
c) er hilft dem Patienten, erstrebenswerte Lebensziele zu setzen und Handlungsweisen zu bestimmen, mit denen sie diese Ziele erreichen können; und
d) er unterstützt den Patienten beim entschlossenen Handeln, damit dessen innere Erlebnisse nicht länger ein Hindernis darstellen, sondern als normaler Bestandteil seines von klarer Zielsetzung beherrschten Lebens gelten (Hayes, Strosahl, & Wilson, im Druck).

Der größte Teil dieser oben erwähnten Aufgaben wird durch die Anwendung von Paradoxien, Metaphern, und praktischen Übungen erreicht. Ehe wir spezifische Beispiele geben, möchten wir jedoch noch kurz beschreiben, was wir unter Metapher und Paradoxie verstehen.

Metaphern

Ein Großteil der Gespräche, die in der ACT Therapie stattfinden, wird absichtlich metaphorisch gestaltet. Erstens werden Metaphern gebraucht, weil sie keine klaren Regeln zur Problemanalyse beinhalten (McCurry & Hayes, 1992). Der Patient kann eine Metapher also nicht einfach befolgen oder sich ihr widersetzen. Das ist wichtig, denn einer der Hauptkomponenten der ACT Therapie besteht ja darin, dem Patienten das blinde Befolgen von Regeln abzugewöhnen. Zweitens verstehen sich gute Metaphern mehr durch Einfühlung als durch wortwörtliches Begreifen (McCurry & Hayes, 1992). Das ist ebenfalls wichtig, denn in der ACT Therapie liegt die Betonung ja nicht auf dem logischen, sondern dem erfahrungsmäßigen Verstehen der Dinge.

Paradoxie

In der ACT Therapie wird auch viel Gebrauch von der Paradoxie gemacht. Diese unterscheidet sich aber in ihrer Art von der Paradoxie, die typischerweise in der paradoxen Intervention angewandt wird, da der ACT Therapeut Bilder benutzt, die inhärenterweise paradox sind. Zum Beispiel stellt der Satz „Versuchen Sie doch, spontan zu handeln!" ein inhärentes Paradoxon dar, da der Versuch, absichtlich spontan zu sein, ja geradezu das Gegenteil beinhaltet, nämlich, daß man nicht spontan ist. Von der ACT Perspektive sind viele klinische Probleme und angestrebte Lösungsversuche inhärenterweise paradox.

Was erhoffen Sie sich?

Die erste Frage, die man in der ACT Therapie stellt, ist, was sich der Patient von der Behandlung erhofft. Erfahrungsgemäß hat der Patient eine Reihe von Zielvorstellungen, die er in der Therapie realisieren möchte. Diese beinhalten sowohl Endzielvorstellungen (z. B. eine Ausbildung abzuschließen, zu heiraten und eine Familie zu gründen, sich psychisch weiterzuentwickeln) als auch Prozesszielvorstellungen (Maßnahmen, die der Patient für nötig hält, um die gewünschten Endziele zu erreichen, wie z. B. sich das Trinken abzugewöhnen, weniger Angst zu empfinden, usw.). Der Patient trägt also eine Kombination von vernünftigen Absichten und unangebrachten Strategien und Plänen vor, die der Therapeut zunächst einfach zur Kenntnis nimmt, damit er dem Patienten zu einem späteren Zeitpunkt helfen kann, den Unterschied zwischen vernünftigen und destruktiven Zielen herauszuarbeiten.

Was haben Sie bisher versucht?

Der nächste Schritt ist festzustellen, was der Patient bisher schon alles unternommen hat, um die gewünschten Ziele zu erreichen. Man kann dabei grundsätzlich von der Voraussetzung ausgehen, daß die meisten Patienten schon so ziemlich alles versucht haben, um unerwünschte innere Erlebnisse loszuwerden, die ihrer Meinung nach ihrem Glück im Wege stehen. Allein die Tatsache, daß sie sich in Behandlung begeben, beweist, daß sie es immer noch versuchen. Der Glaube, daß man unangenehme Gefühle, Gedanken und Erinnerungen loswerden muß, ehe man ein zufriedenes Leben führen kann, ist tief in unserer Kultur verwurzelt. Auf unsere Frage hin zählt der Patient gewöhnlich zahllose Methoden, Kniffe, Pläne und Anstrengungen auf, mit denen er versucht hat, dieses Ziel zu erreichen. Darunter fallen normalerweise auch Handlungen, die der Patient ausgeführt hat, um mit unakzeptablen Erscheinungen seines Innenlebens besser „fertig zu werden", wie z. B.Versuche, diese zu vermeiden, zu rationalisieren, abzustreiten, usw. An dieser Stelle zeigt der Therapeut all das auf, was der Patient bisher unternommen hat, um mit dem Problem fertig zu werden. Dies ist im nachfolgenden Beispiel illustriert.

Therapeut: „Was haben Sie sonst noch versucht?"

Patient: „Na ja, manchmal versuch ich, mir etwas auszureden. Ich sage mir: Das ist doch töricht; du steigerst dich in etwas hinein und machst eine Mücke zum Elefanten!"

Therapeut: „Sie kritisieren und beschimpfen sich also, und warum?"

Patient: „Damit ich aufhöre."

Therapeut: „Damit Sie aufhören, sich Sorgen zu machen?"

Patient: „Ja, die Sachen, über die ich mir Sorgen mache, sind doch lächerlich! Einige der Dinge, die mir durch den Kopf gehen, sind schier verrückt!"

Therapeut: „Und Sie glauben, daß, wenn Sie diese Sorgen — diese Gedanken — los würden, daß Sie dann weniger Angst hätten und Ihren täglichen Anforderungen besser gewachsen wären?"

Patient: „Ja, aber es ist echt schwer, mich zum Aufhören zu überreden, und es klappt auch nicht immer."

Therapeut: „Aha. Wenn Sie sich also bloß davon überzeugen könnten, daß Sie sich keine Sorgen zu machen brauchten, dann, glauben Sie, würde die Sache schon laufen, nicht wahr? OK. Großartig! Da haben wir nun also Selbstkritik, Schelte und Versuche, sich selbst zu überreden. Und was haben sie sonst noch versucht?"

Wie hat das geklappt?

Wenn alle Problemlösungsversuche gescheitert sind, weiß der Patient erfahrungsgemäß (auch wenn er es oft nicht in Worte fassen kann), daß das, was er vom Therapeuten verlangt, so gut wie ausgeschlossen ist. Der ACT Therapeut bittet daher den Patienten zu untersuchen, ob irgendeine der zahllosen Methoden, mit denen er sich selbst zu helfen versuchte, zu einer grundlegenden oder dauerhaften Problemlösung geführt habe. Da der Patient ja keinen Termin mit einem Therapeuten gemacht hätte, wenn dem so wäre, verneint er diese Frage normalerweise. Aus diesem Grund kann der ACT Therapeut jetzt anfangen, nicht nur einzelne Strategien, sondern den gesamten Änderungsplan des Patienten in Frage zu stellen. Er bittet den Patienten, sich einmal zu überlegen, ob es möglich wäre, daß der Fehler im System selbst liegt und nicht in der Art und Weise, wie er seine Probleme innerhalb dieses Systems angeht. Damit sich der Patient nicht in Frage gestellt fühlt, ist es wichtig, den Unterschied zu betonen zwischen dem, was der Patient glaubt und dem, was er aufgrund eigener Erfahrung weiß. Um im Patienten ein notwendiges Gefühl des Abstands zu erzeugen, bezeichnet man Erklärungen, die er gewohnheitsmäßig gibt, oft als Dinge, die ihm sein "Verstand" sagt:

Therapeut: „Fassen wir einmal zusammen. Ihr Verstand sagt Ihnen also, daß, wenn Sie sich davon überzeugen, daß Ihre Sorgen töricht sind, werden Sie keine Sorgen mehr haben und dann wird auch Ihre Angst nachlassen und es wird Ihnen besser gehen, nicht wahr?"

Patient: „Richtig."

Therapeut: „OK, und funktioniert das? Was wissen Sie denn aus eigener Erfahrung?"

Patient: „Manchmal klappt's; aber ich kann mir meine Sorgen nicht immer ausreden."

Therapeut: „Ja! Und sogar, wenn es manchmal klappt, hat Ihnen dieser Plan, den Ihnen da Ihr Verstand eingegeben hat, auf lange Sicht geholfen? Wenn wir die Zeitspanne ein bißchen vergrößern, würden Sie sagen, daß Ihre Sorgen im Lauf der Zeit zugenommen oder abgenommen haben?"

Patient: „Irgendwie mache ich mir jetzt mehr Sorgen als früher."

Therapeut: „Ist das nicht merkwürdig? Das scheint doch paradox zu sein, nicht wahr? Da tun Sie also genau das, was Ihnen der Verstand sagt, und manchmal scheint's sogar zu funktionieren. Aber dann, irgendwie, scheint es als würden Ihre Sorgen und Ängste zunehmen, anstatt sich zu verringern; die werden wichtiger, nicht unwichtiger! Ist das nicht komisch?"

Patient: „Na schon, aber was soll ich denn machen?"

Therapeut: „Was sagt Ihnen denn Ihr Verstand?"

Patient: „Mir mehr Mühe geben!"

Therapeut: „Toll! Und haben Sie sich denn mehr Mühe gegeben?"

Patient: „Ja, ich habe mich noch mehr angestrengt."

Therapeut: „Und hat das funktioniert? Was sagt Ihnen denn Ihre Erfahrung? Hat sich die Anstrengung gelohnt? Hat sich Ihre Situation durch Ihre Anstrengungen so grundsätzlich und nachhaltend geändert, daß Sie Ihr Problem losgeworden sind? Oder ist es noch schlimmer geworden, obgleich Sie sich soviel Mühe gegeben haben?"

Patient: „... Es scheint noch schlimmer geworden zu sein."

Therapeut: „Prima! Ausgezeichnet! Stellen Sie sich mal vor, wir hätten einen Wirtschaftsberater, der solche Ergebnisse erzielt. Den hätten wir schon lang gefeuert, nicht wahr? Aber Ihr Verstand verführt Sie immer wieder, Dinge zu unternehmen, die sich grundsätzlich nicht auszahlen; und dann läuft er Ihnen sozusagen hinterher mit seinem ständigen ‚blah-blah-blah,' und es fällt Ihnen schwer, nicht nachzugeben und es nicht doch noch einmal zu probieren. Aber was sollten Sie auch tun, außer auf Ihren Verstand zu hören? — Aber vielleicht sollten wir mal eine andere Frage stellen, nämlich: Wem vertrauen Sie mehr? Ihrem Verstand oder Ihrer Erfahrung? Bis jetzt haben Sie immer auf Ihren Verstand gehört. Aber konzentrieren Sie sich doch einmal auf Ihre Erfahrung und fragen Sie sich: ‚Erfahrungsgemäß, wie gut hat meine Methode funktioniert?'"

Schöpferische Hoffnungslosigkeit

Den im vorangegangenen Abschnitt dargelegten Schilderungen des Patienten, wie er seine psychischen Probleme zu lösen versucht hat, wird absichtlich mit paradoxer Sprache entgegnet. Dabei werden oft Verwirrungstaktiken angewandt, um zu verhindern, daß der Patient ein logisches Verstehen seiner Probleme zu erreichen versucht, da diese Methode ja bereits fehlgeschlagen ist. Wenn der Patient die Nutzlosigkeit seiner bisherigen Problemlösung einzusehen beginnt, muß er der Tatsache ins Auge sehen, daß er sich in einer unmöglichen Situation befindet. Man hat ihm ja schon bewiesen, daß all seine Versuche, unerwünschte seelische Erlebnisse loszuwerden, fehlgeschlagen sind, egal, ob er es mit „mehr, anderen, besseren" Taktiken probierte, unerträgliche Gedanken und Gefühle durch Ablenkung, Verleugnung, Drogenmißbrauch oder Isolierung zu vermeiden.

Therapeut: „Sie haben eine ganze Menge Dinge aufgezählt und es scheint, Sie haben wirklich alles versucht, was man vernünftigerweise tun kann, um mit Ihrer Angst [der Therapeut setzt hier die dem Problem des Patienten entsprechenden Gefühle ein] fertig zu werden. Sie haben alles probiert und sich große Mühe gegeben. Sie haben Ihr Problem von allen Seiten beleuchtet und Sie versuchen es sogar hier noch, in dieser Beratung. Aber Sie haben mich ja angestellt. Da ich sozusagen Ihr Angestellter bin, ist es meine Pflicht, Sie auf etwas hinzuweisen: Es klappt einfach nicht, nicht wahr?"

Patient: „Nein, ich bin noch nicht auf die richtige Lösung gekommen!"

Therapeut: „Das, was Sie jetzt gesagt haben, kann man auch anders ausdrücken: Sogar der bloße Versuch, auf die richtige Lösung zu kommen, hat bisher nicht funktioniert, stimmt's?"

Patient: „Bis jetzt noch nicht."

Therapeut: „Noch nicht! Und sogar bei diesem ‚noch nicht' höre ich ein ‚aber es wird...; es wird ganz bestimmt ...'. Aber wenn es nun nicht wird? Was wäre denn, wenn das alles ein abgekartetes Spiel wäre, eine Falle!?"

Patient: „Eine Falle?"

Therapeut: „Fällt Ihnen denn nichts auf? Da stimmt doch etwas nicht! Sie sind doch ein intelligenter Mensch. Sie haben sich mit Ihrem Problem auseinandergesetzt. Manchmal schien es Ihnen sogar besser zu gehen. Und trotzdem landen Sie wieder in Behandlung! Zeigt Ihnen denn nicht Ihre eigene Erfahrung, daß da etwas nicht stimmen kann? Je mehr Sie sich angestrengt und versucht haben, diese schmerzlichen Gefühle loszuwerden, desto größer sind Ihre Probleme geworden. Es scheint, daß Sie diese Gefühle einfach nicht bewußt kontrollieren können. Je mehr Sie versucht haben, sie zu vermeiden oder von ihnen davonzulaufen, desto schlimmer sind sie geworden."

Patient: „Ich weiß einfach nicht, wie ich die loswerden kann. Hoffentlich können Sie mir dabei helfen. Was soll ich denn tun? Was mache ich bloß falsch?"

Therapeut: „Das sind wichtige Fragen, da sie deutlich zeigen, was bisher passiert ist. Aber befassen wir uns doch im Moment noch mit etwas anderem. Fangen wir doch mit dem an, was Sie direkt aus eigener Erfahrung wissen. Sie haben das Gefühl, nicht mehr weiter zu kommen."

Patient: „Und wie!"

Therapeut: „Der nächste Schritt ist Ihnen noch nicht klar. Aber es scheint da keinen Ausweg zu geben."

Patient: „Genau."

Therapeut: „Also, nun muß ich Ihnen etwas eröffnen. Sie stecken wirklich fest! Es gibt keinen Ausweg! ... Innerhalb des Systems, in dem Sie sich bewegen, gibt es nur eine einzige Möglichkeit: Steckenzubleiben. Behalten Sie das nur mal als eine Möglichkeit im Auge. Sie wissen genau, daß bisher nichts geklappt hat. Deshalb ziehen wir doch einmal die Möglichkeit in Betracht, daß es nicht funktionieren <u>kann</u>. Nicht, weil Sie nicht schlau genug sind oder sich nicht genügend anstrengen. Es ist einfach eine Falle! Man hat Sie hereingelegt! Sie sitzen fest! Die Lage ist hoffnungslos!"

Patient: „Sie sagen, es gibt keinen Ausweg? Ich bin ein hoffnungsloser Fall? Wollen Sie damit sagen, daß ich aufgeben soll? Warum bin ich dann eigentlich hier?"

Therapeut: „Das weiß ich nicht. Aber konzentrieren wir uns doch mal darauf, was nicht funktioniert hat. Nebenbei bemerkt habe ich nicht gesagt, daß <u>Sie</u> ein hoffnungsloser Fall sind, sondern daß die <u>Lage</u> hoffnungslos ist! Dieser ganze Kampf, der Sie beinah umbringt, ist hoffnungslos. Und natürlich, wenn ein Kampf hoffnungslos geworden ist, ist es Zeit, ihn aufzugeben."

Patient: „Aber was soll ich denn sonst machen?"

Therapeut: „Nun, fangen wir doch mal mit dem an: Wenn diese ganze verfahrene Situation eine Falle ist, müssen wir dieser Realität ins Auge sehen, damit wir uns etwas anderes einfallen lassen können. Sie sind zu mir gekommen in der Erwartung, daß ich Ihnen einen Trick zeigen oder etwas tun könnte, damit Sie Ihr Problem loswerden. Da Sie ja selbst schon lange vergeblich versucht haben, eine Lösung zu finden, hoffen Sie nun, daß ich eine hätte. Aber was wäre denn, wenn all diese sogenannten Lösungen in Wirklichkeit ein Teil des Problems wären? Beurteilen Sie doch selbst einmal, ob das Folgende nicht für Sie zutrifft - und vielleicht trifft es nicht für Sie zu-, aber fragen Sie sich, ob es nicht stimmt: Tief in Ihrem Innersten glauben Sie doch selbst nicht, daß es einen Trick gibt. Wenn ich mir nun aber doch einen cleveren Ratschlag einfallen ließe, dann würde Ihr Verstand Ihnen wahrscheinlich sagen (die Stimme des Therapeuten nimmt einen sarkastischen Ton an): ‚Ja freilich, natürlich, ganz bestimmt!' Ihre direkte Erfahrung sagt Ihnen doch, daß die Situation hoffnungslos ist. Ihr Verstand sagt Ihnen natürlich, daß es einen Ausweg gibt. Es muß einfach einen Ausweg geben! Aber ich frage Sie jetzt ganz direkt: Wem schenken Sie mehr Vertrauen, Ihrem Verstand oder Ihrer eigenen Erfahrung?"

Sobald eine Grundlage geschaffen ist, von der aus der Patient sein gegenwärtiges System als nicht funktionsfähig erkennen kann, konfrontiert der Therapeut alle weiteren Versuche des Patienten, das Problem durch Logik zu verstehen, indem er Erklärungen zurückweist, die auf dem buchstäblichen Sinn der Sprache beruhen. Das bereitet aber besondere Probleme, denn unsere Sprache taugt normalerweise nicht dazu, die „literale" Bedeutung der Wörter zu untergraben. Daher ist in dieser Phase der Therapie der Gebrauch von Metaphern, Paradoxien, und praktischen Übungen von entscheidender Bedeutung. Mit diesen Techniken kann der Therapeut dem Patienten praktische Erfahrungsbeispiele geben, wie er sein gegenwärtiges System, das sich als unwirksam erwiesen hat, aufgeben kann.

Es folgt die Metapher des „Menschen im Loch", die oft als Interventionsstrategie in dieser frühen Phase der ACT Therapie zur Anwendung kommt:

Therapeut: „Sie befinden sich momentan in einer Situation, die ungefähr so aussieht. Stellen Sie sich vor, daß man Sie mit verbundenen Augen auf einem Feld ausgesetzt und Ihnen eine Werkzeugtasche in die Hand gedrückt hat. Man sagt Ihnen, daß Sie auf dem Feld hin- und herlaufen sollen und sie tun, was man Ihnen befohlen hat, und so leben Sie Ihr Leben. Auf diesem Feld gibt es nun aber eine Anzahl ziemlich tiefer Löcher. Sie wissen das nicht, denn Sie sind total naiv, und als Sie so herumlaufen, fallen Sie irgendwann in ein großes Loch hinein. Sie haben keine Ahnung, was passiert ist, tasten herum und stellen fest, daß Ihnen ein Hindernis im Weg steht. Wohin Sie sich auch wenden, Sie finden keinen Ausweg aus diesem Loch heraus. Wahrscheinlich nehmen Sie jetzt in dieser ziemlich hoffnungslosen Lage die Werkzeugtasche zur Hand. Vielleicht, denken Sie, ist da was drin, das Ihnen hilft, aus dieser Situation herauszukommen. Nun finden Sie tatsächlich ein Werkzeug in der Tasche, aber leider ist es eine Schaufel. Das ist anscheinend alles, was Sie haben. Also fangen Sie pflichtbewußt zu graben an, merken aber bald, daß Sie aus dem Loch nicht rauskommen. Deshalb versuchen Sie, schneller zu graben, schneller und immer schneller. Aber Sie befinden sich trotzdem immer noch in dem Loch. Also versuchen Sie große und kleine Schaufeln vollzuladen, die Erde weit oder weniger weit von sich wegzuwerfen, aber was Sie auch tun, sie sitzen immer noch in dem Loch fest. Die ganze Anstrengung führt zu nichts! Was für eine Hundearbeit! Und dabei ist das Loch nur noch größer geworden, nicht wahr? Und so kommen Sie dann zu mir, mit der Vorstellung, vielleicht hat der eine Riesenschaufel - oder eine vergoldete - oder eine Dampfschaufel.' Was auch immer! Tatsache ist, ich habe keine! Und auch wenn ich eine hätte, würde ich sie Ihnen nicht empfehlen, denn mit Graben kommt man nicht aus einem Loch heraus. Im Gegenteil, das Graben verursacht Löcher. Und nun sehen Sie, daß vielleicht der ganze Plan hoffnungslos ist!"

Diese Metapher kann vielen Problemen angepaßt werden, mit denen sich Therapeut und Patient am Anfang der Behandlung auseinandersetzen. Meist reagiert der Patient zunächst mit Logik auf diese und ähnliche Metaphern, wie z. B.: „Ich muß also meine Vergangenheit verstehen" oder „Wie sieht denn der Weg aus diesem Loch aus?" oder „Ich könnte doch mit der Schaufel eine Treppe bauen". Der Therapeut entgegnet jeder Äußerung des Patienten mit einem „Sie können sich für diesen Vorschlag bei Ihrem Verstand bedanken" oder „Klappte das beim letztenmal, als Sie es versuchten? Dann kann es das also nicht sein."

Schöpferische Hoffnungslosigkeit gegenüber Hoffnungslosigkeit

In der ACT Therapie bezeichnet man den Angriff auf die „Literalität" der Sprache als „schöpferische Hoffnungslosigkeit," was nicht mit dem Gedanken oder dem Gefühl der Hoffnungslosigkeit verwechselt werden sollte. Schöpferische Hoffnungslosigkeit ist „eine behaviorale Einstellung, die sich ergibt, wenn alle auf das Erlangen eines bestimmten Zieles ausgerichteten Handlungen (im obigen Beispiel der Versuch, die Gefühle zu kontrollieren) sich als nichtig erwiesen haben, da die eigene Erfahrung gezeigt hat, daß die Handlungen nicht zum Ziel führen" (Hayes, Strohsahl & Wilson, im Druck). Anders gesagt, tritt der Patient in einen Zustand der schöpferischen Hoffnungslosigkeit ein, wenn er sich durch eigene Erfahrung bewußt macht, daß er durch keine noch so große Anzahl von Kunstgriffen seine Gefühle dauerhaft unter Kontrolle bringen kann. Das Wort „schöpferisch" wird hier gebraucht, weil der Patient zu diesem Zeitpunkt bereit ist, sich mit völlig neuen Möglichkeiten und Methoden auseinanderzusetzen, nachdem er sein altes System der Problemlösung aufgegeben hat. Es ist aber wichtig, dem Patienten den Unterschied zwischen Hoffnungslosigkeit und schöpferischer Hoffnungslosigkeit klarzulegen.

Kontrolle ist die Ursache, nicht die Lösung des Problems

Wenn dem Patienten bewußt ist, daß das alte System nicht wirksam ist, zeigt man im nächsten Schritt, daß sich dieser unwirksame Plan auf Gefühlskontroll- und Vermeidungsstrategien stützt. Nachstehend sind einige der häufigsten Gründe aufgezählt, warum Menschen sich in Versuche versteifen, ihre Gefühle zu kontrollieren.

- „Bewußte Kontrolle klappt sehr gut, wenn ich mich mit meiner Umwelt auseinandersetze."
- „Ich habe gelernt, daß man auch seine inneren Erlebnisse kontrollieren kann" (z. B. „Hab keine Angst....").
- „Andere Leute scheinen das gut im Griff zu haben" (z. B. „Mein Vater schien niemals Angst zu haben").
- „Es hat doch mit manchen Gefühlen, die mir Probleme bereitet haben, geklappt" (z. B. „Durch Entspannungsübungen konnte ich meine Angstzustände wenigstens vorübergehend verringern").

Angriff auf den scheinbaren Erfolg der Kontrollfunktion

Der folgende Dialog verdeutlicht, wie der ACT Therapeut das Vertrauen des Patienten in seine Kontrolltaktiken untergräbt.

Therapeut: „Wenn die absichtliche, zielbewußte Kontrolle unerwünschter Gedanken und Gefühle nicht funktioniert, fragt man sich, warum wir es immer wieder versuchen. Ich kann mir dabei vier Gründe vorstellen. Den einen haben wir schon aufgezeigt, nämlich, daß das Kontrollieren ja in den meisten Lebensbereichen gut klappt. Aber daneben gibt es noch andere Gründe. Erinnern Sie sich z. B. daran, wie oft Sie als Kind Dinge gehört haben, wie z. B.: „Hör mit dem Weinen auf oder ich gebe Dir einen Grund zum Weinen" oder „Da gibt's nichts, wovor Du Angst zu haben brauchst. Hör auf und schlaf jetzt" oder „Hör auf, Dich so anzustellen. Du führst Dich wie ein kleines Kind auf".

Patient: „Einige dieser Dinge habe ich wortwörtlich gehört. Das mit dem ‚Ich werde dir gleich einen Grund zum Heulen geben' sagte meine Mutter oft zu mir, wenn sie sich über mich ärgerte. Ich weinte und bekam dann Haue, wenn ich nicht mit dem Weinen aufhörte, was es natürlich noch schwerer machte, aufzuhören."

Therapeut: „Ganz richtig! Und was haben Sie von diesen Ereignissen gelernt?"

Patient: „Daß ich den Mund halten soll."

Therapeut: „Ja, und daß Sie die Fähigkeit haben, unerwünschte Gefühle bewußt zu unterdrücken. Tu was ich Dir sage und halt den Mund."

Patient: „Es ist mir aber oft nicht richtig gelungen."

Therapeut: „Mir auch nicht! Und Ihre Mutter sagte da natürlich so etwas wie „Ich hab jetzt keine Lust, das zu spüren, was ich fühle wenn Du spürst, was Du fühlst. Also hör schon auf mit Deinen Gefühlen, damit ich die meinigen nicht spüren muß." Wenn man das tatsächlich fertigbrächte, müßten wir uns natürlich fragen, warum Ihre Mutter nicht einfach ihre eigenen unangenehmen Gefühle unterdrückte, anstelle von einem Kind zu verlangen, was sie selber nicht konnte. Das wäre genauso als wenn man sagte, ‚Ich werde meine Gefühle nicht los, und deshalb mußt Du Deine loswerden, damit ich meine loswerden kann."

Patient: „Solange ich zurückdenken kann, wurde mir immer zu verstehen gegeben, daß ich ruhig sein sollte."

Therapeut: „Man hat Ihnen also ausdrücklich gesagt, daß Sie fähig sind und einfach in der Lage sein müssen, Gefühle wie Angst, Sorgen usw. bewußt zu kontrollieren. Und Sie haben das für bare Münze genommen, denn Sie sahen, daß diese Riesen, die Erwachsene heißen, nicht wie Sie geweint haben. Die hatten auch keine Angst wie Sie. Von der Perspektive eines Kindes sieht es natürlich so aus, als hätten diese Erwachsenen all ihre Gefühle im Griff, es sei denn, daß sie hochgehen und explodieren. Und wenn explodieren die einzige Alternative ist, ist es natürlich noch wichtiger, daß man seine Gefühle kontrolliert."

Patient: „Als Erwachsener sieht das anders aus."

Therapeut: „Genau. Jetzt wissen wir, daß die Erwachsenen es auch nicht können. Die Hälfte der Erwachsenen, zu denen wir respektvoll aufgeblickt haben, tranken jeden Abend ihre Martinis, nahmen Beruhigungstabletten, vermieden alle möglichen Situationen und trieben alle möglichen Sachen, um den Tag zu überstehen. Aber als Kind weiß man das alles nicht. Für Sie hieß das, „reiß Dich zusammen" und die Erwachsenen wußten offenbar genau, wie man das macht."

Patient: „Sie berühren da Dinge, die passiert sind, als ich noch sehr klein war."

Therapeut: „Ja; und deshalb sind sie auch um so schwerer auszumerzen. Diese Ideen sind Ihnen als kleines Kind eingeflößt worden und man hat sie Ihnen nicht nur durch Regeln und Gebote beigebracht, sondern auch sehr häufig durch praktische Beispiele. Aber das wäre alles nicht so schlimm, wenn unsere eigene Erfahrung uns nicht vorgaukelte, daß Kontrollversuche sogar uns gelingen. Wenn Sie zum Beispiel einen unerwünschten Gedanken nicht loswerden können. Was machen Sie da normalerweise?"

Patient: „Beten, Sport treiben, oder mit jemandem darüber sprechen."

Therapeut: „Und das wirkt dann vorübergehend, nicht wahr?"

Patient: „Ja, eine Zeit lang."

Therapeut: „Genauso ist das. Und was passiert dann?"

Patient: „Irgendwann kommt der Gedanke wieder."

Therapeut: „Richtig. Aber alle Lebewesen funktionieren nach dem Prinzip, daß sie sofortige Gewinne langfristigen Resultaten vorziehen. Also sagt Ihr Verstand, ‚Mensch, das funktioniert ja', weil es kurzfristig tatsächlich oft wirkt, aber auf Dauer funktioniert das eben doch nicht. Es ist sogar möglich, daß es schlimmer wird."

Patient: „Manchmal klappt's, oder wenigstens war das mal so. Früher konnte ich mich durch Entspannungsübungen beruhigen, wenn ich ein bißchen nervös war. Aber jetzt ist das wie Wasser auf einem heißen Stein."

Therapeut: „Und hier ist das Paradoxe. Kontrollversuche schaden eigentlich nicht, wenn es sich um Gefühle, Gedanken, Erinnerungen, usw. handelt, denen man keine allzu große Bedeutung beimißt und die nicht übermäßig stark sind. Deshalb kommen die meisten Menschen mit diesen Kontrolltaktiken auch über die Runden, obwohl ich, nebenbei bemerkt, diese Versuche auch im sogenannten Normalbereich nicht für sehr adaptiv halte, denn was wir da so als „normal" ansehen, ist ja auch nicht gerade großartig. Entspannungsübungen sind im Prinzip nicht schädlich, jedenfalls nicht, bis man sie als Waffe im Kampf gegen unerwünschte Gefühle und Gedanken einsetzt. Aber das ist ja bei Ihnen der Fall, nicht wahr? Und in dieser Situation wirken Kontrollbemühungen eben nur auf kurze Dauer, während sie die Sache auf längere Sicht gesehen noch verschlimmern."

Das Tau loslassen

Die folgende Metapher ist ein gutes Beispiel des Kampfes, den wir als Menschen oft führen. Eine unserer Patientinnen, die an Agoraphobie leidet, hat sie erfunden. Wir nennen sie die „Metapher des Tauziehens mit dem Ungeheuer".

„Die Situation gleicht dem Tauziehen mit einem Ungeheuer. Es ist riesig, häßlich und wahnsinnig stark. Zwischen Ihnen und dem Ungeheuer liegt ein tiefer Abgrund, der offensichtlich bodenlos ist. Wenn Sie beim Tauziehen unterliegen, werden Sie in den Graben fallen und ums Leben kommen. Sie fangen zu ziehen an, so stark Sie nur können, aber je mehr Sie ziehen, desto stärker zieht das Ungeheuer, und Sie werden immer näher an den Rand des Abgrundes gezogen. Das Schwierigste dabei ist zu erkennen, daß Sie das Tauziehen ja gar nicht gewinnen müssen. Sie brauchen das Tau doch nur fallenzulassen!"

Diese Metapher verdeutlicht eine der Hauptkomponenten der ACT Therapie. Als Menschen sparen wir keine Mühe, den Kampf mit den Hindernissen unseres Lebens zu gewinnen. Diese Strategie funktioniert in vielen Lebensbereichen ausgezeichnet, aber wenn wir uns bemühen, Gedanken oder Gefühlen auszuweichen, dann versagt sie normalerweise. Wie die Metapher zeigt, wären wir besser bedient, das Tau fallenzulassen, anstelle unsere Gefühle zu bekämpfen. Sobald wir dazu willig sind, wird es uns oft klar, daß uns das Kämpfen mehr zugesetzt hat als die Berührung mit unerwünschten Gedanken und Gefühlen.

Die „Polygraph Metapher" verdeutlicht eine andere wichtige Komponente in dieser Phase der Therapie. Diese Metapher eignet sich besonders gut für Patienten, die unter Angstzuständen leiden.

„Stellen Sie sich vor, daß ich Sie an einen Polygraphen anschließe. Die Maschine läuft ganz fehlerlos und ist die empfindlichste, die man je hergestellt hat. Wenn Sie angeschlossen sind, ist es vollkommen unmöglich, daß die Maschine nicht registriert, wenn Sie schwitzen, Angst empfinden, oder auch nur im geringsten nervös werden. Dann werde ich Ihnen eine sehr einfache Aufgabe stellen: Das Einzige, was Sie tun müssen, ist vollkommen ruhig zu bleiben. Und damit Ihnen das auch gelingt, werde ich Ihnen noch einen zusätzlichen Anreiz bieten. Ich werde Ihnen einen Revolver an die Schläfe halten. Wenn Sie ganz ruhig bleiben und sich nicht aufregen, werde ich sie nicht erschießen. Aber wenn Sie nun Angst bekommen, wird das der Polygraph anzeigen, und in diesem Falle muß ich Ihnen dann leider eine Kugel durch den Kopf jagen und Ihre grauen Gehirnzellen werden die Wände vollspritzen. Also, bleiben Sie am besten mal ganz schön ruhig! ... Was glauben Sie, was da wohl passieren würde? Raten Sie mal. Bumm! Wie könnte es auch anders sein? Das kleinste bißchen Angst würde Sie schier in Panik versetzen. Sie würden sich sagen: „Ach Du lieber Gott, ich werde ja nervös! Jetzt passiert's, jetzt ist's aus!" Bumm! Und schon ist es aus mit Ihnen! Wie könnte es auch anders sein?"

Die Polygraph- und die Tauziehen-Metapher verdeutlichen, daß sich Gefühle nicht einfach durch Willenskraft beherrschen lassen. Mit diesen Metaphern kann man dem Patienten klarmachen, daß bewußte Kontrollversuche im Bereich der inneren Erlebnisse zum Scheitern verurteilt sind. Deshalb versucht der Patient ja oft, seine unerwünschten Gedanken und Gefühle durch Flucht- und Vermeidensverhalten, Alkoholsucht, Drogenmißbrauch, soziale Isolierung, und dergleichen loszuwerden, was letztlich aber nur zur Vermehrung seiner Angstzustände, Depressionen und anderen Problemen beiträgt. Der Therapeut führt dem Patienten vor Augen, daß der Kampf mit seinen Gedanken und Gefühlen nicht nur fehlgeschlagen ist, sondern im Prinzip fehlschlagen muß. Aber es gibt einen Ausweg aus diesem Dilemma, nämlich, bereit zu sein, diese unerwünschten inneren Erlebnisse zu empfinden.

Bereitwilligkeit

Wie bereits bemerkt, ist die Absicht, Gefühle zu vermeiden oder zu kontrollieren, tief in unserer Kultur verwurzelt. In dieser Phase der ACT Therapie wird der Patient zur Einsicht gebracht, daß ein solches Vorhaben nicht nur unwirksam ist, sondern daß man genau umgekehrt vorgehen muß. Statt unerwünschten Gedanken und Gefühlen auszuweichen, muß man diese bewußt einladen und akzeptieren. Dieses freiwillige „Sich-Hineinbegeben" in die Erfahrung zeigt, daß es nicht darum geht, unerwünschte Gedanken und Gefühle zu „ertragen", sondern sie gewissermaßen bewußt einzuladen und willkommen zu heißen. Dadurch wird ihre Macht stark verringert und der Patient kann dabei mit den Umständen, die diese schmerzlichen inneren Erlebnisse aktivieren, völlig in Berührung kommen.

Die „Metapher der zwei Skalen" ist eine Hauptinterventionsstrategie der ACT Therapie, die das Konzept der Bereitwilligkeit und ihr Verhältnis zum psychischen Leiden erläutert.

> „Stellen Sie sich zwei Skalen vor, ähnlich der Drehknöpfe eines Stereogerätes, die zur Einstellung der Lautstärke und der Balance dienen. Die eine Skala befindet sich hier direkt vor uns; sie heißt Angst. [Der Therapeut paßt die Metapher der Situation des jeweiligen Patienten an und kann anstelle von Angst auch Zorn, Schuldgefühle, Depression, usw. sagen. Es ist auch nützlich, mit der Hand zu zeigen, wie die Skala hinauf- und hinuntergeht.] Die Skala läuft von null (unten) bis zehn (oben). Sie haben sich aus folgendem Grund in Behandlung begeben: ‚Diese Angst ist unerträglich [Therapeut zeigt 10]; die Angst ist ganz da oben und ich möchte, daß sie ganz da unten ist [Therapeut zeigt null], und Sie, Herr Therapeut, helfen Sie mir doch bitte, das zu erreichen.' Mit anderen Worten, Sie haben versucht, den Zeiger dieser Skala runterzudrücken. [Der Therapeut kann mit der einen Hand sichtlich ohne Erfolg auf die andere drücken, die die Angst anzeigt.] Aber es gibt noch eine zweite Skala. Diese war bisher verborgen. Man kann sie nur sehr schwer sehen. Diese Skala hat auch eine Spanne von null bis zehn. [Der Therapeut fährt mit der anderen Hand hinauf und hinunter, hält sie aber hinter seinem Kopf, damit er sie nicht sehen kann.] Bislang haben wir nur daran gearbeitet, den Weg zu bereiten, damit man diese zweite Skala allmählich sehen kann. Wir haben sie also hervorgeholt, um sie anzuschauen. [Der Therapeut bringt die Hand, die bisher hinter seinem Kopf verborgen war, langsam nach vorn.] Diese ist die wichtigere der zwei Skalen; sie macht den Unterschied aus, denn sie ist die einzige, die Sie kontrollieren können. Die zweite Skala heißt „Bereitwilligkeit". Sie bezieht sich auf Ihre Bereitschaft Ihren Erfahrungen mit Offenheit gegenüberzutreten und Ihre Empfindungen zu akzeptieren, ohne zu versuchen, sie zu vermeiden, von ihnen davonzulaufen, sie zu ändern und dergleichen mehr. Wenn die Angst [oder die Depression, unangenehme Erinnerungen, obzessive Gedanken, usw. — was immer auch dem Patienten zu schaffen macht] hier oben bei zehn ist und Sie sich bemühen, sie zu kontrollieren, damit der Zeiger an dieser Skala nach unten geht, dann sind Sie nicht bereit, die Angst zu spüren. Das heißt also, daß Ihre Bereitswilligkeitsskala hier unten bei null ist. Aber das ist eine schreckliche Kombination. Das ist wie bei einem Schraubenschlüssel mit einer Ratsche. Wissen Sie, wie so ein Schlüssel funktioniert? Wenn Sie den ansetzen und die Ratsche für eine Drehrichtung einstellen, ist es nicht möglich, einen Bolzen zu lockern; egal wie Sie drehen, der Bolzen wird immer fester angezogen. Und genauso ist's, wenn die Angst da oben und die Bereitwilligkeit da unten ist; dann ist die Ratsche eingeklinkt und die Angst bleibt da, wo sie ist, denn wenn Sie wirklich große Angst davor haben, Angst zu empfinden, dann ist Ihre Angst selber schon ein Grund Angst zu haben. Sie drehen den Schlüssel, aber was Sie auch tun, Sie schrauben den Bolzen immer fester hinein. Was wir also hier mit dieser Behandlung erreichen müssen, ist, daß Sie Ihre Einstellung ändern und Ihre Aufmerksamkeit von der Angst-Skala weg auf die Bereitwilligkeits-Skala lenken. Im Gegensatz zur Angst-Skala, die sich nicht willkürlich einstellen läßt, kann man die Bereitwilligkeits-Skala beliebig einstellen, denn sie stellt keine Reaktion — kein Gefühl und keine Gedanken — dar, sondern es handelt sich bei ihr um eine freie Wahl. Ihre Bereitschafts-Skala ist zu niedrig eingestellt, was durch die Tatsache bezeugt ist, daß Sie sich in Behandlung begeben haben. Wir müssen also diesen Knopf hinaufdrehen. Wenn Ihre Bereitwilligkeit hoch eingestellt ist, kann ich Ihnen genau sagen, was mit Ihrer Angst passiert. Ich gebe Ihnen mein Ehrenwort! Sobald Ihre Bereitwilligkeit hoch ist und Sie aufhören, Ihre Angst kontrollieren zu wollen, wird Ihre Angst entweder gering oder groß sein; das verspreche ich Ihnen nicht nur, das schwöre ich Ihnen sogar! Dafür lege ich meine Hand ins Feuer! Und wenn Ihre Angst gering ist, wird sie gering sein, bis sie nicht mehr gering ist. Und dann wird sie groß sein. Und wenn sie groß ist, wird sie groß sein, bis sie nicht mehr groß ist. Dann wird sie wieder gering sein. Ich mache mich nicht über Sie lustig und ich will Sie auch nicht ärgern oder frustrieren. Man kann einfach nicht gut ausdrücken, was geschieht, wenn die Bereitwilligkeits-Skala hoch eingestellt ist, und diese komische Erklärung ist die beste, die mir einfällt. Aber eines weiß ich mit absoluter Sicherheit, und Ihre eigene Erfahrung bestätigt Ihnen das gleiche: Wenn Sie genau wissen wollen, wo die Angst-Skala sein wird, brauchen Sie nur Ihre Bereitwilligkeits-Skala niedrig einzustellen. Denn dann wird die Ratsche einklinken, sobald die Angst anfängt, und Sie werden große Angst verspüren. Das kann ich mit Sicherheit voraussagen. Wenn Sie dagegen die Bereitwilligkeits-Skala hoch einstellen, kann sich Ihre Angst frei bewegen. Manchmal wird sie unten sein, und manchmal wird sie oben sein. Und in beiden Fällen vermeiden Sie einen sinnlosen und traumatischen Kampf, der bloß in die eine Richtung führen kann."

Das „Selbst" als Kontext

In der nächsten ACT Phase wird der Unterschied zwischen der Person des Patienten (d. h., dem „Selbst") und seinen Verhaltensweisen herausgearbeitet. Diese Unterscheidung ist von so großer Bedeutung, daß man den Patienten auffordert, vorübergehend seine Gedanken und Gefühle ausdrücklich zu beschreiben, anstatt bloß von deren Inhalt zu sprechen. Der Patient sagt z. B.: „Ich bin mir jetzt gerade des Gedankens bewußt, daß ich nicht in die Stadt zum Einkaufen gehen möchte" oder „Mir geht jetzt gerade der Gedanke durch den Kopf, daß ich ein mieser Mensch bin". Dieser Sprachstil erlaubt es dem Patienten, das „Selbst" als Kontext oder Bezugsrahmen zu betrachten und all die negativen Wertungen, Gedanken und Gefühle als das zu empfinden, was sie sind, nämlich Wertungen, Gedanken und Gefühle und nicht etwa „Eigenschaften" des Patienten im buchstäblichen Sinne.

Die folgende „Zwei-Computer-Metapher" hat zum Ziel, diese Fusion zwischen Denker und Gedachtem, Fühlendem und Gefühltem aufzuheben.

> „Stellen Sie sich zwei Computer vor, die nebeneinander stehen. Vor jedem sitzt ein Operateur. Die Maschinen sind identisch und haben die gleichen Programme und Daten gespeichert. Wenn man nun etwas in diese Computer eingibt, erscheint am Bildschirm je nach Programm und gespeicherten Daten ein bestimmtes Ergebnis. Nun stellen Sie sich vor, daß wir an beiden Maschinen die gleiche Taste drücken und daß ein Text auf den Bildschirmen erscheint. Nehmen wir an, dieser Text lautet: „Tief im Innersten ist etwas nicht mit mir in Ordnung." Nehmen wir weiterhin an, daß der Operateur vor dem ersten Computer so absorbiert ist, daß er alles um sich herum vergißt. Er verhält sich wie im Kino; er ist kein Zuschauer mehr, er ist im Film drin; und wenn im Film plötzlich einer hinter der Tür hervorspringt, dann zuckt er zusammen. Dieser Operateur ist so auf den Bildschirm fixiert, daß er nicht mehr zwischen seiner Person und der Maschine unterscheiden kann. Wenn nun der Bildschirm anzeigt, „Tief im Innersten ist etwas nicht mit mir in Ordnung", dann hat der Operateur, aus seiner Warte gesehen, nur die Wahl, das Programm zu ändern oder ein neues Programm zu schreiben, denn wer akzeptiert schon, daß mit ihm im Innersten etwas nicht in Ordnung ist? Das wäre, als ob man sagte, daß es ganz in Ordnung ist, vom Tiger aufgefressen zu werden.
> Nun schauen wir, was der Operateur des zweiten Computers macht. Der liest auch den Text: „In meinem Innersten ist etwas nicht mit mir in Ordnung." Aber dieser Operateur hält Abstand zum Bildschirm und erkennt ganz genau den Unterschied zwischen sich selbst und dem Computer. Er bedient die Maschine, er arbeitet mit ihr, aber er ist nicht selbst die Maschine. Da er sich des Unterschieds zwischen sich selbst und der Maschine voll bewußt ist, fühlt er sich nicht veranlaßt, den Text zu ändern. Vielleicht ruft er seine Freunde herbei: ‚Schaut Euch das an. Ich gebe X ein und seht mal, was da auf dem Bildschirm erscheint. Interessant, nicht wahr?' — Genauso ist das mit Ihrem Verstand. Ihr Verstand ist von allen möglichen Leuten programmiert worden. Manchmal hat sich Ihre Mutter ans Keyboard gesetzt; dann war's Ihr Vater. Zu verschiedenen Zeitpunkten waren da alle möglichen Leute beteiligt, wie z. B. Ihre Lehrer, Ihr Ehepartner, Ihre Kinder, Ihre Freunde, Ihre Arbeitskollegen; und alle haben sich ein bißchen mit diesem Computer beschäftigt. Und wenn man nun einen bestimmten Input eingibt, spuckt der Computer einen Output in der Form eines Textes aus. Vielleicht glauben Sie sogar, daß dieser Text die Wahrheit sagt, und manchmal stimmt das vielleicht auch. Stellen Sie sich z. B. vor, daß Sie auf dem Bildschirm lesen: ‚Mensch, ich hab so richtig Angst.' Das könnte in diesem Augenblick sogar stimmen. Die Frage dreht sich aber nicht darum, ob der Text richtig oder falsch ist, sondern ob es einen Unterschied zwischen dem Operateur und der (geistigen) Apparatur gibt. Besteht denn da überhaupt ein Unterschied zwischen Ihnen und dem Inhalt Ihres Lebens, d. h., all den Gedanken, Erinnerungen, Gefühlen, Wünschen, Hoffnungen, Niederlagen, usw., die den psychologischen Inhalt Ihres Lebens darstellen?"

Diese Metapher ist sehr nützlich, um den Unterschied zwischen dem Menschen und den Einflüssen, denen er im Lauf seines Lebens ausgesetzt war, klarzulegen. Diesen Unterschied zu erkennen ist eine unentbehrliche Voraussetzung für die Befreiung des Patienten von der „Literalität" der Sprache, die in der ACT Therapie unerläßlich ist.

Die folgende Metapher unterstreicht nicht nur die Zwecklosigkeit der Gefühls- und Gedankenkontrolle, sondern stellt gleichzeitig ein weiteres nützliches Beispiel des „Selbst als Bezugsrahmen" dar.

> „Stellen Sie sich ein Schachbrett vor, das sich unendlich weit in alle Richtungen erstreckt. Darauf stehen schwarze und weiße Figuren; sie arbeiten in Mannschaften zusammen wie beim Schachspiel. Die weißen Figuren kämpfen gegen die schwarzen. Sie können sich Ihre Gedanken, Gefühle, Meinungen, usw. wie diese Figuren vorstellen, denn die hängen auch sozusagen in Teams zusammen. Zum Beispiel treiben sich die sogenannten „schlimmen" Gefühle, wie Angst, Depression und Groll, mit den „bösen" Gedanken und Erinnerungen herum. Das gleiche gilt für die „guten" Gedanken und Gefühle. Nach den Spielregeln müssen Sie entscheiden, wer gewinnen soll. Sie stellen also die „guten" Figuren auf der einen Seite auf (z. B. Gedanken, die Ihr Selbstbewußtsein stärken und Gefühle, die Sie kontrollieren zu können glauben), und die „bösen" Figuren auf der anderen Seite (d. h., all Ihre inakzeptablen und unerwünschten Gedanken und Gefühle). Dann besteigen Sie den weißen Springer und reiten in die Schlacht, um den Sieg gegen die Angst, die Depression, das Verlangen nach Drogen, usw. zu erringen. Es ist also ein Kriegsspiel! Aber Sie stoßen da auf ein logisches Problem, denn aus dieser Warte werden Ihnen notgedrungen große Teile von sich selbst zum Feind. Mit anderen Worten, wenn Sie diesen Krieg führen, dann muß irgend etwas mit Ihnen nicht stimmen. Und da Sie sich auf gleicher Ebene mit all den Figuren befinden, sehen die so groß wie Sie oder sogar noch größer aus, obwohl Sie diese Figuren ja eigentlich in sich tragen. Und komischerweise werden die Figuren immer grö-

ßer, je mehr sie mit ihnen kämpfen. Getreu der Aussage „Wenn Du nicht bereit bist, etwas zu haben, dann hast Du's" werden diese Figuren desto dominierender, je mehr Sie sie bekämpfen, bis sie Ihr ganzes Leben beherrschen. Natürlich sagen Sie sich, daß Sie diese Figuren ja irgendwann einmal bezwingen müssen, wenn Sie genug von ihnen vom Brett schlagen. Aber leider sagt Ihnen Ihre eigene Erfahrung, daß genau das Gegenteil passiert. Anscheinend kann man die schwarzen Figuren gar nicht bewußt vom Brett schlagen. Und so geht die Schlacht weiter. Langsam überkommt Sie ein Gefühl der Hoffnungslosigkeit, da Sie begreifen, daß Sie das Spiel nicht gewinnen können; aber Sie kämpfen trotzdem weiter. Solange Sie auf dem Rücken des weißen Springers sitzen, bleibt Ihnen nichts anderes übrig als weiterzukämpfen, denn von dieser Warte aus erscheinen die schwarzen Figuren als lebensgefährlich. Leider ist das Leben in einem Kriegsgebiet aber überhaupt kein richtiges Leben."

Diese Metapher wird oft gebraucht, um die Idee des „Selbst als Kontext" zu verdeutlichen. Das Selbst wird zum Bezugsrahmen, wenn sich der Patient mit dem Schachbrett identifiziert, anstelle sich auf die Ebene der weißen oder schwarzen Figuren zu begeben. Das Brett (d. h., das Selbst) hält sowohl die weißen als auch die schwarzen Figuren (d. h. alle Gedanken und alle Bewußtseinsinhalte) ohne jemals von diesen bedroht zu werden oder sich mit ihnen zu identifizieren.

Der Angriff auf die Wörter

Eines der wichtigsten Ziele der ACT Therapie ist, die oft übertriebenen hochentwickelten „Sprachgebäude" des Patienten abzubauen. Für manche Zwecke ist ein sprachliches System sehr nützlich, wenn man z. B. einen Stuhl als weiß oder einen Löwen als gefährlich bezeichnet; aber im Bereich der Gedanken und Gefühle ist es oft hinderlich. Aus diesem Grund bemüht man sich in der ACT Therapie, die „Literalität" der Sprache durch eine „De-Literalisierung" zu zerstören und dadurch die sogenannte „kognitive Fusion" zwischen den Sprachlauten (d. h. den Wörtern) und den Dingen, die sie benennen (d. h. den affektiven Bedeutungen), aufzuspalten. Dies wird durch einen Bezugsrahmen erzielt, innerhalb dessen der Patient zwischen direkten und abgeleiteten Stimulusfunktionen eines Wortes auf der Basis seiner eigenen Erfahrung unterscheiden kann, anstelle sich der Logik zu bedienen. Dadurch ergibt sich für den Patienten die Möglichkeit, Gedanken und Gefühle für das anzusehen, was sie sind: nämlich abgeleitete Bewusstseinsinhalte und nicht etwa die „inneren Repräsentanten einer äußeren Realität," wofür sie sich ausgeben.

Durch die nachfolgende Übung läßt es sich auf spielerische Art und Weise demonstrieren, daß Sprachstimuli, d.h., Wörter, ihre buchstäbliche Bedeutung nur innerhalb eines bestimmten analytischen Kontextes, nämlich des Bezugsrahmens der „Literalität", erlangen.

Therapeut: „Ich möchte Ihnen mit der folgenden Übung gern etwas zum Bewußtsein bringen. Ich werde Sie deshalb bitten, mir zuerst ein Wort nachzusprechen und dann zu sagen, was ihnen dabei durch den Kopf geht. Sagen Sie doch bitte einmal „Milch.".

Patient: „Milch."

Therapeut: „Gut, und an was haben Sie dabei gedacht?"

Patient: „Daß ich zu Hause Milch im Kühlschrank habe."

Therapeut: "OK, und passiert sonst noch was, wenn Sie Milch sagen?"

Patient: „Ich stelle mir Milch vor, — weiß — in einem Glas."

Therapeut: „OK, sonst noch was?"

Patient: „Ich kann sie fast schmecken."

Therapeut: „Genau! Und können Sie spüren, wie das wäre, wenn Sie jetzt ein Glas Milch tränken? Kalt ... sahnig ... sie fühlen sie im ganzen Mund, und es macht ‚gluck-gluck' beim Trinken, nicht wahr?"

Patient: „Ja."

Therapeut: „OK, was Ihnen da durch den Kopf gegangen ist, das waren Eigenschaften von Milch, die Sie aus eigener Erfahrung kennen, nicht wahr? Und das ganze ist passiert, als wir einen komischen Laut gemacht haben, „Milch," und mit diesem Laut tauchten plötzlich all diese Dinge auf! In Wirklichkeit gibt es hier keine Milch, aber trotzdem war da gerade Milch da, auf psychologischer Ebene, sozusagen. Wir beide sahen sie, schmeckten sie, spürten sie — obwohl nur das Wort sozusagen hier im Raum war! Nun lassen Sie uns doch mal eine kleine Übung machen, OK? Vielleicht wird sie Ihnen ein bißchen kindisch erscheinen oder Sie kommen sich etwas komisch dabei vor. Deshalb werde ich die Übung auch mitmachen, damit wir uns beide zusammen komisch vorkommen können, OK? Sagen Sie doch jetzt bitte mal das Wort ‚Milch', laut und schnell, und wiederholen Sie es; sagen Sie es immer wieder und passen Sie auf, was passiert. Sind Sie bereit, das mal zu probieren?"

Patient: „Na ja, gut."

Therapeut: „OK, fangen wir an! Sagen Sie ‚Milch', immer und immer wieder."

[Therapeut und Patient wiederholen das Wort ein oder zwei Minuten lang. Der Therapeut fordert den Patienten von Zeit zu Zeit auf, das Wort weiterzusagen, nicht aufzuhören, und es lauter und schneller zu sagen.]

Therapeut: „OK, jetzt können Sie aufhören. Und wo ist nun die Milch?"

Patient: [lacht] „Weg!"

Therapeut: „Haben Sie bemerkt, was mit den psychologischen

Eigenschaften der Milch passiert ist, die vor ein paar Minuten noch hier waren?"

Patient: „Nach ungefähr vierzig Wiederholungen sind sie verschwunden. Ich konnte nur noch einen Laut hören. Das klang sehr komisch. Eine Zeit lang hatte ich das Gefühl, daß ich überhaupt nicht mehr wußte, was ich sagte. Das klang eher wie ein Vogelzwitschern als ein Wort."

Therapeut: „Richtig. Die cremige, kalte, gluckende Milch war ganz einfach weg. Das erstemal, als Sie das Wort sagten, schien die Milch wirklich hier im Zimmer zu sein. Beim erstenmal war das Wort im wahrsten Sinn „bedeutungs-voll"; es fühlte sich „fest" an; man konnte es beinahe mit den Händen ergreifen. Aber als Sie es dann immer wiederholten, verlor es seine Bedeutung, und am Ende war es nur noch ein Klang."

Patient: „Das stimmt ganz genau!"

Therapeut: „Wenn Sie nun aber irgend etwas zu sich selbst sagen, stimmt es dann nicht auch, daß diese Worte ganz einfach Laute sind? Diese Laute haben zwar eine gewisse Bedeutung, aber weiter sind sie nichts! Worte sind wie Schall und Rauch. Da steckt nichts Solides dahinter."

Viele andere Techniken und Strategien in der ACT Therapie streben dasselbe Ziel an. In diesem Aufspalten der „kognitiven Fusionen" liegt wohl der wesentlichste Unterschied zwischen ACT und anderen Formen der kognitiv-behavioralen Therapie. Während sich die letzteren mit dem wortwörtlichen Gedankeninhalt befassen und diesen zu ändern suchen, vermeidet man in der ACT Therapie den Angriff auf den „literalen" Gedankeninhalt durch diese Aufspaltungstechniken. Der Patient muß seine Gedanken weder ändern noch sonstwie bekämpfen. Anstatt seinen Bewusstseinsinhalt mit rationalen Methoden der Analyse und Kritik zu unterziehen, kann er ihn einfach beobachten und belassen, d. h., als solchen akzeptieren, wie man das ja auch von der Meditation her kennt.

Werturteile

Wenn sich der Patient ausreichend mit den durch unsere Sprachgepflogenheiten hervorgerufenen Problemen auseinandergesetzt hat und erkennt, wie diese uns dazu verleiten, den Kampf mit im Grunde genommen harmlosen psychologischen Ereignissen aufzunehmen, ist es an der Zeit, das Thema der Wertschätzung einzuführen. Wie wir zeigen werden, wird dabei zwischen dem Gefühl und der Aktion der Wertschätzung unterschieden. Werturteile spielen in der ACT Therapie eine wichtige Rolle, da sie unvermeidbar sind.

Was ist der Sinn Ihres Lebens?

Die Unvermeidbarkeit der Werturteile kann man mit einer praktischen Übung beweisen. Wir nennen sie, „Was ist der Sinn Ihres Lebens?" Der nachfolgende Dialog wurde mit einem begüterten Patienten geführt, der sich über ein Gefühl der Ziellosigkeit beklagte.

Therapeut: „Wenn es Ihnen recht ist, würde ich gern eine Übung vorschlagen, von der Sie vielleicht etwas Interessantes lernen können. Oder vielleicht verstehen Sie auch nur etwas ein wenig besser, das Sie im Grunde genommen Ihr ganzes Leben lang gewußt haben. Warten wir's mal ab."

Patient: „OK, was soll ich tun?"

Therapeut: „Die Übung heißt: „Was ist der Sinn meines Lebens?" Bitte schließen Sie die Augen, entspannen Sie sich ein paar Minuten und versuchen Sie, alles andere, das wir besprochen haben, zu vergessen. [Der Therapeut hilft dem Patienten, sich zwei bis drei Minuten lang zu entspannen.] Stellen Sie sich nun vor, daß Sie durch eine seltsame Wende des Schicksals plötzlich gestorben sind, aber Sie können im Geist bei Ihrer Beerdigung dabei sein. Sie schauen zu und hören die letzten Worte Ihrer Frau, Ihrer Kinder, Freunde und Arbeitskollegen. Stellen Sie sich diese Situation nicht nur vor, sonders versuchen Sie auch, sich gefühlsmäßig hinein zu versetzen. - [Pause] - OK, und jetzt führen Sie sich ganz deutlich vor Augen, wie Sie von diesen Menschen, die ja zu Ihrem Leben gehört haben, erinnert werden wollen. Als welchen Ehemann soll Ihre Frau Sie denn in Erinnerung behalten? Lassen Sie sie sprechen! Seien Sie ganz offen hier und halten Sie sich nicht zurück! Lassen Sie Ihre Frau genau das sagen, was Ihnen am liebsten wäre, wenn Sie frei darüber bestimmen könnten. - [Pause.] - Denken Sie jetzt an Ihre Kinder. Als welchen Vater sollen Ihre Kinder Sie denn in Erinnerung behalten? Wie vorher, halten Sie sich nicht zurück! Wenn Sie die alles sagen lassen könnten, was wäre Ihnen am liebsten? Auch wenn Sie es in Ihrem wirklichen Leben niemals erreicht haben, was wäre Ihnen das Liebste, das Ihre Kinder über Sie sagen würden? - [Pause.] - Und was wollen Sie, daß Ihre Freunde über Sie sagen? Wie würden Sie gern bei Ihren Freunden in Erinnerung bleiben? Lassen Sie Ihre Freunde diese Dinge aussprechen und halten Sie nichts zurück. Werden Sie sich ganz einfach dessen bewußt, wie Sie von Ihren Freunden am liebsten erinnert werden würden und behalten Sie das im Gedächtnis." [Der Therapeut kann mit dieser Übung fortfahren, bis es eindeutig ist, daß sich der Patient vollkommen in sie hineinversetzt hat. Dann beendet der Therapeut diese Übung, indem er z. B. sagt: ‚Nun bitte ich Sie, wieder in die Gegenwart zurückzukommen. Stellen Sie sich das Zimmer hier vor - und wenn Sie soweit sind, können Sie die Augen öffnen .‘]

Patient: „Das war seltsam. Sich vorzustellen, daß man tot ist und dennoch dabei ist ... Früher habe ich mir manchmal vorgestellt, wie es wäre, wenn ich plötzlich gestorben wäre. Ich stellte mir dann immer vor, wie schlimm das für alle Betroffenen und besonders für Debbie und die Kinder sein würde.“

Therapeut: „Also, sich den eigenen Tod vorzustellen scheint eine ziemlich ernsthafte Sache für Sie zu sein.“

Patient: „Ja, dagegen scheinen all meine anderen Probleme plötzlich nicht mehr so wichtig. Aber trotzdem ärgere ich mich über mich selber, weil ich mein Leben einfach so dahinlaufen lasse.“

Therapeut: „Danken Sie Ihrem Verstand für diesen großartigen Gedanken! Nun bin ich aber neugierig, wofür Sie bei Ihren Hinterbliebenen am liebsten in Erinnerung blieben.“

Patient: „Debbie sagte, ich sei ein liebevoller, treuer, aufmerksamer Mann gewesen und ein Vater, der immer gut für seine Kinder gesorgt hat. Charles, der glaube ich mein ältester Freund ist, sagte, ich sei für ihn da gewesen, als er mich am nötigsten brauchte, nämlich als er das Trinken aufhörte. Das ist vor zwei Jahren tatsächlich passiert.“

Therapeut: „Ist irgendeiner aufgestanden und hat gesagt: Ich gedenke meines Freundes Richard; er hat sein ganzes Leben versucht zu beweisen, daß er kein Versager war.“

Patient: [lacht] „Nein.“

Therapeut: „Hat jemand gesagt: Hier liegt Richard; er hat im Lauf seiner Karriere über zwei Millionen Dollar verdient und wird deshalb für alle Ewigkeit als wertvoller Mensch gelten.“

Patient: [lacht] „Nein. Was wollen Sie denn damit sagen?“

Therapeut: „Eigentlich gar nichts. Es ist mir nur aufgefallen, daß Sie sich wegen einer Menge Sachen kritisieren und sich Vorwürfe machen, die offenbar gar nichts mit dem zu tun haben, wofür Sie gern erinnert werden wollten. Sie scheinen sich also gnadenlos wegen irgendwelcher Dinge zu quälen, die Sie selbst gar nicht besonders schätzen!“

Patient: „Das ist aber ganz schön erschreckend, wenn das stimmt.“

Therapeut: „Ja, aber es handelt sich hier nicht ums Stimmen. Die Frage ist, ob Sie mit diesem Verhalten erreichen, was Sie erreichen wollen.“

In einer Variante dieser Übung kann man dem Patienten auch eine kurze Inschrift für seinen Grabstein verfassen lassen. Dies zeigt oft, wie der Patient im Widerspruch mit seinen eigenen Werten lebt.

Therapeut: „Wenn Leute sterben, erinnert man sich oft nicht wegen ihrer materiellen Güter an sie, sondern mehr wegen der Ideen, für die sie sich Ihr ganzes Leben lang eingesetzt haben. Haben Sie z. B. schon mal was von Albert Schweitzer gehört?“

Patient: „Ja, das war doch ein Arzt in Afrika, nicht wahr?“

Therapeut: „Richtig. Aber warum sollten Sie denn überhaupt etwas von dem wissen? Der ist doch tot. Wahrscheinlich sind sogar viele seiner Patienten inzwischen auch gestorben. Und doch lebt Albert Schweitzer in unserer Erinnerung fort wegen seines selbstlosen Einsatzes, seiner tiefen Ehrfurcht vor allem Lebenden und seiner unermüdlichen Bestrebungen für den Weltfrieden, für die er den Nobelpreis erhielt. — So, und nun stellen Sie sich einmal vor, daß Sie die Inschrift auf Ihrem Grabstein verfassen dürften, mit der Sie den Sinn Ihres Lebens ausdrücken könnten. Was würden Sie da gern schreiben, wenn Sie alles schreiben dürften und Ihnen keinerlei Beschränkungen auferlegt wären? Denken Sie einmal kurz darüber nach.“

Patient: - [Pause] - „Er lebte sein Leben und half seinen Mitmenschen.“

Therapeut: „Ausgezeichnet! Aber nun frage ich Sie, ob das momentan wirklich das Leitmotiv Ihres Lebens ist, so wie Sie es gegenwärtig leben? Können Sie wirklich sagen, daß Sie im wahrsten Sinne des Wortes leben und Ihren Mitmenschen helfen?“

Patient: „Nein, und ich bin mir nicht einmal sicher, ob ich das jemals ehrlich von mir sagen könnte.“

Therapeut: „Ich verstehe. Sie sind also auf dem besten Weg zu einer Grabinschrift, die ungefähr so lautet: ‚Er beschäftigte sich sein ganzes Leben mit der Frage nach dem Sinn seines Daseins und er starb in Ungewißheit‘.“

Diese Metapher macht deutlich, daß Wertschätzung nicht einfach eine Sache der freien Wahl ist. In der ACT Therapie nennt man diesen Vorgang „Wertschätzung mit den Füßen“. Bezüglich der Grabinschrift, zum Beispiel, fragt man Patienten oft auf welches erstrebenswerte Ziel ihre Füße gegenwärtig zeigen.

Die Metapher der „Seifenblase auf dem Weg“ drückt die Verbindung aus, die zwischen der Bereitwilligkeit und der Fähigkeit, einen geschätzten Weg einzuschlagen, besteht.

Therapeut:
„Stellen Sie sich vor, daß Sie eine Seifenblase sind. Haben Sie schon mal beobachtet, wie eine große Seifenblase eine kleinere berührt und die kleinere dabei einfach von der großen aufgesogen wird? Nun stellen Sie sich vor, daß Sie eine solche Seifenblase sind und Sie wandeln einen von Ihnen gewählten Pfad entlang. Plötzlich erscheint eine andere Seifenblase vor Ihnen und sagt ‚Halt!‘. Sie bleiben einen Augenblick lang stehen, aber sobald Sie sich anschicken, die andere Seifenbla-

se nach links, rechts, unten oder oben zu umgehen, bewegt sich diese ebensoschnell und blockiert Ihnen den Weg. Da bleiben Ihnen nur zwei Möglichkeiten. Entweder weichen Sie von Ihrer gewählten Richtung ab oder Sie berühren die andere Seifenblase, saugen Sie auf, und setzen Ihren Weg fort. Die zweite Wahl zu treffen ist das, was wir unter Bereitschaft verstehen. Die Hindernisse, die sich Ihnen in den Weg stellen, sind zum größten Teil Gefühle, Gedanken, Erinnerungen und ähnliche innere Erlebnisse. Die sind eigentlich in Ihnen drin, obwohl sie außerhalb von Ihnen zu liegen scheinen. „Bereitwilligkeit“ ist weder ein Gefühl noch ein Gedanke; es ist eine Aktion, eine Handlungsweise. Sie ist die Anwort auf die Frage, die vom Hindernis gestellt wird: ‚Willst Du mich freiwillig in Deinem Inneren akzeptieren oder nicht?‘ Damit Sie die von Ihnen geschätzte Richtung wählen und beibehalten können, müssen Sie diese Frage mit Ja beantworten, aber nur Sie allein können diese Wahl treffen."

Bereitschaft und Entschlusskraft: ACT in Aktion

Das Ziel dieser Phase ist es, Verhaltensänderungen beim Patienten herbeizuführen und seine Entschlußkraft zu stärken, diese neuen Verhaltensweisen fortzusetzen. Die Metapher von „Joe, dem Taugenichts“ verdeutlicht diesen Prozeß.

„Stellen Sie sich vor, daß Sie ein neues Haus gebaut haben und nun laden Sie die ganze Nachbarschaft zu einer Einzugsfeier ein. Ihr Fest hat sich herumgesprochen und tatsächlich tauchen alle Nachbarn auf. Die Feier ist ein großer Erfolg. Und dann erscheint da plötzlich ‚Joe, der Taugenichts‘. Er ist ein obdachloser Säufer und lebt bei den Abfalltonnen hinter dem Supermarkt. Er stinkt fürchterlich und Sie denken, ach Gott, warum mußte der kommen?! Aber Sie haben ja gesagt, daß jeder willkommen ist. Es liegt nun an Ihnen, die Wahl zu treffen, diesen Säufer offen und ehrlich willkommen zu heißen, obzwar Sie sich nicht über seine Anwesenheit freuen. Sie können entscheiden, ihn willkommen zu heißen, obwohl Sie nichts von ihm halten. Sie brauchen ihn weder zu mögen, noch muß Ihnen sein Gestank gefallen, und Sie müssen auch seine Lebensweise und Kleidung nicht akzeptieren. Es ist ihnen vielleicht sogar peinlich, wie er sich am Buffet benimmt, wie er sich gierig der Bowle bedient und bei den belegten Happen mit den Fingern zulangt. Die Tatsache, daß Sie nichts von ihm halten und ihn als abstoßend empfinden, hat überhaupt nichts mit Ihrer Bereitschaft zu tun, ihn wie jeden anderen Gast in Ihrem Haus zu empfangen. Jetzt müssen Sie entscheiden, ob Sie es wirklich gemeint haben, daß jeder willkommen sei, oder ob Sie da Joe, den Taugenichts, nicht mit einbezogen haben. Aber sobald Sie ihn nicht miteinbeziehen, ändert sich Ihre ganze Feier. Wenn Sie ihn hinauswerfen, müssen Sie vor dem Haus stehen, um die Tür zu bewachen, damit er nicht wieder hineinschlüpft. Oder wenn Sie Ihn willkommen heißen, es aber nicht ehrlich meinen, sondern ihn nur tolerieren, solange er in der Küche bleibt und sich nicht unter die anderen Gäste mischt, dann müssen Sie dauernd aufpassen, daß er das nicht tut, und dann dreht sich die ganze Feier wiederum nur um ihn. In der Zwischenzeit geht das Leben weiter; das Fest geht weiter, während Sie vollkommen damit beschäftigt sind, auf diesen Kerl aufzupassen. Damit haben Sie gar nichts gewonnen, denn das fühlt sich nicht mehr wie eine Feier an, sondern es ist nur noch Arbeit! Diese Metapher handelt natürlich von all den schlimmen Gefühlen, Gedanken und Erinnerungen, die gegen Ihren Wunsch auftauchen. Das sind einfach noch mehr Taugenichtse, Säufer und Obdachlose, die da unerwünschterweise zur Tür hereinkommen. Die Frage ist jetzt, welche Einstellung Sie gegenüber Ihren eigenen negativen Gedanken und Gefühlen haben. Sind Sie bereit, sie einzulassen, obwohl es Ihnen nicht paßt, daß sie da sind? Wenn Ihnen diese Bereitwilligkeit fehlt, was wird dann aus Ihrer Feier werden? Die Illusion besteht darin zu glauben, daß mangelnde Bereitwilligkeit, negative Gedanken und Gefühle zu akzeptieren, zum Seelenfrieden beiträgt. In Wirklichkeit läuft es oft gerade umgekehrt. Wenn man sich Mühe gibt, den einen Taugenichts fernzuhalten, dann erscheint oft gleich der nächste."

Das „Alles-oder-Nichts“ der Bereitwilligkeit

Viele Patienten glauben, daß man an der Bereitwilligkeit arbeiten kann und sie sozusagen Schritt für Schritt erlangt. Die Bereitwilligkeit ist jedoch eine integrierte Handlung, ein „Alles-oder-Nichts“ Phänomen; sie kennt keine Mitte. Entweder ist man bereit oder man ist es nicht. Es gibt einen Zen Spruch, der lautet: Man kann einen Abgrund nicht mit zwei Sprüngen überqueren. Die sogenannte „Sprung-Übung“ verdeutlicht dies:

„Bereitwilligkeit ist wie das Springen. Man kann von vielen Dingen herunterspringen.“ [Der Therapeut legt ein Buch auf den Fußboden, stellt sich darauf und springt herunter.] Sehen Sie, wenn man springt, tritt man einfach in den Raum hinein und überläßt den Rest der Schwerkraft. Man kann nicht mit zwei Schritten springen. Man kann eine Zehe über die Kante strecken und damit sogar den Fußboden berühren, aber das ist ja nicht springen. [Der Therapeut, der sich wieder auf das Buch gestellt hat, berührt den Fußboden mit den Zehen.] Aber der Sprung von diesem Buch herab ist trotzdem ein Sprung; die Bewegung ist die gleiche, egal ob man von einem Buch oder von etwas höherem herunterspringt. [Der Therapeut steigt auf einen Stuhl und springt herunter.] Das ist auch Springen, nicht wahr? Die gleiche Bewegung. Ich trete einfach in den Raum hinein und überlasse alles andere der Schwerkraft. Aber wie Sie sehen, kann ich von hier die Zehen nicht so gut runterstrecken. [Der Therapeut steigt wieder auf den Stuhl und versucht ungelenk, den Fußboden mit den Zehen zu berühren.] Wenn ich jetzt von diesem Gebäude herunterspringen würde, wäre die Bewegung immer noch genau die gleiche. Der Sprung wäre der gleiche, nur der Bezugsrahmen wäre ein anderer. Von dort oben wäre es ganz ausgeschlossen, einen Schritt herunterzutun. Es gibt einen Zen Spruch, der heißt: ‚Man kann einen Abgrund nicht mit zwei Sprüngen überqueren.‘ Mit der Bereitwilligkeit ist das genauso. Sie können Ihre Bereitwilligkeit einschränken, indem Sie den Kontext oder die Situation beschränken. Sie können die Höhe bestimmen, von der Sie herunterspringen werden. Aber Sie können nicht die Sprungbewegung selbst beschränken und erwarten, daß das klappt."

Die „Metapher des bockigen Kindes" bietet ein weiteres gutes Beispiel, wie Bereitwilligkeit kein halbherziges Unternehmen sein kann.

„Es ist, als wenn Sie ein Kind hätten, das auf Süßigkeiten ganz versessen ist. Sie gehen mit dem kleinen Mädchen in einen Laden und sie besteht darauf, daß Sie ihr jede Menge Schlekkereien kaufen. Wenn Sie da nicht mitmachen wollen, bekommt sie einen Wutanfall, tritt mit den Füßen, schreit und weint, daß der ganze Laden darauf aufmerksam wird. Weil Ihnen das peinlich ist, geben Sie nach und sagen dem Kind, daß Sie ihr die Süßigkeiten kaufen, wenn sie mit dem Theater aufhört. Das Problem ist nur, daß, wenn Sie jetzt nachgeben, das Theater beim nächstenmal noch schlimmer wird. Nun nehmen wir einmal an, daß Sie sich vornehmen, die peinliche Lage auszuhalten und daß Sie nicht nachgeben wollen, egal wie sich das Kind aufführt. Sie denken sich aber im Geheimen, daß es da ja eine Grenze geben muß: ‚Ich werde das Geschrei fünf Minuten lang ertragen, und wenn sie dann immer noch nicht aufhört, wird's mir zuviel und ich werde ihr die Süßigkeiten kaufen.‘ Nun stellen Sie sich aber vor, daß das Kind Ihre Gedanken lesen kann. Raten Sie mal, wie lange ihr Wutanfall dann dauern wird. Fünf Minuten und eine Sekunde! Das dumme ist, daß Ihr Verstand weiß, was Sie denken, und daher ist es also nicht wahrscheinlich, daß Sie etwas zustande bringen, wenn Sie die Sache mit beschränkter Bereitschaft angehen. Die Ungeheuer, die Ihr eigener Verstand geschaffen hat, sind wie dieses Kind. Die kennen genau Ihre Grenzen. Nehmen wir an, Sie wollen mit sich selbst einen Handel abschließen. Sie sagen sich: ‚Wenn ich einen starken Drang zum Davonlaufen verspüre [hier kann der Therapeut das für den jeweiligen Patienten Passende einsetzen], er aber bloß 65 auf einer Skala von 1 bis 100 erreicht, bin ich bereit, meine Angst zu tolerieren. Wenn der Drang dieses Niveau aber überschreitet, werde ich nachgeben.‘ Wenn das die Situation ist, raten Sie mal, wie hoch Ihr Drang steigt. Mit der Bereitwilligkeit lassen sich keine Kompromisse schließen."

Der Sinn dieser Metapher ist, daß, wenn man seine Bereitwilligkeit derart beschränkt, daß ihre qualitative Natur verändert wird, es keine Bereitwilligkeit mehr ist. Ein „bißchen bereitwillig" zu sein ist ungefähr so, als wenn man ein „bißchen schwanger" wäre.

Diese ganze Diskussion über Bereitwilligkeit und Entschlußkraft spielt sich im Rahmen der Werte, Zielvorstellungen, und Handlungsweisen ab, die sich der Patient zum Ziel gesetzt hat. Bereitwilligkeit ist notwendig, damit man dem Patienten helfen kann, Hindernisse zu überwinden und auf dem gewählten Weg voranzukommen. An dieser Stelle in der Therapie sollten Therapeut und Patient anfangen, die vom letzteren angestrebten Wertvorstellungen und Handlungsweisen durchzugehen.

Die verschiedenen Metaphern und Übungen, die in dieser Phase zur Anwendung kommen, sollen dem Patienten verdeutlichen, daß sich dem Entschluß zum Handeln notwendigerweise Hindernisse in den Weg stellen werden und daß diese Hindernisse gemeistert werden müssen, wenn ein persönliches Wachstum erreicht werden soll. Der FEAR Algorithmus [Angst-Algorithmus] ist ein diagnostisches Verfahren, das dem Patienten hilft, Grenzen seiner Bereitwilligkeit zu erkennen. Durch FEAR wird die Aufmerksamkeit des Patienten auf die folgende Gebiete gelenkt:

Fusion with your thoughts
(Fusion mit den Gedanken)
Evaluation of experiences
(Beurteilung der Erfahrungen)
Avoidance of your experiences
(Vermeidung der Erfahrungen)
Reason-Giving for your behavior
(Begründung des Verhaltens)

Dieser Algorithmus ist nützlich, das Problem zu identifizieren, wenn der Patient fühlt, daß er in eine Sackgasse geraten ist. Am anderen Ende des Spektrums befindet sich ein zweiter ACT Algorithmus:

Accept your reactions and be present
(Akzeptieren Sie Ihre Reaktionen und leben Sie in der Gegenwart)
Choose a valued direction
(Schlagen Sie eine erstrebenswerte Richtung ein)
Take action
(Handeln Sie)

Von hier an verwandelt sich die ACT Therapie in eine sehr aktive, dem individuellen Patienten zugeschnittene Intervention. Es werden nun allgemein bekannte behaviorale Techniken angewandt, die man aber dem Rahmen der ACT Philosophie angepaßt hat.

Diese können z. B. aus Hausaufgaben bestehen, mit denen der Patient Verhaltensänderungen zwischen den Sitzungen praktiziert, oder aus Konfrontationsverfahren und anderen Verhaltensmodifikationstrategien, die in den Sitzungen angewandt werden. Diese Methoden werden hier jedoch nicht weiter behandelt, da sie über den Rahmen der vorliegenden Arbeit hinausgehen und den meisten Verhaltenstherapeuten ja ausreichend bekannt sein dürften.

Zusammenfassung

Acceptance and Commitment Therapy (ACT) [Therapie der Akzeptanz und Entschlusskraft] ist ein auf der Verhaltensforschung basierend psychotherapeutischer Ansatz, der zum Ziel hat, die menschliche Neigung zu Gefühlsvermeidung und kognitiver Fusion abzubauen und die Fähigkeit zur Verhaltensänderung zu steigern. Einem generellen Überblick über den Ansatz folgen spezifische Beispiele der Interventionsstrategien und Techniken, die bei der ACT zur Anwendung kommen. ACT verkörpert eine Methode, die unter bestimmten Voraussetzungen grundlegend von denen der traditionellen Verhaltenstherapie abweicht und die deshalb für Patienten, die auf ein eher traditionell ausgerichtetes Behandlungsprogramm nicht ansprechen, von besonderem Nutzen sein kann.

ACT ist ein Mitglied der Familie neuer Verhaltenstherapien, wie z. B. die Dialektische Verhaltenstherapie (Dialectic Behavior Therapy; siehe Linehan, 1993, 1994), die Funktional-analytische Psychotherapie (Functional Analytical Psychotherapy; siehe Kohlenberg & Tsai, 1991), und neuer Formen der Verhaltenstherapie für Paare (Behavioral Couples Therapy; siehe Körner, Jacobson, & Christianson, 1994). Diese Therapien versuchen alle, die Idee der Akzeptanz in die traditionellen Methoden der Verhaltenstherapie einzugliedern (siehe verschiedene Beispiele bei Hayes, Jacobson, Follette, & Dougher, 1994). Die Weisheit dieser Erweiterung der traditionellen behavioralen Methoden wird in zunehmendem Maß durch empirische Daten gestützt wie auch durch die ersten vielversprechenden klinischen Ergebnisse. Ob es sich dabei jedoch um eine grundsätzliche Weiterentwicklung des Rüstzeugs der kognitiven Verhaltenstherapie handelt, wird sich erst im Laufe der Zeit herausstellen.

Literatur

Foa EB & Riggs DS.:.Posttraumatic stress disorder following assualt: Theoretical considerations and empirical findings. Current Directions in Psychological Science 1995;4:61-65.

Hayes SC & Brownstein AJ: Mentalism,behavior-behavior relations and a behavior analytic view of the purposes of science. The Behavior Analyst 1986;6:175-190.

Hayes SC & Hayes LJ: The verbal action of the listener as a basis for rule-governance. In : S.C.Hayes (ed.): Rule-governed behavior: Cognition, contingencies, and instructional control. New York, Plenum, 1989,153-190.

Hayes SC & Hayes LJ: Verbal relations and the evolution of behavior analysis. American Psychologist 1992;47:1383-1395.

Hayes SC & Wilson KG: Acceptance and Commitment Therapy: Altering the verbal support for experiential avoidence. The Behavior Analyst 1994;17:289-303.

Hayes SC, Hayes LJ & Reese HW: Finding the philosophical core: A review of Stephen C. Pepper's World Hypotheses. Journal of the Experimental Analysis of Behavior 1988;50:97-111.

Hayes SC, Hayes LJ, Reese HW & Sarbin TR (eds.): Varieties of scientific contextualism. Reno, NV, Context Press,1993.

Hayes SC, Jacobson NS, Follette VM.& Dougher MJ (eds.): Acceptance and change: Content and context in psychotherapy. Reno.NV, Context Press, 1994.

Hayes SC & Melancon SM: Comprhensive distanceing, paradox, and the treatment of emotional avoidance. In: M. Ascher (eds.),: Paradoxical procedures in psychotherapy. New York, Guilford, 1989,184-218.

Hayes SC, Strosahl K. & Wilson KG : Acceptance and Commitment Therapy: Understanding and treating human suffering. New York, Guilford Press, in press

Hayes SC,Wilson KG, Gifford EV, Follette VM & Strosahl K.: Emotional avoidance and behavioral disorders: A functional dimensional approach to diagnosis and treatment. Journal of Consulting and Clinical Psychology 1996;64:1152-1168.

Hayes SC & Gifford EV: The trouble with language: Experiential avoidance, rules, and the nature of verbal events. Psychological Science 1997;in press.

Kohlenberg B, Hayes SC & Tsai: Behavior analytic psychotherapy: Two contemporary examples. Clinical Psychology Review 1993;13:579-592.

Koener K , Jacobson NS & Christensen A: Emotional acceptance in integrative behavioral couple therapy. In :SC Hayes, NS Jacobson, VM Follete & MJ. Dougher (eds.): Acceptance and change: Content and context in psychotherapy. Reno NV, Context Press, 1994,109-118.

Kohlenberg RJ & Tsai M.: Functional analytic psychotherapy: Creating intense and curative therapeutic relationships. New York, Plenum Press,1991.

Leitenberg H , Creenwald E & Cado S: A retrospective study of longterm methods of coping with having been sexually abused during childhood. Child Abuse and Neglect 1992;16:399-407

Linehan MM: Cognitive behavioral treatment of borderline personality disorder. New York, Guilford Press, 1993.

Linehan MM: Acceptance and change: The central dialectic in psychotherapy. In: S.C.Hayes, N.S. Jacobson, V.M.Follette. & M.J.Dougher (eds.): Acceptance and change: Content and context in psychotherapy. Reno NV, Context Press, 1994,73-86.

McCurry S & Hayes SC: Clinical and experimental perspectives on metaphorical talk. Clinical Psychology Review 1992;12:763-785.

Sidman M & Tailby W: Conditional discrimination versus matching to sample: An expansion of the testing paradigm. Journal of the Experimental Analysis of Behavionr 1982;37:5-22

Strosahl KD, Hayes SC, Bergan J & Romano P: Does field based training in behavior therapy improve clinical effectiveness? Evidence from the Acceptance and Commitment Therapy training project. Behavior Therapy in press

Wulfert E & Hayes SC: The transfer of conditional sequencing through conditional equivalence classes. Journal of the Experimental Analysis of Behavior 1988;50:125-144.

Serge K. D. Sulz

Strategische Kurzzeittherapie

Ein Weg zur Entwicklung des Selbst und der Beziehungen

Serge K. D. Sulz

Strategische Kurzzeittherapie

Ein Weg zur Entwicklung des Selbst und der Beziehungen

1. Einleitung

Strategie und Zielorientierung scheinen genuin verhaltenstherapeutische und kognitiv-therapeutische Kennzeichen zu sein. Beide Begriffe werden in der Tat häufig genannt. Therapeutisches Denken und Handeln ist im konkreten Therapieprozeß jedoch oft weit von Strategie und Zielorientierung entfernt. Nicht zuletzt deshalb wird in der Praxis die Dauer von Verhaltenstherapien immer länger und das Ergebnis immer weniger vorhersagbar. Anfängliche Ziele werden aus den Augen verloren, Strategien ohne Not verlassen und neue Ziele erst gar nicht expliziert. Oft sind diese Therapien wie ein auf dem Meer treibendes Schiff ohne Kapitän und ohne Steuermann. Resultat ist, daß Patienten jedweder Herkunft und Störung zum gleichen Ziel hin bewegt werden. Ein Ziel, das nichts mit dem Patienten zu tun hat, lediglich mit der Persönlichkeit des Therapeuten und dessen Weltanschauung und Menschenbild. Ein Menschenbild, das wiederum unreflektiert bleibt und das keinerlei Nachweis über seine Brauchbarkeit als Kriterium von psychischer Gesundheit erbringen konnte.

Diese Orientierungslosigkeit liegt an der Theorielosigkeit der Verhaltenstherapie. Längst haben die Therapieverfahren den Boden der Lernpsychologie verlassen und entbehren theoretischer Ableitung. Mangels allgemein anerkannter Störungs- und Therapietheorien muß jeder Therapeut ohne Theorie bzw. wenn er das nicht aushalten kann, mit einer selbst gebastelten Privat-Theorie an die Arbeit gehen. Dadurch entstehen auch individuelle Privat-Therapien, die wiederum mehr über den Therapeuten als über den Patienten aussagen. Ein theoretischer und therapeutischer Eklektizismus riesigen Ausmaßes hat seit vielen Jahren um sich gegriffen. In den letzten Jahren beginnt sich diese Denk- und Handlungsverwirrung analog der Sprachverwirrung beim Turmbau zu Babel allerdings wieder aufzulösen. Keine Therapieschule, keine Wissenschaftsströmung haben von außen entscheidenden Einfluß auf diese Konvergenz-Entwicklung genommen. Es war die langjährige klinische Erfahrung der Psychotherapeuten, die von ihren vielen verschiedenen Patienten viel Gemeinsames lernten. Dieser gemeinsame Nenner scheint ein Kondensat zu sein aus den wichtigsten wissenschaftlichen Ergebnissen und den wichtigsten Therapieschulen.

2. Eine affektiv-kognitive Entwicklungstheorie psychischer Störungen

Die affektiv-kognitive Entwicklungstheorie psychischer Störungen (Sulz 1994, 1996)

a) enthält explizit eine Therapietheorie für die kognitive und die Verhaltenstherapie,
b) hat als Essenz die emotionale Entwicklung des Kindes im Vorschulalter,
c) formuliert als Ziel die Entwicklung des Selbst und seiner zentralen Beziehungen,

und ist zugleich eine Störungs- und Therapie-Theorie.

2.1 Annahmen

Drei **Annahmen** liegen zu Grunde:

1. Die menschliche Psyche reguliert autonom im Sinne einer **Homöostase**
   menschliches Empfinden, Wahrnehmen, Fühlen, Denken und Handeln (vergl. Sulz 1987, Bischof 1995). Die Autonomie meint, daß das Bewußtsein als "willkürliche Psyche" keinen steuernden Einfluß auf die Selbstregulation (Kanfer et al. 1991, vergl. Sulz 1986) hat,

sondern lediglich im Sinne der Kybernetik als Meß- und Stellgröße in diesem Regelsystem dient.

2. Der Mensch hat eine inhärente Tendenz zur **lebenslangen Entwicklung** seiner Emotionalität (Piaget & Inhelder 1981) und seiner zwischenmenschlichen Beziehungen (Kegan 1986). Diese Entwicklung erfolgt zwar hauptsächlich vor Beginn der Pubertät, insbesondere im Vorschulalter, kann aber jederzeit z.B. mit Hilfe von Psychotherapie fortgesetzt werden (Sulz 1994, 1996).
3. Lebens- und Beziehungsgestaltung des Menschen erfolgt weit mehr nach dem **Prinzip der Konstruktion** als nach demjenigen der Kausalität. Dies ist die Hypothese des Konstruktivismus der Palo Alto-Schule (Watzlawick et al. 1979). Genau genommen enthält das homöostatische Prinzip bereits im Sinne einer Zielgerichtetheit und einer Instrumentalität und Funktionalität diese Annahme (Sulz 1992).

2.1.1 Zur Homöostase-Annahme:

In den ersten drei Lebensjahren funktioniert die menschliche Selbstregulation als **"somatopsychische" Homöostase**, ausgehend vom Primat des somatischen und dann auch des psychischen Überlebens. Für das Kind ist eine mittelfristige Überlebensstrategie angezeigt: "Ich muß einigermaßen heil durch meine Kindheit kommen." Dies impliziert, daß daraus erwachsende erhebliche Nachteile im Erwachsenenalter in Kauf genommen werden müssen. Die Psychotherapie des Erwachsenen hat es mit diesen Nachteilen einer erfolgreichen Überlebensstrategie der Kindheit zu tun. Diese Überlebensstrategien bringen auch erhebliche Vorteile für das Erwachsenenleben und es gibt sicher nicht wenige Menschen, bei denen die Vorteile überwiegen - vielleicht lebenslang, vielleicht aber auch nur z.B. bis zum Ende einer Sportlerkarriere oder bis zur Midlife-Crisis des Karrieristen, der den Durchbruch nicht schafft, oder bis zur Pensionierung des im Beruf wirklich Erfolgreichen.

Eine der Hauptschädigungen kindlicher Homoöstase erfolgt dadurch, daß es viel zu früh zu einer **"psychosozialen" Homöostase** gezwungen wird - der primären Regulierung des Wohlbefindens und der Zufriedenheit seiner sozialen Umwelt, d.h. seiner Eltern und seiner Familie. Das Kind ist in seinem Denken und Handeln hierzu noch lange nicht in der Lage und muß deshalb mit Hilfe aversiver Gefühle wie Angst, Schuld, Scham und Ekel sein eigenes Verhalten regulieren - nicht zu seinem Besten, sondern zum Besten der sozialen Umwelt.

Beispiel: Da eine Mutter kein instinktives Gefühl für das Bedürfnis ihrer noch nicht 2-jährigen Tochter nach Geborgenheit und Schutz hatte und diese bedrohlich oft und unbewältigbar lange sich allein überließ, um ihre eigenen geselligen Bedürfnisse zu befriedigen, war die Tochter gezwungen, eine außergewöhnliche Begabung für die Wahrnehmung der Zugehörigkeitsbedürfnisse ihrer Mutter und später anderer Menschen zu entwickeln. Darüberhinaus lernte sie, so bald ihre Entwicklung es zuließ, rasch im Gespräch eine intensive emotionale Begegnung herzustellen, die die andere Person auf eine für diese sehr befriedigende Weise band. Die Überlebensstrategie hat funktioniert: Alleinsein wurde so oft wie möglich erfolgreich vermieden.

Erst im Erwachsenenalter entstand eine Agoraphobie mit Panikattacken. Ihre exzellente kindliche Überlebensstrategie hatte den Nachteil, daß sie nie wieder wirklich die Erfahrung von Alleinsein machen mußte und deshalb ihr Selbstbild nicht dahingehend korrigieren konnte, daß sie allein sehr wohl lebensfähig ist. Kurzzeittherapie kann ihr zu Erfahrungen verhelfen, die das Selbstbild bleibend korrigieren.

2.1.2 Zur Entwicklungs-Annahme:

Piagets Stufenmodell der emotionalen Entwicklung (Piaget & Inhelder 1981) ist eine ausgezeichnete weitere Basis strategischer Kurzzeittherapie. In der Formulierung Kegans (1986) macht sie deutlich, daß die Stufen Entwicklungstableaus mit relativer emotionaler Stabilität darstellen, die derjenige nur ungern verläßt, den das Erreichen des derzeitigen Niveaus aus einer schlimmen Krise gerettet hat. Das Wechseln auf die nächsthöhere Stufe bedeutet Instabilität, für nicht wenige eine vorübergehende emotionale Krise. Sowohl die Angst vor Veränderung als auch ein tatsächliches Defizit im emotionalen, kognitiven oder Handlungsbereich kann den Schritt zur nächsten Entwicklungsstufe vereiteln. Lieber werden die Nachteile und Begrenztheiten des gegenwärtigen Entwicklungsniveaus in Kauf genommen als ein Scheitern auf dem nächsthöheren Niveau zu riskieren. Die Devise heißt: Die Kindheit überleben geht vor Entwicklung. Oder: Durch Entwicklungs-Stagnation überleben. Entwicklungspsychologen gehen heute vermehrt davon aus, daß Entwicklung vielfach nicht stufenweise sondern kontinuierlich abläuft. Sie befassen sich vielleicht eher mit denjenigen Kindern, deren Entwicklung so ungestört ist, daß phänomenologisch Kontinuität beobachtet wird (Abbildung 1).

Piaget (Piaget & Inhelder 1981) sieht Entwicklung als Equilibration, als Wechselspiel zwischen Selbsterhaltung (Assimilation), das ist das oben genannte Prinzip der Homöostase, und Selbstveränderung (Akkomodation), das ist der Schritt zur jeweils nächsten Entwicklungsstufe.

Kegan (1986) sieht Piagets Stufen als Stadien der Bedeutungsentwicklung, in welcher jeweils neu definiert wird, welchen Teil das Kind zum Selbst und welchen zum Objekt erklärt, mit dem es in Beziehung tritt. Entwicklung ist für ihn die Veränderung vom Eingebundensein zur Beziehung.

Ein Beispiel: Ein Kind, das eine sehr bemächtigende Mutter hatte, mußte möglichst rasch die beiden frühesten Entwicklungsphasen verlassen:

die einverleibende Phase, in der es auf das maßvolle Geben der Mutter angewiesen war und sich nur schwer gegen deren Übermaß wehren konnte,

und auch die impulsive Phase, in der die Mutter seine trotzigen aggressiven Impulse niederbügelte und in der es gar kein Verlangen nach der Mutter entwickeln konnte, da ihre Nähe zu häufig und zu lange war.

Erst als das Mädchen sich auf die souveräne Stufe hinaufgerettet hatte, in der es fähig war, das Verhalten der Mutter so zu steuern, daß diese ihr möglichst selten zu nahe kam, bekam es ein gutes Selbstgefühl. Sie wurde eine beruflich sehr erfolgreiche Frau, und sie hatte wirklich sehr gut gelernt, mit Menschen umzugehen. Was beruflich im Leben zu erreichen war, hatte sie erreicht. Trotzdem entwickelte sie eine Depression, als sie ihre erste wichtige Liebesbeziehung einging. Sie nahm durch ihre Liebe erstmals wieder ihre Zugehörigkeitsbedürfnisse wahr und zwar so vehement, daß sie diese nicht mehr auf ihre "souveräne" Art der Beziehungsgestaltung zurückdämmen konnte, war andererseits aber auch nicht in der Lage, sich emotional der Beziehung hinzugeben. Sie konnte weder Differenzierung allein noch Zugehörigkeit allein weiter leben. Weder auf die alte Weise noch auf eine neue konnte ihr Leben weitergehen. So blieb nur die Depression. Kurzzeittherapie kann ihr helfen, den zur Konfliktlösung erforderlichen Entwicklungsschritt zur nächsthöheren "zwischenmenschlichen" Entwicklungsstufe zu tun. Genau diesen Schritt und kein bißchen mehr ist die therapeutische Aufgabe.

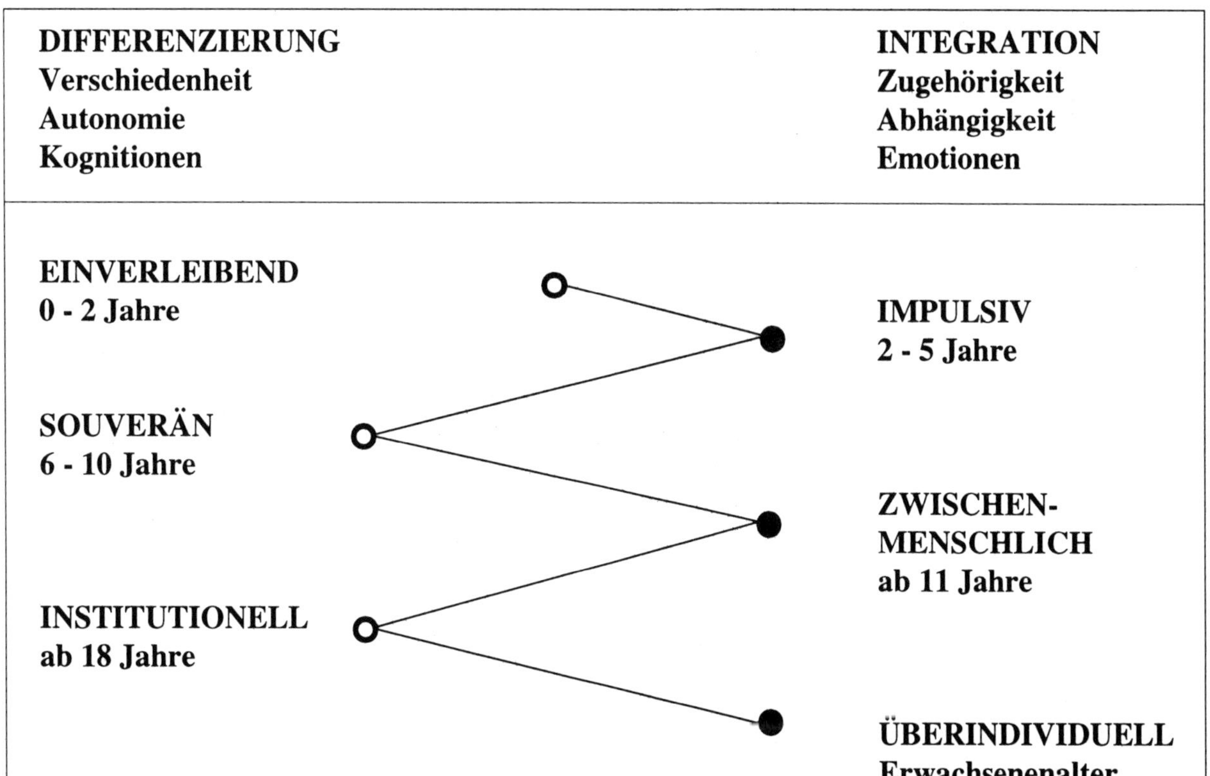

Abbildung 1: Dialektischer Prozeß der Beziehungs-Entwicklung nach Kegan

2.1.3 Zur Konstruktions-Annahme:

Diese Annahme ist besonders deshalb wichtig, weil neuere systemische Ansätze sie zu wenig berücksichtigen. Sie besagt, daß unsere autonome Psyche sich im Sinne einer aktiven Lebens- und Beziehungsgestaltung die Welt schafft, die uns glücklich oder unglücklich macht. Der Mensch **konstruiert sich sein Leben selbst** gemäß eines inneren Konstruktionsplans seiner autonomen Psyche. In strenger Konsequenz ist damit die Life-event-Forschung, soweit sie sich mit belastenden Lebensereignissen des Erwachsenenalters befaßt, als Ursachenforschung wertlos. Allerdings bleiben diese Ereignisse des Erwachsenenalters für unseren Ansatz allein deshalb bedeutungsvoll, weil sie die das Symptom auslösende Lebenssituation darstellen. Dagegen ist die Konstruktion eines Lebens, das in die Brüche gehen muß, ein Machwerk, das während des gesamten bisherigen Erwachsenenlebens errichtet wurde.

Zwei Beispiele:

Pathogene Lebensgestaltung: Wer alles darauf anlegt, im Beruf entweder ganz oben anzukommen oder ganz tief zu stürzen, begibt sich in einen auslaugenden Dauerstress, der sich mit jedem Meter an Höhengewinn vergrößert, da der Absturz damit auch tiefer wird. Der größere Stress führt zu häufigerem Taumeln und Stolpern etc.

Pathogene Beziehungsgestaltung: Wer sich eine abhängige Beziehung konstruiert, erzeugt eine ähnliche Eskalation: Die übermäßige Anpassung an den Geborgenheit und Wärme vermittelnden dominierenden Lebenspartner entzieht der Ehe die für gegenseitige Attraktion notwendige Spannung, so daß der Partner sich interessanterem zuwendet. Mehr desselben (Anpassung) führt zu weiterer Abnahme der Attraktivität für den Partner. Das chronische Unglück wird allmählich zur Depression.

2.2 Entstehung und Funktion des Symptoms

Wir können aus diesen drei Annahmen die Symptombildung erklären:
Das Symptom ist eingebettet in

- eine pathogene Lebensgestaltung,
- eine pathogene Beziehungsgestaltung und
- eine spezifische Auslösesituation.

Das Symptom ist damit eine Notfallreaktion der autonomen Psyche,

- als einzige Möglichkeit, eine Verletzung der Überlebensregel der psychischen Homöostase zu verhindern (Selbsterhaltung durch Assimilation),
- als letzte Möglichkeit, eine Veränderung des Selbst (Akkomodation) und des psychosozialen Systems zu verhindern.

Der betroffene Mensch hatte in seiner Kindheit die individuell bestmögliche Überlebensform gefunden, eine großartige Anpassungsleistung erbracht. Aufgrund seiner großen Bedrohtheit in seiner Kindheit und des Erfolgs seiner Überlebensstrategie entstand eine Rigidität und Eingeschränktheit seines Erlebens und Handelns, die zu dem Versäumnis führte, den Wechsel von der Welt der Kindheit zur Erwachsenenwelt auch in der psychischen Homöostase zu vollziehen. Da die mitgebrachte Überlebensstrategie aber im Erwachsenenleben ausreichend war, bestand lange Zeit kein zwingender Grund, sie aufzugeben. Für das Alltagsleben und die Alltagsprobleme reichten die Problemlösungsstrategien der Kindheit aus, zumal sie durch Vernunft, Wissen und Erfahrung des Erwachsenen elaboriert werden konnten. Erst die symptomauslösende Lebenssituation brachte das Versagen der kindlichen Homöostase, offenbarte ihre Dysfunktionalität. Es bleibt nur noch eine Chance: die kreative Erfindung eines Symptoms, das wie ein Schlüssel das Schloß der Problemsituation öffnet, ohne Veränderung des Selbst und der Welt. Wiederum ein beachtlicher Erfolg. Die bedrohliche Destabilisierung des psychosozialen Systems konnte verhindert werden.

Beispiel: Ein Lehrer hatte durch Selbstunsicherheit und Zwanghaftigkeit seine impulsiven Tendenzen zivilisiert, war ein verträglicher und zuverlässiger Ehemann geworden. Für die Frau war dies nach mehreren Jahren zu unbefriedigend, sie nahm sich einen Liebhaber und zog aus. Als nach einer 6-wöchigen Trennung und Versöhnung seine Frau zu ihm zurückzog, entstanden bei ihm so große Wutgefühle, daß er den starken Impuls verspürte, mit einem Messer, das er gerade in der Hand hatte, auf sie einzustechen. Er war so entsetzt über sich, daß der Impuls verschwand. Von der Stunde an blieben ihm aber große Befürchtungen, er könne sich selbst mit einem spitzen Gegenstand ins Herz bohren. Die Versöhnung mit seiner Frau wurde aber nicht weiter gestört.

Um seiner Frau ein ebenbürtiger Partner zu sein, müßte er mit seinen aggressiven Gefühlen im Sinne einer größeren Wehrhaftigkeit umgehen lernen, d.h. sein Selbst ändern. Seine Überlebensregel prophezeit ihm dafür aber endgültigen Liebesverlust und verbietet diese Änderung. Die symptomauslösende Lebenssituation überfordert diese so gesteuerte Homöostase. Mangels Entwicklung zivilisierten Umgangs mit seiner Aggressivität, entsteht ein inadäquat intensiver Impuls, der natürlich niedergekämpft werden muß. Das Symptom war die hierzu einzig verfügbare Notfallmaßnahme.

2.3 Der Prozeß der Symptombildung

Obiges Beispiel läßt den allgemeinen Prozeß der Symptombildung deutlich werden:

- Ein **primäres natürliches Gefühl** (Wut, daß ihn die Frau sitzen ließ)
  führt zu einem
- **primären natürlichen Handlungsimpuls** (Angriff, hier inadäquat infolge lebenslanger Unterdrückung und dadurch nicht möglicher Zivilisierung aggressiver Impulse).
- Die **Antizipation bedrohlicher Handlungskonsequenzen** (endgültiger Liebesverlust, subjektiv wichtiger als die strafrechtlichen Folgen)
  führt zu
- **sekundären gegensteuernden Gefühlen** (Angst, Schuldgefühle),
  diese zum
- **Unterdrücken natürlichen Copings** und Vermeidung von dessen Folgen (von wehrhafter konstruktiver Auseinandersetzung, um eigene Belange deutlicher zu vertreten, denn diese würden subjektiv zu erneutem Verlassenwerden führen).
- **neue verhaltenssteuernde Gefühle** (Spannung, "discomfort", Angst) sind die inneren Auslöser,
  die
- **das Symptom** (hier Zwang) in Gang bringen.

3. Die Therapieziele

Der strategische Kurzzeit-Ansatz hat demnach zwei zentrale Therapieziele:

1. Veränderung der psychosozialen Homöostase der autonomen Psyche im Sinne einer besseren Meisterung der bisher symptomauslösenden Lebenssituation (Selbsterhaltung bzw. Assimilation).

   Falls dies nicht ausreicht, wird als zweites zentrales Therapieziel formuliert:
2. Entwicklung der autonomen Psyche zur nächst höheren Entwicklungsstufe
   (Selbstveränderung bzw. Akkomodation).

Beispiel: Der Patient kann auf seinem alten Entwicklungsniveau, dem impulsiven Niveau bleiben, wenn er lernt, seine Gefühle spontan zu äußern, seine Bedürfnisse zu artikulieren, so daß seine Frau bereit ist, auf ihn einzugehen. Verhaltenstherapeutisch könnte das durch Training sozialer Kompetenz und durch Üben des Gefühlsausdrucks erzielt werden. Wenn aber seine Frau nicht auf der Basis von Freiwilligkeit genügend auf ihn eingeht, sondern jemanden braucht, der ihr auch Grenzen setzt und steuernd auf sie einwirken kann, so benötigt der Patient einen Entwicklungsschritt zur souveränen Entwicklungsstufe, auf der er als neue Errungenschaft die Erfahrung macht, daß und wie er das Verhalten seiner Frau in seinem Sinne und im Sinne einer besser funktionierenden Beziehung beeinflussen kann. "Indem ich auf eine ihr wohltuende Weise mit ihr umgehe, wird sie bereit sein, gerne die Zeit mit mir auf eine uns beiden angenehme Weise zu verbringen."

4. Die Therapiestrategie

Die folgende Darstellung des strategischen Ablaufs einer Kurzzeittherapie zeigt, wie beim Patienten eine Entwicklung in Gang gesetzt werden kann, die nach der Therapie ihre Fortsetzung findet. Dieser strategische Therapieablauf, der eine konsequente Umsetzung einer affektiv-kognitiven Entwicklungstheorie ist, wird in der Verhaltenstherapie überlagert durch störungsspezifische Ziele und Therapieinterventionen. Ohne diese spezifischen Therapieinhalte ist die hier dargestellte strategische Durchführung einer Kurzzeittherapie ein elaborierter Therapieansatz zur Behandlung von Persönlichkeitsstörungen.
Wichtige Bestandteile bestehen deshalb darin, die psychosoziale Homöostase des Menschen, die bisher durch den dysfunktionalen „Sollwert" einer kindlichen Überlebensregel blockiert war, wieder zu befähigen, ein gesundes Fließgleichgewicht herzustellen. Hierzu ist die

Balancierung von Abhängigkeits- und Autonomiebedürfnissen notwendig (**motivationale Therapiestrategie**). Außerdem muß der Zugang zu den blockierten Gefühlen ermöglicht werden (**affektive Therapiestrategie**). Diese müssen mit zugehörigen Kognitionen zu affektiv-kognitiven Bedeutungen verknüpft werden (**affektiv-kognitive Therapiestrategie**). Schließlich muß die kindliche Selbst- und Weltsicht und die Grundannahme über das Funktionieren der Welt korrigiert und die dysfunktionale Überlebensregel falsifiziert werden (**kognitive Therapiestrategie**). Letztendlich ist der Abbau der dysfunktionalen Verhaltensstereotypien erforderlich (**Handlungs-Therapiestrategie**).
Sind diese Blockierungen der psychosozialen Entwicklung behoben, so kann der Übergang zur nächsten Entwicklungsstufe ermöglicht werden (**Entwicklungs-Strategie**).
Das Vorgehen ist direktiv mit ständigen kognitiven Klärungen und Konfrontation mit den „pathologischen bzw. pathogenen" Gefühlen der Angst, des Schuldgefühls oder der Scham, sowie der unterdrückten „primären bzw. gesunden" Gefühle wie Ärger, Freude, Trauer, Liebe. Das Vorgehen ist eine Übertragung des ursprünglich bei Angst, Zwang und Trauer angewandten Expositionsverfahrens auf Emotionen allgemein:
a) **Emotionsexposition**, gefolgt von der konsequenten
b) **Verknüpfung des Gefühls mit Kognitionen zur affektiv-kognitiven Bedeutung**.
Dies schafft die Voraussetzung für ein Handeln entgegen der alten Überlebensregel, um diese zu falsifizieren und zu beweisen, daß ein Überleben auch anders möglich ist. So ist die Strategische Kurzzeittherapie der Beginn einer Entwicklung, die vom Überleben zum Leben führt.

5. Therapiepraxis

Die Therapiepraxis erfolgt in 6 Schritten:

1. Die Patient-Therapeut-Beziehung therapeutisch nutzen.
2. Lernen mit meinem Symptom umzugehen.
3. Meine heutige Persönlichkeit aus meinen Kindheitserfahrungen verstehen und diese Erfahrungen emotional verarbeiten.
4. Erkennen, wie ich noch heute meine kindlichen Überlebensstrategien anwende, und erfahren daß mich meine Erwachsenen-Realität ohne diese Überlebenskämpfe leben läßt.
5. Experimentieren mit mir und den anderen, um meine Ressourcen, meine Lebenstüchtigkeit spüren zu können.
6. Mein Entwicklungsniveau erfassen und die Weiterentwicklung meines Selbst und meiner Beziehungen in Gang bringen.

5.1 Die therapeutische Beziehung - die therapeutische Interaktion

5.1.1 Die therapeutische Interaktion

Die Beziehung zum Patienten wird aktiv vom Therapeuten nach folgenden Gesichtspunkten gestaltet:

1. Die **Direktive** liegt beim Therapeuten.
2. Das Klima ist geprägt durch **Respekt vor der Würde** des Patienten, egal wie schwer die psychische Störung und wie schwer sein Defizit in der Persönlichkeitsentwicklung ist.
3. Es wird ein Kontrakt mit der **gesunden Seite des Patienten** geschlossen, diese ist Ansprechpartner auf der Ebene der Entscheidungen und Handlungen. Sie wird bestätigt, gefördert und gefordert.
4. Die **unentwickelte Seite des Patienten** erfährt unbedingte Akzeptanz und Empathie. Sie erfährt ebenso viel Sympathie wie die kompetente Seite.
5. **Übertragungsphänomene** werden durch die Gegenübertragungsreaktion des Therapeuten identifiziert und als gleichwertige Interaktions- und Beziehungsgestaltungsbeispiele neben den mit in die Therapiestunde gebrachten Beispielen bearbeitet.

5.1.2 Die Entwicklung der therapeutischen Beziehung im Laufe der Therapie

Die therapeutische Beziehung entfaltet sich, indem die Zugehörigkeitsbedürfnisse des Patienten in Art und Ausmaß einer erwachsenen emotionalen Beziehung befriedigt werden:

- Willkommen sein
- Wärme
- Zuverlässigkeit
- Gemocht werden
- Aufmerksamkeit
- Empathie
- Wertschätzung

Die therapeutische Interaktion und Zusammenarbeit vermittelt zunehmend die Erfahrung von:

- Selbst machen und selbst können
- Selbstbestimmung
- Grenzen gesetzt bekommen
- Gefördert werden
- Gefordert werden
- ein Vorbild haben
- Responsivität bezüglich der geschlechtlichen Identität des Patienten
- ein Gegenüber.

5.2 Das Symptom als Beziehungsstifter und primärer Therapieauftrag

Da der Patient ausschließlich aus Anlaß seines Leidens unter seinem Symptom den Kontakt mit dem Therapeuten aufnimmt, gebührt seinem Anliegen auch die erste gründliche Zuwendung durch ausführliche Exploration:

. Die Beschwerden
.. Der Befund
... Die Syndromdiagnose
.... Die symptomauslösende Situation
..... Die Funktion des Symptoms
...... Der Umgang mit dem Befindlichkeits-Symptom
.... Der Umgang mit dem Verhaltens-Symptom
.... Die Ablösung des Symptoms durch neue Lösungen

Da das Symptom eine kreative Leistung in einer sonst nicht bewältigbaren Situation ist, gilt es, ein alternatives Verhalten zu finden, das diese Situation bewältigbar macht - ohne die Nachteile des Symptoms.

5.3 Thematische Rekonstruktion der kindlichen Entwicklung und des Verharrens in kindlichen Überlebensstrategien

Es erfolgt nun eine systematische Exploration der Entstehungsgeschichte derjenigen Aspekte der Persönlichkeit, die zur Symptombildung beitrugen, sei es daß sehr große Bedürfnisse und Ängste zu einer sehr großen Rigidität des Erlebens und Verhaltens führten, sei es, daß die emotionale Entwicklung blockiert wurde. Die Rekonstruktionsschritte sind:

A. Ableitung kindlicher Eigenschaften aus den Eigenschaften von Mutter und Vater
 - Identifizierung mit Vater oder mit Mutter?
 - Partnerwahl nach dem Vorbild des Vaters oder der Mutter?
B. Erinnerung an wichtige frustrierende bzw. traumatisierende Elternverhaltensweisen
C. Erinnerung der häufigen Gefühle in der Kindheit
D. Wahrnehmung zentraler Bedürfnisse im Erwachsenenalter
E. Rückverfolgung der Fährte von den heutigen zentralen Bedürfnissen über die häufigen Gefühle in der Kindheit zu den frustrierenden bzw. traumatisierenden Elternverhaltensweisen
F. Wahrnehmung der zentralen Angst
G. Erinnern der gebotenen oder nützlichen Verhaltensweisen gegenüber der Mutter und gegenüber dem Vater
H. Erinnern der verbotenen oder schädlichen Verhaltensweisen gegenüber der Mutter und gegen über dem Vater
I. Den bisherigen Umgang mit Gefühlen betrachten: Welche Gefühle waren geboten oder nützlich? Welche Gefühle waren verboten oder schädlich?
J. Das bisherige Selbstbild rekonstruieren
K. Das bisherige Weltbild rekonstruieren
L. Die bisherige Homöostase anhand der bisherigen Überlebensregel rekonstruieren
M. Die bisherigen Verhaltensstereotypien, d.h. die bisherige Persönlichkeit beschreiben
N. Das emotionale Entwicklungsniveau erfahren
O. Das emotionale Erleben wichtiger Beziehungen als Kriterium der emotionalen Entwicklung
P. Der bisherige Umgang mit Konflikten
Q. Mich aus meiner Lebensgeschichte heraus verstehen und akzeptieren.

5.1.4 Entwicklung der Veränderungsstrategie

Nachdem die Konstruktion der Gegenwart aus der Vergangenheit so deutlich gemacht wurde, daß daraus auch in der Regel eine Umschreibung der eigenen Historie erfolgte, kann nun auch eine neue Zukunft konstruiert werden:

a) Sammeln persönlicher Ziele
b) Unterscheiden progressiver und regressiver Ziele (Umdefinition des Widerstands)
c) Loslassen verzichtbarer regressiver Ziele, Abschied

nehmen von regressiven Wunscherfüllungen, Trauern um endgültig Verlorenes
d) Umgang mit der Angst vor Veränderung
e) Meine Fähigkeiten der Angstbewältigung entwickeln
f) Meine Fähigkeiten der Streßbewältigung entwickeln
g) Mich bisher vermiedenen Gefühlen stellen (Exposition)
h) Lernen mit Gefühlen umzugehen (emotionales Lernen)
i) Durch Niederlagen wehrhaft werden
j) Konflikte durch Integration lösen lernen
k) Neue Lebensgewohnheiten entwickeln
l) Neue Beziehungsformen entwickeln

In einer psychoedukativen Variante der Strategischen Kurzzeittherapie (Sulz 1995a) bereitet sich der Patient auf jede Sitzung mit Hilfe eines oder mehrerer Arbeitsblätter, die obige Themen haben, auf die jeweils nächste Therapiesitzung vor. Die Nachbearbeitung des Themas bzw. der Versuch, mit diesem im realen Leben zu experimentieren, erfolgt anhand definierter Experimente zur strategischen Entwicklung (Sulz 1995b). Auch ohne diese konkreten systematischen und arbeitsintensiven Entwicklungsschritte des Patienten kann eine 25 - 30-stündige Kurzzeittherapie erfolgen, mit Therapiesitzungen, wie sie bei Sulz (1994) beschrieben wurden.

6. Zusammenfassung

Die strategische Kurzzeittherapie ist ein kognitiv-behavioraler Therapieansatz, ausgehend von Kanfers Selbstregulationsansatz (1991), Piagets kognitiver Entwicklungspsychologie (Piaget und Inhelder 1981) in der Weiterentwicklung von Kegan (1986) unter Einbeziehung des Konstruktivismus der Palo Alto-Gruppe (Watzlawick et al. 1976). Sie baut auf einer affektiv-kognitiven Entwicklungstheorie psychischer Störungen auf, definiert eine Therapietheorie und verfolgt eine konsequente Strategie der Optimierung der psychosozialen Homöostase des Menschen und der Entwicklungsförderung zur jeweils nächsten Stufe der Entwicklung der Emotionen und der Beziehungen.
Sie ist anwendbar bei allen psychogenen psychischen und psychosomatischen Störungen und insbesondere auch bei Persönlichkeitsstörungen.
Vom Therapeuten wird eine qualifizierte Psychotherapieausbildung vorausgesetzt sowie ausreichende klinische Erfahrungen. Nachfolgendes Kapitel beschreibt das Vorgehen im psychoedukativen Rahmen.

Literatur

Bischof, N. Struktur und Bedeutung. Eine Einführung in die Systemtheorie. Bern: Hans Huber, 1995

Kanfer FH. Selbstregulation und Verhalten. In: Heckhausen Gollwitzer PM, Weinert FE, Hrsg. Jenseits des Rubikon: Der Wille in den Humanwissenschaften. Berlin: Springer, 1987;286-299

Kegan R. Die Entwicklungsstufen des Selbst - Fortschritte und Krisen im menschlichen Leben. München: Kindt, 1986;392

Piaget J, Inhelder B. Die Psychologie des Kindes. Frankfurt: Fischer, 1981

Sulz S. Selbstkontrolltherapie der Depression. In: Sulz S, Hrsg. Verständnis und Therapie der Depression. München: Ernst Reinhardt, 1986;149-164

Sulz S. Psychotherapie in der klinischen Psychiatrie. Stuttgart, New York: Thieme, 1987

Sulz S. Das Verhaltensdiagnostiksystem VDS: Von der Anamnese zum Therapieplan. München: CIP-Medien, 1992

Sulz, S. Strategische Kurzzeittherapie - Wege zur effizienten Psychotherapie. München: CIP-Medien, 1994

Sulz S. (Hrsg.) Das Therapiebuch. München: CIP-Medien, 1994

Sulz, S. Als Sisyphus seinen Stein losließ. Oder: Verlieben ist verrückt. München: CIP-Medien 1996

Watzlawick P, Weakland J, Fisch R. Lösungen. Zur Theorie und Praxis menschlichen Wandels. (2 ed.). Bern: Huber, 1979

Serge K. D. Sulz

Praxis der Strategischen Kurzzeittherapie

Wirksame Schritte zur Symptomreduktion, zur Persönlichkeitsentwicklung und zur funktionalen Beziehungsentwicklung

Serge K. D. Sulz

Praxis der Strategischen Kurzzeittherapie

Wirksame Schritte zur Symptomreduktion, zur Persönlichkeitsentwicklung und zur funktionalen Beziehungsentwicklung

Ausgehend von der kognitiv-affektiven Entwicklungstheorie psychischer Störungen (Sulz 1994, siehe auch meinen ersten Beitrag in diesem Buch) und von der daraus abgeleiteten Therapietheorie (Sulz 1996b) hat sich zwischenzeitlich ein kognitiv-behaviorales Therapiekonzept klinisch bewährt, das im folgenden beschrieben werden soll.

Ausgangspunkt der Therapie ist, daß die Entwicklung der Persönlichkeit eines Menschen als Ergebnis der Wechselwirkung zwischen dem Kind mit seinen angeborenen Dispositionen und den Eltern mit deren punktuell traumatisch oder chronisch frustrierenden Elternverhaltensweisen ist (Lewis & Miller, 1990).

Die noch unentwickelte Psyche des Kindes (Piaget 1981, Kegan 1986) ist nicht in der Lage, mit dem bereits entwikkelten Verhaltensrepertoire auf diese Bedrohungen und Frustrationen zu reagieren. Es entwickelt Angst, die es durch vielfältige Vermeidungsreaktionen zu lindern sucht. Diejenigen Vermeidungsverhaltensweisen, die erfolgreich seine Angst reduzieren, werden gelernt, nicht erfolgreiche werden extingiert und Angst vergrößernde werden unterdrückt (vergleiche Reinecker 1994). Die Knappheit alters- und entwicklungsentsprechender Bedürfnisbefriedigungen führt dazu, daß das Kind außergewöhnliche Anstrengungen unternimmt, um diese gerade im Vordergrund stehenden Bedürfnisse zu befriedigen. Viele seiner Bemühungen bleiben frustran. Einige, meist nicht kindgemäße oder umgekehrt regressive Verhaltensweisen führen zum Erfolg. Die Eltern lassen sich durch dieses Verhalten zur Bedürfnisbefriedigung bewegen. Das Verhalten wird verstärkt (siehe auch Petermann 1997). In der Hierarchie des motivationalen Systems bleibt dieses Bedürfnis auch im Erwachsenenalter ein Verstärker erster Ordnung. Um das spätere Verhalten eines Menschen verstehen zu können, d.h. zu verstehen, weshalb er was tut und was unterläßt, ist neben der Bedeutung einer konkreten Situation auch die Kenntnis seiner Verstärkerhierarchie notwendig (Blöschl, 1986, Ullrich und Ullrich de Muynck 1980).Die Summe dieser meist situationsübergreifenden Erlebens- und Verhaltenstendenzen können wir als Persönlichkeit (Mischel 1973, Revenstorf 1982) bezeichnen. In dem Ausmaß, in dem diese Verhaltensmuster mehr mit der Person als mit der Situation korrelieren, können wir sie als Verhaltensstereotypien (Sulz 1992) bezeichnen. Haben diese Verhaltensstereotypien mittel- und langfristig erhebliche Nachteile für einen Menschen, so sind sie dysfunktional (Beck & Wright, 1986).

Für unsere Betrachtungen ist die Unterscheidung von konditioniertem Verhalten, für dessen Erklärung die Lernpsychologie ausreichend ist, von regelgeleitetem Verhalten von sehr großer Bedeutung (Hayes et al.,1996). Letzteres meint, daß nicht nur dichotome Informationsprozesse wie verstärkt - nicht verstärkt oder bestraft - nicht bestraft menschliches Verhalten steuern, sondern daß die Psyche diese Lernerfahrungen zusammenfaßt, z.B. zu allgemeinen Grundannahmen (Beck & Wright, 1986) über das Funktionieren des Selbst und der Welt und daraus allgemeine und situationsspezifisch Verhaltenspläne ableitet (Grawe 1987). Beides zusammen, Becks Grundannahmen und Grawes Verhaltenspläne, lassen sich zu einer kognitiven Formulierung der homöostatischen Steuerung der menschlichen Psyche integrieren: der Überlebensregel (Sulz 1994, 1996a). Durch diese Formulierung als Selbstregulation lassen sich Becks und Grawes Betrachtungsweisen in Kanfers Selbstregulationsansatz einordnen (Kanfer et al. 1995).

Abbildung 1: Entwicklung von Persönlichkeit und Symptombildung

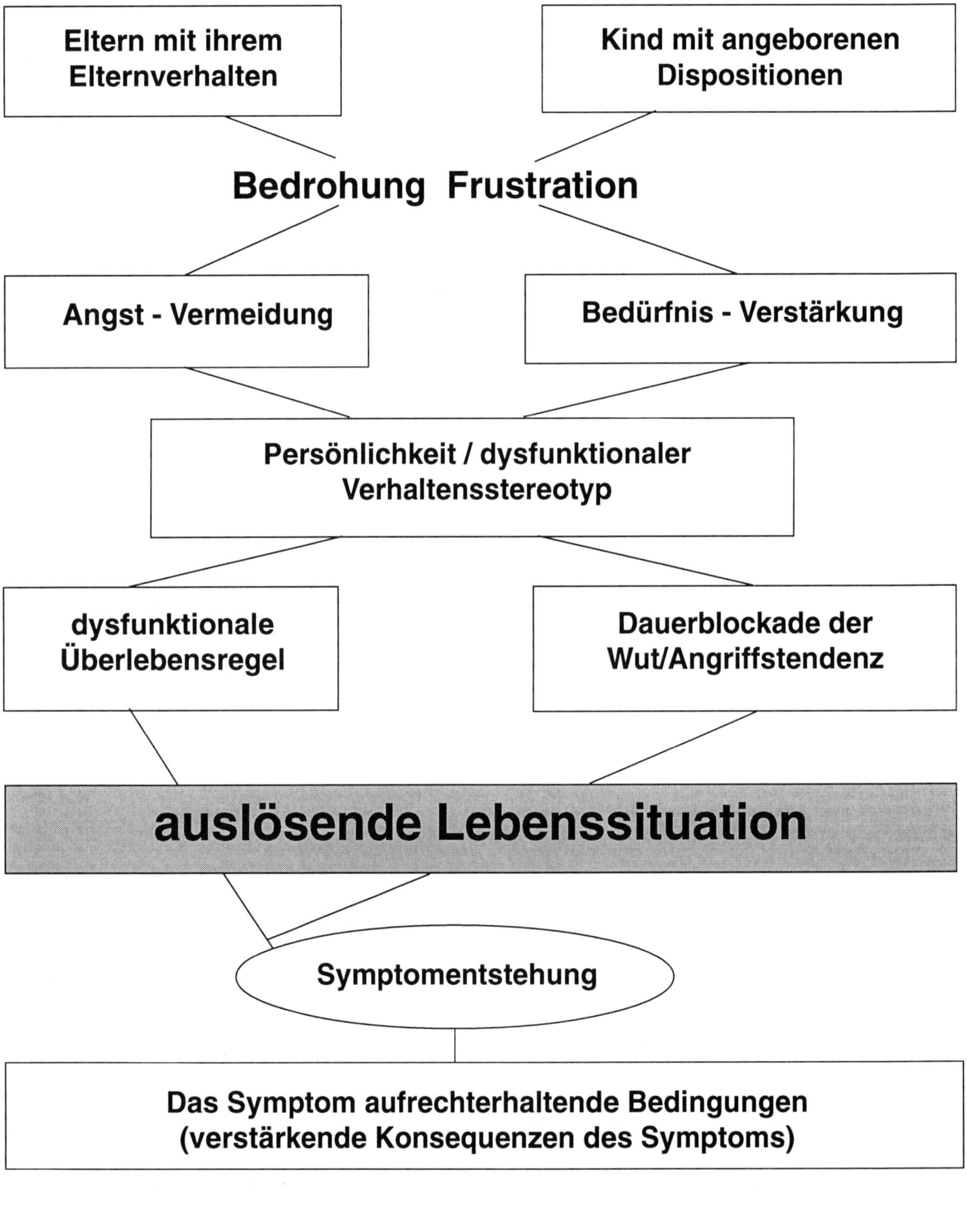

Das prinzipiell beobachtbare Verhalten eines Menschen läßt sich auf diese - durch die Überlebensregel beschriebene - Homöostase-Steuerung zurückführen, also im Idealfall alles, was ein Mensch tut, denkt, fühlt, wahrnimmt.

Ebenso wichtig ist, festzustellen, was ein Mensch nicht tut, nicht denkt, nicht fühlt, nicht wahrnimmt - im Gegensatz zu vielen oder manch anderen Menschen in den gleichen Situationen. In unserem Kontext sind die durch obige traumatischen oder Frustrationserfahrungen erfolgten Vermeidungen und Unterdrückungen menschlicher Erlebens- und Verhaltensmöglichkeiten bedeutsam. In einer vorgegebenen Situation ist zu fragen: Was nimmt dieser Mensch nicht wahr, was denkt er nicht, was fühlt er nicht, was macht er nicht?

Jegliche Zivilisation und Sozialisation erfordert die dauerhafte Hemmung und Unterdrückung selbst- und gemeinschaftsschädigender Impulse. Die Befähigung zu diesen Hemmungen zeichnet u.a. einen gesunden Menschen aus. Diese Fähigkeit zur Impulshemmung kann aber erst auf einem bestimmten Entwicklungsniveau aufgebaut werden (Piaget 1981, Kegan 1986). Wird dem Kind vorzeitig, d.h. im ersten, zweiten oder dritten Lebensjahr eine komplette Beherrschung seiner Impulse abverlangt, so kann es das nur mit Hilfe von Angstkonditionierungen und Aufbau relativ löschungsresistenter Vermeidungsmuster leisten, die später seine erwachsenen Persönlichkeit in hohem Maße determinieren. Prinzipiell kann es für ein Individuum notwendig erscheinen, jegliche Art von Impulsen und Emotionen zu unterdrücken, Freude wie Trauer, Liebe wie Haß, Lust wie Unlust. Sehr zentral ist jedoch die Unterdrückung von Wut- und Angriffstendenzen. Je größer meine Wut, um so mehr Schaden kann sie anrichten, je weniger meine Selbststeuerungsfähigkeiten bereits entwickelt sind, um so wahrscheinlicher ist es, daß meine große Wut ungebremst zu Verhaltensweisen führt, die großen Schaden anrichten. Je weniger mein Selbst- und Weltbild durch Erfahrungen geprägt ist, die zeigen, daß ich selbst große Wut nicht zwingend in einen Handlungsimpuls überleiten muß, sondern Wut in mir behalten kann bzw. daß selbst intensive Ausdrucksformen meiner Wut keinen Schaden in der Welt anrichten, um so mehr glaube ich meiner Befürchtung, daß meine Wut großen Schaden anrichten wird. Also muß ich dieses Gefühl und diese Impulse um so rigoroser unterdrücken.

Unsere therapeutische Diagnostik sollte also Art und Ausmaß von unterdrückter Wut und von Angriffstendenzen ebenso erfassen wie die Art, die Flexibilität oder Rigidität, den Reifegrad und die Wirksamkeit bzw. die Nebenwirkungen der habituellen Hemmungs- und Unterdrückungsmuster primärer Impulse. Beides zusammen, das vorhandene und das unterdrückte bzw. vermiedene Verhalten ergeben erst das Gesamtbild eines Menschen. Die genannten Analysen ermöglichen es, das Verhalten auf der Dimension psychosozialer Funktionalität versus Dysfunktionalität einzuordnen. Wir können auf diese Weise prinzipiell pro- und retrospektiv situatives Scheitern erklären. Dominiert der dysfunktionale Anteil dieser Verhaltensstereotypien, so kommt es zu pathogener Lebens- und Beziehungsgestaltung, die in einer das homöostatische System überfordernden spezifischen Auslösesituation zur Symptombildung führt. Die Rigidität der Überlebensregel verbietet die Adaptation des Menschen an die situativen Aufgabenstellungen, weshalb das Symptom aufrecht erhalten werden muß. Das Symptom oder das Symptomverhalten wird dadurch verstärkt, daß es mit seiner Hilfe gelingt, die problematische Lebenssituation oder -konstellation durchzustehen, ohne das bewährte homöostatische System der Psyche verändern zu müssen. Der Nachteil, den das Symptom mit sich bringt, wird durch den Vorteil der intrapsychischen Stabilitätswahrung mehr als ausgeglichen. Letzteres erscheint als das höhere Gut, als zentraler Garant emotionalen Überlebens.

Wir können uns an einem Beispiel die homöostatische Selbstregulation vergegenwärtigen (Abbildung 2): Durch selbstunsicheres und dependentes Verhalten bringt ein Mensch seine Mitmenschen in eine eher selbstsichere Position, aus der heraus sie wohltuend und annehmend reagieren. Dadurch wird seine Angst vor Ablehnung und Verlassenwerden reduziert und sein Bedürfnis nach Zuneigung und Geborgenheit befriedigt.

Verhalten sich diese Menschen nicht mehr befriedigend oder entängstigend oder tritt ein anderes Bedürfnis in den Vordergrund z.B. das nach Selbständigkeit oder nach Selbstbestimmung, so wird die Wahrscheinlichkeit von nicht selbstunsicherem Verhalten bedrohlich anwachsen, die Gefahr wird immer größer, daß die Überlebensregel verletzt wird und schließlich muß durch Symptombildung die Notbremse gezogen werden. Ein depressives oder ein Angstsyndrom oder ein Low Back Pain rückt die neuen Verhaltenstendenzen wieder in den Hintergrund. Es wird wieder möglich auf die alte selbstunsichere Weise mit den anderen Menschen umzugehen. Die psychosoziale Homöostase ist gerettet.

Da Menschen dazu neigen, Störungen der Homöostase zuerst nach dem Prinzip „mehr desselben" zu beantworten, d.h. z.B. geringeres Wohlwollen der Bezugsperson

Abbildung 2: Homöostatische Selbstregulation eines selbstunsicheren und dependentenMenschen

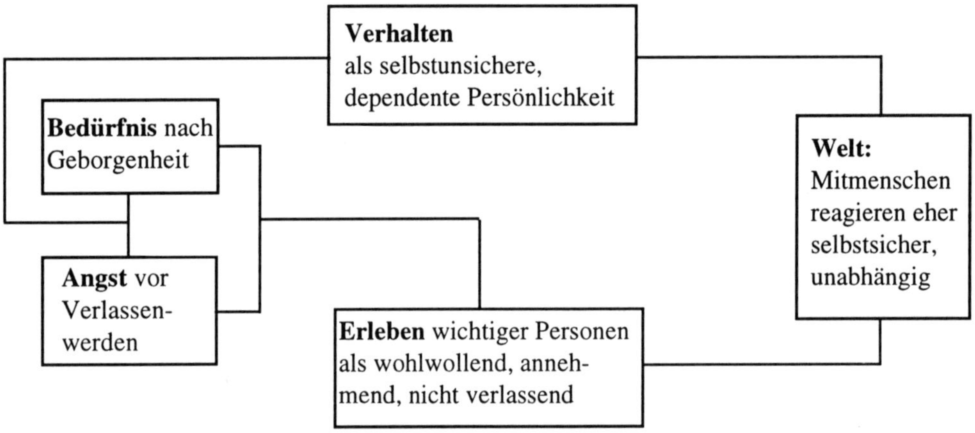

durch noch mehr Selbstunsicherheit und noch abhängigeres Verhalten zu beeinflussen, kommt es im Lauf der Jahre zu einer Polarisierung der anfangs eingeleiteten Rollenzuweisungen. Dies geht soweit, daß schließlich die Vorteile der bisherigen Selbstregulation bei weitem hinter den Nachteilen zurückbleiben. Im obigen Beispiel wird es schließlich unmöglich, ausreichend Selbstwertgefühl zu bewahren oder immer schwieriger den wachsenden Ärger über die ständigen Frustrationen zu unterdrücken. Schließlich versagt die Homöostase und nur noch die Symptombildung kann diese Eskalation aufhalten.

Im Beispiel braucht mich der Partner immer weniger, ich bin immer unattraktiver für ihn geworden. Es scheint nur zwei Möglichkeiten zu geben, mein Selbstwertgefühl zu retten: ihn verlassen, dann fühle ich mich verlassen oder meine ganze Wut rauslassen, dann mache ich mich schuldig und verliere jegliche Liebe. Beides würde ich emotional nicht überleben. Das Symptom enthebt mich des Zwangs zur Entscheidung, macht mich als Patient handlungs- und entscheidungsunfähig. Meine Umwelt ist gezwungen, auf mein Symptom zu reagieren, was sie zunächst auf eine besorgt-zuwendende Weise tut. Ich werde jetzt anders

Abbildung 3: Die dreifache Strategie der Kurzzeittherapie

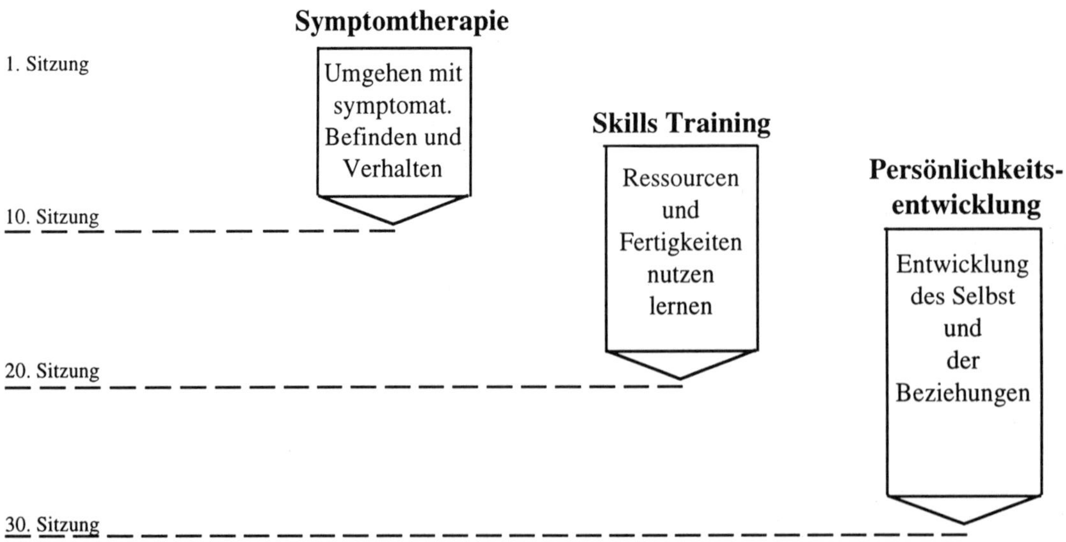

behandelt, ohne etwas oder mich geändert zu haben. Manche Pflichten entfallen, neue Rechte stehen mir zu, ohne daß ich darum kämpfen müßte. Meine Selbstregulation hat sich wieder mehr Vorteile verschafft. Doch leider ist zurecht zu befürchten, daß ich auf diese Vorteile wieder verzichten muß, sobald das Symptom verschwindet. Und das kann ich mir nicht leisten. Das Symptom und seine unmittelbar negativen Folgen schmälern die psychischen Funktionen des Menschen oft so erheblich, daß sie den psychotherapeutischen Prozeß unmöglich machen. Deshalb ist hier an erster Stelle Abhilfe erforderlich: Lernen mit dem Symptom umzugehen, so daß seine negativen Auswirkungen soweit reduziert werden, daß die Psychotherapie wirksam durchführbar ist.

Aus diesen Betrachtungen folgt, daß Krankenbehandlung auf drei Ebenen stattfinden muß (Abbildung 3):

a) Lernen, mit dem Symptom umzugehen,
b) Aufbau von interaktionellen Fertigkeiten, die helfen, Beziehungen befriedigend zu gestalten
c) Entwicklung der Persönlichkeit.

A) Symptomtherapie

Das Vorgehen der Symptomtherapie erfolgt in acht Schritten:

1. Erfassung der subjektiven Beschwerden
2. Erhebung des psychischen und psychosomatischen Befundes incl. der hierzu erforderlichen Beobachtungen und Untersuchungen
3. Syndromdiagnose
4. Analyse der Symptomauslösung (auslösende Bedingungen)
5. Analyse der Symptombildung (intra- und interpersonelle Mikroprozesse)
6. Analyse der Symptomaufrechterhaltung (Funktion des Symptoms)
7. Lernen, mit Befindlichkeitssymptomen umzugehen
8. Lernen, mit Verhaltenssymptomen umzugehen

Im Praxismanual zur Strategischen Kurzzeittherapie (Sulz, 1995) sind diese Schritte ausführlich beschrieben und auch die notwendigen Hilfsmittel als Arbeitsblätter verfügbar gemacht.

1. Subjektive Beschwerden

Im Rahmen eines Erstgespräches wird dem Patienten genügend freier Raum eröffnet, um seine Beschwerden umfassend auf seine persönliche Weise schildern zu können. Fokussierende und strukturierende Fragen werden zurückgehalten, um die individuelle Selbstdarstellung nicht zu stören. Fachliches Interesse und Empathie für das subjektive Leiden bestimmen das Verhalten des Therapeuten.

Hier interessiert auch der interaktionelle Aspekt des Symptoms. Zu welchen Gefühlen und welcher Haltung führen mich als Therapeut diese Beschwerden und die Art, in der diese vorgebracht werden? Wie wäre wohl die Kontakt- und Beziehungsaufnahme mit mir gewesen, wenn er dieses Symptom nicht hätte?

2. Psychischer und psychosomatischer Befund

Die Befunderhebung kann erfolgen, wie es im psychiatrischen oder im psychosomatischen Kontext üblich ist. Wir haben einen standardisierten Befundmodul entwickelt, der als klinischer Leitfaden dienen kann (VDS-Befund VDS14). Dabei wird im Gegensatz um AMDP-Befund (1995) der Befund nicht nach psychischen Funktionen geordnet (Bewußtsein, Orientierung, Denken, Affekt etc.), sondern es werden Syndrome erfaßt:

1. paranoid-halluzinatorisches Syndrom
2. manisches Syndrom
3. chronische hirnorganisches Syndrom
4. akutes hirnorganisches Syndrom
5. depressives Syndrom
6. Angstsyndrom
7. unspezifische Syndrome
8. aggressiv-impulsives Syndrom
9. Sexualstörung
10. Zwangs-Syndrom
11. Alkoholabhängigkeit oder -mißbrauch
12. stoffliche Abhängigkeit oder Mißbrauch
13. Drogenabhängigkeit oder -mißbrauch
14. Eßstörung
15. Kopfschmerz-Syndrom
16. Schmerz-Syndrom
17. Somatisierungs-Syndrom
18. Bisher nicht genannte Beschwerden

Die ICD-10- Diagnose (Dilling et al. 1993) erfolgt zusätzlich zum Zweck der fachlichen Kommunikation (andere Praxen, Klinken, Versicherungen), ist aber hier nicht handlungsleitend.

Bejaht der Patient die Einstiegsfrage zu einem Syndrom, so werden alle dort genannten Symptome erfragt und jeweils eine kurze Schilderung erbeten.

Nicht die Bejahung durch den Patienten ist für den klinischen Befund entscheidend, sondern die vor dem Hintergrund von psychopathologischem bzw. psychosomatischem Fachwissen und klinischer Erfahrung erfolgte Urteilsbildung des Untersuchers und Therapeuten.

3. Syndromdiagnose

Viele Psychotherapeuten drängt es zur Therapie. Das haben sie mit ihren Patienten gemeinsam. Deshalb werden Befunderhebung und Syndromdiagnose oft nur unzureichend durchgeführt. Im Rahmen einer Kurzzeittherapie ist dies ein unverzeihliches Versäumnis. Kurzeittherapie baut auf Diagnostik und Therapie des Symptoms auf. Dorthin hat aktuell der Patient seine psychische Energie verlagert und dort ist auch ein großer Teil der für die Therapie erforderlichen Energie zu holen.

Nur wenn ich zu einer exakten Erfassung des klinischen Syndroms gelangt bin, kann ich die nächsten Schritte gehen: Zuerst das Herausarbeiten des genauen Zeitpunktes der Symptomentstehung. Und nur wenn ich diesen Zeitpunkt kenne, kann ich die sechs Monate vor diesem Zeitpunkt benennen und nach symptomauslösenden Bedingungen durchforsten. Nur wenn ich diese gefunden habe, kann ich den weitergehenden Prozeß der Symptombildung verstehen. Und nur wenn dieser heraus zu arbeiten ist, wird in der Funktionsanalyse die Funktion des Symptoms erkennbar.

Wenn für alle zu einem Syndrom gehörenden Symptome entschieden wurde, ob sie in klinischem Ausmaß vorhanden sind, folgt die Entscheidung, ob und in welchem Ausmaß damit das betreffende Syndrom vorliegt.

Für die Therapieplanung ist es nicht förderlich, wenn z.B. bei genauer SKID-Diagnostik (Wittchen et al. 1997) eine große Zahl von Diagnosen und damit auch von Syndromen resultieren. Damit Mehrfachdiagnosen die Therapieplanung nicht stören, ist es notwendig zu klären, für welches Syndrom

a) von Seiten des Patienten ein Wunsch nach Behandlung besteht,
b) von Seiten des Therapeuten eine Notwendigkeit zur Behandlung gesehen wird und
c) eine gemeinsame Entscheidung zu Behandlung des Syndroms getroffen wird.

4. Analyse der Symptomauslösung

Sobald deutlich wird, daß ein Syndrom direkter Behandlung bedarf, wird notwendig, den Zeitpunkt seines erstmaligen Auftretens zu erarbeiten. Es gibt nicht wenige Patienten, bei denen der Therapeut den Eindruck gewinnt, daß bei sonst gutem Gedächtnis gerade die Frage nach dem Zeitpunkt des ersten Auftretens nicht in Erinnerung gerufen werden darf. In diesem Falle ist beharrliches Nachfragen erforderlich. Der Therapeut sollte nicht aufgeben, sondern weiter explorieren, bis er sich ein relativ zuverlässiges Urteil über den Zeitpunkt des Beginns der jetzigen Erkrankung bilden kann.

Falls dasselbe Syndrom bereits mehrfach aufgetreten ist, erfolgt eine entsprechende Analyse jedes früheren Erkrankens. Dies bietet die Chance, sich wiederholende Konstellationen der Symptomauslösung zu erfassen und zu einem besser belegten klinischen Urteil zu gelangen. Auch wenn z.B. bereits in der Jugend das Symptom nur passager auftrat, ohne daß Behandlungsbedürftigkeit gegeben war, lohnt es sich, die damaligen auslösenden Bedingungen heraus zu arbeiten.

Eine zu offensichtliche und zu intensive detektivische Suche nach dem Auslöser weckt in manchen Patienten Widerstände. Stattdessen ist es hilfreich, sehr allgemein mit der Exploration zu beginnen. Es sei denn der Patient offeriert selbst den Auslöser. So kann mit der Frage begonnen werden: "Was war das für eine Zeit damals? Wie war Ihr Leben damals? Erzählen Sie einfach etwas darüber - was Ihnen einfällt!"

Erst wenn der Therapeut ein Bild dieser Lebensspanne vor seinem inneren Auge hat, beginnt er hypothesengeleitet fokussierende Fragen zu stellen:

* Was löste mein Symptom aus?
* Wer war bzw. ist meine wichtigste Bezugsperson?
* Wer war bzw. ist die problematischste Person zu dieser Zeit, welches die problematischste Beziehung?
* Was war bzw. ist mein wichtigster Lebensinhalt?
* Was fehlte bzw. fehlt in diesem Leben?

* Was war bzw. ist das größte Lebensproblem?
* Was war bzw. ist das größte Beziehungsproblem?
* Und was war bzw. ist die wichtigste gerade getroffene bzw. gerade anstehende Entscheidung?
* Welchen Konflikt birgt diese Entscheidung?
* Was ist Stressor?
* Wie manifestiert sich der Streß als meine Streßreaktion?
* Wie ist dies alles als Belastung spürbar? Und schließlich:
* Welche typischen konkreten Situationen können dies veranschaulichen?

Diese Fragen und ihre Antworten bringen eine schrittweise Annäherung an eine Hypothese zur symptomauslösenden Bedingung der damaligen/jetzigen Lebenssituation - eine Arbeitshypothese, die laufend durch neue Beobachtungen und neues Material geprüft und modifiziert wird.

Diese Hypothese sollte die Aussage enthalten,

* welches Ereignis bzw. welche Situation
* mit welchem vorausgehenden Verhalten
* welcher wichtigen Person
* mit welchem bisherigen Verhaltensstereotyp zu bewältigen versucht wurde und
* auf welche Weise dies scheiterte, so daß
* welcher Konflikt, welches Dilemma ungelöst blieb und
* welches Symptom
* auf welche Weise Befreiung aus dem Problem brachte.

Um den Gesamtzusammenhang für sich und den Patienten vorläufig zu verdeutlichen, kann schon hier versucht werden, die vom Patienten bisher ausgefüllten Skalen

*Frustrierendes/traumatisierendes Elternverhalten,
*zentrales Bedürfnis,
*zentrale Angst,
*zentrale Wut und
*meine Persönlichkeit

in ein Diagramm einzuzeichnen (Abbildung 4).

Der Patient wird darüberhinaus gebeten, je fünf Eigenschaften seiner Eltern zu nennen.

Die gemeinsame Betrachtung dieses ausgefüllten Diagramms ergibt für den Patienten bereits ein erstes Verstehen der Symptomentwicklung. Vielleicht kann er anfangen, sich als diesen Menschen zu akzeptieren, der unter so ungünstigen Bedingungen dieses Symptom entwickelt hat.

5. Analyse der Symptombildung

Das Symptom ist Ergebnis der Wechselwirkung zwischen Person und Situation. Die Situation ist traumatisierend, überfordernd, frustrierend oder bedrohlich oder verführend. Sie ruft Gefühle der Trauer, Wut oder Angst hervor. Auch Freude kann die primäre affektive Bedeutung der Situation sein.

Arbeitshypothese:

Unter Berücksichtigung der bisherigen Ausführungen zur Person und deren Entwicklungsgeschichte, dem sich daraus ergebenden Selbst- und Weltbild, ihrer dysfunktionalen Überlebensregel und ihrer Verhaltensstereotypien sowie ihrem individuellen Dilemma und schließlich ihrer pathogenen Lebens- und Beziehungsgestaltung mit der letztlich auftretenden symptomauslösenden Situation, können wir uns die Symptombildung folgendermaßen vorstellen.

Sei es, daß

a) der Vorgesetzte einen Kollegen in ungerechtem und empörendem Ausmaß bevorzugt, sei es
b) die Entdeckung, daß der Ehepartner schon zwei Jahre lang eine Affäre hat und dies ohne jemals Unzufriedenheit mit der Ehe geäußert zu haben. Oder
c) die erwachsene Tochter ist gerade ausgezogen. Oder
d) der Wunsch, sich aus einem einengenden Familienleben zu befreien, wird übermächtig.

Jede dieser genannten Situationen würde von der Mehrheit der Menschen mit einer relativ spezifischen intensiven Emotion beantwortet:

a) Wut, b) Enttäuschung, c) Trauer, d) Unzufriedenheit und Ärger. Diese spezifische, intensive Emotion hat normalerweise in der psychosozialen Homöostase eines Menschen einen ebenso spezifischen Impuls zu einer Handlung zur Folge, sofern nicht die innere emotionale und kognitive Verarbeitung der einzige Weg ist.

a) Wut führt normalerweise zu einer heftigen Auseinandersetzung,
b) Enttäuschung zu einem inneren und äußeren Rückzug vom Partner,
c) Trauer zum inneren Loslassen und Abschied nehmen,
d) Unzufriedenheit zu einer Änderung der Lebensbedingungen.

Dieser Handlungsimpuls kann zu einem adäquaten Bewältigungsverhalten führen, das der Situation angemessen ist:

a) eine offene Aussprache mit dem Vorgesetzten.
b) Eine schonungslose Öffnung des emotionalen Getroffen- und Verletztseins und der kaum mehr gut zu machenden Erschütterung der Beziehung.
c) Das Trauern und Weinen um den Weggang der Tochter.
d) Das Verschaffen von Freiraum gegenüber der Familie.

Der Handlungsimpuls kann aber bei bisher sehr gehemmtem Umgang mit Gefühlen inadäquat intensiv sein:

a) dem ungerechten Vorgesetzten an die Kehle gehen wollen.
b) Den untreuen Ehegatten vor der ganzen Welt anprangern und bloßstellen wollen.
c) Die Tochter durch Erpressungsmanöver zurückholen.
d) Mit einem Rundum-Befreiungsschlag sich Luft schaffen und die Familie beiseite fegen.

Oder es wird lediglich gefürchtet, daß intensive Gefühle zu unverantwortbaren Impulshandlungen führen könnten. In beiden Fällen, dem adäquaten Coping und der inadäquaten intensiven Handlung wird eine bedrohliche Konsequenz antizipiert:

Sei es a) Liebesverlust, b) Verlust der Bezugsperson, sei es c) moralische Verurteilung oder d) Gegenaggression.

Oder:

a) Die Sehnsucht, vom Vorgesetzten endlich akzeptiert und gemocht zu werden, wird nie in Erfüllung gehen.
b) Der Ehemann wird weggehen und wie soll ich allein überleben?
c) Wenn ich die Tochter innerlich loslasse, habe ich nichts mehr auf der Welt.
d) Wenn ich weggehe von meiner Familie - wie soll sie überleben? - wie ich?

Spätestens jetzt muß die autonome Psyche gegensteuern. Denn die primäre Emotion und der primäre Handlungsimpuls gefährdet das emotionale Überleben des betreffenden Menschen. Es würde ein Handeln entgegen den Überlebensregeln resultieren.

Die wirksamsten gegensteuernden Gefühle sind Angst und Schuldgefühle. Sie führen zur Unterdrückung der primären Bewältigungsreaktion:

a) Ich werde nicht wütend streiten.

b) Ich werde nicht öffentlich anklagen.

c) Ich werde nicht trauernd Abschied nehmen.

d) Ich werde die Familie nicht abschieben.

Manche Patienten können diese psychischen Abläufe aus der Erinnerung schildern. Manche sagen, die primären Reaktionen seien nur ganz kurz als gefühlhafte Anmutung oder Gedankenblitz da gewesen, der schnell verworfen wurde. Bei vielen funktioniert die wachsame Einhaltung der Überlebensregel so perfekt, daß primäre Gefühle und Gedanken gar nicht erst zu Bewußtsein kommen dürfen. Erst im Lauf der Therapie können sie sich diese Tendenzen zugestehen. Doch zunächst sind sie zurückgeworfen auf die Unlösbarkeit der Problemsituation, sind gefangen in einem Konflikt. Als neue verhaltenssteurnde Gefühle treten auf: Hilf- und Hoffnungslosigkeit oder Angst, Unruhe, Selbstzweifel. Körperliche Streßreaktionen wie Schlaflosigkeit, Kopfschmerzen, Infektanfälligkeit, Unfallneigung, Blutdruckerhöhung oder -erniedrigung, Schwitzen, Magen- Darmbeschwerden gehen mit der Handlungsunfähigkeit einher. Dieses Konflikt- oder Streßstadium wird von der Psyche nicht lange toleriert. Um ihr zu entfliehen erfindet die autonome Psyche schließlich als bestmögliche und kreative Lösung das Symptom.

Mit Beginn des Symptoms verschwinden oft die Streßreaktionen der Konfliktphase wie Kopfschmerzen oder Infektanfälligkeit. Es entsteht das Zwangssyndrom, das depressive Syndrom, das phobische Syndrom, die Herzneurose. Mit Beginn des Symptoms treten auch relativ neue psychosoziale Verhaltensweisen auf, wie sozialer Rückzug, Vergewisserung der Gegenwart anderer Menschen oder häufige Arztbesuche. Es folgen **Versuche, dem Symptom** bzw. dessen unangenehmen Auswirkungen **entgegenzusteuern**: Arbeiten oder Sport gegen die Depression, Vermeiden von Zwang oder Angst auslösenden Situationen.

Vorgehen:

Genauere Betrachtung der symptomauslösenden Situation und des Verhaltens der wichtigen Person sollte beim Therapeuten zu der Hypothese einer **primären Emotion** des Patienten als Antwort auf die Traumatisierung, Überforderung, Frustration oder Bedrohung führen. Vielleicht kann der Patient selbst sagen, welches spontane Gefühl er im ersten Moment hatte. Vielleicht muß man mit ihm zuerst noch einmal die affektive Bedeutung der Situation erörtern, um ihn an dieses primäre Gefühl heranzuführen.

Abbildung 4: Mein Weg zum Symptom - Kindheit, Persönlichkeit und Symptomauslösung

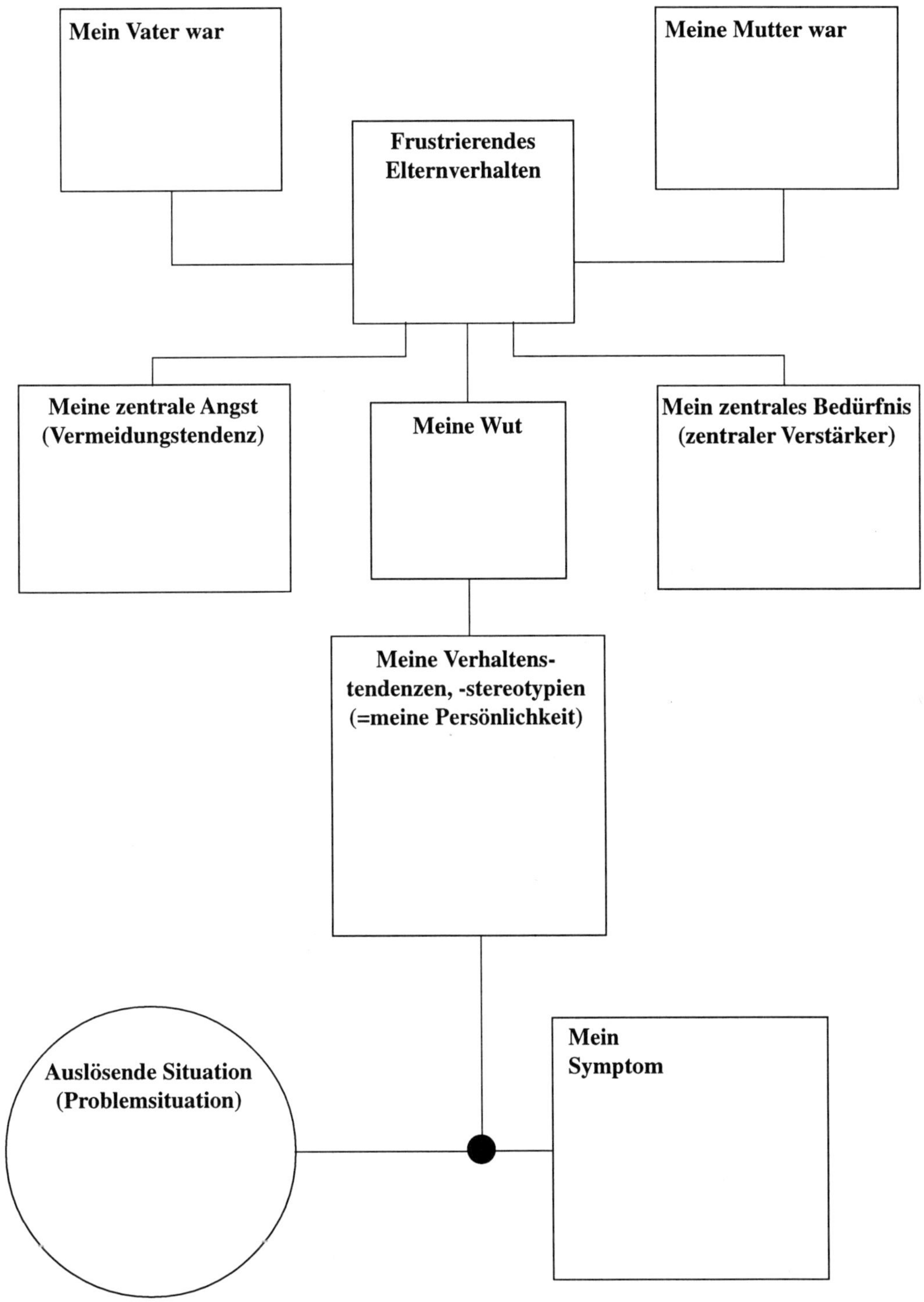

Vielleicht muß man ihn fragen, welches Gefühl wohl andere Menschen in dieser Situation gehabt hätten.

Besteht Konsens zwischen Patient und Therapeut bezüglich der affektiven Bedeutung der Situation und der zugehörigen primären Emotion, so kann zum zweiten Schritt der Reaktionskette übergegangen werden: "Wenn Sie dieses primäre Gefühl in dieser Situation haben und dieser Gefühl verständlicherweise sehr stark ist, was würden Sie aus diesem Gefühl heraus am ehesten tun wollen, obwohl Sie es natürlich nicht tun?"

Manche Patienten können sich auf diese Phantasie einlassen, anderen ist sogar der Gedanke an diesen **primären Handlungsimpuls** zu bedrohlich. Wieder kann die Frage weiterhelfen "Was würde ein anderer Mensch, wenn er sich in dieser Situation befände und wenn er dieses Gefühl sehr stark hätte, am ehesten tun wollen oder tun?" Sehr wichtig ist die Frage "Wenn Sie dieses Gefühl so intensiv hätten, wie wahrscheinlich wäre dieser Handlungsimpuls dann?" Oft glauben Menschen, sie würden einem so intensiven Gefühl steuerungsunfähig ausgeliefert sein, sie könnten gar nicht verhindern, daß zwangsläufig aus diesem Gefühl die entsprechende Impulshandlung resultiert. Für sie gibt es nur eine Möglichkeit, diesen Impuls zu verhindern: das Gefühl nicht haben! Wieder kann die Erörterung helfen, den interpersonellen Kontext so zu verstehen, daß es ein naheliegendes natürliches Gefühl und einen naheliegenden natürlichen Handlungsimpuls gibt. Ein Handlungsimpuls kann zwar naheliegend und verständlich sein. Trotzdem erscheint er eventuell im zivilisierten sozialen Kontext inadäquat.

Also gilt es, gemeinsam zu prüfen, ob der Handlungsimpuls situationsinadäquat ist oder ob er ein angemessenes meisterndes Verhalten ist, also eine funktionale Copingstrategie wäre. Das Ergebnis sollte ausführliche Würdigung erfahren. Hier muß der Therapeut darauf achten, daß er nicht eigene Anteile in den Kontext des Patienten überträgt. Ist er selbst z.B. sehr aggressionsgehemmt (wozu die meisten Psychotherapeuten neigen), wirkt er auch auf den Patienten hemmend.

Im dritten Schritt wird gefragt, was voraussichtlich geschehen wird, wie wichtige andere Menschen auf diese Handlung reagieren würden, was die Folgen wären, wenn der Patient, so handeln würde. Wir müssen vier Möglichkeiten ins Auge fassen:

a) der Patient hat unrealistische pessimistische Erwartungen,
b) der Patient hat realistische Erwartungen, daß seine Umwelt inadäquat hart reagieren würde,
c) der Patient hat realistische Erwartungen, daß seine Umwelt adäquat reagieren würde, aber zugleich unrealistische Erwartungen, daß er die Reaktion nicht verkraften würde,
d) Patient und Therapeut teilen unrealistische Erwartungen.

Es ist an dieser Stelle noch nicht relevant, unrealistische Antizipationen zu korrigieren, obgleich dem Patienten mitgeteilt werden kann, daß der Therapeut diese Befürchtungen nicht teilt.

Vielmehr geht es jetzt im vierten Schritt darum, daß aus dieser Antizipation ein Gefühl erwächst, das alarmierend wirkt. Das kann Angst, Scham oder ein Schuldgefühl sein. Also wird er Patient gefragt "Während Sie mit dem Eintreten der von Ihnen erwarteten Konsequenz rechnen, welches Gefühl stellt sich ein?" und "Wenn diese Konsequenzen bereits eingetreten wären, welches Gefühl hätten Sie?" Der Therapeut muß versuchen, empathisch mit zugehen. Seine Aufgabe ist es, herauszufinden, ob das erste Gefühl - angesichts der Erwartung -zum Symptom führt oder das zweite Gefühl - nach Eintreten der Konsequenz. Dies ist nicht leicht, da manche Menschen affektiv nicht zwischen phantasierten und begangenen Taten unterscheiden können. Sie entwickeln schon beim Gedanken an eine schuldhafte Handlung vorwegnehmend Schuldgefühle. Dies zeigt zugleich, daß bei diesen Menschen keine willkürlich-kognitive Selbstregulation handlungsleitend ist, sonder eine autonom-affektive.

Es gilt den Patienten und sein Gefühl in diesem Moment zu akzeptieren. Auf die gerade herausgearbeitete Weise versucht er sich in diesem äußerst schwierigen Moment zu helfen - er tut sein bestes.

Dieses sekundäre Gefühl ist für den Patienten zweifellos nützlich. Es hilft ihm, die von ihm als inadäquat oder bedrohlich erlebten Impulse zu bremsen. Auch erörtern wir mit dem Patienten, welche Hilfe er von diesem Gefühl in dieser schwierigen Situation erfährt. Er versteht die Funktion dieses Gefühls, die die gleiche ist wie dieses Symptoms. Da dieses Gefühl diesem Menschen in vielen bisherigen Situationen und vielen Menschen in genau dieser Situation perfekt hilft, war es für ihn zuvor bzw. ist es für andere weiterhin nicht nötig, ein Symptom zu bilden. Wenn aber der situative Anreiz bzw. der innere Antrieb zur primären Emotion und zum primären Impuls anhält oder gar anwächst, muß zu einem wirksameren Mittel der

Abbildung 5: Der Prozeß der Symptombildung

In der symptomauslösenden Situation

primäres natürliches Gefühl
(z.B. Wut)

primärer natürlicher Handlungsimpuls
(z.B. Angriff)

Antizipation bedrohlicher Handlungskonsequenzen
(z.B. Liebesverlust)

sekundäre gegensteuernde Gefühle
(z.B. Angst, Schuldgefühle, Scham)

Unterdrücken natürlichen Copings und dessen Folgen
(z.B. von Streit, Verlassenheit)

neue verhaltenssteuernde Gefühle
(z.B. Sinnlosigkeit, Hoffnungslosigkeit)

das Symptom
(z.B. Depression)

Impulshemmung gegriffen werden: dem Symptom als fünftem Schritt der Reaktionskette. Wir wiederholen und besprechen mit dem Patienten diese Abfolge, lassen ihn auch selbst diese Reaktionssequenz erklären und zielen wieder darauf ab, daß er sich mit diesem Symptom akzeptiert.

6. Analyse der Symptomaufrechterhaltung (Funktionsanalyse)

Bei manchen Symptomen haben wir den Eindruck, daß sie reflexhaft entstehen und respondent konditioniert sind. Trotzdem hat sich immer gezeigt, daß psychische und psychosomatische Symptome auch operant konditioniert sind, d.h. daß sie eine instrumentelle Funktion haben. Sobald sich eine Kontingenz eingestellt hat, können Symptome zielgerichtet eingesetzt werden. Diskriminationslernen ist bereits ein kognitiver Akt, der von der Kausalität zur Teleologie überleitet. Wenn ich ein Verhalten nicht zeige, weil ich Hinweise habe, daß dieses Verhalten in der jetzigen Situation nicht zum intendierten Erfolg führt, so zeigt sich darin die Instrumentalität bzw. Zweckgerichtetheit meines Verhaltens. Manchen erscheint die Sichtweise spekulativ, daß ein Symptom erfunden wurde, um etwas zu bewirken. Damit ist natürlich keine bewußte Intention gemeint, die hätte ja bewußt-manipulativen Charakter. Vielmehr geht es um die autonome homöostatische Selbstregulation der menschlichen Psyche, die unserem Bewußtsein ebensowenig zugänglich ist, wie die mannigfaltigen Konditionierungen, denen wir im psychosozialen Kontext permanent ausgesetzt sind.

Also fragen wir "Was wurde durch die Symptombildung vereitelt, was vermieden?" und "Gab es zufällig irgendwelche Veränderungen, seitdem das Symptom da ist?" Leider fallen sowohl dem Patienten als auch dem unerfahrenen Therapeuten zuerst nur die sekundären Krankheitsgewinne ein wie Zuwendung oder Entlastung von Pflichten. Die Funktion des Symptoms oder der primäre Krankheitsgewinn muß spezifisch zur Problemsituation passen, in der das Symptom entstand - wie der Schlüssel zum verschlossenen Schloß. Das Symptom hat die Funktion, eine Tür zu öffnen, die ohne das Symptom verschlossen bliebe.

Wenn wir die Punkte eins bis fünf gründlich bearbeitet haben, ist die Funktion des Symptoms und damit die aufrecht erhaltenden Bedingungen naheliegend. Oft hindert mich das Symptom daran, selbstbezogener zu handeln und hilft mir, meine Bezugspersonen und meine zentralen Beziehungen zu schonen, die ich zum emotionalen Überleben brauche. Das Gegenteil kann auch der Fall sein, daß mein Symptom mir hilft, mich nicht in eine nahe emotionale Beziehung zu begeben, da mich dort Selbstverlust oder Vernichtung oder ähnliches erwartet.

7. Lernen, mit Befindlichkeitssymptomen umzugehen

Wir haben konstatiert, daß Symptome durch ihre verstärkende Konsequenz, durch das Erreichen eines intendierten Zwecks, durch Erfüllen ihrer instrumentellen Funktion aufrecht erhalten werden. Also verschwinden Symptome wieder, wenn sie ausreichend lange oder ausreichend oft nicht verstärkt werden. Da intermittierende Verstärkungspläne existieren können, die bereits durch Erfolgsquoten von 1 : 100 wirksam sind, ist eine sorgfältige Extinktionsprozedur erforderlich. Das bislang erfolgreichste Vorgehen ist das Expositionsverfahren, das in verschiedenen Varianten durchgeführt wird. In Anlehnung an Meichenbaum (1991) und Butollo (1979) hat Sulz (1987) folgende fünfschrittige Sequenz vorgeschlagen, die sich klinisch sehr gut bewährt hat:

a) Wahrnehmung
b) Akzeptanz
c) Entscheidung
d) Exposition
e) Selbstverstärkung

Zu a): Die bewußte **Wahrnehmung** meines Gefühls bzw. meines Befindens schon im Entstehen gibt mir die Möglichkeit, mich darauf einzustellen, ohne überrascht oder erschreckt zu werden.

Zu b): Das affektive Annehmen und die **Akzeptanz** meines Befindens mit eventuell äußerst unangenehmen Aspekten ermöglicht mir erst, es an mich heran zu lassen und schließlich hinter mit zu lassen. Was ich mit beiden Händen mich sträubend vor mir herschiebe, wird nie überwunden.

Zu c): Um nicht nur als schicksalsergebenes Opfer ausgesetzt zu sein, sondern aktiv die Bewältigung meines Symptoms in die Hand zu nehmen, ist der willentliche Akt der **Entscheidung** erforderlich, bewußt in die aversive Situation zu gehen und in ihr zu bleiben, bis das Befinden deutlich gebessert ist, z.B. die Angst fast verschwunden oder der Hunger nur noch im Hintergrund spürbar oder die Wut verraucht oder die Gier nach dem Suchtmittel sehr gering geworden ist. Meine Entscheidung macht die gelungene Exposition zu meinem Erfolg und stärkt mein Gefühl der Selbsteffizienz erheblich.

Zu d): Die **Exposition** ist mein affektives Exponieren - der unangenehmen Situation und in dieser dem entstehenden unangenehmen Gefühl bzw. Befinden. Ich stelle mich meinem Gefühl oder Befinden, lasse es da sein, ohne zu versuchen, ihr zu entfliehen. Erst dadurch gebe ich meiner Psyche eine Chance, auf eine neue Weise mit diesem Gefühl oder Befinden umzugehen, z.B. die Erfahrung zu machen, daß ich dem Gefühl gewachsen bin, daß ich es aushalten kann, daß ich es da sein lassen kann, es akzeptieren kann, daß es schließlich ohne mein Zutun von selbst wieder verschwindet, sich einfach erschöpft - wenn ich nur lange genug aushalte, ohne ständig auf sein Verschwinden zu warten.

Zu e): Die **positive Selbstbewertung und Selbstverstärkung** ist ebenfalls ein meist völlig neuer Umgang mit dem Symptom. Oft gelingt es, auf sehr gute Weise mit dem Symptom umzugehen. Dies wird aber anschließend gefühlsmäßig und gedanklich nicht honoriert. Vielmehr kommen Gedanken wie "Jetzt war das Symptom schon wieder da, schon wieder ist es mir passiert, schon wieder habe ich versagt!" Und mit dieser negativen Selbstbewertung wird das alte Selbst- und Weltbild bestätigt, obwohl etwas gänzlich Neues geschah: Ich habe nicht die frühere Wahrnehmung meines Symptoms vermieden. Ich habe mich nicht gesträubt gegen das Symptom. Statt zu vermeiden, habe ich mich entschieden, in die Situation hinein zu gehen. Statt schnell wieder aus der Situation zu fliehen, habe ich mich exponiert, mich meinem unangenehmen Befindlichkeitssymptom gestellt und bin in der Situation geblieben. Um diesen Erfolg zu bewahren, vergegenwärtige ich mir diese neue Leistung und bewerte mich positiv: "Es ist mir gelungen, das Symptom wahrzunehmen, es zu akzeptieren, mich für die Exposition zu entscheiden und mich zu exponieren. Das war eine große Anstrengung und eine große Leistung. Dafür lobe ich mich.

Und jetzt ist mir auch noch gelungen, etwas Gutes über mich zu denken." Therapeuten, die sich und andere wenig loben, müssen hier über ihren Schatten springen und ein gutes, lobendes Modell sein.

8. Lernen, mit dem Verhaltenssymptom umzugehen

Auch der Umgang mit den Verhaltenssymptomen folgt einem lange bewährten verhaltenstherapeutischen Prinzip, der Reaktionsverhinderung. Gelingt es mir, mein Symptomverhalten zu verhindern, so gerate ich in einen höchst aversiven Gefühlszustand, mit dem ich auf die oben unter Punkt 7 (Lernen, mit dem Befindlichkeitssymptom umzugehen) beschriebene Weise umgehe.

Wenn ich ein Verhalten unterlasse, das ich immer wieder gegen meine vernünftige Entscheidung durchführen muß, entsteht ein sehr unangenehmes Gefühl, das mich dazu bewegen will, nun endlich doch noch das Symptomverhalten zu zeigen. Das Gefühl bleibt so lange, wie Aussicht auf Erfolg besteht, mich zu zermürben und nachzugeben. Bleibe ich innerlich wankelmütig, fürchte ich, es nicht aushalten zu können, so bleibt auch das Gefühl, denn ich könnte ja noch nachgeben. Wer gerne viel nascht und eine Zeit lang probiert, es bleiben zu lassen, kann das gut an sich selbst beobachten.

Die Schwierigkeiten liegen in der praktischen Umsetzung, denn "der Wille ist zwar stark, aber das Fleisch ist schwach." Der Mensch besteht allerdings nicht nur aus Fleisch, sondern auch aus Knochen wie z.B. dem Rückgrat, das ihm Halt gibt. Es geht um den Aufbau innerer und äußerer Strukturierungen, die helfen, bewußt verhaltenssteuernd wirksam zu werden.

Was mache ich, wenn ...

ich nicht rechtzeitig dran denke, was ich tun wollte?

- es tun, sobald ich eben daran denke
- wieder aus der Situation herausgehen und nochmals hineingehen
- mir Aufkleber machen oder Wecker stellen
- mich erinnern lassen

ich nicht mehr weiß, wie ich es machen wollte oder wie es geht?

- mir Spickzettel schreiben
- täglich mental üben (mir bildlich vorstellen, daß und wie ich es mache)
- es trotzdem probieren

ich es nicht mehr länger aushalte?

- versuchen, es noch ein bißchen länger auszuhalten. Und dann: noch ein bißchen. Und dann: noch ein bißchen
- wenn es nicht mehr geht, mich loben und respektieren, daß ich es so lange geschafft habe.

Es ist der Kreativität von Patient und Therapeut überlassen, äußere Strukturierungshilfen zu erfinden und zu erproben. Beim Eßverhalten gibt es viele Beispiele: Obst statt Kalorien, Wasser trinken statt oder vor dem Essen, Nahrungsmittel aus dem Haus räumen, vor jeder Nahrungsaufnahme um den Häuserblock gehen, Telefonieren statt Essen etc.

Im Zentrum des Vorgehens steht jedoch, sich aktiv dem kommenden aversiven Gefühl zuzuwenden, sich entscheiden, sich ihm zustellen und es willentlich bewußt auszuhalten und so den Umgang mit sich selbst und mit dem Gefühl steuernd zu handhaben.

Natürlich sind die anfänglichen Versuche ein eher klägliches Bemühen, das rasch bei Patient und Therapeut zu Hilflosigkeit führen kann. Dabei gilt es, die kleinen gelungenen Teilschritte wahrnehmen zu lernen, die kleinen Unterschiede zu sehen und sie in den Fokus der Aufmerksamkeit zu rücken.

B Aufbau von intra- und interpersonellen Fertigkeiten (Skills-Training)

Menschen, die psychische und psychosomatische Symptome entwickeln, haben grundsätzliche Defizite an interaktioneller Kompetenz, selbst wenn partiell großartige Fähigkeiten vorhanden sind. Im entscheidenden Moment, in der entscheidenden Beziehung sind sie nicht in der Lage, diese Fähigkeiten einzusetzen. Deshalb lohnt es sich, sobald neben der Symptomtherapie Zeit bleibt, diese Defizite zu analysieren und entsprechende Fertigkeiten zu üben. Vereinfacht heißen die Fragen:

Was macht er/sie, was macht er/sie nicht?
(Vermeidung)

Was kann er/sie, was kann er/sie nicht?
(Defizit)

Im Zentrum des Interesses steht einerseits die interaktionelle Situation, die zur Symptombildung führte. Welches konkrete Verhalten wäre zur Meisterung dieser Situation erforderlich gewesen? Welche anderen Situationen werden als schwierig bzw. deren Ausgang als Scheitern erlebt? Welche Beziehungen werden als schwierig erlebt? Für welche dysfunktionalen Interaktions- und Beziehungsmuster ist der Patient blind (sie sind lediglich indirekt aus seinen Berichten erschließbar)? Wir können, ausgehend von Kanfers Selbstregulationsmodell (Kanfer et al., 1995) interaktionelle Kompetenz in drei Bereiche einteilen:

Selbst- und Fremdbeobachtung
(Wahrnehmungsregulation)

Selbst und Fremdbeurteilung
(Handlungs- und Kognitionsregulation)

Selbst- und Fremdverstärkung
(motivationale und emotionale Regulation).

Bei der Selbst- und Fremdbeobachtung geht es um die realistische Wahrnehmung von Bedürfnissen, Ängsten und Gefühlen bei mir und beim Gegenüber.

Bei der Selbst- und Fremdbeurteilung geht es um die soziale und kognitive Einschätzung des Interaktionsprozesses wie die Situationsadäquatheit meines Bedürfnisses, meiner Angst und meines Handelns bzw. des-/derjenigen meines Gegenübers, aber auch um die situationsübergreifende intrapsychische Etablierung meiner Bezugsperson als festen Bestandteil unserer dauerhaften Beziehung

Bei der Selbst- und Fremdverstärkung geht es um die Wirksamkeit meines Verhaltens wie

* Gefühle direkt ausdrücken können
* aus meinem Gefühl heraus handeln können
* fordern und nein sagen können
* das Verhaltens meines Gegenübers steuern können
* Bedürfnisse, Ängste und Gefühle meines Gegenübers berücksichtigen können
* streiten können
* verlieren können
* Balance zwischen Selbst und Beziehung herstellen können
* meine Beziehungen vorausblickend pflegen und mich anhaltend emotional binden können
* eine Trennung durch Trauer verarbeiten können

Sind die individuellen Defizite und Vermeidungen herausgearbeitet, so kann mit dem Aufbau interaktioneller Fertigkeiten begonnen werden. Tabelle 4 kann als Orientierung für das Vorgehen dienen. Die jeweilige Situation wird in der Therapiestunde im Rollenspiel geprobt und dann täglich geübt. Bei Defiziten und Vermeidungen ist das Übungsprogramm identisch. Übung reduziert einerseits situative Ängste und Vermeidungen und Übung führt andererseits zum Aufbau von neuen Fertigkeiten.

Tabelle 4:
Üben interaktioneller Fertigkeiten (Skills Training)

Problemsituation ....
Wichtige Person ....
Deren Anliegen ....
Deren Verhalten ....
Meine bisherige Interpretation ihres Verhaltens ....
Meine bisherige Reaktion ....
Mein Defizit bzw. meine Vermeidung ....
Was ist genau zu üben? ....
(neue Fertigkeit, neuerdings erlaubtes Verhalten) ....
Wie ist zu üben? ....
Wo ist zu üben? ....
Wann ist zu üben? ....
Wie oft ist zu üben? ....
Ergebnis meines Übens: ....

C) Persönlichkeitsentwicklung

Dieser dritte Teil der Strategischen Kurzzeittherapie beginnt allmählich, zunächst mit Datensammlung (Anamnese, Ausfüllen der diagnostischen Skalen) und mit der Diagnostik (Motivations-, Kognitions-, Emotions Persönlichkeits- und Entwicklungsanalyse). Erst wenn die Symptomtherapie das Zielplateau erreicht hat, ist der Weg frei für intensive Arbeit. Zu diesem Zeitpunkt hat sowohl die Symptomtherapie als auch das Fertigkeitstraining einen hilfreichen Zuwachs an Selbsteffizienzerfahrung gebracht, so daß mit gestärktem Selbstbewußtsein schwierigere Schritte der Selbstveränderung und Selbstentwicklung machbar werden.

Wir haben die Erfahrung gemacht, daß mit Hilfe der Arbeitsblätter des Praxismanuals zur Strategischen Kurzzeittherapie (Sulz 1995) erstaunlich rasch und treffsicher zentrale Bedingungen der Persönlichkeitsentwicklung und der Symptombildung gefunden werden können.

Wir beginnen mit dem Arbeitsblatt "**Meine Eltern**" und lassen je fünf Eigenschaften von Vater und Mutter, des Patienten als Kind und als Erwachsener sowie seines heutigen oder typischen Lebenspartners angeben. Wir fragen, welchem Elternteil der Patient heute ähnlich ist und welchem sein Lebenspartner (im Umgang miteinander). Wir fragen, was ihn gegebenenfalls hinderte, so zu werden wie der gleichgeschlechtliche Elternteil. Bereits hier entsteht eine Skizze der Entwicklungslinien des Patienten.

Es folgt das Arbeitsblatt "**Frustrierendes Elternverhalten**", aus dem hervorgeht, welcher Elternteil welche Frustrationen bzw. Traumatisierungen setzte, ob eher Zugehörigkeitsbedürfnisse oder Selbst-/Differenzierungs-/Autonomiebedürfnisse frustriert wurden. Tiefe Wunden und Verletzungen der Kindheit werden beim Patienten spürbar. Konkrete Erinnerungen tauchen erstmalig wieder auf, die mit dem heutigen schonenden oder verteufelnden Bild eines Elternteils nicht übereinstimmen. Die eigene Historie erfährt eine wesentliche Korrektur und Ergänzung, so daß die Lerngeschichte mit den wesentlichen emotionalen Lernprozessen sichtbar wird.

Zur Validierung dieses Ergebnisses dient das Arbeitsblatt "**Häufige Gefühle in der Kindheit**". Wer seinen Eltern kein Fehlververhalten in der Erinnerung zuweisen darf, kann sich wenigstens an schmerzliche Gefühle und Befindlichkeiten in der Kindheit erinnern. Die zugehörigen Situationen tauchen aus dem Gedächtnis auf, die Szenen werden lebendig und die Eltern von damals als Verursacher dieser Gefühle dingfest gemacht. Auch wenn wir keine bleibende Schuldzuweisung erzeugen, so hindern wir den Patienten in diesem Moment nicht an eventueller Empörung oder Wut. Und wenn er einige Wochen lang eine spürbar schlechtere Beziehung zum betreffenden Elternteil hat, so sprechen wir unser Einverständnis aus.

Das Arbeitsblatt "**Mein zentrales Bedürfnis**" führt uns in die Gegenwart zurück. Welches Bedürfnis ist heute das wichtigste, welches das zweitwichtigste Zugehörigkeitsbedürfnis - Willkommensein und Dazugehören, Geborgenheit und Wärme, Schutz und Sicherheit und Zuverlässigkeit, Liebe und Zuneigung, Aufmerksamkeit und Beachtung, Empathie und Verständnis oder Wertschätzung und Bewunderung und Lob? Welches Bedürfnis ist heute das wichtigste, welches das zweitwichtigste Selbst-/Differenzierungs-/Autonomiebedürfnis - Selbst machen und selbst können, Selbstbestimmung und Freiraum, Grenzen gesetzt und Normen vermittelt bekommen, gefordert und gefördert werden, jemand zur Idealisierung und als Vorbild haben, Intimität und Hingabe und Erotik oder ein Gegenüber haben? "Wenn Sie nun Ihr wichtigstes Zugehörigkeitsbedürfnis auf der einen Seite, halten und ihr wichtigstes Selbstbedürfnis auf der anderen Seite und wenn Sie nur eines von beiden behalten dürfen - welches geben Sie her? Welches können oder wollen Sie auf keinen Fall hergeben?" Das kann natürlich ein trügerisches Selbstbild sein. "Betrachten Sie die wichtigsten Entscheidungen der letzten fünf Jahre. Haben Sie dabei jeweils diesem unverzichtbaren Bedürfnis wirklich den Vorzug gegeben? Oder haben Sie es doch preisgeben, um das andere Bedürfnis zu bewahren?" Ergebnis dieser Exploration , deren affektive Affirmation durch Imagination erfolgen kann, ist der Sollwert der homöostatischen Selbstregulation. Hypothese ist, daß der Patient in seinem bisherigen Leben stets versucht hat, diesen durch das wichtigste, zentrale Bedürfnis charakterisierten Sollwert zu erreichen, und daß alle Verhaltensweisen, die dazu beitragen, verstärkt wurden, d.h. häufiger und intensiver wurden bzw. aufrecht erhalten blieben. Erzielten sie nur intermittierend eine Sollwerterreichung, so wurden sie relativ löschungsresistent.

Jetzt ist therapiestrategisch ein günstiger Zeitpunkt für das Arbeitsblatt "**Meine zentrale Wut**". Achtzehn Fragen führen dazu, den wichtigsten und den zweitwichtigsten Wutmodus zu entziffern. Ist es Vernichtungswut, Trennungswut, unkontrollierte Wut, kontrollierende Wut, Liebesentzug, Gegenaggression oder Hörig-/Abhängigmachen? Das Ergebnis ist entwicklungspsychologisch interessant, da der Standort de emotionalen Entwicklung des Patienten erkennbar wird. Neben der "Waffengattung" ist auch die Größe des "Waffenarsenals" von Bedeutung. Wie groß ist die seit der Kindheit unterdrückte und eingebunkerte Wut des Patienten. Gerade bei Patienten mit Schizophrenien und affektiven Psychosen sowie bei psychosenahen Patienten ist das Ausmaß dieser Wut auch für den Therapeuten beängstigend. Hat der Patient die Befürchtung, daß die bewußt gewordene Wut ohne Möglichkeit seines Einflußnehmens in eine impulsive Handlung mündet? Gibt es eine Vorgeschichte von fehlender Impulskontrolle? Wenn nicht, ist diese Befürchtung eine Hypothese, die der kognitiven und empirischen Überprüfung bedarf. Die Erfahrung machen, daß ich extrem wütend sein kann, ohne zwangsläufig "handgreiflich" zu werden, d.h. ohne einem unüberlegten Impuls folgen zu müssen. Die Erfahrung machen, daß ich mich gleich wehren kann, so daß gar nicht erst eine extreme Wut entstehen muß. Es kann eine Übung zum körperlichen Ausdruck von Wut folgen. In sehr vielen Fällen ist eine der Hauptaufgaben der Selbstregulation, ständig diese Wut auf einem ungefährlich niedrigen Niveau zu halten.

Das Wasser, mit dem diese Sprengkraft gelöscht wird, ist die Angst. Welches ist die wichtigste "**zentrale Angst**" dieses Menschen, welche die zweitwichtigste - Vernichtungsangst, Trennungsangst, Angst, die Kontrolle über andere zu verlieren, Angst, die Kontrolle über mich zu verlieren, Angst vor Liebesverlust und Ablehnung, Angst vor Gegenaggression, Angst vor Hingabe? Unsere Arbeitshypothese ist, daß alle Verhaltensweisen, die diese Angst verringern verstärkt werden (Vermeidungsverhalten, negative Verstärkung), also fester Bestandteil unseres Verhaltensrepertoires werden. Intermittierend verstärktes Vermeidungsverhalten ist besonders stabiler, fester Bestandteil unserer persönlichen Verhaltensgewohnheiten. In welchen Situationen befürchte ich, daß die durch meine zentrale Angst definierte Bedrohung eintritt? Durch welches Verhalten fürchte ich diese Bedrohung eintreten zu lassen? Wäre es wirklich die Katastrophe, die ich nicht aushalten, nicht überleben würde? Habe ich Fähigkeiten, die mir helfen, diese Bedrohung nicht zur Katastrophe werden zu lassen? Wie realistisch ist meine Einschätzung der Wahrscheinlichkeit des Eintretens?

Das Arbeitsblatt "**Meine Persönlichkeit**" dient der Sammlung und Kategorisierung einiger typischer dysfunktionaler Verhaltenscluster. Es enthält acht Persönlichkeitsskalen, eine Auswahl der psychotherapeutisch wichtigsten Persönlichkeitszüge aus DSM-III-R (1987). Diese wurden wegen ihrer klinischen Bewährung nicht an ICD-10 adaptiert. Eine Skala setzt sich aus 10 bis 14 Selbstaussagen über persönliche Erlebens- und Handlungsweisen zusammen. Sie führen zur Selbsteinschätzung als selbstunsicher oder dependent oder zwanghaft oder passiv-aggressiv oder histrionisch oder schizoid oder narzißtisch oder emotional instabil. Welche ist diejenige Liste, die Sie am treffendsten charakterisiert? Welche Liste am zweitbesten, am drittbesten? Die gefühlsmäßige Selbsteinschätzung führt bei einigen Patienten zu einer anderen -Rangreihe als die Summe der Itemausprägungen. Eine Nachexploration kann dies klären. Aus der Anamnese erfahren wir oft, daß diese Erlebens- und Verhaltensstereotypien bereits ab Schuleintritt manifest werden, bei einigen erst ab dem Jugendalter. Diese Persönlichkeitsanteile haben in der Kindheit und Jugend geholfen, emotional zu überleben. Im Erwachsenenalter sind sie dysfunktional geworden. Wir fragen, welche Funktion sie heute noch haben: "Wozu sind Sie selbstunsicher?" oder "Wozu sind Sie zwanghaft?"

Das Arbeitsblatt "Meine bisherige Überlebensregel" führt zur sprachlichen Beschreibung des Regelkreises, der die emotional-soziale Homöostaseregulierung betreibt:

Nur wenn ich immer

die Verhaltensweisen meines wichtigsten und meines zweitwichtigsten Persönlichkeitszuges zeige

und wenn ich niemals

das Gegenteil tue (....),

bewahre ich mir

die Befriedigung meines zentralen Bedürfnisses

und verhindere

das Auftreten meiner zentralen

Angst

Mit der sprachlichen Fassung der bisherigen homöostatischen Selbstregulation ist die diagnostische Phase der Persönlichkeitsentwicklung vorläufig abgeschlossen.

Es folgt der erste primär therapeutische Schritt, das Arbeitsblatt "**Selbstakzeptanz**". Das bis jetzt erarbeitete Wissen über die Bedingungen meines heutigen Verhaltens und

Erlebens lassen Patient und Therapeut den enormen Nutzen und die Klugheit der bisherigen Überlebensstrategie schätzen und respektieren. Diese angemessene Würdigung hilft, sich seine Schwächen zu verzeihen, die der Preis für das emotionale Überleben sind. Angesichts der Anerkennung dieses bestmöglichen Gelingens der Aufgabe des Überlebens wird Selbstakzeptanz möglich - als notwendiger und einzig richtiger erster Schritt zur Veränderung.

Im Arbeitsblatt "**Meine Biographie**" schreibt der Patient seine eigene Biographie als Zusammenfassung des von ihm vor Beginn der Therapie ausgefüllten Anamnesefragebogens (VDS1). Gemeinsam wird diese Biographie betrachtet. Im einfachsten Fall bestätigt sie kognitiv und vor allem affektiv die bisher gewonnenen Erkenntnisse. Oft wird aber das sisyphushafte frustrane Bemühen durch diese therapeutische Arbeit wahrnehmbar und spürbar, das sich wie ein roter Faden durch die Lebensgeschichte zieht. Und es kann als Fazit die Lösung konkretisiert werden - das Loslassen des Steines des Sisyphus (Sulz, 1996). Versöhnung mit der eigenen Geschichte und den Eltern bietet eine abschließende Imagination an.

Das Arbeitsblatt "**Mein bisheriger Umgang mit meinen Gefühlen**" hat das Ziel, gemeinsam zu explorieren, wie mit Hilfe situativer Gefühle die bisherige Art des Erlebens und Verhaltens aufrecht erhalten wurde. Emotionen werden als das der bewußten, willkürlichen Psyche prinzipiell zugängliche verhaltenssteuernde Agens deklariert. Trotz des insgesamt kognitiven, psychoedukativen Vorgehens ist dies einer der entscheidenden Unterschiede zu Becks Ansatz (Beck & Wright, 1986). Das heuristische Modell der Strategischen Kurzzeittherapie betont eher, wie bestimmte Gefühle zu bestimmten Verhaltensweisen führen, während Beck betont, daß bestimmte Kognitionen bestimmte Gefühle hervorrufen. Unser praktisches Vorgehen besteht darin, aus dreiundvierzig Gefühlen, eingeteilt in die emotionalen Grundformen Freude, Trauer, Angst und Wut (Ulich & Mayring, 1992), die jeweils zwei am meisten zu diesem Patienten gehörigen Gefühle zu suchen und den Kontext herauszuarbeiten, in dem sie typischerweise auftreten und welche Herkunft und welche steuernden Auswirkungen sie auf das Verhalten des Patienten und den weiteren Verlauf der Situation haben. Als zweites wird exploriert, welche Gefühle aus Überzeugung abgelehnt werden, welche Wertorientierung dahinter steckt und welche Funktion diese Wertorientierung im Sinne von Verboten, Geboten und Vermeidungen hat. Im dritten Schritt werden darüber hinaus die bisher vermiedenen Gefühle dingfest gemacht. So zeigt sich, daß es eine Gruppe von primären Gefühlen gibt, die zu primären Handlungsimpulsen führen würden, für die höchst aversive Konsequenzen antizipiert werden - situativer, kognitiver oder affektiver Art. Gegen diese Gefühle werden Verbote oder angstinduzierende Antizipationen gesetzt. Statt dieser primären, als schädlich empfundenen Gefühle werden sekundäre, als nützlich empfundene Gefühle von der Psyche eingesetzt, die Erleben und Verhalten in die Richtung umlenken, wie es die bisherige (aus der Kindheit übernommene) Überlebensregel vorschreibt. Daraus leitet sich unmittelbar ein neuer Umgang mit Gefühlen ab: Primäre Gefühle wieder bewußt wahrnehmen, ihre Situationsadäquatheit prüfen, den primären Handlungsimpuls wieder bewußt wahrnehmen, seine Situationsadäquatheit prüfen, ihn gegebenenfalls durch ein angemessenes Bewältigungsverhalten ersetzen. Die bisherige Antizipation der Konsequenz dieses Verhaltens bezüglich ihrer Wahrscheinlichkeit kognitiv und empirisch prüfen und den Erfolg des eigenen Verhaltens als Verstärkung wirksam werden lassen.

Das Arbeitsblatt "**Weltakzeptanz**" ist neben dem Akzeptanz-Schritt in der Symptom-Exposition, neben der Selbstakzeptanz-Übung und neben dem Akzeptieren der eignen Biographie der vierte Schritt der Akzeptanz-Strategie als Gegenpol und als Voraussetzung zur Änderungsstrategie (Hayes et al.1996, Jacobson 1996, Linehan 1996). Wo Assimilation nicht möglich ist, muß Akkomodation geschehen (Piaget & Inhelder 1981, Kegan 1986). Wer sein bisheriges Leid internal attribuierte, wird sich gegen Selbstakzeptanz wehren und wer es external attribuierte, wird sich gegen die Akzeptanz der Welt wehren, die er als Verursacher empfindet. Wer Groll und Hader gegen seine Bezugsperson offen oder innerlich beibehält, kann ihr nicht auf eine neue Weise begegnen. Dadurch hindert er diese daran, ihm wiederum auf eine neue Weise zu begegnen. Meine akzeptierende Haltung lädt meine Bezugspersonen ein, sich anders als bisher zu verhalten. Eine Imaginationsübung dient der Förderung dieses Akzeptanzschrittes.

Das Arbeitsblatt "**Emotionales Erleben zentraler Beziehungen**" beinhaltet eine Imaginationsübung, die dem derzeit wichtigsten Menschen in meinem Leben gilt. Vom Gefühl her werden Sätze vervollständigt wie "Ich brauche von Dir ...", Ich fürchte von Dir ...", Ich will von Dir ...", Ich will von Dir nicht ...", "Ich mag an Dir ...", Ich mag an Dir nicht ..." und "Du bist für mich ...". Dies bringt eine valide und reliable Explikation der affektiven Beziehung zu diesem Menschen. Die gleiche Übung wird mit Vater und Mutter als zentrale Bezugsperson wiederholt. Hier kann eine in vorausgegangenen Arbeiten teilweise vollzogene Klärung und Ablösung von den Eltern weiter verfolgt werden.

Das Arbeitsblatt "**Loslassen, Abschied, Trauer**" enthält eine Imaginationsübung, in der im Rahmen der Änderungsstrategie die Person oder die Inhalte meines bisherigen Lebens bzw. die bisherigen Bedeutungen dieser Person und Inhalte am Ufer zurückgelassen werden, während ich mich in ein Boot setze und vom Ufer ablege. Dies beinhaltet den eigentlichen inneren Änderungsschritt, den affektiven Vollzug meiner Entscheidung zur Veränderung. Gefühle der Angst, des Schmerzes, der Trauer oder der Wehmut begleiten diesen Schritt. Entstandene Trauer und Abschiedsstimmung sollten noch in angemessenem Umfang aufrecht erhalten bleiben, um das Loslassen vollständig werden zu lassen.

Meist leitet der vorangegangene Schritt bereits das Übergehen zur nächst höheren Stufe der Entwicklung des Selbst und der Beziehungen (Kegan 1986) ein. Das Arbeitsblatt "**Meine bisherige Entwicklungsstufe**" hilft, den emotionalen Entwicklungsstand zu orten.

Sechs Skalen beschreiben die von Kegan (1986) in Anlehnung an Piaget (1981) und Kohlberg (1984) formulierten Entwicklungsstufen. Je zehn bis vierzehn Selbstaussagen operationalisieren das jeweilige Konstrukt. Der Patient wählt vom Gefühl her die beiden Skalen, die ihn am zutreffendsten charakterisieren. Er lokalisiert sich dadurch auf der einverleibenden oder impulsiven oder souveränen oder zwischenmenschlichen oder institutionellen oder überindividuellen Stufe. Seine Angaben können dadurch validiert werden, daß seine zentralen Bedürfnisse, Ängste und Wutformen derselben Entwicklungsstufe angehören. Auf jeder Entwicklungsstufe kann ein Mensch blockiert worden sein, um dann doch Fähigkeiten auf der nächst höheren Stufe zu erwerben. Ist eine solche Blockierung vorhanden, z.B. Impulshemmung, so sind seine Fähigkeiten der als zutreffendsten angegebenen souveränen Stufe nicht Ergebnis einer Entwicklung, sondern lediglich aus der Not heraus gelernt. Aufgabe der Therapie ist es dann, zunächst die Impulshemmungen zu beheben und dadurch die Entwicklung auf der souveränen Stufe zu ermöglichen. Dies würde z.B. bedeuten, zunächst Wut als Antwort auf massive Frustrationen spüren zu können. Erst dann erfolgt die Entwicklung der Fähigkeit, eigene Impulse handhaben und das Verhalten anderer Menschen steuern zu können, damit sie sich mir gegenüber nicht mehr so frustrierend verhalten.

Es können weitere Arbeitsblätter aus dem Praxismanual für individuelles Arbeiten mit einzelnen Patienten ausgewählt werden. Diese Arbeit an der Entwicklung der Persönlichkeit erfährt eine ständige Verzahnung mit der Ebene des Skills Training. Jedes Arbeitsblatt ergibt klare Übungsaufgaben und Experimente auf der Skills-Ebene, z.B.:

Frustrierendes Elternverhalten: Mich ertappen

a) Situationen dahin zu konstruieren, daß heutige Bezugspersonen mich ebenso frustrieren wie meine Eltern;

b) meine Wahrnehmung dahin zu verzerren, daß ich den Verhaltensweisen heutiger Bezugspersonen dieselbe frustrierende Bedeutung gebe wie in der Kindheit;

c) daß ich Situationen oder Beziehungen vermeide, aus Furcht, die Frustrationen der Kindheit wieder erleben zu müssen.

Häufige Gefühle in der Kindheit: Mich ertappen

a) daß ich dem Verhalten anderer Menschen eine Bedeutung gebe, die mich in die schmerzlichen Gefühle meiner Kindheit zurück befördern;

b) daß ich Situationen oder Beziehungen vermeide, aus Furcht, die schmerzlichen Gefühle der Kindheit wieder spüren zu müssen.

Meine zentralen Bedürfnisse:
a) Mein zentrales Bedürfnis bewußt wahrnehmen,
b) mich ertappen, wie ich bisher mit meinem zentralen Bedürfnis umging,
c) auf neue Weise mit meinem Bedürfnis umgehen.

Meine zentrale Wut:
a) Wut wieder wahrnehmen lernen,
b) mich ertappen, wie ich bisher mit meiner Wut umging,
c) mit meiner Wut umgehen lernen.

Meine zentrale Angst:
a) Meine zentrale Angst bewußt wahrnehmen,
b) mich ertappen, wie ich Situationen oder Verhaltensweisen vermeide, die diese Angst auslösen,
c) Lernen, mit meiner zentralen Angst umzugehen.

Meine Persönlichkeit:
a) Mich bei meinem bisherigen persönlichen Erleben und Verhalten ertappen,
b) eine Zeit lang das Gegenteil tun,
c) danach das für mich und meine Beziehungen Richtige tun.

Meine bisherige Überlebensregel:
a) Mir die Verbote und Gebote meiner Überlebensregel bewußt machen,
b) Ihre Auswirkungen auf mein Verhalten in konkreten Situationen beobachten,
c) empirische Hypothesenprüfung (z.B. eine Zeit lang das Gegenteil tun),
d) Umformulierung der Überlebensregel zur Entwicklungsregel und zur Lebensgestaltungsregel.

Neben diesen allgemeinen Möglichkeiten durch Skills Training zur Veränderung und Entwicklung der Persönlichkeit beizutragen, ergeben sich aus der konkreten Arbeit mit den einzelnen Patienten individuelle Erfordernisse des Skills Training. Dadurch hält die Strategische Kurzzeittherapie einerseits Balance zwischen Akzeptanz und Veränderung und andererseits zwischen emotionaler Exposition und Aufbau von Fähigkeiten. Einerseits werden Lernprozesse ermöglicht, andererseits Entwicklungsschritte gefördert. Sowohl die Entwicklung des Selbst als auch der Beziehungen wird vorangebracht. Dieser psychoedukative Ansatz kann sowohl im Einzel- als auch im Gruppentherapie-Setting erfolgen. Ideal ist die Kombination von Einzel- und Gruppentherapie, so daß die psychoedukativen Elemente und das Skills Training auf die Gruppe verlagert werden, deren Aufgabe es zusätzlich ist, Raum für soziales Lernen und für Beziehungsentwicklung zu geben. Werden Gruppen- und Einzeltherapie von verschiedenen Therapeuten durchgeführt, erhält der Patient die Aufgabe, den Einzeltherapeuten ausführlich über das Ergebnis der zwischenzeitlichen Gruppensitzung zu informieren. Darüber hinaus wird Informationsaustausch zwischen Einzel- und Gruppentherapeut vereinbart.

Auch ohne Verwendung der Arbeitsblätter ist Strategische Kurzzeittherapie durchführbar. Vom Therapeuten ist in diesem Fall gefordert, aus der momentanen therapeutischen Beziehung und dem interaktionellen Geschehen in der Therapiesitzung heraus die anstehende Therapiestrategie einzusetzen. Er muß hierzu das komplexe Gefüge der Psyche des Patienten in seinem Bewußtsein aktiv verfügbar haben. Dies wird mit der Erfahrung möglich, stellt aber anfangs eine Überforderung dar. Aus diesem Grunde wurde für Leser, die mit diesem Ansatz nicht vertraut sind, hier auch nur die psychoedukative Variante beschrieben.

Aus diesem Ansatz heraus entsteht auch eine spezifische Form sowohl der Paartherapie als auch der Familientherapie (Sulz, in Vorbereitung). Darüber hinaus sind konkrete Forschungshypothesen mit den diagnostischen Materialien der Strategischen Kurzzeittherapie unmittelbar prüfbar.

Literatur

American Psychiatric Association: Diagnostic and Statistical Manual of fMental Disorders. Third Edition, Revised DSM III-R).Washington D.C. American Psychiatric Association 1997

AMDP (Hrsg.) Das AMDP-System. Manual zur Dokumentation psychischer Befunde. Göttingen: Hogrefe 1995, 5. Aufl.

Beck A.T. Wright J.: Kogntive Therapie der Depression. In Sulz, S. (Hrsg.) Verständnis und Therapie der Depression. München: Reinhardt 1986

Blöschl L.: Verhaltenstherapie der Depression. In: Sulz, S. Verständnis und Therapie der Depression. München, Reinhardt, 1986

Butollo W.: Chronische Angst. München, Urban und Schwarzenberg,1979.

Dilling H.(et al.): Internationale Klassifikation psychischer Störungen. ICD-10 Kapitel V (F). Bern, Huber, 1993, 310.

Grawe K: Psychotherapie als Entwicklungsstimulation von Schemata. Ein Prozeß mit nicht vorhersehbarem Ausgang. In: Caspar H,(Hrsg.): Problemanalyse in der Psychotherapie. Türbingen, DGVT, 1987,72-87.

Hayes SC, Brownstein AJ, Haas JR, Greenway DE: Instructions, multiple schedules, and extinction: Distinguishin rule-governed frm schedule controlled behavior. Journal of the Experimental Analysis of Behavior 1996; 46:137-147

Hayes SC, Hayes LJ: The verbal action of the listener as a basis for rule-governance. In: SC Hayes (Hrsg.): Rule-governed behavior: Cognition, contingencies and instructional control. New York: , Plenum, 1989,153-190.

Jacobson N.S. Behavior couple therapy: A new beginning. Behavior Therape 1992, 23, 493-506

Kanfer F., Reinecker H., Schmelzer D.: Selbstmanagement-therapie. Berlin, Springer 1995, 2. Auflage.

Kegan R: Die Entwicklungsstufen des Selbst- Fortschritte und Krisen im menschlichen Leben. München, Kindt, 1986

Kohlberg L,(Hrsg.).: The psychology of moral development. The nature and validity of moral stages. New York, Harper & Row, 1984:; vol. 2 (Essays on moral development)

Lewis M & Miller M.S (Hrsg.): Developmental Psychopathology. New York, Plenum Press, 1990

Linehan M: Dialektisch-Behaviorale Therapie der Borderline-Persönlichkeitsstörung. München: CIP-Medien 1996a

Linehan M: Trainingsmanual zur Dialektisch-Behavioralen Therapie der Borderline-Persönlichkeitsstörung. München: CIP-Medien 1996b

Meichenbaum D.: Interventionen bei Streß. Bern: Huber 1991

Mischel W: Toward a cognitive social learning reconceptualization of personality. Psychological Review 1973;80:252-283.

Petermann F. (Hrsg.): Kinderverhaltenstherapie. Grundlagen und Anwendungen. Hohengern, Schneider, 1997.

Piaget J, Inhelder B : Die Psychologie des Kindes. Frankfurt, Fischer, 1981

Reinecker H.: Grundlagen der Verhaltenstherapie. Weinheim, PVU 1994, 2. Auflage.

Revenstorf: Persönlichkeit. Eine Kritische Einführung. München: Röttger, 1982.

Sulz S.: Das Verhaltensdiagnostiksystem VDS: Von der Anamnese zum Therapieplan. München, CIP-Medien, 1992

Sulz 1994: Strategische Kurzzeittherapie - effiziente Wege zur wirksamen Psychotherapie. München, CIP-Medien ,1994

Sulz S.: Als Sisyphus seinen Stein losließ - Oder: Verlieben ist verrückt. München, CIP-Medien, 1996a

Sulz S.: Strategische Kurzzeittherapie. In: Hennig H. Fikentscher E., Bahrke U., Rosendahl W. (Hrsg.): Kurzzeit-Psychotherapie in Theorie und Praxis. Lengerich, Pabst ,1996b

Sulz S (Hrsg.): Das Therapiebuch. Erfahrene Psychotherapeuten berichten, wie sie Therapie machen. München, CIP-Medien, 1998, 2. Aufl.

Sulz, S. Eine kognitiv-behaviorale Konzeption der Familie (in Vorbereitung)

Ullrich, R., Ullrich de Muynck, R.: Diagnose und Therapie sozialer Störungen. Anleitung für Therapeuten. München , Pfeiffer,1980

Wittchen, H.U., Wunderlich U., Gruschwitz S., Zaudig, M.: SKID-I. Strukturiertes Interview für DSM-IV, Achse I: Psychische Störungen. Göttingen: Hogrefe, 1997

Marsha Linehan

Dialektisch-Behaviorale Therapie der Borderline-Persönlichkeitsstörung

Marsha Linehan

Dialektisch-Behaviorale Therapie der Borderline-Persönlichkeitsstörung: Das erste Jahr (ausgewählte Buchkapitel*)

Die Borderline-Persönlichkeitsstörung

In den vergangenen Jahren ist das Interesse an der Borderline-Persönlichkeitsstörung (BPS) sprunghaft gestiegen. Dieses Interesse basiert auf wenigstens zwei Faktoren: Erstens überfluten Personen, die die Kriterien für eine BPS erfüllen, Kliniken und Therapie-Praxen. Man schätzt, daß 11 % der ambulant und 19% der stationär behandelten Patienten mit psychischen Störungen die Kriterien für eine BPS erfüllen; von den Patienten mit einer Persönlichkeitsstörung scheinen 33% im ambulanten und 63% im stationären Setting die BPS-Kriterien zu erfüllen (siehe auch die Übersicht von Widiger und Frances, 1989). Zweitens scheinen die verfügbaren Behandlungsmöglichkeiten bemerkenswert unzureichend zu sein. Aus Follow-Up-Studien geht hervor, daß die anfängliche Dysfunktionalität dieser Patienten extrem ausgeprägt sein kann, daß deutliche klinische Fortschritte nur langsam, oft erst nach Jahren, erfolgen und daß in manchen Fällen auch mehrere Jahre nach der Aufnahme-Diagnostik nur eine unbedeutende Verbesserung erkennbar ist (Carpenter, Gunderson & Strauss, 1977; Pope, Jonas, Hudson, Cohen & Gunderson, 1983; McGlashan, 1986a, 1986b, 1987). Borderline-Patienten sind so zahlreich, daß statistisch fast jeder Praktiker es im Laufe seiner Tätigkeit mit einem oder mehreren Fällen zu tun haben wird. Borderline-Patienten werden mit schwerwiegenden Problemen und intensivem Leidensdruck vorstellig, eine erfolgreiche Behandlung ist schwierig- es ist daher wenig erstaunlich, daß viele Kliniker sich überfordert und inkompetent fühlen und auf der Suche nach einer Behandlungsmethode sind, die ihnen Hilfestellung bietet.

Bemerkenswerterweise wurde bislang das Verhaltensmuster, das am häufigsten mit einer BPS-Diagnose zusammenhängt - ein Muster von selbstschädigenden Handlungen und Suizidversuchen - als Therapiethema vergleichsweise wenig beachtet. Gunderson (1984) schlägt vor, daß dieses Verhalten am ehesten die eigentliche „Verhaltensspezialität“ von Borderline-Patienten darstelle. Empirische Daten geben ihm recht: 70 bis 75 % aller Borderline-Patienten weisen mindestens eine selbst-verletzende Handlung in der Vorgeschichte auf (Clarkin, Widiger, Frances, Hurt & Gilmore, 1983; Cowdry, Pickar & Davis, 1985). Diese Handlungen können in der Intensität variieren: Von solchen, die keine ärztliche Behandlung erfordern (z.B. leichte Kratzer, Schlagen des Kopfes oder Zigaretten-Verbrennungen) bis hin zu solchen, die eine Behandlung auf einer Intensivstation erforderlich machen (z.B. Überdosis, Selbstverletzung mit einem Messer, oder Erstickung). Das selbstverletzende Verhalten kann auch zum Tod führen. Die Schätzungen der Suizid-Rate bei Patienten mit BPS schwanken, die meisten liegen aber etwa bei 9% (Stone, 1989; Paris, Brown & Nowlis, 1987; Kroll, Carey, & Sines, 1985). Bei einer Nachuntersuchung von stationär behandelten Patienten mit BPS im Zeitraum von 10 bis 25 Jahren nach der Entlassung (Stone, 1989) wurde herausgefunden, daß die Patienten, die bei der Klinik-Einweisung alle acht DSM-III-Kriterien für BPS erfüllt hatten, eine Suizidrate von 36% aufwiesen, während die Rate bei den Patienten, die zwischen fünf und sieben Kriterien erfüllt hatten, bei 7% lag. In derselben Studie wurde auch ermittelt, daß Patienten mit der Diagnose einer BPS und parasuizidalen Handlungen in der Vorgeschichte eine doppelt so hohe Suizidrate aufwiesen wie Patienten ohne frühere parasuizidale Handlungen.

* Folgende Texte sind entnommen aus dem Buch "Dialektisch-Behaviorale Therapie der Borderline-Persönlichkeitsstörung". München CIP-Medien 1996. Die Auswahl traf S. Sulz.

Konzept der Borderline-Persönlichkeitsstörung

Gunderson (1984) hat vier relativ unterschiedliche klinische Phänomene zusammengefaßt, die für das andauernde psychoanalytische Interesse an der Borderline-Population verantwortlich sind. Erstens gab es bestimmte Patienten, die scheinbar gut angepaßt waren und insbesondere bei strukturierten psychologischen Testverfahren gut abschnitten, jedoch bei unstrukturierten Tests „dysfunktionale Denkstile" zeigten (in psychoanalytischer Terminologie: „primitives Denken"). Zweitens machte eine größere Gruppe von Patienten, die ursprünglich für eine Psychoanalyse geeignet schienen, sehr schlechte Fortschritte in der Therapie und erforderte häufig eine Beendigung der Analyse sowie eine Hospitalisierung. Drittens wurde eine Gruppe von Patienten identifiziert, deren Befinden sich, im Gegensatz zu den meisten anderen Patienten, bei stützenden stationären Behandlungsprogrammen zu verschlechtern drohte. Viertens riefen diese Patienten oft intensiven Ärger und Hilflosigkeit bei dem behandelnden therapeutischen Personal hervor. Zusammengenommen deuteten diese vier Beobachtungen auf die Existenz einer Personengruppe hin, die trotz positiver prognostischer Indikatoren nur wenig von traditionellen Behandlungsformen profitiert. Die emotionale Verfassung sowohl der Patienten als auch der Therapeuten schien sich zu verschlechtern, sobald diese Personen mit der Psychotherapie begannen.

Die Theorie, die ich in diesem Buch vorstellen werde, basiert auf einer biosozialen Theorie und ähnelt in vielen Aspekten derjenigen von Millon. Beide betonen die Rolle einer wechselseitigen Interaktion biologischer und sozialer Lerneinflüsse für die Ätiologie der Störung. Im Gegensatz zu Millon habe ich keine eigenständige Definition der BPS entwickelt. Ich habe jedoch eine Reihe von Verhaltensmustern zusammengestellt, die mit einer Untergruppe von Personen mit Borderline-Störung in Verbindung gebracht werden - jene Personen, die in ihrer Vorgeschichte multiple Versuche aufweisen, sich selbst zu verletzen, zu verstümmeln oder zu töten.

Zur Verdeutlichung werden diese Verhaltensmuster in Tabelle 1. kurz dargestellt.

Tabelle 1: Verhaltensmuster bei BPS

1. **Emotionale Verletzbarkeit**
   Ein Muster von umfassenden Schwierigkeiten, negative Gefühle zu verarbeiten. Dazu zählen eine ausgeprägte Empfindlichkeit gegenüber negativen emotionalen Reizen, hohe Gefühlsintensität, ein nur langsamer Rückgang zur Ausgangsstimmung sowie die Tendenz, der sozialen Umwelt unrealistische Erwartungen und Anforderungen vorzuwerfen.

2. **Selbst-Entwertung**
   Tendenz, die eigenen emotionalen Reaktionen, Gedanken, Überzeugungen und Verhaltensweisen zu entwerten oder nicht anzuerkennen. Unrealistisch hohe Standards und Anforderungen an die eigene Person. Kann ausgeprägte Scham, Selbsthaß und auf sich selbst gerichtete Wut beinhalten.

3. **Ständige Krisen**
   Ein Muster häufiger belastender, negativer äußerer Ereignisse, Störungen oder Hindernisse, von denen einige durch die dysfunktionale Lebensführung der Person verursacht sind, andere durch ein inadäquates soziales Umfeld und viele durch Schicksal oder Zufall.

4. **Unterdrücktes Trauern**
   Tendenz, negative Gefühlsreaktionen zu unterdrücken und übermäßig zu kontrollieren, insbesondere solche Gefühlsreaktionen, die mit Trauer und Verlust zusamenhängen, u.a. Traurigkeit, Wut, Schuld- oder Schamgefühle, Angst und Panik.

5. **Aktive Passivität**
   Neigung zu einem passiven Problemlöseverhalten, das durch die Unfähigkeit gekennzeichnet ist, eigene Lebensprobleme aktiv zu lösen, oft begleitet von aktiven Versuchen, eine Lösung der Probleme von anderen zu erbitten; erlernte Hilflosigkeit, Hoffnungslosigkeit.

6. **Scheinbare Kompetenz**
   Die Betroffene neigt dazu, kompetenter zu erscheinen, als sie tatsächlich ist; dies ist vermutlich auf eine mangelnde Generalisierung von Fähigkeiten auf verschiedene Stimmungen, Situationen und Zeitpunkte zurückzuführen sowie auf die Unfähigkeit, über adäquate nonverbale Signale emotionale Probleme zu vermitteln.

Therapie der Borderline-Persönlichkeitsstörung

Das von mir entwickelte Therapie-Programm - die dialektische Verhaltenstherapie oder DBT- besteht zum Großteil aus der Anwendung einer breiten Palette kognitiver und verhaltenstherapeutischer Strategien auf die Probleme bei der BPS, zu denen auch suizidale Verhaltensweisen gehören. Verschiedene Aspekte der DBT weisen auf ein kognitiv-verhaltenstherapeutisches Standardprogramm hin, so die besondere Betonung der Diagnostik; die Erfassung der aktuellen Verhaltensweisen; eine präzise operationale Definition von Therapie-Zielen; eine aufgabenorientierte Zusammenarbeit zwischen Therapeut/in und Patientin, bei der darauf geachtet wird, daß die Patientin sich am Therapieprogramm orientiert und daß beide an der Erreichung der Therapieziele arbeiten und letztlich die Anwendung verhaltenstherapeutischer und kognitiver Standard-Techniken. Die wichtigsten Behandlungs-Elemente wie Problemlöseverhalten, Exposition, Fertigkeitstraining, Kontingenz-Management und kognitive Umstrukturierung sind seit Jahren Bestandteile kognitiver und verhaltentherapeutischer Ansätze. Zu jedem einzelnen dieser Elemente gibt es eine Fülle empirischer und theoretischer Literatur.

Die DBT weist darüberhinaus jedoch auch verschiedene eigenständige Charakteristika auf. Wie der Name bereits andeutet, ist das hervorstechendste Merkmal die Betonung von Dialektik- also die Vereinigung von Gegensätzen in einem kontinuierlichen Prozess der Synthese. Die grundlegendste Dialektik ist die Notwendigkeit, die Patientinnen so zu akzeptieren, wie sie sind, und gleichzeitig den Versuch zu unternehmen, ihnen beizubringen, sich zu verändern. Die Spannung zwischen den schwankenden, übermäßig hohen oder niedrigen Zielen einerseits sowie den Erwartungen hinsichtlich der eigenen Fähigkeiten andererseits stellt eine gewaltige Herausforderung für den/die Therapeut/in dar; er/sie muß bereit sein, jederzeit zwischen Strategien der unterstützenden Akzeptanz und Strategien der Konfrontation und Veränderung hin-und herzuwechseln. Diese Betonung von Akzeptanz als Gegengewicht zu Veränderung leitet sich direkt aus einer Kombination von östlicher (Zen) Perspektive und westlichen psychologischen Praktiken ab. Der Begriff Dialektik verweist auch auf die Notwendigkeit dialektischen Denkens seitens des/der Therapeuten/in sowie der Veränderung nicht-dialektischen, dichotomen und rigiden Denkens seitens der Patientin. Der Stil der DBT besteht aus einer Mischung von sachlicher, etwas respektloser und manchmal geradezu offensiver Haltung gegenüber derzeitigen und früheren parasuizidalen und anderen dysfunktionalen Verhaltensweisen, Wärme, Flexibilität und Ansprechbarkeit des Therapeuten und strategischer Selbst-Enthüllung.

Empirischen Befunde zur Effektivität der Behandlung

Zum aktuellen Zeitpunkt (während dieses Buch geschrieben wird) ist die DBT eine der wenigen psychosozialen Behandlungsmethoden für BPS, deren Effektivität durch empirische Daten gestützt wird. Angesichts der immensen Schwierigkeiten bei der Behandlung dieser Patientinnen, der Literatur zu Behandlungsmöglichkeiten und des großen Interesses an diesem Thema ist das recht überraschend. Ich konnte lediglich zwei andere Behandlungsmethoden finden, die in kontrollierten Therapiestudien untersucht worden sind. Marziali und Munroe-Blum (1987; Munroe-Blum & Marziali, 1987, 1989; Clarkin, Marziali & Munroe-Blum, 1991) verglichen eine psychodynamische Gruppentherapie (Beziehungsmanagement-Psychotherapie; RMP [Relationship-Management-Psychotherapy]) mit der üblichen Einzeltherapie. Sie fanden zwar keine Unterschiede im Therapieerfolg, bei der RMP brachen aber etwas weniger Patienten die Therapie ab. Turner (1992) hat kürzlich eine kontrollierte randomisierte Therapiestudie abgeschlossen, bei der ein strukturiertes, multimodales Behandlungskonzept untersucht wurde, das eine Kombination aus pharmakologischer Behandlung und integrativer psychodynamischer/kognitiv-verhaltenstherapeutischer Behandlung (der DBT ähnlich) darstellt. Vorläufige Ergebnisse deuten auf vielversprechende Therapieerfolge hin, die in einer allmählichen Reduktion von problematischen Kognitionen und Verhaltensweisen, Angst und Depression bestehen.

Die DBT wurde in zwei kontrollierten Therapiestudien untersucht. Bei beiden wurden parasuizidale Frauen, die die Kriterien für BPS erfüllten, nach Zufall entweder der DBT-Gruppe zugeteilt oder der Kontrollgruppe, die die übliche Therapie erhielt. Zu den Therapeuten gehörte ich selbst und andere Psychologen, Psychiater und weitere Psychotherapeuten, die von mir in DBT trainiert und supervidiert wurden. Die Behandlung erstreckte sich über einen Zeitraum von einem Jahr. Diagnostikphasen fanden bis zum Therapieende alle vier Monate statt; nach Beendigung der Therapie wurden zwei Diagnostikphasen im Abstand von 6 Monaten durchgeführt.

Studie 1

In der ersten Untersuchung wurden 24 Personen der DBT zugeteilt und 23 der Kontrollgruppe der konventionellen psychotherapeutischen Behandlung. Nur solche DBT-Patientinnen wurden in die Auswertung (außer der Analyse der Therapieabbruch-Quote) miteinbezogen, die für mindestens vier Sitzungen in der Therapie geblieben waren (n=22). Eine Patientin der Kontrollgruppe erschien nicht zu den Diagnostikphasen. Die DBT war bei allen Zielvariablen überlegen.

1. Im Vergleich zu den Patientinnen der Kontrollgruppe waren die Patientinnen der DBT-Gruppe während des Behandlungsjahres signifikant weniger parasuizidal, wiesen zu jedem Diagnosezeitpunkt weniger parasuizidale Episoden auf und die über das Jahr auftretenden parasuizidalen Handlungen waren medizinisch weniger schwerwiegend. Diese Ergebnisse wurden erzielt, obwohl die DBT gegenüber der Kontrollbedingung nicht zu stärkeren Verbesserungen der Selbstberichte über Hoffnungslosigkeit, Suizidideen oder Gründe, zu leben, führte. Ähnliche Reduktionen der Häufigkeit parasuizidaler Episoden wurden von Barley et al. (im Druck) gefunden, die DBT in einer psychiatrischen Station durchführten.

2. DBT konnte die Anzahl von Therapieabbrechern erfolgreicher begrenzen als die Kontrollbehandlung. Therapieabbruch ist eine der zentralsten therapiegefährdenden Verhaltensweisen. Nach einem Jahr hatten bei der DBT nur 16,4 % die Therapie abgebrochen im Vergleich zu 50-55% bei anderen Behandlungsmethoden (siehe Koenigsberg, Clarkin, Kernberg, Yeomans & Gutfreund, im Druck).

3. Patientinnen der DBT-Gruppe hatten tendenziell weniger und kürzere Psychiatrie-Aufenthalte (im Durchschnitt 8,46 Tage im gesamten Jahr gegenüber 38,86 Tagen bei der Kontrollgruppe).
   In vielen Therapiestudien werden Patienten beim Auftreten von Suizidversuchen oder Psychiatrieaufenthalten aus der Studie ausgeschlossen. Dagegen war ich besonders daran interessiert, diese zwei Faktoren gemeinsam zu betrachten. Wir entwickelten ein Kategoriensystem, nach dem die psychische Anpassung wie folgt auf einem Kontinuum von „schlecht" bis „gut" eingeordnet werden konnte: Patientinnen, die in den letzten vier Behandlungsmonaten weder parasuizidale Episoden noch Psychiatrieaufenthalte aufwiesen, wurden als „gut" eingestuft. Solche mit Psychiatrieaufenthalt oder einer parasuizidalen Episode wurden als „mittel" eingeordnet und solche mit beidem in den letzten vier Behandlungsmonaten als „schlecht". Nach diesem System wiesen 13 DBT-Patientinnen eine gute Anpassung auf, 6 eine mittlere und 3 eine schlechte. In der Kontrollgruppe fanden sich jeweils 6 Patientinnen mit guter und schlechter und 10 mit mittlerer Anpassung. Dieser Unterschied im Behandlungsergebnis war signifikant auf einem Niveau von $p<.02$.

4. Bei Abschluß der Behandlung wurden die DBT-Patientinnen im Vergleich zu den Patientinnen der Kontrollgruppe von einem Interviewer hinsichtlich allgemeiner Anpassung höher eingeschätzt als die Kontrollpatientinnen. Auch sie selbst bewerteten sich besser bezüglich ihrer allgemeinen Fähigkeit, bestimmte Rollen (Arbeit, Schule, Haushalt) auszuüben als die Kontrollpatientinnen. Zusammen mit dem Erfolg der DBT bei der Reduktion von Aufenthaltstagen in der Psychiatrie deutet dies darauf hin, daß die DBT solche Verhaltensweisen effektiv einschränkt, die mit der alltäglichen Lebensführung interferieren.

5. Die Effektivität der DBT bei Verbesserung der anvisierten Verhaltensfertigkeiten war gemischt. Bezüglich der Emotionsregulation tendierten DBT-Patientinnen im Vergleich zu den Kontrollpatientinnen eher dazu, sich selbst als erfolgreicher einzuschätzen hinsichtlich der Fähigkeit, ihre Gefühle zu verändern und ihre allgemeine Kontrolle von Gefühlen zu verbessern. Sie wiesen auch signifikant niedrigere Werte bei Selbsteinschätzungen von habitueller Wut und angstvollem Grübeln auf. Bei der Selbsteinschätzung hinsichtlich Depression zeigten sich keine Unterschiede zwischen den Gruppen, beide hatten sich jedoch verbessert. Bei zwischenmenschlichen Fertigkeiten bewerteten sich die Patientinnen mit DBT besser hinsichtlich interpersoneller Kompetenz und interpersonellem Problemlösen. Sowohl die Selbst- als auch die Interviewer-Fremdeinschätzung hinsichtlich der sozialen Anpassung waren bei ihnen höher als bei der Kontrollgruppe. DBT war nicht erfolgreicher bei der Verbesserung der Selbstbewertung hinsichtlich der Fähigkeit, sich selbst und die Realität zu akzeptieren und zu tolerieren. Trotzdem deutet die größere Reduktion von parasuizidalen Verhaltensweisen, psychiatrischen Aufenthalten und Wutgefühlen darauf hin, daß trotz fehlender Verbesserung von Depression, Hoffnungslosigkeit, Suizidideen und Gründen zu leben eine Ver-

besserung der Toleranz von unangenehmen Gefühlen bei den DBT-Patientinnen eintritt. Dies gilt zumindest für die verhaltensbezogenen und emotionalen Reaktionen.
Die Überlegenheit der DBT bleibt auch dann bestehen, wenn DBT-Patientinnen nur mit solchen Kontrollpatientinnen verglichen wurden, die während des Behandlungsjahres eine regelmäßige Einzelpsychotherapie erhielten. Die Effektivität der DBT scheint also nicht allein darin begründet zu sein, daß eine stabile Einzel-Psychotherapie zur Verfügung gestellt wird. Diese Ergebnisse werden an anderer Stelle ausführlicher dargestellt (Linehan et al., 1991; Linehan & Heard, 1993; Linehan, Tutek & Heard, 1992).

Für das Follow-Up nach 18 bzw. 24 Monaten konnten wir 37 bzw. 35 Patientinnen ausfindig machen (Linehan, Heard & Armstrong, im Druck). Viele waren nicht bereit, die gesamte Diagnostikphase zu durchlaufen, stellten sich aber für ein verkürztes Interview zur Verfügung, das zentrale Angaben zum Therapieerfolg erfaßte. Die Überlegenheit der DBT gegenüber der konventionellen Behandlung, die sich im Verlauf des Behandlungsjahres gezeigt hatte, blieb im allgemeinen auch im Jahr nach Abschluß der Therapie erhalten. Zu jedem Diagnosezeitpunkt wiesen diejenigen Patientinnen, die DBT erhalten hatten, eine bessere allgemeine und soziale Anpassung sowie bessere Arbeitsleistungen auf als die Kontrollgruppe. In jedem Bereich, in dem die DBT nach Abschluß der Behandlung der Kontrollbehandlung überlegen war, hielt sich der Erfolg beim Follow-Up für mindestens sechs Monate. Die Überlegenheit der DBT war in den ersten sechs Monaten nach Abschluß der Therapie ausgeprägter bei den Maßen für parasuizidales Verhalten und Wut. In den letzten sechs Monaten war sie ausgeprägter bei der Verkürzung der Aufenthaltsdauer in psychiatrischen Kliniken.

Eine Reihe von Aspekten sollte bei der Bewertung dieser empirischen Bestätigung für die Effektivität der DBT beachtet werden. Erstens bedeuten diese Ergebnisse nicht, daß eine Therapiedauer von einem Jahr für diese Patientinnen ausreichend ist. Obwohl im Verlauf dieses Jahres bedeutende Fortschritte gemacht wurden und diese auch zum Großteil über ein Jahr nach der Therapie beibehalten wurden, blieben die Werte für unsere Patientinnen auf fast allen Skalen im klinischen Bereich. Zweitens stellt eine einzige Therapiestudie eine schwache Basis dar für die Bewertung der Effektivität einer Therapiemethode. Unsere Ergebnisse wurden zwar von Barley et al. (im Druck) repliziert, dennoch ist weitere Forschung notwendig. Drittens existieren wenige bis überhaupt keine Daten darüber, daß andere Therapiemethoden nicht effektiv sind. Außer in den zwei Studien, die ich oben erwähnt habe, wurden keine weiteren Therapieverfahren in kontrollierten Therapiestudien untersucht.

Studie 2

In der zweiten Studie (Linehan, Heard & Armstrong, 1993) ging es uns um die folgende Frage: Kann bei einer Borderline-Patientin, die Einzelpsychotherapie(keine DBT) erhält, die Effektivität der Behandlung durch zusätzliche DBT-Gruppentherapie gesteigert werden? Elf zufällig ausgewählte Patientinnen wurden dem DBT-Gruppenfertigkeitstraining zugeteilt, 8 einer Kontrollgruppe ohne Fertigkeitstraining. Alle Patientinnen erhielten bereits regelmäßige Einzeltherapie und wurden von ihren Therapeuten zum Fertigkeitstraining überwiesen. Die Patientinnen waren parallelisiert und wurden randomisiert auf die Bedingungen aufgeteilt. Außer dem Therapiestatus gab es keine Unterschiede zwischen diesen Patientinnen und denjenigen der ersten Studie. Außer der Tatsache, daß wir die Patientinnen im Fertigkeitstraining über das Jahr hinweg relativ gut in der Therapie halten konnten (73%) spricht wenig für den zusätzlichen Einsatz des DBT-Gruppenfertigkeitstrainings neben einer Einzelpsychotherapie, die nicht DBT ist. Nach der Behandlung fanden sich für keine Variable signifikante Gruppenunterschiede; auch ergibt sich aus den Mittelwerten kein Anhaltspunkt dafür, daß das Ausbleiben solcher Unterschiede auf die kleine Stichprobengröße zurückzuführen sein könnte.

Als nächstes führten wir einen post-hoc-Vergleich durch zwischen all den Patientinnen aus Studie 2, die regelmäßige Einzelpsychotherapie erhielten (n=18) und den Patientinnen aus Studie 1, die regelmäßig DBT erhielten (n=21). So konnten wir DBT mit anderen Einzeltherapien vergleichen, bei denen der Therapeut ebenso viel Zeit für die Patientin aufwendete wie bei der DBT. Die Patientinnen aus Studie 1, die DBT erhielten, schnitten bei allen Zielvariablen besser ab. Patientinnen in regelmäßiger, konventioneller Einzeltherapie, mit oder ohne DBT-Gruppenfertigkeitstraining, schnitten nicht besser (oder schlechter) ab als die 22 Patientinnen aus Studie 1, die der konventionellen Therapie zugeordnet wurden. Welche Schlüsse können wir aus diesen Ergebnissen ziehen? Zunächst stützt die zweite Studie die Ergebnisse von Studie 1:

Standard-DBT (d.h., die Psychotherapie plus Gruppenfertigkeitstraining) ist effektiver als konventionelle Therapie. Daraus ergibt sich aber nicht, daß das DBT-Gruppenfertigkeitstraining ineffektiv oder überflüssig ist, wenn es innerhalb der Standard-DBT angeboten wird. Auch ist unklar, ob das DBT-Gruppenfertigkeitstraining effektiv wäre, wenn es alleine, ohne begleitende Nicht-DBT-Einzeltherapie, angeboten würde. Bei der Standard-DBT ist das Fertigkeitstraining in die Einzeltherapie integriert. Die Einzeltherapie bietet ein hohes Maß an Übung, Feedback und Verstärkung von Fertigkeiten. Die Integration beider Behandlungsarten, zu der die individuelle Hilfestellung bei der Anwendung neu erlernter Verhaltensfertigkeiten gehört, könnte für den Erfolg der Standard-DBT entscheidend sein. Außerdem könnte eine Kombination von einer anderen Einzeltherapie als DBT mit dem DBT-Fertigkeitstraining einen Konflikt für die Patientin darstellen, der sich negativ auf den Therapieerfolg auswirkt. Wir sind dabei, diese Punkte zu untersuchen.

Die Borderline-Persönlichkeitsstörung und emotionale Fehlregulation

Wie bereits gesagt, wird in der biosozialen Theorie die BPS primär als Fehlregulation des emotionalen Systems verstanden. Die emotionale Fehlregulation ist ihrerseits auf eine hohe emotionale Verletzbarkeit zurückzuführen, verbunden mit einer Unfähigkeit, Gefühle zu steuern Je stärker eine Person emotional verletzbar ist, desto größer die Notwendigkeit, ihre Emotionen steuern zu können. Unsere These ist die, daß Borderline-Persönlichkeiten sowohl emotional verletzbar sind als auch unfähig, ihre Emotionen zu steuern. Diese Schwierigkeiten sind unserer Meinung nach auf biologische Prädispositionen zurückzuführen, die durch spezifische Lernerfahrungen verstärkt werden können.

Eine Zwillingsstudie von Torgersen (1984) deutet eher auf eine psychosoziale als eine genetische Übertragung hin. Bisher gibt es nur wenige Studien, in denen versucht wurde, die Temperaments-Eigenschaften von Borderline-Persönlichkeiten mit den Erkenntnissen zur genetischen und biologischen Ätiologie dieser spezifischen Charaktereigenschaften in Verbindung zu bringen.

Neurophysiologische Funktionen können aber neben genetischen Gegebenheiten auch von anderen Faktoren stark beeinflußt werden, insbesondere im emotionsregulierenden System. Wir wissen beispielsweise, daß die Beschaffenheit der intrauterinen Umgebung für die Entwicklung des Fötus von großer Bedeutung sein kann. Dieser Faktor kann darüberhinaus auch die späteren Verhaltensweisen des Individuums beeinflussen. Zunehmend mehr Studien weisen darauf hin, daß der Umweltstreß, dem die Mutter während der Schwangerschaft ausgesetzt ist, sich nachteilig auf die spätere Entwicklung des Kindes auswirkt (Davids & Devault, 1962; Newton, 1988).

Eigenschaften einer invalidierenden Umgebung

Invalidierung hat zwei Haupteigenschaften: Erstens wird der betroffenen Person signalisiert, daß sowohl die Beschreibung als auch die Analyse ihrer eigenen Erfahrungen falsch sind, insbesondere hinsichtlich der Beurteilung dessen, was ihre Gefühle, Gedanken und Handlungen auslöst. Zweitens werden ihre Erfahrungen auf sozial inakzeptable Eigenschaften oder Wesenszüge attribuiert. Die Umgebung besteht beispielsweise darauf, daß die Betroffene etwas fühlt, von dem sie selbst glaubt, daß sie es nicht fühlt („Du bist wütend und willst es nur nicht zugeben“); daß sie etwas mag, von dem sie selbst glaubt, daß sie es nicht mag (das sprichwörtliche „wenn sie nein sagt, meint sie ja“); oder daß sie etwas getan hat, von dem sie sagt, sie hätte es nicht getan. Negative Gefühlsäußerungen werden auf Eigenschaften wie Überreaktivität, Überempfindlichkeit, Paranoia, eine verzerrte Sicht der Ereignisse oder eine mangelnde positive Einstellung zurückgeführt. Verhaltensweisen, durch die unabsichtlich negative oder schmerzhafte Folgen für andere entstehen, werden auf feindselige oder manipulative Motive attribuiert. Mißerfolge oder das Nicht-Erfüllen von gesellschaftlich vorgegebenen Erfolgskriterien werden als Zeichen für mangelnde Motivation, fehlende Disziplin, ungenügende Anstrengung usw. interpretiert. Auch positive Gefühlsäußerungen, Überzeugungen und Pläne können in ähnlicher Weise entwertet werden, indem sie auf mangelnde Urteilskraft, Naivität, Überidealisierung und Unreife zurückgeführt werden. In jedem Falle werden persönliche Erfahrungen und Gefühlsäußerungen nicht als gültige Reaktionen auf Ereignisse akzeptiert.

Sexueller Mißbrauch

Die Prävalenz von sexuellem Mißbrauch in der Kindheit in der Vorgeschichte von Frauen mit BPS ist so hoch, daß dieser Faktor bei Überlegungen zur Ätiologie dieser Störung einfach nicht ignoriert werden kann. Von 12 hospitalisierten Borderline-Patientinnen, die Stone (1981) untersuchte, berichteten 9, oder 75%, von früherem Inzest. In einer Studie von Bryer, Nelson, Miller und Krol (1987) wurde bei 86% der stationären Borderline-Patientinnen sexueller Mißbrauch in der Kindheit berichtet, im Vergleich zu 34% bei anderen psychiatrischen Patienten.

Elterliche Imitation des Kleinkindes

Die Tendenz der Eltern, das emotionale Ausdrucksverhalten des Kleinkindes zu imitieren, stellt einen wichtigen Faktor für eine optimale emotionale Entwicklung dar (Malatesta & Haviland, 1982). Das Nicht-Imitieren (fehlende Validierung) oder nicht-kongruentes Imitieren (Invalidierung) sind mit weniger optimaler Entwicklung verknüpft. Im Zusammenhang mit Geschlechterunterschieden bei der Häufigkeit von BPS ist es interessant, daß Mütter dazu neigen, kontingenter auf das Lächeln von Söhnen als von Töchtern zu reagieren und daß sie den Ausdruck von Söhnen häufiger imitieren als den von Töchtern (Malatesta und Haviland, 1982).

Arten von invalidierenden Familien

Meine Mitarbeiter und ich haben bei den Patientinnen unserer Klinik drei Arten von invalidierenden Familien beobachtet: Die „chaotische" Familie, die „perfekte" Familie und, seltener, die „typische" Familie.

Chaotische Familien

In chaotischen Familien können Probleme mit Alkohol- oder Drogenmißbrauch oder finanzielle Schwierigkeiten vorliegen; vielfach sind die Eltern häufig außer Haus. In jedem Falle werden den Kindern wenig Zeit und Aufmerksamkeit gewidmet.

Perfekte Familien

In einer „perfekten" Familie sind die Eltern aus irgendeinem Grunde nicht in der Lage, negative Gefühlsäußerungen der Kinder zu tolerieren. Diese Haltung kann durch verschiedene Faktoren ausgelöst werden wie zusätzliche andere Anforderungen (z.B. viele Kinder, ein stressiger Job), die Unfähigkeit, negative Gefühle zu ertragen, Selbstbezogenheit oder auch die naive Angst, ein schwieriges Kind zu sehr zu verwöhnen.

Typische Familien

Das einzelne Individuum wird in westlichen Kulturkreisen durch scharfe Grenzen zwischen dem Selbst und anderen definiert. Dieser Sichtweise entsprechend wird davon ausgegangen, daß das Verhalten des reifen Individuums eher von inneren als von äußeren Kräften gesteuert wird. „Selbst-Kontrolle" bezieht sich in diesem Zusammenhang auf die Fähigkeit, das eigene Verhalten unter Einsatz internaler Reize und Ressourcen zu kontrollieren. Eine andere Definition der eigenen Person - z.B. eine Definition über die Beziehung zu anderen oder über die Abhängigkeit von der Umgebung - wird als unreif und pathologisch empfunden; zumindest aber als der seelischen Gesundheit und guter sozialer Anpassung abträglich (Perloff, 1987).

Rahmenbedingungen der Behandlung

Unter „Rahmenbedingungen" verstehe ich die verschiedenen Behandlungskomponenten, aus denen sich die DBT zusammensetzt sowie die Art und Weise der Durchführung. Im Grunde kann die DBT in jedem Therapie-Setting durchgeführt werden; in unserer Therapiestudie zur Validierung der Effektivität von DBT als ambulanter Therapie wurde die Behandlung allerdings in vier gleichzeitig angebotenen Hauptformen durchgeführt: Einzelsitzungen, Fertigkeitstraining in der Gruppe, telefonische Beratung und Fallberatung für den Therapeuten. Die meisten Patientinnen erhielten daneben eines oder mehrere zusätzliche Therapieangebote. Diese zusätzlichen Angebote müssen je nach den gegebenen Voraussetzungen (z.B. Privatpraxis oder stationäre Behandlung) eingeschränkt oder erweitert werden.

Ambulante Einzeltherapie

In der „Standard"- DBT (also der Originalversion der DBT) hat jede Patientin einen Psychotherapeuten, bei dem sie Einzelsitzungen erhält und der ihr Bezugstherapeut im Behandlungsteam ist. Die Einzeltherapie steht im Mittelpunkt aller anderen Therapieangebote. Der Einzeltherapeut unterstützt die Patientin dabei, ungünstige Borderline-Verhaltenweisen abzubauen und durch angemessenere Reaktionen zu ersetzen. Seine Aufgabe ist es auch, die Motivation der Patientin im Auge zu behalten und auf Faktoren zu achten, die seitens der Patientin oder der Umwelt effektivere Verhaltenweisen behindern und ungünstige Verhaltenweisen hervorrufen und verstärken könnten.

Die Einzelsitzungen finden im allgemeinen 1x wöchentlich statt. Zu Beginn der Behandlung und in Krisensituationen können die Sitzungen für eine begrenzte Zeit auch 2x wöchentlich durchgeführt werden; für manche Patientinnen ist dies auch für den gesamten Behandlungszeitraum sinnvoll. Die Dauer der Sitzungen beträgt normalerweise 50-60 oder 90-110 Minuten. Die längeren Sitzungen („Doppelstunden") werden für Patientinnen angeboten, die bei kürzeren Sitzungen Probleme haben, sich zu Beginn zu öffnen und gegen Ende wieder emotional zu stabilisieren. Die Länge der Sitzungen wird im Verlauf der Behandlung je nach den spezifischen Anforderungen der jeweiligen Phase variieren; beispielsweise kann die Dauer der Sitzungen bei einer Patientin regulär 60 Minuten betragen, für eine Expositionssitzung mit mißbrauchsbezogenen Reizen werden aber 90-120 Minuten eingeplant. Es kann auch für eine gewisse Zeit eine Doppelstunde und eine Einzelstunde pro Woche vereinbart werden, oder eine halbe Stunde als Aufwärmphase. Der Therapeut kann die Sitzung spontan verkürzen oder verlängern, um die Patientin für die Arbeit an einem bestimmten Problem zu verstärken oder um Vermeidung zu bestrafen. Sollte es aufgrund von Terminschwierigkeiten nicht möglich sein, eine Sitzung zu verlängern, kann für denselben Tag ein therapeutischer Telefonkontakt oder für den nächsten Tag eine weitere Einzelsitzung vereinbart werden. Günstig ist es auch, die Sitzungen mit Patientinnen, die häufig längere Zeit benötigen, am Ende des Tages abzuhalten. Grundsätzlich sollte die Länge der Therapiesitzung den anstehenden Aufgaben angepaßt werden und nicht der Stimmung von Therapeut oder Patientin überlassen werden. Der Therapeut muß hier oftmals seine Fähigkeit zum kreativen Problemlösen unter Beweis stellen.

Die Zuweisung eines Therapeuten in einem klinischen oder einem Forschungs-Setting kann bei Borderline-Patientinnen spezielle Probleme mit sich bringen. Viele Borderline-Patientinnen haben bereits eine oder mehrere fehlgeschlagene therapeutische Beziehungen hinter sich und haben genaue Vorstellungen davon, wie ihr Wunsch-Therapeut beschaffen sein sollte. Auch der Therapeut mag auf der anderen Seite eindeutige Vorlieben haben bezüglich Patientinnen, mit denen er arbeiten will und mit denen er sich wohl fühlt. Gerade Frauen, die sexuell mißbraucht wurden, bevorzugen häufig weibliche Therapeuten. In unserer Klinik werden die Patientinnen im Aufnahmegespräch über die verfügbaren Therapeuten informiert und nach etwaigen Präferenzen gefragt. Nachdem das Aufnahmeinterview, die individuelle Vorgeschichte und die aktuellen Beschwerden im Team durchgesprochen wurden, wird ein Einzeltherapeut zugeteilt. Obwohl ich es grundsätzlich vorziehen würde, wenn die Patientin und der Therapeut sich nach einem gemeinsamen Gespräch gleichberechtigt für oder gegen eine Zusammenarbeit entscheiden würden, ist ein solches Vorgehen in unserer Klinik nicht durchführbar. Stattdessen werden die ersten Sitzungen so angelegt, daß Patientin und Therapeut entscheiden können, ob sie miteinander arbeiten können. Die Patientin hat die Möglichkeit, den Therapeuten zu wechseln, sofern ein anderer Therapeut zur Verfügung steht und bereit ist, mit ihr zu arbeiten. Bricht sie jedoch die Einzeltherapie ab, ohne zu einem anderen Therapeuten (innerhalb oder außerhalb der Klinik) zu wechseln, darf sie an dem übrigen Therapieprogramm nicht teilnehmen.

Fertigkeitstraining

Im ersten Jahr der Behandlung müssen alle Patientinnen am Fertigkeitstraining teilnehmen. Im Rahmen der Einzeltherapie, die auf eine Reduktion suizidaler und anderer borderlinetypischer Verhaltensweisen abzielt, ist die Durchführung des Fertigkeitstrainings meiner Erfahrung nach außergewöhnlich schwierig. Hier wird das Fertigkeitstraining durch die Notwendigkeit von Kriseninterventionen oder Zuwendung zu anderen Schwierigkeiten im allgemeinen verhindert. Umgekehrt läßt ein strukturiertes Programm mit klar ausgearbeitetem Zeitplan wie das Fertigkeitstraining meist zu wenig Zeit, um sich diesen motivationalen Fragen in ausreichendem Maße widmen zu können. Die Lösung dieses Problemes bestand darin, die Behandlung in zwei Komponenten aufzuteilen, die entweder von zwei verschiedenen Therapeuten oder vom gleichen Therapeuten, aber deutlich voneinander getrennt, durchgeführt werden. In unserem Programm nimmt jede Patientin gleichzeitig am Fertigkeitstraining und an der Einzeltherapie teil. Die wenigsten Borderline-Patientinnen sind in der Lage, die dysfunktionalen borderlinetypischen Verhaltensweisen ohne intensive individuelle Anleitung durch adaptive Bewältigungsstrategien zu ersetzen; daher ist für die meisten die Einzeltherapie notwendig, um die im Fertigkeitstraining erlernten Verhaltensweisen im alltäglichen Leben auch umsetzen zu können.

Das DBT-Fertigkeitstraining wird als psychoedukatives Programm durchgeführt. In unserer Klinik finden üblicherweise einmal wöchentlich 2 bis 2,5-stündige offene

Gruppen statt; andere Einteilungen sind aber ebenfalls denkbar. In einigen Kliniken wird die Zeit auf 2 1-stündige Sitzungen verteilt, wobei 1 Stunde für die Besprechung der Hausaufgaben und 1 Stunde für die Vermittlung neuer Informationen verwendet wird. In einer größeren Klinik könnte man ein großes Gruppentreffen pro Woche veranstalten, in dem das neue Material vorgestellt wird, und mehrere Kleingruppen, in denen die Hausaufgaben besprochen werden. In kleineren Kliniken oder einer Privatpraxis können die Gruppen auch relativ klein sein und sich für eine kürzere Zeit treffen.

In den Gruppen, die meine Kollegen und ich durchführen, befinden sich normalerweise 6-8 Gruppenteilnehmerinnen. Für die Durchführung einer Gruppe sind jedoch schon zwei Patientinnen ausreichend. Für Patientinnen, die aus dem einen oder anderen Grund nicht fähig sind, an einer Gruppe teilzunehmen, kann das Fertigkeitstraining auch auf individueller Basis durchgeführt werden. Ich habe die Erfahrung gemacht, daß es einfacher ist, wenn ein zweiter Therapeut das Fertigkeitstraining durchführt; sonst besteht die Gefahr (der ich zumindest schwer widerstehen kann), in den einzeltherapeutischen, nicht fertigkeitsbezogenen Modus zu fallen. Wenn der Einzeltherapeut auch das Fertigkeitstraining selbst durchführt, sollten dafür separate, deutlich strukturierte Sitzungen angesetzt werden.

Das Fertigkeitstraining wird im begleitenden Therapiemanual Schritt für Schritt beschrieben.*

Stützende Gruppentherapie

Nach der Teilnahme am Fertigkeitstraining können die Patientinnen an der optionalen stützenden Gruppentherapie teilnehmen. Diese Gruppen sind fortlaufend und offen, die Patientinnen nehmen normalerweise nur für eine begrenzte Zeit teil. Um an der stützenden Gruppe teilnehmen zu können, muß die Patientin gleichzeitig Einzeltherapie oder Fallberatung (case management) erhalten. Ausnahme sind die fortgeschrittenen Gruppen, die für einige Borderline-Patientinnen langfristig die primäre Therapie darstellen können. Die Durchführung dieser Gruppen wird im begleitenden Manual ausführlicher dargestellt.

Es ist denkbar, daß auch die Inhalte der DBT-Einzeltherapie auf ein Gruppenformat übertragbar sind; mir stehen allerdings keine empirischen Daten zu diesen Überlegungen zur Verfügung. In diesem Fall würde eine Gruppen-DBT die einzeltherapeutische Komponente ersetzen.

Telefonische Beratung

Aus mehreren Gründen ist die telefonische Beratung zwischen den psychotherapeutischen Sitzungen durch den niedergelassenen Einzeltherapeuten ein wichtiger Bestandteil der DBT. Erstens fällt es vielen suizidalen und Borderline-Patienten außerordentlich schwer, effektiv um Hilfe zu bitten. Bei einigen liegt es daran, daß sie sich fürchten oder schämen oder der Überzeugung sind, sie verdienten keine Unterstützung bzw. ihre Bedürfnisse seien unberechtigt. Diese Patientinnen greifen stattdessen häufig auf parasuizidale Verhaltensweisen zurück, die als Hilfeschrei dienen. Andere wiederum haben keine Schwierigkeiten, um Hilfe zu bitten; sie tun dies jedoch auf so fordernde oder rücksichtslose Art und Weise, daß sich die Angesprochenen manipuliert fühlen. Diese dysfunktionalen Verhaltensweisen sollen mithilfe der telefonischen Beratungen verändert werden. Zweitens benötigen die Patientinnen häufig Hilfestellung bei der Anwendung der erlernten DBT-Fertigkeiten im alltäglichen Leben. Gerade suizidale Patientinnen brauchen meist mehr therapeutischen Kontakt als in einer wöchentlichen Einzel- und speziell auch Gruppensitzung zur Verfügung steht; dies trifft besonders in Krisensituationen zu, die sie ohne Hilfe nicht bewältigen können. Ein Anruf kann der Patientin dabei helfen, die erworbenen Fertigkeiten erfolgreich auf alltägliche Situationen zu generalisieren. Durch telefonische Kontakte hat die Patientin drittens die Möglichkeit, nach einem Konflikt oder einem Mißverständnis die therapeutische Beziehung wieder zu klären, ohne bis zur nächsten Sitzung warten zu müssen.

In Tageskliniken, stationären Einrichtungen oder gemeindepsychiatrischen Programmen (residential programs) besteht die Möglichkeit, einige der Telefonkontakte durch den persönlichen Kontakt mit Therapeuten, Schwestern oder anderen Teammitgliedern zu ersetzen. In ambulanten Einrichtungen mit einem „Abrufsystem" (on-call-system) können auch andere Therapeuten im DBT-Programm die Telefonberatung übernehmen. Dies trifft insbesondere auf die ersten beiden Zielsetzungen der Telefonberatung zu (Lernen, adäquat Hilfe zu erbitten und zuzulassen; Generalisierung der Fertigkeiten).

* M. Linehan: "Trainingsmanual zur Dialektischen Therapie von Borderline-Persönlichkeitsstörungen", CIP-Medien 1996.

Fallbesprechung: Teamsitzungen für den Therapeuten

Ohne Frage ist es für einen Therapeuten enorm anstrengend, eine Borderline-Patientin zu behandeln. Viele Therapeuten leiden sehr früh am Burn-Out-Syndrom; andere zeigen iatrogenes Verhalten. Eine der Grundannahmen der DBT besteht, wie spätere Abschnitte dieses Kapitels verdeutlichen werden, darin, daß Therapeuten sich häufig tatsächlich so verhalten, wie es ihnen von den Patientinnen vorgeworfen wird. Dafür kann es gute Gründe geben: Borderline-Patientinnen üben oft extremen Druck auf den Therapeuten aus, ihre Schmerzen sofort zu mildern; dies kann den Therapeuten dazu verleiten, von seinem ursprünglichen Therapieplan deutlich - und häufig in gefährlicher Weise - abzuweichen, auch wenn die Therapie, stringent durchgehalten, wahrscheinlich erfolgversprechend gewesen wäre. Andere Therapeuten reagieren genau entgegengesetzt, nämlich mit der strikten Weigerung, irgendwelche Veränderungen vorzunehmen. Wenn keiner dieser beiden Ansätze funktioniert und der schmerzhafte Zustand anhält, besteht die Gefahr, dafür „dem Opfer die Schuld zu geben". Die Belastung, die die Behandlung einer Borderline-Patientin mit sich bringt, birgt die Gefahr in sich, ständig zwischen Nachgeben, Bestrafung und Wiederversöhnung hin - und herzupendeln.

Derartige, bei der Durchführung der Therapie entstehende Schwierigkeiten werden in den Fallbesprechungen erörtert. An diesen Teamsitzungen nehmen alle (Einzel- und Gruppen-) Therapeuten teil, die momentan an der Durchführung der DBT beteiligt sind. So wie die Patientinnen an dem Fertigkeitstraining teilnehmen müssen, müssen die Therapeuten in einem Beratungs- oder Supervisionsteam sein; entweder mit nur einer anderen Person oder - was ich bevorzuge - in einer Gruppe. Im ersten Jahr sollten die Einzel- und Gruppentherapeuten in derselben Gruppe sein. In Tageskliniken oder einem stationären Setting sollen alle Mitglieder der Behandlungsteams an denselben Treffen teilnehmen. Die Treffen finden einmal wöchentlich statt.

Merkmale und Fertigkeiten des Therapeuten

Mit Therapeuten-Merkmalen sind hier die Haltung und die Einstellungen des Therapeuten gegenüber der Patientin gemeint. Zusamenfassend muß der Therapeut sowohl die Fähigkeiten als auch die Defizite der Patientin berücksichtigen, indem er mit großer Flexibilität zwischen akzeptierenden und stützenden Strategien einerseits und verändernden und fordernden Strategien andererseits wechselt. Aufforderung zu Veränderung muß mit unendlicher Geduld gekoppelt werden. Der Therapeut muß sich aufgrund des starken dialektischen Elementes in der DBT mit Mehrdeutigkeiten und Paradoxien vieler DBT-Strategien wohlfühlen. Ein Therapeut, der in Schwarz-Weiß-Begriffen denkt oder (therapeutisch) handelt, wird sich mit Schwierigkeiten konfrontiert sehen, sobald er versucht, die destruktiven Handlungen der Patientin zu kontrollieren und gleichzeitig ihre Selbsthilfe-Fähigkeiten zu fördern.

Die erforderlichen Therapeuten-Merkmale sind zwar als bipolare Dimensionen dargestellt, aber die korrekte Haltung nach der DBT ist eine Synthese oder Balance zwischen den Polen der jeweiligen Dimension; der Therapeut steht demnach in der Mitte jeder Dimension. Das zentrale dialektische Gleichgewicht, das vom Therapeuten in der DBT angestrebt wird, besteht in der Synthese von Annehmen und Veränderung. Die beiden anderen dialektischen Dimensionen - Unbeirrbare Zentriertheit („unwavering centeredness") versus Mitfühlende Flexibilität, und wohlmeinendes Fordern versus Stützung - stellen Varianten dieser zentralen Dimension dar.

Annehmen versus Veränderung

Diese erste Dimension habe ich bereits mehrfach erläutert: Die Balance zwischen einer annehmenden Haltung und einer Haltung, die Veränderung fordert. Mein Verständnis von „Annehmen" ist hier sehr radikal: Ich meine damit, daß die Patientin und der Therapeut, die therapeutische Beziehung und der therapeutische Prozeß genau so angenommen werden, wie sie im Augenblick sind. Dieses Annehmen geschieht nicht, um eine Veränderung herbeizuführen; in diesem Falle wäre es eine Veränderungsstrategie. Zentral ist vielmehr die Bereitschaft des Therapeuten, das Positive des aktuellen Zustandes und der Beteiligten zu sehen und keine Verurteilungen, Schuldzuweisungen oder Manipulationen vorzunehmen. Wie zuvor ausgeführt, ist aber Veränderung die Realität; jede Beziehung besteht aus gegenseitiger Beeinflussung. Insbesondere die therapeutische Beziehung resultiert ja aus der Notwendigkeit einer Veränderung und aus dem Wunsch der Patientin, professionelle Hilfe bei diesem Prozess der Veränderung zu erhalten. Die Aufgabe des auf Veränderung ausgerichteten Therapeuten besteht darin, den therapeutischen Einfluß zum Vorteil der Patientin einzusetzen. In aktiver Weise und sich ständig der Bedeutung seines Handelns bewußt, wendet er systematisch Prinzipien der Verhaltensänderung an.

Aus der Perspektive „Annehmen versus Veränderung" heraus stellt die DBT eine Synthese dar zwischen verhaltenstherapeutischen Ansätzen, die vor allem Veränderungsstrategien beinhalten, und humanistischen und klientenzentrierten Ansätzen, die als Strategien des Annehmens gelten können. Der Therapeut fungiert in der DBT nicht nur als Modell für die Synthese zwischen Veränderung und Annehmen, sondern er versucht der Patientin auch die Übernahme dieser Haltung gegenüber ihrem eigenen Leben nahezubringen: Unerwünschte Eigenschaften der eigenen Person und der Lebensituation zu verbessern und zu verändern und gleichzeitig dieselben Eigenschaften als gegeben zu akzeptieren. Der Förderung von „mindfulness" und der Toleranz gegenüber Belastungen steht die Vermittlung von Kontrolle über die eigenen Emotionen und interpersonellen Fertigkeiten in Konfliktsituationen gegenüber.

Um Annehmen und Veränderung in ausgewogener Weise vermitteln zu können, muß der Therapeut in der Lage sein, gleichzeitig Wärme und Kontrolle auszustrahlen. Die Kontrolle über die Verhaltensänderungen, die der Therapeut über die therapeutische Beziehung vermittelt, muß durch Wärme und Akzeptanz ausgeglichen werden. Ansonsten besteht die Gefahr, daß der Therapeut nicht als stützend und hilfsbereit empfunden wird, sondern als feindselig und fordernd.

Unbeirrbare Zentriertheit versus mitfühlende Flexibilität

„Unbeirrbare Zentriertheit" bedeutet, daß der Therapeut an sich selbst, an die Therapie und an die Patientin glaubt. Es bedeutet Ruhe inmitten von Chaos, wie das Auge des Sturms. Es bedarf dazu einer gewissen Weitsicht bezüglich der langfristigen Bedürfnisse der Patientin und der Fähigkeit, kurzfristig die intensiven Schmerzen der Patientin ohne Zaudern zu ertragen. Anders als in einigen anderen Therapieformen bedeutet „Zentriertheit" jedoch nicht, willkürliche Grenzen aufrechtzuerhalten; es erfordert auch keine stärkere als übliche Konsistenz (außer in Bezug auf die Bereitschaft, der Patientin zu helfen). Weder willkürliche Grenzen noch Konsistenz werden in der DBT besonders hoch geschätzt.

„Mitfühlende Flexibilität" bedeutet im Gegensatz dazu, daß der Therapeut ständig offen ist für neue Informationen über den Zustand der Patientin, um seine Position dementsprechend zu verändern. Dies erfordert die Fähigkeit, eine zuvor eingenommene Position bereitwillig aufzugeben. Zentriertheit bedeutet, mit beiden Beinen fest auf der Erde zu stehen; Flexibilität heißt, die Schultern so zu wenden, daß die Patientin vorbeigehen kann. Flexibilität ist die leichtfüßige und kreative Seite des Therapeuten. In dialektischen Begriffen ist es die Fähigkeit, die Grenzen des Problems so zu verändern, daß zuvor übersehene Aspekte wahrgenommen und integriert werden können.

Angesichts des großen Risikos, bei der Durchführung der DBT Fehler zu machen, ist die Bereitschaft, Fehler im Verlauf der therapeutischen Beziehung zuzugeben und wiedergutzumachen absolut unabdingbar. Fehler sind bei einer solch komplexen und schwierigen Aufgabe unvermeidlich; die Reaktion des Therapeuten auf solche Fehler ist daher ein besserer Indikator für ein gute Therapie als Perfektion. Worin der Fehler auch bestehen mag, ob der Therapeut zum falschen Zeitpunkt gelächelt hat und deshalb von der Patientin als spöttisch wahrgenommen wurde, ob er in Machtkämpfe mit ihr gerät oder angesichts des langsamen Fortschrittes ungeduldig wird und ihre Telefonanrufe nicht erwidert: Der Therapeut muß bereit sein, sein Verhalten als falsch einzustufen. Einige besser angepaßte Patientinnen sind trotz Verletzungen durch bestimmte Handlungen des Therapeuten in der Lage, das Vertrauen in ihn zu bewahren; in diesen Fällen ist wahrscheinlich weniger Wiedergutmachungs-Arbeit notwendig. Borderline-Patientinnen gehören jedoch selten in diese Kategorie; bei ihnen besteht vielmehr die Gefahr, daß sie den Therapeuten mit anderen Menschen aus ihrer Vorgeschichte, von denen sie mißbraucht worden sind, identifizieren. Solange der Therapeut nichts unternimmt, um der Patientin die Berechtigung ihrer Verletztheit zu bestätigen, und nicht nach einer Lösung für das Problem sucht, wird die Patientin die therapeutische Beziehung als weiteren Mißbrauch ihres Vertrauens einschätzen; als Beziehung, vor der sie wieder einmal fliehen oder die sie ohne Hoffnung ertragen muß. Der Therapeut muß die Frustration aushalten können, die durch mangelnden Fortschritt und Ablehnung der von ihm als sinnvoll empfundenen Interventionen seitens der Patientin entsteht. Flexibler Einsatz von therapeutischen Strategien und das richtige Timing sind der Schlüssel zum Erfolg.

Die Schwierigkeit für den Therapeuten besteht darin, gleichzeitig die Einhaltung bestimmter Regeln und Bedingungen zu fordern, während die Patientin ihrerseits versucht, seine Reaktionen massiv zu kontrollieren, und dennoch sein Verhalten flexibel an die Erfordernisse der jeweiligen Situation anzupassen. Der Therapeut sollte dabei auf seine eigene Rigidität achten (die eine normale Reaktion auf die Belastung durch die therapeutische Situation ist), dabei aber auch nicht in die Falle gehen und jedem Wunsch, jeder Forderung der Patientin nachgeben.

Diese Ausgewogenheit zwischen den beiden Extremen wird in der Arbeit mit suizidalen Borderline-Patientinnen dann besonders deutlich, wenn ein bestimmtes dysfunktionales zwischenmenschliches Verhalten der Patientin gelöscht werden soll. Hier ist es absolut notwendig, sich an den Therapieplan zu halten, um die Patientin nicht unfreiwillig intermittierend für das dysfunktionlae Verhalten zu verstärken, das somit nach den operanten Lerngesetzen extrem therapieresistent würde. Gerade bei einer suizidalen Patientin besteht andererseits die Gefahr, sich zu stur an das Programm der Verhaltenslöschung zu klammern und die berechtigten Bedürfnisse der Patientin aus den Augen zu verlieren. Wie eine meiner Patientinnen sagte: In jeder Kultur ist es üblich, den Kranken mehr Aufmerksamkeit und Fürsorge zukommen zu lassen. Trotzdem bleibt nicht jeder krank, um Aufmerksamkeit und Fürsorge zu erhalten.

Stützende versus wohlwollend fordernde Haltung

Die Patientin wird in der DBT auf vielfältige Weise vom Therapeuten unterstützt, der ihr Information vermittelt, sie anleitet und berät, ihr Kraft und Hilfestellung gibt. Dabei geht er immer von der Fähigkeit der Patientin zur Veränderung aus. Der Therapeut muß die Bereitschaft mitbringen, die Patientin zu unterstützen, aber auch eine gewisse Befähigung dazu. Mitgefühl und Sensibilität sind beispielweise unabdingbare Voraussetzungen für die Arbeit mit diesen Borderline-Patientinnen, die einerseits so empfindlich sind, andererseits aber ihre Gefühle nur beschränkt zum Ausdruck bringen können. Ohne diese Fähigkeiten wird der Therapeut immer zwei Schritte hinter den häufig subtilen Reaktionen der Patientin auf seine Bemerkungen, auf die Bemerkungen von anderen Gruppenmitgliedern oder auf innere oder äußere Reize zurückbleiben. In der DBT wird zwar viel Zeit und Mühe darauf verwandt, der Patientin beizubringen, wie sie ihre Emotionen identifizieren und verbalisieren kann. Dennoch muß der Therapeut gerade zu Beginn der Therapie nahezu in der Lage sein, die Gedanken der Patientin zu lesen, weil er sonst schnell Gefahr läuft, ihr Sabotage der Therapie zu unterstellen oder statt der tatsächlichen Angst und Hilflosigkeit nur Feindseligkeit und Angriffe wahrzunehmen.

Die Aufgabe des Therapeuten ist es abzuwägen, wann er der Patientin benötigte Hilfestellung geben sollte und wann Hilfe unnötig ist. „Wohlwollendes Fordern" bedeutet, daß der Therapeut die vorhandenen Fähigkeiten der Patientin erkennt, adaptives Verhalten und Selbstkontrolle verstärkt und sich weigert, in Situationen für sie Verantwortung zu übernehmen, in denen sie für sich selbst sorgen kann. Notwendige Voraussetzungen hierfür sind der geschickte Einsatz von Kontingenzen (z.B. Veränderung als notwendige Vorbedingung für die Erfüllung von Wünschen der Patientin) und die Fähigkeit, auch einmal hart zu bleiben, wenn die Situation dies erfordert. Die dialektische Position besteht darin, die Patientin mit der einen Hand nach vorne zu stoßen, während man sie mit der anderen Hand stützt. Unterstützung dient also nur der Stärkung der Fähigkeiten der Patientin. Wie ich oben bei den Ausführungen über die Grundannahmen bereits erwähnte, muß eine Balance gefunden werden zwischen Sorge um die Patientin und Fürsorge für die Patientin.

Die ausgewogene Anwendung von Behandlungsstrategien: Dialektik in der therapeutischen Beziehung

Das Beibehalten einer dialektischen Haltung ist durch verschiedene typische Merkmale gekennzeichnet. Erstens ist Geschwindigkeit häufig besonders wichtig. Die Patientin muß konstant soweit aus dem Gleichgewicht gebracht werden, daß sie nicht mehr in der Lage ist, ihre bisherige Rigidität auf behavioraler, emotionaler und kognitiver Ebene beizubehalten. Vom Therapeuten ist hier schnelle Beinarbeit gefragt! Zweitens muß der Therapeut wachen Auges jede Bewegung bei der Patientin beobachten und spüren. Er muß sich „treiben lassen" und mit nicht zu viel, aber auch nicht zu wenig Gegenbewegung auf Bewegungen der Patientin reagieren. Es ist genauso viel Aufmerksamkeit erforderlich, als ob Therapeut und Patientin tatsächlich auf einer Wippe über dem Grand Canyon schweben würden. Drittens muß der Therapeut mit Sicherheit, Kraft und vollkommener Überzeugung agieren. Wenn er eine Position vertritt, so muß er vollkommen dahinter stehen. Halbherzige und angedeutete Versuche werden bei Borderline-Patientinnen auch nur entsprechend halbherzige und angedeutete Effekte erzielen können.

Dialektik im Zusammenhang mit der therapeutischen Beziehung kann man vielleicht mit einem Tanz vergleichen: Der Therapeut muß auf die Schritte der Patientin sehr sensibel reagieren und sie ganz leicht aus der Balance bringen, dabei aber immer eine stützende Hand bereithalten. So kann die Patientin sich langsam fallen lassen und sich ganz nach der Musik bewegen. Häufig geraten die Bewegungen der Patientin jedoch außer Kontrolle, so daß der Therapeut sofort mit einer Gegenbewegung reagieren muß, damit die Patientin nicht von der Tanzfläche stürzt. Dieser „Tanz" mit der Patientin erfordert vom Therapeuten ein rasches Wechseln zwischen Strategien, von Akzeptanz zu Veränderung, von Kontrolle zu Loslassen, von Konfrontation zu Unterstützung, von Zuckerbrot zu Peitsche, von Härte zu Nachsichtigkeit.

Um noch einmal auf das Bild der Wippe zurückzukommen: Das Ziel besteht darin, daß Therapeut und Patientin sich gemeinsam auf die Mitte zu bewegen, um dann auf eine höhere Stufe zu gelangen. Der natürliche Reflex, wenn einer der Partner einen Schritt zurückgeht, besteht zwar darin, zum Ausgleich selbst ebenfalls zurückzugehen. Wenn aber beide ständig zurückgehen, werden beide von der Wippe fallen und die Therapie wird unterbrochen oder ganz beendet werden müssen. Eine typische dialektische Spannung in der Behandlung einer Borderline-Patientin besteht zwischen der Aussage der Patientin: „Ich schaffe das nicht" oder „Ich halte das nicht aus" , und der Aussage des Therapeuten: „Doch, Sie schaffen es.". Sobald die Patientin also einen Schritt zurückgeht, muß der Therapeut einen Schritt auf die Mitte zugehen, in der Hoffnung, daß auch die Patientin dann einen Schritt nach vorne machen wird: „Ich weiß, daß es für Sie sehr schwer ist. Sie schaffen es vielleicht nicht alleine, aber ich werde Ihnen helfen. Ich glaube, daß Sie es schaffen können".

1. Paradoxes Vorgehen

Laut Allen Frances (1988) besteht die dringendste und wichtigste Aufgabe in der Psychotherapie mit Borderline-Patientinnen darin, ihre Aufmerksamkeit zu bekommen. Paradoxes Vorgehen kann hier wegen des Elementes der Überraschung ein sehr wirkungsvoller Mechanismus sein. Ebenso wie beim Witz wird beim Paradox mit dem Unerwarteten gespielt. Wer mit einem Paradox konfrontiert wird, muß sich damit auseinandersetzen. Paradoxes Vorgehen ähnelt sehr stark den Koans in der Zen-Philosophie. Ein Koan ist ein Dilemma oder ein Rätsel, das Zen-Schüler lösen sollen, obwol es keine logische Antwort zu geben scheint. Der Schüler wird gezwungen, über sein rein intellektuelles Verstehen hinauszugehen und zu einem Wissen durch direktes Erfahren zu gelangen. Es besteht ein großer Unterschied dazwischen zu wissen, wie Zucker schmeckt, weil man es in einem Buch gelesen hat oder weil man Zucker selbst auf seiner Zunge geschmeckt hat. Die Lösung eines Koans ist nicht logisch oder rein intellektuell erfaßbar. Sie ist eine Erfahrung.

Die therapeutische Strategie besteht darin, daß der Therapeut der Patientin die Paradoxien in ihrem Verhalten, im therapeutischen Prozeß und der Wirklichkeit im allgemeinen deutlich macht. Auf rationale Erklärungsversuche der Patientin reagiert der Therapeut mit Schweigen, mit einer weiteren Frage oder auch mit einer Geschichte oder einem etwas anderen Paradox, das etwas - aber nicht zuviel - Licht auf das zu lösende Rätsel wirft.

2. Der Einsatz von Metaphern

Die Bedeutung von Metaphern und Geschichten in der Therapie wurde von vielen Psychotherapeuten hervorgehoben, insbesondere von Milton Erickson, der für seine lehrreichen Geschichten bekannt war (Rosen, 1982). Auch in der DBT sind Metaphern, in Form einfacher Analogien, Anekdoten, Parabeln, Märchen oder Geschichten sehr wichtig. Metaphern sind eine weitere Möglichkeit, dialektisches Denken zu vermitteln und neue Verhaltensweisen aufzuzeigen. Durch sie werden Patientin und Therapeut ermutigt, nach neuen Bedeutungen und Bezugspunkten für bestimmte Ereignisse zu suchen. Metaphern, die mehrere Deutungen erlauben, sind meist am besten geeignet, um eine neue Einschätzung der Realität hervorrufen.

3. Die Advocatus Diaboli-Technik

Bei der von Marvin Goldfried entwickelten „Advocatus-Diaboli"-Technik (Goldfried, Linehan & Smith, 1978) konfrontiert der Therapeut die Patientin mit einer extremen Aussage, fragt sie, ob sie mit dieser Aussage übereinstimmt, und spielt dann die Rolle des Advokaten des Teufels, indem er für diese Aussage argumentiert, während die Patientin versucht, sie zu entkräften. Der Therapeut formuliert die These und bringt die Patientin dazu, die Anti-These zu formulieren; gemeinsam erreichen sie durch diese Diskussion die Synthese. Die vom Therapeuten vorgebrachte extreme Aussage sollte sich auf dysfunktionale Überzeugungen der Patientin beziehen oder auf bestimmte problematische Regeln, denen sie zu folgen scheint. Sie eignet sich am besten dafür, neuen, widersprüchlichen Mustern entgegenzuwirken. Diese Technik ähnelt dem paradoxen Vorgehen, bei dem der Therapeut sich die unangemessene Position zu eigen macht, um die Patientin dadurch zu der angemessenen Position zu bringen.

4. Ausdehnen ("Extending")

Der Therapeut nimmt die Patientin bei dieser Technik ernster als sie sich selbst. Die Patientin hat zum Beispiel etwas nur des Effektes wegen gesagt oder eine extreme Emotion zum Ausdruck gebracht, nur um eine geringfügige Veränderung in ihrer Umgebung hervorzurufen; der Therapeut nimmt die Patientin aber beim Wort. Diese Strategie ist das emotionale Äquivalent zur Advocatus-Diaboli-Technik.

Ein Beispiel:

Die Patientin macht eine extreme Aussage über die Konsequenzen eines Ereignisses („Wenn Sie mir keine zusätzliche Sitzung einräumen, werde ich mich umbringen"). Der Therapeut nimmt die Aussage über die Konsequenzen zunächst wörtlich und reagiert dann auf den Schweregrad dieser Konsequenzen („Ich werde mich umbringen") unabhängig von ihrem Zusammenhang mit dem von der Patientin genannten Auslöser (keine zusätzliche Sitzung eingeräumt bekommen). Der Therapeut könnte zum Beispiel sagen: „Wir müssen unbedingt sofort etwas unternehmen, wenn Sie sich so schlecht fühlen, daß sie sich umbringen wollen. Wie wäre es mit einer Einweisung in eine Klinik? Vielleicht wäre das das Beste. Wie können wir hier nur sitzen und über ein so banales Thema wie Terminplanung reden, wenn Ihr Leben in Gefahr ist? Natürlich müssen wir uns zuallererst mit dieser lebensbedrohlichen Situation beschäftigen. Auf welche Weise wollen Sie sich umbringen?" Der Therapeut nimmt genau den Aspekt der Mitteilung der Patientin ernst, den die Patientin nicht ernst gemeint hat. Die Patientin möchte, daß ihr Problem ernst genommen wird und übertreibt daher häufig dessen Bedeutung. Der Therapeut nimmt dagegen lediglich die angedrohten schrecklichen Konsequenzen ernst und übertreibt sie noch, indem er sich solange weigert, sich einem anderen Thema zuzuwenden, bis sie gelöst sind.

Wird diese Strategie geschickt eingesetzt, erkennt die Patientin, daß sie die möglichen Folgen übertrieben hat. Sobald dies geschieht („O.K., vielleicht habe ich übertrieben. So suizidal fühle ich mich gar nicht."), muß der Therapeut sich ernsthaft dem Problem selbst zuwenden.

5. Aktivierung des "Wissenden Zustandes (wise mind)"

In der DBT wird den Patientinnen erläutert, daß es drei primäre (Geistes-) Zustände gibt: den „vernünftigen Zustand", den „emotionalen Zustand" und den „wissenden Zustand". Der „vernünftige Zustand" ist dadurch gekennzeichnet, daß man sich den Dingen auf einer intellektuellen Ebene annähert, rational und logisch denkt, sich auf empirische Fakten bezieht, sein eigenes Verhalten plant, seine Aufmerksamkeit gezielt auf bestimmte Dinge lenkt und an Probleme „kühl" herangeht. Der „emotionale Zustand" ist dadurch gekennzeichnet, daß das Denken und Handeln vor allem durch den aktuellen Gefühlszustand beherrscht wird. Die Kognitionen sind „heiß"; vernünftiges, logisches Denken ist nur schwer möglich; Fakten werden verzerrt wahrgenommen, um mit dem affektiven Zustand übereinzustimmen; die Energie, mit der ein bestimmtes Verhalten ausgeführt wird, hängt ebenfalls von der emotionalen Verfassung ab.

Der „wissende Zustand" ist die Integration des „emotionalen" und des „vernünftigen" Zustandes, geht aber zugleich über beide hinaus. Der „wissende Zustand" ist dadurch gekennzeichnet, daß emotionales Erleben und logische Analyse durch intuitives Wissen ergänzt werden.

Literatur

Barley, W. D., Buie, S. E., Peterson, E. W., Hollingsworth, A. S., Griva, M., Hickerson. S. C., Lawson, J. E., & Bailey, B. J. (in press). The development of an inpatient cognitive-behavioral treatment program for borderline personality disorder. Journal of Personality Disorders.

Bryer, J. B., Nelson, B. A., Miller, J. B., & Krol, P. A. (1987). Childhood sexual and physical abuse as factors in adult psychiatric illness. American Journal of Psychiatry, 144, 1426-1430.

Carpenter, W. T. Gunderson, J. G., & Strauss, J. S. (1977). Considerations of the borderline syndrome: A longitudinal comparative study of borderline and schizophrenic patients. In P. Hartcollis (Ed.), Borderline personality disorder: The concept, the syndrome, the patient (pp. 231-253). New York: International Universities Press.

Clarkin, J. F.; Hurt, S. W., & Hull, J. W. (1991). Subclassification of borderline personality disorder: A cluster solution. Unpublished manuscript. New York Hospital-Cornell Medical Center. Westchester, NY.

Clarkin, J F.; Marziali, E., & Munroe-Blum, H. (1991). Group and family treatments for borderline personality disorder. Hospital and Community Psychiatry, 42, 1038-1043.

Clarkin, J. F., Widiger. T. A., Frances, A., Hurt, S. W., & Gilmore, M. (1983). Prototypic typology and the borderline personality disorder. Journal of Abnormal Psychology, 92, 263-2,5.

Cowdry, R. & Gardner, D. L. (1988). Pharmacotherapy of borderline personality disorder: Alprazolam, carbamazepine, trifluoperazine, and tranylcypromine. Archives of General Psychiatry, 45, 111-119.

Cowdry, R. W., Pickar, D., & Davies, R. (1985). Symptoms and EEG findings in the borderline syndrome. International Journal of Psychiatry in Medicine, 15, 201- 211.

Davids, A., & Devault, S. (1962). Maternal anxiety during pregnancy and childbirth abnormalities. Psychosomatic Medicine, 24, 464-470. of evaluative feedback in the classroom and III. An experimental analysis. Developmental Psychology, 14, 268-276.

Frances, A. (1988). In (Chair', Alternative models and treatments of patients with borderline personality disorder. Symposium conducted at the meeting of the Society for the Exploration for Psychotherapy Integration, Boston.

Goldfried, M. R.. & Davidson, G. C. (1976). Clinical behavior therapy. New York: Holt, Rineholt & Winston.

Goldfried, M. R., Linehan, M. M., & Smith, J. L. (1978). The reduction of test anxiety through cognitive restructuring. Journal of Consulting and Clinical Psychology, 46, 32-39.

Gunderson, J. G. (1984). Borderline personality disorder. Washington DC: American Psychiatric Press.

Gunderson, J. G., & Elliott, G. R. (1985). The interface between borderline personality disorder and affective disorder. American Journal of Psychiatry, 142,277-288.

Gunderson, J. G., & Kolb, J. E. (1978). Discriminating features of borderline patients.American Journal of Psychiatry, 135, 792-796.

Gunderson, J. G., Kolb, J. E., & Austin, Y. (1981). The Diagnostic Interview for Borderline Patients. Journal of Personality and Social Psychology, 138, 896-903.

Gunderson, J. G., & Zanarini, M. C. (1989). Pathogenesis of borderline personality.In A. Tasman, R. E. Hales, & A. J. Frances (Eds.). Review of psychiatry (Vol.8, pp. 25-48) Washington, DC: American Psychiatric Press.

Heard, H. L., & Linehan, M. M. (in press). Problems of self and borderline personality disorder. In Z. V. Segal & S. J.Blatt (Eds.), Cognitive and psychodynamic perspectives New York: Guilford Press.

Hurt, S. W., Clarkin, J. E, Monroe-glum, H., & Marziali, E. A. (1992). Borderline behavior clusters and different treatment approaches. In J. F. Clarkin, E. A. Marziali, & H. Monroe-glum (Eds.), Borderline personality disorder: clinical and empirical perspectives (pp. 199-219). New York: Guilford Press.

Hurt, S. W., Clarkin, J. F., Widiger, T. A., Fyer, M. R., Sullivan, T., Stone, M. H., & Frances, A. (1990). Evaluation of DSM-III decision rules for case detection using join: conditional probability structures. Journal of Personality Disorders, 4, 121-130.

Kroll, J. L. Carey K. S., & Sines, L. K. (1985). Twenty-year follow-up of borderline personality disorder: A pilot study. In C. Stragass (Ed.), IV World Congress of Biological Psychiatry. New York: Elsevier.

Linehan, M. M. (1979). A structured cognitive-behavioral treatment of assertion problems. In P. C. Kendall & S. D. Hollon (Eds.), Cognitive-behavioral interventions: Theory, research and procedures (pp. 205-240). New York: Academic Press.

Linehan, M. M. (1981). A social-behavioral analysis of suicide and parasuicide: Implications for clinical assessment and treatment. In H. Glaezer & J. F. Clarkin (Eds.), Depression: Behavioral and directive intervention strategies (pp.29-294). New York: Garland.

Linehan, M. M. (1986). Suicidal people: One population or two? In J. J. Mann & M. Stanley (Eds.), Psychobiology of suicidal behavior (pp. 16-33). New York: New York Academy of Sciences.

Linehan, M. M. (1988). Perspectives on the interpersonal relationship in behavior therapy. Journal of Integrative and Eclectic Psychotherapy, 7, 278-290.

Linehan, M. M. (1989). Cognitive and behavior therapy for borderline personality disorder. In A. Tasman, R. E. Hales, & A. J. Frances (Eds.), Review of psychiatry (Vol. 8, pp. 84-102). Washington, DC: American Psychiatric Press.

Linehan, M. M., Armstrong, H. E., Suarez, A., Allmon, D., & Heard, H. L. (1991). Cognitive-behavioral treatment of chronically parasuicidal borderline patients. Archives of General Psychiatry, 48, 1060-1064.

Linehan, M. M., Camper, P., Chiles, J. A., Strosahl, K., & Shearin, E. (1987). Interpersonal problem solving and parasuicide. Cognitive Therapy and Research, 11, 1-12.

Linehan, M. M., & Egan, K. (1979). Assertion training for women. In A. S. Belleck & M. Hersen (Eds.), Research and practice in social skills training (pp. 237-271). New York: Plenum Press.

Linehan, M. M., Goldfried, M. R., & Goldfried, A. P. (1979). Assertation therapy: Skill training or cognitive restructuring. Behavior Therapy, 10, 372-388.

Linehan, M. M., & Heard, H. L. (1993). Impact of treatment accessibility on clinical course of parasuicidal patients: In reply to R. E. Hoffman (Letter to the editor]. Archives of General Psychiatry, 50, 157 158.

Linehan, M. M., Heard, H. L., & Armstrong, H. E. (1993). Standard dialectical behavior therapy compared to psychotherapy in the community for chronically parasuicidal borderline patients. Unpublished manuscript. University of Washington, Seattle, WA.

Linehan, M. M., Heard, H. E., & Armstrong, H. E. (in press). Naturalistic follow-up of a behavioral treatment for chronically suicidal borderline patients. Archives of General Psychiatry.

Linehan, M. M., & Shearin, E. N. (1988). Lethal stress: A social-behavioral model of suicidal behavior. In S. Fisher & J. Reason (Eds.), Handbook of life stress, cognition and health (pp.265-285). New York: Wiley.

Linehan, M. M., Tutek, D., & Heard, H. L. (1992, November). Interpersonal and social treatment outcomes for borderline personality disorder. Poster presented at the annual meeting of the Association for the Advancement of Behavior Therapy, Boston, Mass.

Linehan, M. M.(1996). Dialektische Therapie der Borderline-Persönlichkeitsstörung, München, CIP-Medien.

Linehan, M.M. (1996). Trainingsmanual zur Dialektischen Therapie von Borderline-Persönlichkeitsstörungen. München, CIP-Medien.

Marziali, E. A. (1984). Prediction of outcome of brief psychotherapy from therapist interpretive interventions. Archives of General Psychiatry, 41, 301-304.

Marziali, E. A., & Munroe-Blum, H. (1987). A group approach: The management of projective identification in group treatment of self-destructive borderline patients. Journal of Personality Disorders, 1, 340-343.

McGlashen, T. H. (1983). The borderline syndrome: II. Is it a varient of schizophrenia or affective disorder' Archives of General Psychiatry, 40, 1319-1323.

McGlashen, T. H. (1986a). The Chestnut Lodge follow-up study: III. Long-term outcome of borderline personalities. Archives of General Psychiatry, 43, 20- 30.

McGlashen, T. H. (1986b). Schizotypal personality disorder: Chestnut Lodge followup study, Vl: Long-term follow-up perspectives. Archives of General Psychiatry, 43, 329-334.

McGlashen, T. H. (1987). Borderline personality disorder and unipolar affective disorder. Journal of Nervous and Mental Disease, 175, 467-473.

Miller, J. G. (1984). Culture and the development of everyday social explanation Journal of Personality and Social Psychology, 46. 961-978.

Miller, M. (1990). Developing a scale to measure individual's stress-proneness to behaviors of human service professionals. Unpublished manuscript. University of Washington.

Miller, M. L., Chiles, J. A., & Barnes, V. E. (1982). Suicide attempters within a delinquent population. Journal of Consulting and Clinical Psychology, 50, 491-498.

Miller, S. M. (1979). Controllability and human stress: Method, evidence and theory. Behaviour Research and Therapy, 17, 287-304.

Miller, S. M., & Mangan, C. E. (1983). Interacting effects of information and coping style in adapting to gynecologic stress: Should the doctor tell all? Journal of Personality and Social Psychology, 45, 223-236.

Munroe-Blum, H., & Marziali, E. (1987). Randomized clinical trial of relationship management time-limited group treatment of borderline personality disorder. Unpublished manuscript. Hamilton, Ontario Mental Health Foundation.

Munroe-Blum, H., & Marziali, E. (1989). Continuation of a randomized control trial of group treatment for borderline personality disorder. Unpublished manuscript. Hamilton, Canadian Department of Health and Human Services.

Nelson, V. L., Nielsen, E. C., & Checketts, K. T. (1977). Interpersonal attitudes of suicidal individuals. Psychological Reports, 40, 983-989.

Newton, R. W. (1988). Psychosocial aspects of pregnancy: The scope for intervention. Journal of Reproductive and Infant Psychology, 6, 23-29. Psychiatry, 28, 530-535.

Perloff, R. (1987). Self-interest and personal responsibility redux. American Psychologist, 42, 3-11.

Pope, H. G., Jonas, J. M., Hudson, J. I., Cohen, B. M., & Gunderson, J. G. (1983). The validity of DSM-III borderline personality disorder: A phenomenologic, family history, treatment response, and long term follow-up study. Archives of General Psychiatry, 40, 23-30. L. Brown (Eds.), Advances in developmental psychology (pp. 37-86). Hillsdale, NJ: Erlbaum.

Smith, K., Conroy, R. W & Ehler, B. D. (1984). Lethality of Suicide Attempt Rating Scale. Suicide and Life-Threatening Behavior, 14 (4), 215-242.

Stone, M. H. (1980). The borderline syndromes: Constitution, personality, and adaptation. New York: McGraw-Hill.

Stone, M. H. (1981). Psychiatrically ill relatives of borderline patients: A family study. Psychiatric Quarterly, 58, 71-83.

Stone, M. H. (1987). Constitution and temperament in borderline conditions: Biological and genetic explanatory formulations. In J. S. Grotstein, M. F. Solomon, & J. A. Lang (Eds.), The borderline patient: Emerging concepts in diagnosis, psychodynamics, and treatment (pp. 253-287). Hillsdale, NJ: The Analytic Press.

Stone, M. H. (1989). The course of borderline personality disorder. In A. Tasman, R. E. Hales, & A. J. Frances (Eds.), Review of psychiatry (Vol. 8, pp. 103-122). Washington, DC: American Psychiatric Press. Stone, M. H., Hurt, S., & Stone, D. (1987a). The PI 500: Long-term follow-up of borderline inpatients meeting DSM-III criteria. I: Global outcome. Journal of Personality Disorders, 1, 291-298.

Stone, M. H., Stone, D. K., & Hurt, S. W. (1987b). Natural history of borderline patients treated by intensive hospitalization. Psychiatric Clinics of North America, 10, 185-206.

Torgersen, S. (1984). Genetic and nosologic aspects of schizotypal and borderline personality disorders: A twin study. Archives of General Psychiatry, 41, 546- 554.

Turner, R. M. (1992, November). An empirical investigation of the utility of psychodynamic technique in the practice of cognitive behavior therapy. Paper presented at the 26th annual meeting of the Association for the Advancement of Behavior Therapy, Boston, MA.borderline personality disorder. American Journal of Orthopsychiatry, 55-66.

Widiger, T. A., & Frances, A. J. (1989). Epidemiology, diagnosis, and comorbidity of borderline personality disorder. In A. Tasman, R. E. Hales, & A. J. Frances (Eds.), Review of psychiatry (Vol. 8, pp.8-24). Washington, DC: American Psychiatric Press.

Widiger, T. A., & Settle, S. A. (1987). Broverman et al. revisited: An artifactual sex bias. Journal of Personality and Social Psychology, 53, 463-469.

Die Autoren

Peter Fürstenau ist Psychologie-Professor und leitet in Düsseldorf das Institut für angewandte Psychoanalyse. Seine theoretischen Studien und sein Buch „Entwicklungsförderung durch Therapie“ brachten wichtige Beiträge zur Psychoanalyse.

Gerda Gottwik ist Ärztin und Psychoanalytikerin in Nürnberg. Dort ist sie außerdem als Lehranalytikerin und Vorstandsmitglied eines tiefenpsychologischen Weiterbildungsinstitutes tätig. Sie ist die erfahrenste Vertreterin von Davanloos Intensiver Psychodynamischer Kurzzeittherapie in Deutschland.

Steven Hayes ist Psychologie-Professor an der Universität von Nevada. Er hat mit seiner Forschungsgruppe den funktionalen Ansatz in der Verhaltenstherapie vorangebracht, auf den sich auch M. Linehan beruft. Er sieht seine Vorgehensweise, die Acceptance und Commitment-Therapie als radikal behavioralen Ansatz. Darüber hinaus beruft er sich auf den Kontextualismus als theoretische Grundlage.

Frederic Kanfer ist Psychologie-Professor an der Universität Illinois. Er hat die deutsche Verhaltenstherapie sehr stark geprägt. Sein Selbstregulationsansatz war neben Meichenbaums und Mahoneys Arbeiten einer der Hauptzweige der kognitiven Verhaltenstherapie. Er ist in den letzten Jahren als Selbstmanagementtherapie bekannt geworden.

Rudolf Lachauer ist Arzt und Psychoanalytiker in Prien am Chiemsee. Er war leitender Arzt einer psychosomatischen Klinik und ist Lehranalytiker in der ärztlichen Weiterbildung. Sein Arbeitsschwerpunkt ist seit vielen Jahren die Fokaltherapie als psychoanalytische Kurzzeittherapieform. Deren Beschreibung liegt auch als Buch vor.

Marsha Linehan ist Psychologie-Professorin an der Universität von Seattle in Washington. Sie hat in zwanzigjähriger Forschungs- und Klinikarbeit mit suizidalen Frauen die Dialektische Therapie der Borderline-Persönlichkeitsstörung (DBT) entwickelt, die bisher einzige Therapie dieser Störung, die den wissenschaftlichen Nachweis ihrer Wirksamkeit erbringen konnte. Seitdem ihr Buch in deutscher Sprache erschienen ist, wird in zahlreichen psychiatrischen Institutionen begonnen, ihren Therapieansatz anzuwenden.

Dirk Revenstorf ist Psychologie-Professor an den Universitäten Tübingen und Puebla in Mexiko. Von der Verhaltenstherapie herkommend hat er sich über Gestalttherapie und andere humanistische Therapieverfahren bis zur Hypnotherapie als seinem heutigen Schwerpunkt eine sehr breite Basis psychotherapeutischer Erfahrung und Kompetenz erworben. Sein Lehrbuch der klinischen Hypnose ist eines der Standardwerke dieser Therapieform.

Elisabeth Schramm ist Diplom-Psychologin und arbeitet in der Klinisch-psychiatrischen Psychotherapieforschung an der Universität Freiburg. Sie hat ein Buch über die Interpersonelle Psychotherapie veröffentlicht, das über den gegenwärtigen Stand dieser Therapieform detailliert berichtet.

Serge Sulz ist Arzt und Diplom-Psychologe. Er leitet in München ein verhaltenstherapeutisches Weiterbildungsinstitut. Die von ihm beschriebene Strategische Kurzzeittherapie ist ein funktionaler Therapieansatz im Rahmen kognitiv-behavioraler Psychotherapie, der zudem auf der Entwicklungspsychologie Piagets aufbaut.

Stichwortverzeichnis

A

B

C

D

E

F

G

S

T

U

Autorenverzeichnis

J

K

L

M

N

O

P

R

S

T

U

W

Z

**W. Butollo: „Die Bewältigung von Traumatisierungsstörungen“
CIP-Medien, 1997, etwa 200 Seiten, DM 39.-**

Aus der Erfahrung mit Kriegsopfern in Bosnien ist ein Manual zur Therapie von Postraumatischen Belastungsstörungen entstanden. Dieses Buch enthält sowohl das Manual für Erwachsene als auch das Manual für die Therapie von traumatisierten Kindern und deren Angehörige. In diesem Buch trifft die wissenschaftliche Psychotherapie und die humanitäre Hilfe von Opfern auf eine glückliche Weise aufeinander. Entstanden ist ein wirklich nützliches Arbeitskonzept, das aus der schrecklichen Betroffenheit der im Krieg traumatisierten Menschen und den Begegnungen mit ihnen Lehren gezogen hat, die künftigen Behandlungen zugute kommt.

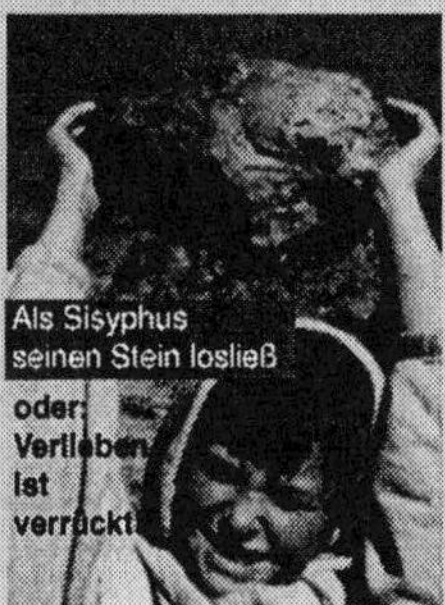

S. Sulz: Als Sisyphus seinen Stein losließ. Oder: Verlieben ist verückt. Ein psychologisches Lesebuch über menschliche Überlebensformen und individuelle Entwicklungschancen. DM 49.-

Wir können vor diesem Buch nur warnen, wenn Sie alles so lassen wollen, wie es ist..Nach der Lektüre sind einige Illusionen endgültig verloren, bequeme "Ich schaff's ja doch nicht"-Haltungen unglaubwüdig geworden. Auch wenn manche alten Wunden noch einmal sehr schmerzen, auch wenn Sie nun mit einer völlig anderen Vergangenheit dastehen, gewinnen Sie Respekt vor sich selbst, vor den kreativen Fähigkeiten Ihrer autonomen Psyche und können positive Veränderungen Ihrer Lebens- und Beziehungsgestaltung nicht mehr so erfolgreich boykottieren. Ein Buch für Therapeuten, ihre Patienten und gute Freunde.

M. Linehan: Dialektisch-Behaviorale Therapie der Borderline-Persönlichkeitsstörung. CIP-Medien, 1996, 425 Seiten DM 118.-
Endlich in deutscher Sprache! Das wichtigste Therapiebuch für Borderline-Störungen - das umfassendste Verständnis der Psyche dieser unglücklichsten Menschen - die exzellenteste Beziehungsarbeit - die besten und wirksamsten Therapiestrategien - das Ergebnis 20-jähriger Entwicklung des dialektischen Therapieansatzes - mit wissenschaftlichen Nachweisen der therapeutischen Wirksamkeit. Es setzt unverrückbare Maßstäbe psychotherapeutischer Kompetenz - ist aber in erster Linie die wertvollste Hilfe im therapeutischen Umgang und in der Begegnung mit Borderline-Patienten. Und bald auch für alle Situationen mit anderen Patienten, in denen intensive Emotionen zu handhaben sind.

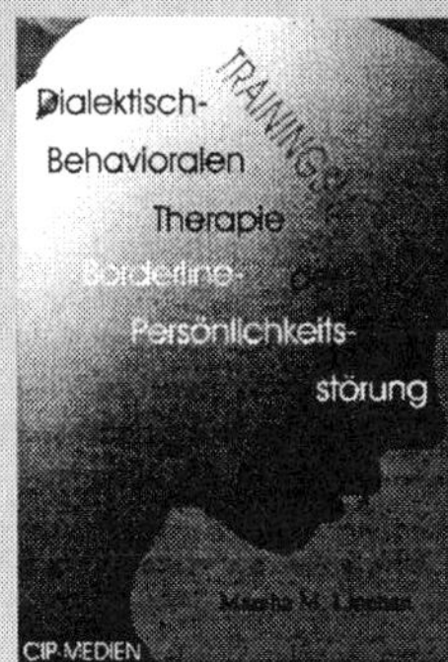

M. Linehan: Trainingsmanual zur Dialektisch-Behavioralen Therapie der Borderline-Persönlichkeitsstörung. CIP-Medien, 1996, 200 S. DM 68.-
Neben der Interaktions- und Beziehungsarbeit im Einzelgespräch ist das Training psychosozialer Fertigkeiten Hauptbestandteil der DBT. Statt eines trockenen Kochbuches finden wir hier eine lebendige Darstellung der zahllosen schwierigsten Situationen mit Borderline-PatientInnen. Mit einer faszinierenden Kreativität und Intuition findet die Autorin Auswege aus den nicht endendenden therapeutischen Sackgassen der Borderline-Therapie. Und wir können mit Hilfe des Trainingmanuals lernen, den beidseitigen Kampf gegen Windmühlenflügel zu einem steten Wechselspiel von Akeptanz und Veränderung werden zu lassen.

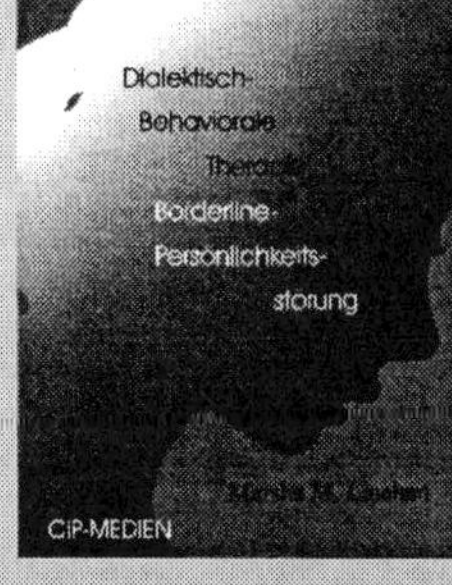

Sulz, S.: Praxis-Manual zur Strategischen Kurzzeittherapie.
CIP-Medien, 1995. Therapiemanual und Selbsthilfebuch in einem. DM 39.-

Ein sicherer Weg zu den Ursachen psychischer Fehlentwicklung. Eine zuverlässige Hilfe aus dem Dickicht fehlgeleiteter Gefühle zur Entwicklung einer gesunden Persönlichkeit. Dieses Buch kann zum einen zur Selbsterfahrung - allein oder in Selbsthilfe- bzw. Selbsterfahrungsgruppen - mit großem Gewinn durchgearbeitet werden. Zum andern dient es dem Psychotherapeuten als Therapiemanual mit einer Fülle von therapeutischen Interventionen. Sowohl bei Paartherapien als auch in der Einzeltherapie zur Veränderung der Persönlichkeit eine bewährte Hilfe.

Sulz, S.: Strategische Kurzzeittherapie. Wege zur effizienten Kurzzeit-Psychotherapie.
CIP-Medien, 1994. 422 S. DM 98.-

Der direkte Zugang zu einem integrativen Verständnis des Menschen, seiner Bedürfnisse, Emotionen, Beziehungen, Konflikte. Ein Weg zur Heilung psychischer und psychosomatischer Leiden durch Entwicklung des Menschen. Schritte der Selbst-Entwicklung: Gestörtes Befinden - Kontakt - Analyse der Störungsbedingungen, der Entwicklung und der Persönllichkeit - Beziehungen - Zielanalyse - Widerstandsanalyse - Die Entscheidung - Loslassen u. Abschiednehmen - Angst vor Veränderung - Die neuen Erfahrungen - Niederlagen machen wehrhaft - Das neue Selbst und die neue Welt - Neue Beziehungen.

Sulz, S. (Hrsg.) • Neuauflage 1998!
Das Therapiebuch -Erfahrene Psychotherapeuten berichten, wie sie Therapie machen. CIP-Medien, 2. Aufl.1998.
Mit 39 Beiträgen v. 27 Autoren. DM 98.-

Den Hintergrund dieses Standardwerkes bildet eine affektiv-kognitive, systemisch-verhaltenstheoretische und entwicklungspsychologische Störungs- und Therapietheorie. Ein Überblick über praktizierte Psychotherapie und Einblick in die Praxis erfahrener Psychotherapeuten - Ergebnis ist ein großer Schatz wertvoller Anregungen, die unmittelbar umsetzbar sind. Aufbau der Therapiemotivation - Therapeut. Beziehung - Optimieren der Rahmenbedingungen - Therapeut. Basiskönnen - Konfrontatiionstherapie von Ängste - Soziales Rollenspiel - Körperwahrnehmung - Gruppentherapie - Eßstörungen - Zwänge - Sexualstörungen - Psychosen.

Sulz, S.: Depression Ratgeber für Betroffene, für Angehörige, für alle beruflichen Helfer. Alles, was Sie für das Verständnis und den Umgang mit Krankheit und Kranken wissen sollten.
CIP-Medien, 1993, 69 S., kt. DM 19.-

Betroffene finden den Ursprung Ihrer Depression und erkennen den Weg aus dem Leiden. Angehörige und Helfer finden zum Verständnis des Patienten und lernen richtig zu helfen. Hier finden auch Therapeuten, was sie in vielen Fachbüchern vermissen.

DIAGNOSTIK

Sulz, S.: Das Verhaltensdiagnostik-System VDS - von der Anamnese zum Therapieplan. CIP-Medien, 2. Aufl. 1992. 390 S., DM 98.-

Wer Falldokumentationen oder Berichte an den Gutachter der Krankenkasse schreiben muß, findet in diesem Handbuch eine unverzichtbare Hilfe. Außerdem ein vollständiges Kompendium zu allen wichtigen Teilprozessen von Verhaltens-, Bedingungs- Funktions- und Zielanalyse mit beispielhaften klinischen Falldarstellungen. Somit ein Lehr- und Nachschlagebuch für die Psychotherapie-Weiterbildung von Diplom-Psychologen und für die Facharztausbildung Psychiatrie und Psychotherapie sowie Psychotherapeutische Medizin.

Sulz, S.: Materialmappe zum Verhaltensdiagnostik-System VDS - von der Anamnese zum Therapieplan CIP-Medien, DM 70.-

Die tausende Male bewährten praktischen, Zeit sparenden und zu einer qualifizierten Diagnostik und Therapieplanung hinführenden Hilfsmittel des Verhaltensdiagnostiksystems VDS: Anamnese-Fragebogen für Patienten, Interview-Leitfaden für Therapeuten, Verhaltensanalyseleitfaden, Antragstellungs- und Falldokumentationsleitfaden, Verlängerungsantrag- bzw. Fortführungsbericht-Leitfaden, Störungsmodelle mit Therapieplänen ANGST, ALKOHOLISMUS, DEPRESSION, BULIMIE, ZWANG), Therapieprotokollheft, Verlaufsberichtleitfaden, Psychischer und Psychosomatischer Befund.

Sulz, S.: Therapie-Protokoll-Heft. Zur Dokumentation von verhaltenstherapeutischen Behandlungen Spiral-Block, 110 Seiten. CIP-Medien 1995 DM 10.-

Hilfen zur Verhaltens- und Zielanalyse, zur Therapieplanung, Therapieverlaufkontrolle, Verlaufsbericht, Katamnese und Evaluation. Für Praxis und Ausbildungsfälle: Alles was vor, während und zum Ende einer Therapie bedacht werden muß.

Thörner, Josef: Systemanalyse in der Verhaltenstherapie -... und die Kindheit ist doch wichtig. 193 S. Kt. CIP-Medien. DM 29.-

"Viele Menschen tragen ihre Vergangenheit in einem Rucksack vor sich her und wundern sich, wenn sie ins Straucheln kommen!" Dieses Buch soll u.a. helfen, diesen Rucksack leichter und hinter sich zu tragen. Ein ergänzender Ansatz zum bestehenden Behandlungskonzept in der Verhaltenstherapie und eine Möglichkeit zur Einzelselbsterfahrung von Supervisanden in der Verhaltenstherapie-ausbildung.Theorie: Aufbau von Systemen, Systemregeln, Systemanalyse, Einbau der Systemanalyse in die Verhaltenstherapie. Praxis: Erarbeitung von Systemregeln. Erklärungsmodellle mit Beispiel (Mißhandlung eines Kindes).

An den
CIP-Mediendienst
Nymphenburger Str. 185
80634 München

e-mail cipmedien@compuserve.com
Homepage: http://www.CIP-MEDIEN.com

Fax-Nr. 089-132133

BESTELLUNG

Hiermit bestelle ich verbindlich folgende Bücher:

Autor/Hrsg.	Titel des Buches	Bestell-Nr. falls bekannt	Preis
Summe = Gesamtwert meiner Bestellungen			
Zusätzlich Versandkosten (bei Bestellungen unter DM 98.- Gesamtwert)			6,90
Ich habe einen Verrechnungsscheck beigelegt über d. Gesamtbetrag			incl. 7% MwSt.

Titel: .... Vorname: .... Name: ....

Meine Berufsbezeichnung: ....

Name der Institution, falls hier z.B. die Instituts- oder Klinikadresse angegeben wird:

....

Straße: .... Haus-Nr. ....

PLZ: ________ Ort:: ....

DATUM: .... UNTERSCHRIFT: .... STEMPEL: bitte hier